普通高等教育"十一五"国家级规划教材
教育部经济管理类核心课程教材
华东地区大学出版社第九届优秀教材、学术著作奖一等奖
高等院校经济学管理学通识课程教材

名家

管理学教程

第四版

朱舟　周健临　主编

MANAGEMENT

MANAGEMENT

上海财经大学出版社
SHANGHAI UNIVERSITY OF FINANCE & ECONOMICS PRESS

图书在版编目(CIP)数据

管理学教程 / 朱舟,周健临主编. —4版. —上海:上海财经大学出版社,2017.4

教育部经济管理类核心课程教材

ISBN 978-7-5642-2670-1/F.2670

Ⅰ.①管… Ⅱ.①朱… ②周… Ⅲ.①管理学-高等学校-教材 Ⅳ.①C93

中国版本图书馆CIP数据核字(2017)第031497号

□ 责任编辑　王　芳
□ 封面设计　钱宇辰

GUANLIXUE JIAOCHENG
管 理 学 教 程
(第四版)

朱　舟　周健临　主编

上海财经大学出版社出版发行
(上海市中山北一路369号　邮编200083)
网　　址:http://www.sufep.com
电子邮箱:webmaster@sufep.com
全国新华书店经销
上海华教印务有限公司印刷装订
2017年4月第4版　2019年10月第2次印刷

787mm×1092mm　1/16　28.25印张　插页1　590千字
印数:106 001—109 500　定价:46.00元

第四版 序

无论组织规模、性质和所处行业为何，管理者都是其经营成败最不可或缺的要素。管理者作为执行组织目标的主体，运用本书中谈到的各种管理工具和技术，引领全体组织成员采取一致性行动，以实现组织效能的最大化。毋庸置疑，管理者的成功，既需要管理知识和原理的科学指导，也需要其艺术化的行为运用。而组织外部环境和市场竞争状况的快速变化、管理技术工具的推陈出新，都使今天的管理者需要付出更大的努力才能取得成功。本书期望能为所有有志于从事管理活动的读者，提供关于管理环境变化以及如何在管理过程中应对这些变化的有益结论。

本书作为一本管理学概论教材，它以往的版本得到了市场的广泛认可和广大读者的好评。以往版本所具有的结构清晰合理、文字简洁易懂、篇幅适中、理论与实践并重的特点，在本次修订中仍得到了贯彻。本次修订保留了多年来得到好评的内容，同时也针对管理环境、管理技术及实践的变化，增加了许多新的内容。本书保留了以管理过程（计划、组织、人事、领导、控制）来组织各章节内容的固有逻辑，并对各章内容进行了优化和更新，以体现电子商务、网络经营及大数据对企业管理活动的影响。其中，本次修订特别针对每一章的“管理聚焦”栏目进行了全面更新，通过介绍最新的管理研究进展及现实管理实践，引导读者对相关内容进行深度思考，以此补充管理学概论类教材涉及面广泛但缺乏专、精与深度探讨的不足。

本次修订是受周健临教授的委托所作。周健临教授是我求学过程中的恩师，他在管理学领域的造诣有目共睹，多年来他一直致力于管理学知识的推广和传播，笔耕不辍，他所著的教材和教学活动，惠及无数学子，也激发了大量年轻人立志于从事管理职业。周教授所著的前三版《管理学》，如同一座令人景仰的高峰，既是我本次修订的标杆，也令我战战兢兢、如履薄冰，唯有用大量的时间和努力来补充我个人学识的欠缺。但挂一漏万,错误疏漏之处仍在所难免,本次写作中的错误由我本人全权负责。

本书的写作除了周健临教授的全力支持外,也得到了上海财经大学国际工商管理学院多位老师及本书责任编辑王芳女士的帮助和支持。此外,我也要感谢我的家人唐晓东和唐煜如在写作期间对我在精神上和生活上的支持。最后,我要特别将本书献给我的导师杨公朴教授,他在工作和生活中都给了我极大的鼓励和支持,却在本书写作时以 90 岁高龄安然离世,谨以此书献给这位睿智豁达、成就卓著的老人!

朱　舟

2017 年 3 月于上海

目录

第一章　管理的挑战

全章脉络

学习目的与要求

管理专业术语

- 第一节　组织与管理
- 第二节　管理人员及其角色
- 第三节　管理人员的知识与技能
- 第四节　未来的挑战

本章提要

复习思考题

课后练习

学习目的与要求

1. 理解组织与管理的含义；
2. 了解研究组织与管理的价值；
3. 认识管理的四项基本职能；
4. 区分管理人员与作业人员；
5. 明确管理人员的分类及其在实践中扮演的各种角色；
6. 说明管理人员所需的知识结构与各项基本技能；
7. 解释成功管理者与有效管理者在管理活动上的不同侧重；
8. 考察管理面临的挑战。

管理专业术语

Organization A systematic arrangement of people to accomplish some specific purposes.

Management The process of working with people and resources to accomplish organizational goals.

Manager A person who plans, organizes, leads, and controls the work of others so that the organization achieves its goals.

Effectiveness Goal attainment.

Efficiency The relationship between inputs and outputs; seeks to minimize resource costs.

Technical Skill The skills necessary to accomplish specialized activities.

Human Skill The ability to communicate with, understand, and motivate both individuals and groups.

Conceptual Skill The ability to see the whole organization in an analytical and integrative manner.

管理是人类实践中一项最常见的活动，遍布于大到政府机构、军队，小到具体企业、学校和团体的运作过程中。任何由两个或两个以上的个人组成的有一定活动目的的群体，都无法避开管理问题。管理与各类物质资源、资本、技术和劳动者一起，构成了组织经营的最核心要素。然而，随着组织环境的变化，管理领域正在经历一场彻底的革命，传统的管理范式已经无法适应技术变革、全球化、网络化的管理现实。过去人们认为管理就是设计一个自上而下的正式等级结构，通过控制员工的行为、提高效率以取得经济绩效。新的观点则认为管理的目的是驾驭人们的热情与创造性，发现共同的前景、准则和价值观，分享信息和权力，鼓励团队工作、协作和参与，培养与发展组织成员以适应环境的巨变，鼓励组织的创新性，最终实现个人与组织的共同成长和卓越成就。在日益多变的世界中，人们清晰地认识到，组织的竞争成效，将不仅取决于资本、技术和产品的优胜与否，更取决于将所有这些要素有效整合、运用的管理效能。

第一节　组织与管理

组织是我们社会中最常见、最普遍的现象。绝大多数人每天都会接触到多个组织，我们很多人也在组织中工作与学习。这些组织都是为了实现共同目标而一起工作的人的集合，他们和组织运作中投入的其他资源一起构成了组织系统(见图 1－1)。组织的存在，使人们可以共同完成单个人无法完成的任务，满足社会成员对其产品或服务的需求。组织要向社会提供有效的产品、服务，并取得卓越的绩效，科学的管理是必需的。

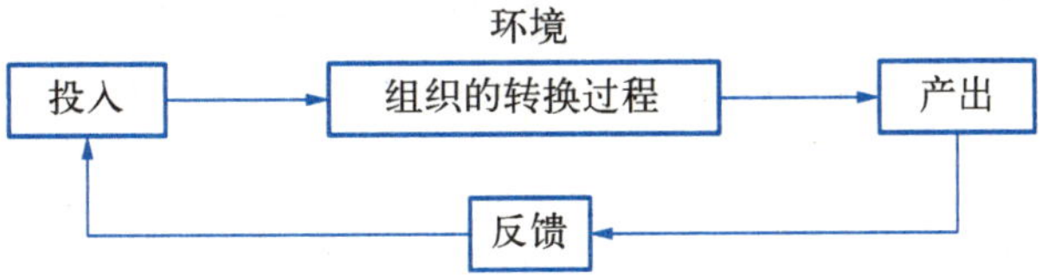

图 1－1　组织系统

一、为何要研究组织与管理

设想一下，当你清早被闹钟叫醒，开灯、穿好衣服，梳洗、刷牙，准备早餐、吃早点，出门步入街道，然后到车站，乘上公交车至单位。在这一系列过程中，大约至少已与十多个组织发生了关系。这里涉及的组织有电力公司、煤气公司、自来水公司、钟表厂、服装厂、商店、超市、公交公司等。就在平常的日子里，我们每天直接或间接会接触到许多组织。组织是当今社会中各类机构的最普遍形式。正是由于组织具有这种主导地位的优势，了解组织如何运作显然是十分必要的。

组织作为管理者经营的实体，有其自身的目标。彼得·德鲁克认为，管理者有两项任务:“其一是管好其营业,其二是建造一个组织。”为了带领组织实现其目标,管理人员需要了解并掌握有关组织的知识。缺少对组织营运知识的透彻理解,想要达成组织目标、推动组织变革是勉为其难的。

此外,通过系统学习,管理者也可以理性地检验自身对组织的认识与理解的正确性。这种系统学习不仅有助于改善组织管理效能,同时也可增强管理者与各类组织交往的能力。

当今的社会是组织社会,各种组织不仅日趋盛行,而且其规模和复杂性都在增加。这就要求管理人员必须努力做好计划、组织、领导和控制工作,才能有效实现组织的目标。这种组织和人的相互依存性,突出了社会对合格管理人员的需要。管理使组织成员的工作效率提升,组织管理的改进,不仅有益于社会,也有益于我们每个人。

管理对每个人都有影响。也许有人会说,我将来不准备当管理者,学了管理又有何用?只要你在一个组织中工作,你不是管理者,就是被管理者。学习管理将有助于你洞察上司的行为方式和组织内部运作的情况。即使你将来当一名自由职业者,你仍不可避免将与各类组织及其成员打交道,在这种情况下,人们在自我发展上更需采取主动,进行终生学习,并进行有效的自我管理。学习管理将使你拥有新的视野和理解力,这对你的未来同样是有价值的。非管理专业的学生应当明白,也许有一天你会成为某个专业领域中的管理者,对管理过程的理解,将为你以后发展管理技能打下一个良好的基础。

随着新技术的加速发展,组织的含义也在发生变化。可以断言,未来的组织将比目前的组织更难管理,因为它无疑更缺乏可预测性,更难以衡量,传统习惯做法对组织的约束更少。但是,正如管理大师德鲁克所言:“一种截然不同的方法正应运而生,这种方法不是取代旧方法,而是附加某些东西。它认为组织的目的是取得外在的结果,即在市场上取得成效,而组织并不局限于法约尔结构中的机械职能,它超越由市场成效决定的经济性功能。组织最主要的是社会性的、人文性的,因此,其目的必须是让人们扬长避短,发挥优势。事实上,这是只有组织才能做到的事情。”(F. 赫塞尔本,1998)这也就是组织之所以存在的原因。面对经济全球化、环境的变革等挑战,未来组织的成功仍将取决于管理者的有效管理。

二、什么是管理

研究者从不同视角,为管理给出了多种不同定义:“科学管理之父”泰罗认为,“管理是确切知道要干什么,并使人们用最好、最经济的办法去干”;也有学者认为,“管理是提高效率的一整套现代的方法”;现代著名管理学家哈罗德·孔茨则提出,“管理是设计和维持一种环境,使集体工作的人们能够有效地完成预定目标的过程”。综上所述,我们对管理可以这样来定义,即管理是对组织的人力、资金、物质及信息资源进行计划、组织、领导和控制,来有效达成组织目标的过程(见图 1-2)。

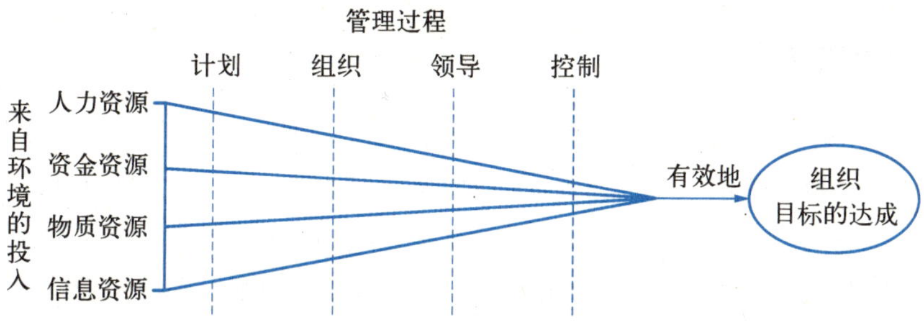

图 1－2　管理概念示意图

在上述管理定义中,“有效”指的是既要注重效率,又要注重效果。效率是管理活动中必不可少的组成部分,它体现了管理过程中投入与产出之间的关系。假如在一定的投入水平下,要得到更多的产出,就必须提高效率;同理,以较少的投入取得同样数量的产出,也必须提高效率。这是因为管理人员所处置的各项投入资源(货币、人力和设备等)都具有稀缺性,管理又涉及如何使资源成本最小化、效率最大化的问题。然而,仅仅关注效率还不够,管理还涉及如何使活动得以完成,即需寻求效果(有效的成果)。当管理人员达成了组织的目标,我们通常就认为管理是有成效的。所以,效率涉及手段,而效果涉及目的(见图 1－3)。

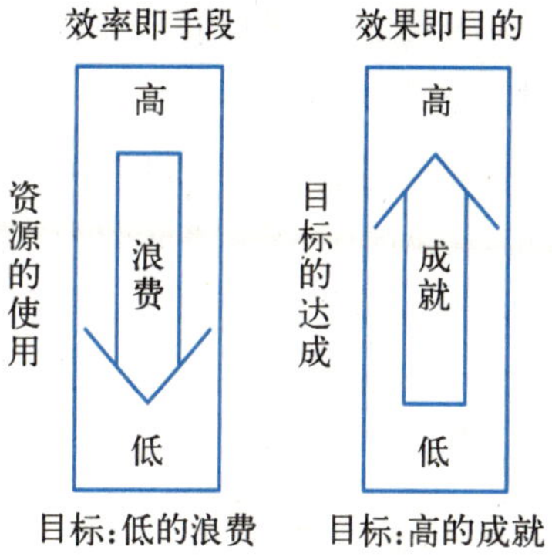

图 1－3　管理寻求效率与效果

三、管理的职能

管理活动具有哪些基本职能?关于这一问题,研究者众说纷纭。早在 20 世纪初,法国工业家法约尔就提出,所有的管理人员都从事计划、组织、命令、协调和控制五项管理职能。此后,不同的研究者对此提出了不同观点,补充了指导、指挥、激励、协调、沟通、监督、创新等职能。20 世纪 50 年代,美国的孔茨和奥唐奈在其经典教材《管理学》中,将计划、组织、人员配备、指挥和控制职能作为管理学的理论构架,这一提法得到了广泛认可。与此一脉相承,本书也是围绕管理职能加以组织的,但本书将管理的基本职能压缩为四项:计划、组织、领导和控制(见图 1－4)。

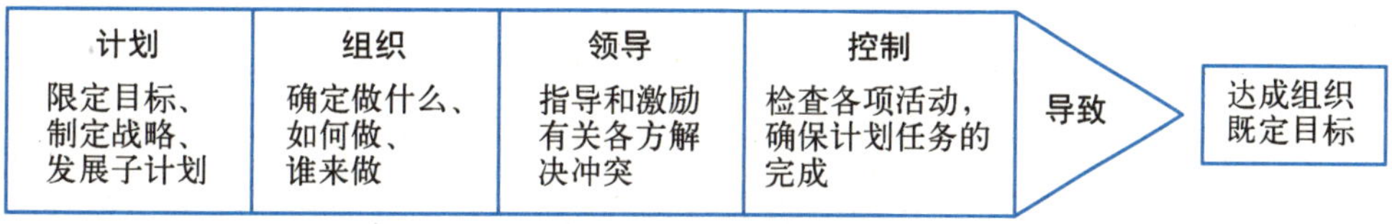

图 1－4　管理职能

(一) 计划工作

计划工作是各级管理人员的首要职能,它领先于其他管理职能,并为其他管理职能奠定了基础。计划是指预先限定目标,根据目标发展战略,确定达到目标的行动方案,以及派生出一系列子计划,为组织、部门和个人勾画出年度、月度和每日的行动路线。不同层级管理者的计划工作,所涉及的领域、时间长度和影响后果存在明显差异,但所有计划工作都涉及以下程序:

(1) 决定需要什么资源;

(2) 明确组织所需人员的类型和数量;

(3) 提出计划工作的前提条件;

(4) 确定比照标准,使其在实现目标的过程中,能对进展加以衡量,并对照标准,必要时可采取纠偏措施。

计划工作的时间长度和范围将根据不同管理层次和性质而各不相同。高层管理部门的规划期长达5~10年,即所谓的长期计划。它涉及组织的总体目标、战略、业务选择和调整以及投融资等重大项目。基层管理部门的计划可能只涉及当天的活动或近期的工作日程安排。

在一个组织中,管理人员的计划是相互关联的,高层管理者设定的企业发展目标和战略规划,决定了下级管理人员的经营计划和日常工作计划。各级管理者的计划都必须服从并支持组织的总体战略规划。但是,管理人员的计划除了受到自上而下的垂直影响外,也会受到同一层级或同一部门其他管理人员计划的横向影响。在计划过程中,管理者也需要做出决策,在多个备选目标中加以取舍,并在外部环境和内部条件发生变化时,及时修订计划。因此,组织的计划工作是相当复杂的,需要保持动态调整的弹性。

(二) 组织工作

计划的执行需要有效整合人力、物力,而组织是人员分工、合作的保障和依托。组织工作是创建一个有助于目标达成的结构,其中包括各级管理部门和支持管理部门的所有非管理岗位。在实施组织职能的过程中,管理人员要确定必须完成的任务,把这些任务分解、组合成各类工作岗位,配备合适的人选,并确定各岗位之间的关系。组织职能涉及:(1) 对所需的资源加以组合,以达成组织的目标;(2) 建立组织的各项活动与职权之间的关系。

为实现目标所需的各项活动,可以组合成工作分部、部门或单元,最后形成一个各单元互相联系的网络。每个单元以及各单元中的每个人都应明确限定其职权、责任以及汇报关系。组织的有效设计和运作,为组织内部合作与目标达成提供了制度框架,但组织工作绝非是一劳永逸的,如果组织目标发生了变化,组织关系和管理结构就会受其影响。在工作中有一件事是肯定的,即组织内外发生的变化都将要求组织提出新的方法、新的计划和新的组织单元。

组织工作中一项特别重要的工作是人员配备，即为各岗位配备适当的人选，具体包括：为特定的岗位招聘合格的员工；审查应聘者的资格背景材料；确保员工能力满足岗位的任职要求；在决定聘用人选后，还需对新员工进行入职培训，使其熟悉组织环境；对新员工进行岗位培训，使每位员工能胜任其工作；建立绩效考核制度，对员工工作行为、结果进行考核并提供改进绩效的反馈；确定合理的报酬与福利，以补偿员工的贡献。

（三）领导工作

计划与组织工作明确了组织目标和人员配备，而领导工作则决定着人们能否自愿并热情地为实现组织和群体目标而努力奋斗。领导包括激励他人，引导他人的方式、方法；与他人沟通，帮助勾画能实现的组织前景等。领导工作是要指挥他人为完成组织目标而统一行动和认识，创造出良好的工作氛围，使每个成员自觉为组织目标而共同努力。每位领导者都必须安排并监督其下属的工作。好的领导者能激励和引导他人为实现组织的目标而努力工作。领导职能也包括鼓励必要的变革和创新。领导职能是每一位管理者构建团队、激励下属时必须履行的职责。

（四）控制工作

人们在管理过程中，由于受到外部因素的干扰，往往出现实际成果偏离初始目标的情况。控制工作的目的正是规范组织的活动，以确保实际绩效与预期的标准和目标保持一致。

控制涉及建立绩效标准，对照所建立的标准衡量绩效，并在出现偏差的情况下进行纠偏活动。管理者运用控制手段，预防问题的出现，及时把握问题的症结，并有效解决存在的问题。控制工作中对问题的诊断和分析，离不开精确、可靠、切合实际的评判标准。此外，它也取决于组织对绩效的定期监控。控制职能在人员管理中的体现，是企业的绩效管理系统及与之相应的内部奖惩制度。通过确定员工工作行为及结果与工作要求、目标的匹配程度，运用奖金、表彰、警告、解雇等各种不同的奖惩手段来引导员工行为，将能确保员工有效达成组织的绩效期望。

上述各项管理职能在各类组织、各级管理岗位中都是普遍存在的。管理工作从计划（决策）开始，经过组织、领导和控制，完成一个管理周期。基于控制的结果评判又会产生新的计划，开始新一轮的管理循环（见图 1-4）。管理者推动这些基本管理职能的有效开展，并影响着管理效能的达成。

第二节 管理人员及其角色

在组织中，管理人员是最核心的资源。管理人员在数量上虽然远不及一线员工，但他们对战略规划、日常运营和组织目标达成的影响，远超过普通作业人员。身为管理者，需要明确两个问题：管理者在组织运作过程中，应当发挥何种作用，扮演何种角色？为了充分发挥效能，管理者需要具备哪些技能？

管理聚焦

张瑞敏

张瑞敏是全球享有盛誉的中国企业家，他创建了全球白色家电第一品牌“海尔”，现任海尔集团董事局主席兼首席执行官。自1984年接任青岛电冰箱总厂厂长以来，他通过严格管理、提高组织创新能力和执行力，引领海尔不断走向辉煌。张瑞敏将中国传统文化精髓与西方现代管理思想融会贯通，“兼收并蓄、创新发展、自成一家”，从“日事日毕、日清日高”的OEC管理模式，到每个人都面向市场的“市场链”管理，张瑞敏在管理领域的不断创新赢得了全球管理界的关注和高度评价，被誉为互联网时代CEO的代表。“海尔文化激活休克鱼”案例被写入美国哈佛商学院案例库，张瑞敏也因此成为首位登上哈佛讲坛的中国企业家。

张瑞敏出生于1949年，是山东莱州人。1984年，他临危受命，接任当时已经资不抵债、濒临倒闭的青岛电冰箱总厂厂长，并制定了海尔第一个发展战略——名牌战略。他提出“要么不干，要干就要争第一”的观念，强调为用户提供用户最渴望的、高质量的产品，这在当时供不应求的市场环境下是极为超前的思想。为了实现名牌战略，张瑞敏通过专注质量管理、推动自主管理班组等活动，创造出一条通过提高员工素质(而非单靠引进设备、技术)生产高质量产品的差异化道路。1991年12月，张瑞敏出任新成立的海尔集团的总裁，并制定了海尔的第二个发展战略——多元化战略，积极进行企业兼并和工业园建设，并借此快速扩大规模，进入了包括洗衣机、电视机、空调在内的多个产品领域，使海尔得以为客户提供白色家电领域的系列化、高质量的产品和服务。在兼并过程中，张瑞敏强调企业文化整合的重要性，他提出“多换思想少换人，不换思想就换人”，关注提高被兼并企业的员工素质和观念调整。这一阶段，海尔从单纯的关注质量转向强调星级服务，并由此形成了海尔著名的服务体系。1998年，张瑞敏制定了海尔的第三个发展战略——国际化战略。他抓住了中国加入WTO的机遇，以出国创品牌而非出口创汇的观念确定了海尔的国际化发展定位。与很多满足于接受定牌生产的国内家电企业不同，海尔走出国门，以美国南卡罗来纳州的生产基地为起点，积极寻找企业在管理、技术、营销领域的国内外差异，进而形成集研发、制造、营销“三位一体”的战略布局。2005年，张瑞敏制定了海尔的第四个发展战略——全球化战略。他抓住互联网时代的机遇，从满足大规模制造转变为满足用户个性化需求，通过创造用户满意体验，为全球用户提供白色家电的领先体验。为此，他带领海尔推行零库存即需即供的库存管理策略，建立社区店，配以建成的“三专店”体系，创立一条从以企业为中心到以用户个性化需求为中心的道路。这一做法使海尔有惊无险地渡过了2008年开始的金融危机。2012年，张瑞敏制定了海尔第五个发展战略——网络化战略。海尔为此进行了组织结构调整，由封闭的传统企业向开放的分布式组织转型，并成立了“巨商汇”，利用互联网实现减人、减产品、减流程和加服务的“三减一加”效果。截至2015年，海尔内部已经形成了创立于海尔内部、发展于海尔之外的内部创业公司200多个，它们将推动海尔再次高速成长。

2015年，海尔集团全球销售额为1 887亿元人民币，利润180亿元，同比增长20%。现在的海尔不单是一家企业，更是一个互联网化的平台。海尔平台上有100多个小微企业的年营业收入超过1亿元，22个小微企业引入风投，有12个小微企业估值过亿。在海尔内部，有1 160多个项目正在孵化，有30亿创投基金、1 330家风险投资机构和4 700多家外部资源为创客们聚集而来。2016年，海尔以54亿美元的价格买入通用电气的家电部门，这被视为新旧交替的标志性事件。

在海尔持续创新、不断壮大的过程中，张瑞敏确立的以创新为核心价值观的企业文化发挥了重要作用。张瑞敏认为，没有成功的企业，只有时代的企业，所谓成功只不过是踏准了时代的节拍。在互联网时代，张瑞敏提出并在海尔实践互联网时代的商业模式——人单合一双赢模式，让员工在为用户创造价值的过程中实现自身价值；通过搭建机会公平、结果公平的机制平台，推进员工自主经营，让每个人成为自己的CEO。因其在管理领域的创新成就，张瑞敏获得“全球睿智领袖精英奖”“IMD管理思想领袖奖”，并荣获“亚洲品牌永远精神领袖奖”。

一、管理人员与作业人员

管理人员在组织中工作，但是并非在组织中的每一个人都是管理人员。为了简化起见，一般可将组织中的人员分为两类：一类是作业人员，另一类是管理人员。管理人员的工作性质与作业人员的工作性质是截然不同的。

作业人员在一个岗位上或一项任务中制造产品或提供服务，但是他们不负有监管他人工作的责任。例如，汽车生产线上的装配工、超市结账台前的出纳员、大百货公司的售货员、税务局的收税员等，都是作业人员。

相反，管理人员要指挥和监管他人的活动。如图1－5所示，在传统的金字塔形组织中，管理人员处于组织的中上层，作业人员则位于金字塔的基层。当然，管理人员也可能从事一些作业性任务。例如，工厂中的领班，除了监管班组工人的工作活动外，通常也要

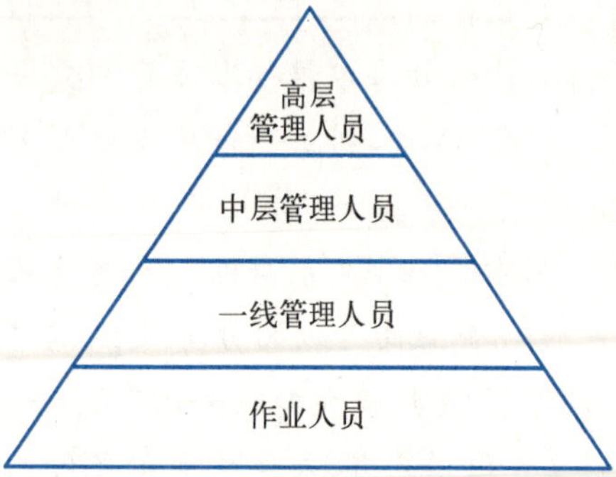

图 1-5 组织的层次

做一些操作性工作。不管管理人员处于组织的高层、中层还是基层,他们都有直接下属。所以,对管理人员的定义是指组织中指挥他人活动的人,或对他人的工作负有责任的人。

二、管理人员的分类

在一个组织中通常有许多管理人员,不同的管理人员处于不同的管理岗位上。对管理人员进行分类,可按纵向的管理层级或横向的管理领域来加以区分。

(一) 不同层级的管理人员

虽然管理人员都行使对人、事、物的管理职能,但不同的岗位各有其不同的侧重点。在大多数组织中,管理群体由不同层级的管理人员组成。管理职位的具体名称可能因组织而异,但大致可把管理人员分为三类:高层管理人员、中层管理人员和一线管理人员(又称为监管人员)。

高层管理人员是组织中的高级领导人,在企业中对应的职位名称通常包括董事长、首席执行官(CEO)、总裁、首席运营官(COO)和副总裁等。学校的校长、副校长,医院的院长、副院长等领导人员,也是其所在组织的高层管理人员。高层管理人员一般需要负责决定组织的目标和战略,对组织的资源拥有分配权,对人力资源拥有调配权,同时也需要对整个组织的业绩负责。

中层管理人员是介于高层管理人员和一线管理人员之间的中级管理人员。他们的岗位名称可以是部门经理、事业部负责人、地区经理,或者是生产厂、车间的负责人等,中层管理人员负责贯彻和执行高层管理部门制定的目标和政策。中层管理人员一般又可分为三类,即行政管理人员、技术性管理人员和支持性管理人员。受组织精简和流程再造等管理思想的影响,二三十年来,一直有学者预测企业中的中层管理人员将日益显得过时无用,并会对组织内部沟通、决策速度和执行效能产生负面影响。基于这一原因,许多大型企业组织在面临不利的经营环境时,精简臃肿、低效的中层管理机构正是其组织变革的首选目标。

一线管理人员(或称监管人员)是直接监督实际作业人员的管理者。一线管理人员的职位名称包括工长、领班、小组长或办公室主任等。一线管理人员的主要职责是给下属的作业人员安排具体工作任务、程序,确保下属的工作条件和工作环境,推动工作流程的顺利进行;他需要协调下属人员,使之成为一支有组织的协作队伍;他有责任使下属愿意工作并有能力完成工作。他必须根据组织的总体目标制定出本部门的工作目标,并与下属一起分解确定每个人的工作目标;他应对下属人员的调配负主要责任,并应重视培养部门中的潜在领导人员。

也正因此，一线管理人员不仅要监管下属的工作活动，更应是下属的导师、教练和助手。他应经常与下属人员进行直接的交流和沟通，并帮助上级管理部门了解要取得卓越的绩效，员工需要何种资源和支持。下属完成工作的能力也取决于一线管理人员计划和安排工作的能力。管理者在训练和调配员工方面的工作效能，将会决定下属的工作是优秀还是普通平常。

基层管理工作并非“大杂烩”。一些成功企业的经验表明，基层管理人员必须是高素质的管理人员，负有重要的计划和决策责任。在权力重心下移、强调授权和赋权的组织中，需要扩大基层管理人员的职权范围，使他能全权处理涉及所在部门的各类问题，甚至有权雇用、推荐、训练、提拔本部门的员工并合理安排其工作活动。

(二) 不同领域的管理人员

对组织中的管理人员，也可按其所属的不同业务领域来加以分类。在企业的各个管理层级中，都可能有市场营销、财务、生产与运营、人力资源、行政等领域的管理人员。

1. 市场营销管理人员

市场营销管理人员的主要职责与营销职能有关，即把该组织的产品和服务送到消费者或用户手中。营销职能包括市场调查、产品的调拨、定价与销售、促销推广以及消费者心理研究等。有调查数据表明，美国大公司的负责人中有13.7%来自营销职能的管理人员，这一数据与市场营销职能对组织的重要性是高度匹配的。市场营销是企业取得成果的一个基础领域，它推动了企业与消费者之间的相互了解，加速了市场销售过程。市场营销的重要性决定了市场营销管理人员在企业中的地位及其重要作用。

2. 财务管理人员

财务管理人员主要与组织的金融资源打交道，其主要职责包括资金的筹集和使用、预算与核算、投资与分配等。企业的生存和发展离不开资金的获取和有效利用，财务管理人员对企业财务资源的计划、决策、使用和控制，决定了组织能否以合理成本获得资金、有效运用资金并支持企业的各项经营活动。在美国大公司中，负责人原先做财务工作的约占20%。成功企业的领导人也必须精通财务知识。

3. 生产与运营管理人员

生产与运营管理人员的主要工作是建立一个能为组织制造产品和提供服务的系统。在这一系统中，他们负责计划、控制日常的运营活动。典型的任务包括生产控制、库存控制、质量管理、物流管理、工厂布局和厂址选择等。虽然这一职能的产生，最早是用于解决制造企业中的问题，但目前这一专业领域中的工具和原则，已普遍应用于服务业和其他各类组织。现代企业所关注的一些热点问题，如提高生产率、节约稀缺资源、更有效地利用能源等，使生产经营管理人员在许多组织中的地位变得更为重要。在美国大公司中，大约10.7%的高层管理人员有生产运营管理的经历。

4. 人力资源管理人员

人力资源管理人员主要负责组织的人力资源规划、员工的招聘与甄选、培训和发展、设计薪酬福利制度、制定绩效评估制度,以及解雇表现不好和有问题的员工等。在组织发展壮大的过程中,需要设立专门的人力资源部门来处理员工的获取、使用、发展和流动的事项,从而确保人员配置足以支持企业战略目标的实现。

5. 行政管理人员

行政管理人员(或称一般管理人员)并不专门从事某一特定管理专业领域的工作。他们往往是通晓多方面知识的全才,而不是只受过某一领域训练的专才。他们基本上对管理各领域都有所了解,并熟悉这些工作。

6. 其他类型的管理人员

除了上述各类管理人员外,在许多组织中,还有其他一些专职管理人员。例如,公共关系管理人员,负责处理与媒体之间的关系,以提高组织的形象;研究开发管理人员,负责协调组织的科研项目中科学家和工程师之间的活动。再如,有些企业中的内部咨询人员及跨国公司中的国际业务管理人员等。这些专业管理人员就其人数、性质及重要性来看,因不同的组织而异,但随着现代企业规模的扩大和环境的复杂化,这类管理人员的人数及其重要性也在不断增加。

三、管理人员的角色

管理人员在实施管理职能时究竟扮演着何种角色,展示出何种工作行为?当从管理角色视角来描述管理者的行为时,我们关注的不是某个具体的管理活动,而是考察扮演管理角色的那一类人所承担的期望和责任。对这一问题,明茨伯格的研究给出了令人信服的完整答案。

20 世纪 60 年代后期,亨利·明茨伯格(Henry Mintzberg)对一些高层管理者进行了现场观察研究。他据此提出,管理人员在工作中扮演着十种不同的角色,这些角色又可以分为三个基本大类,即人际关系方面的角色、信息方面的角色和决策方面的角色。

(一) 人际关系方面的角色

人际关系角色是管理者的正式权力基础,管理者在处理与组织内部成员及外部利害关系人的关系时,就在扮演人际关系角色。具体来看,管理人员扮演了三种人际关系角色。

1. 挂名首脑

管理人员是其本单位、本部门的首脑。由于这种“领导人”的地位,他必须经常行使某些礼仪性的责任。例如,管理人员有时需要接待来访参观者,有时需要出席某下属的婚礼喜筵,或参加一些必要的商务应酬等。

2. 领导者

管理人员是组织氛围的创建者和引导者，他们通过扮演领导者的角色来提高员工的绩效、减少冲突、提供绩效反馈以及鼓励下属的成长发展。

3. 联络者

管理人员除了与上、下级经常联系外，还需要发展横向与外部的联系。管理人员有时需要和其他部门同一层次的管理人员、职能部门的专家、非本部门的员工共同工作，有时还需要与外界人士接触(供应商、客户等)。在这一角色中，管理人员通过发展外部联络来获取所需的信息。

(二) 信息方面的角色

管理者需要确保与其共事者具有足够的信息，从而能顺利完成工作。管理者既是所在单位的信息传递中心，也是组织内部信息传递渠道的中间结点。管理者在信息方面也扮演了三种角色。

1. 监听者

管理人员经常寻求信息，并收到大量的信息，从而使他们能了解其组织和环境中究竟发生了一些什么事情。管理人员收到的各种信息包括内部业务、外部事件、分析报告、各种意见和倾向等。此外，管理人员还会从各种形式的压力来源获得信息。

2. 传播者

由于管理人员具备掌握信息的特殊地位，使其能担任传播者的重要角色，把外部信息传播给所在组织，并把内部信息从一位下属传播给另一位下属。

3. 发言人

当管理人员代表其所在部门或组织发表讲话时，他有责任对外界发布有关本部门的公开信息情报。管理人员一方面要使上级了解部门的情况，另一方面也需要同组织外部进行沟通。

(三) 决策方面的角色

管理者需要在管理过程中处理信息并得出结论，指导所在单位的行动路线和计划实施。决策角色在管理人员的工作中占据着最重要的部分。决策角色共分为以下四种类型：

1. 企业家

作为一名管理人员，他要不断提出新的思路、新的方法来改进组织目前的状况，这就要求管理者主动成为变革的发起人和设计者。企业的高层领导人还有责任确定组织的总体发展方向。这些都属于企业家角色。

2. 混乱驾驭者

当工作环境中出现了部分失控现象，或发生纠纷时，管理人员必须在危机尚处于萌芽状态时就加以解决,或者采取一些纠正措施。实现稳定是管理人员的目标,但组织永远无法达到理想状态,因此,管理人员必须随时准备处理日常发生的各种纠纷和混乱状况。

3. 资源分配者

管理人员要负责决定工作单位中谁得到哪些资源,各人各得到多少资源。这些资源包括金钱、设施、设备和管理人员的时间等。对高层管理人员来讲,资源分配更是组织战略制定系统的核心。

4. 谈判者

管理人员需要花费大量时间参加各种谈判活动,即扮演谈判者角色。谈判包括与供应商签订合同,或在组织内部平衡各部门提出的资源要求等。管理人员必须充当谈判者,是由于他们是组织工作单位中掌握谈判所需关键信息和权力的主要人员。

大量的后续研究检验了明茨伯格管理角色分类理论的有效性。研究证据显示,管理者无论在何种类型的组织中任职,或身处组织的哪一个层级,都扮演着类似的三类管理角色。当然,管理者工作角色的侧重点,会随着所处组织层级的不同而有所差异。在组织的较高层级上,信息传播者、挂名首脑、谈判者、联络者和发言人的角色更加重要;而领导者角色(按照明茨伯格的定义)对基层管理者的重要性高于对高层管理者的重要性。

第三节　管理人员的知识与技能

管理人员从事计划、组织、领导和控制工作,以及扮演一系列不同的管理角色,需要有坚实的知识基础和基本管理技能。

一、管理人员的知识

虽然管理人员可能在不同的行业中改变职务与工作,但是,假如他们不具备与其特定管理工作相关的知识基础,将会影响他们对各种问题的有效处理。

根据约翰·科特的研究,管理人员通常拥有丰富的所在行业的经营管理知识。"道地的总经理在自己行业中一定是位'行家'。他对相关的特定产品、竞争对手、市场、主顾、科学技术、各类组织及政府法律法规了如指掌。此外,他们对自己企业的情况也一清二楚。典型的总经理十分熟悉各种不同的人、千变万化的组织程序、企业发展史、公司特殊的产品等等。"(约翰·科特,1982)

从事管理工作的各级管理者,特别是高层管理人员,丰富广博的专业知识结构是成功管理的必要基础,也是管理人员在复杂情形下做出有效决策的基本条件。

二、管理人员的基本技能

管理学者 R. L. 卡兹(Katz,1974)指出,管理人员需要具备三种基本技能:技术技能、人际技能和概念技能。任何管理人员,不管其所处的管理层级如何,都必须不同程度地具备这三种技能。

(一) 技术技能

技术技能是指管理人员对某一特殊专业领域的方法、过程、程序、技术和工具的理解和熟练运用程度。技术技能对于中、基层管理人员非常重要,这决定了他们能否有效管理直接从事生产活动的作业人员,切实推进和完成业务工作,但对高层管理者的重要性相对较低。尽管许多高级经理人员都有一定的技术背景,但与一线监管人员不同,他们很少需要在日常工作中运用具体的技术技能。例如,有的工程公司总裁,虽然自己也是一位训练有素的工程师,但他不必自行设计机器。不可否认,高层管理者的精深的技术技能有助于他们获得下属的信任和尊敬。

(二) 人际技能

人际技能是指管理人员理解、激励和与他人融洽相处的能力。这项技能不仅要求管理人员要善解人意,而且能创造一种使下级感到安全并能自由发表意见的氛围。人际技能使管理者能够以群体成员的身份有效地工作,并通过沟通、激励、领导员工,推动所在群体的全体成员共同努力和协作。人际技能对于所有层级的管理人员都非常重要。

有一项研究表明,人际技能对一线管理者极为重要,因为基层管理者的主要职能就是取得生产小组成员的合作。另一项研究把这一观点扩展到中层管理人员,指出管理人员关心的主要事项应该是为组织中的人际联系大开方便之门。针对高层管理人员的研究也提出,高层管理人员要有合理的自我认知,并对人与人之间的关系具有高度敏感性。这些研究表明,人际技能对各级管理人员都很重要,但需注意其着重点是不同的。

(三) 概念技能

概念技能(又称构想技能)是指管理人员对抽象、复杂的情况进行分析思考和发现规律的技能。在运用这种技能时,管理人员把组织看成一个整体,识别组织中各部分之间的关系,并设想单个企业如何适应广泛的外部环境。概念技能对于高层管理者最为重要。

最高管理者可能在技术技能和人际技能方面有所欠缺,但只要他的下属在这些方面能力较强,他仍然能有效确定企业战略目标和做出重大决策。如果他的概念技能不强,将组织带向错误的发展方向,就会危及整个组织的成功。

各级管理人员对三项基本技能的相对侧重参见图 1-6。

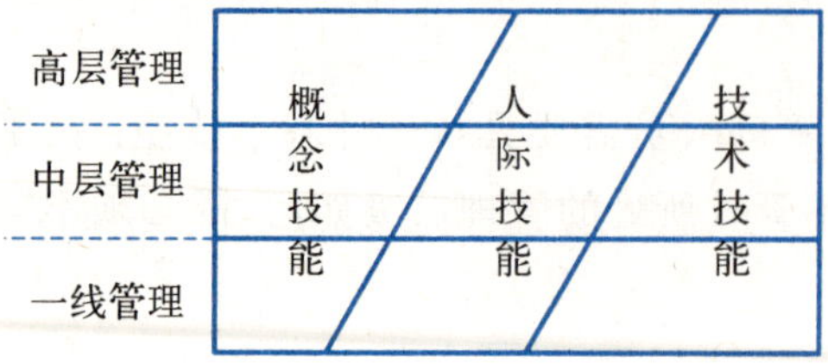

图 1-6 不同层次的管理对各管理技能的需要比例

管理学家孔茨和韦里奇在卡兹提出的三项基本技能的基础上,补充了一种技能——**设计技能**。设计技能是指管理者采取对组织有利的方法解决问题的能力。一个有效的管理者,特别是组织内的高层管理人员,不仅要善于发现问题,而且必须像一个优秀设计工程师那样,能根据实际条件找出解决问题的方法。管理者如仅能看到问题,就仅是"问题观察家"。所以,有效的管理者必须面对现实,设计出解决问题的切实可行的办法。

另一位管理学者格里芬(R. W. Griffin)也对卡兹的三项基本技能做了补充,增加了诊断和分析两项技能。他认为,成功的管理人员必须具备**诊断技能**,像良医能根据病人症状确诊病人的病情一样,管理者也应根据组织出现的症状来诊断问题,通过表象分析问题的实质。例如,某一部门出现了较高的离职率,管理者通过对情况的诊断,发现那个部门的主管人际技能欠佳。这样就可以通过培训该主管或把他调到不太需要人际交往的岗位上去,来解决问题。即使在形势有利的情形下,诊断技能也很有用。例如,一个企业产品销量大增并超出了预想,其原因可能是定价较低,也可能是出现了新的需求。通过诊断可以找出销量剧增的原因,做出最有效利用这一机会的决策。

分析技能类似于概念技能,它是诊断技能的补充。分析技能是指管理者在某一情境下鉴别关键变量的能力,分析它们之间的相互关系,并找出最值得关注的因素。诊断技能使管理者理解并认识所处的形势,分析技能则使管理者能决定在该形势下如何行动。分析技能与决策能力也很相似,但分析不涉及实质性的决定。例如,在进行新厂选址时,管理人员要分析各备选地点的优缺点,并向选址决策委员会提出建议。显然,管理者需要借助分析技能提出建议,然后由委员会做出最终的决定。

三、学习做一个正直的管理者

传统观念认为,有效的管理者一定被提升得最快。卢桑斯等人的研究对上述看法提出了挑战。21 世纪所需的管理人员不应仅是一个成功的管理者,更应是一个有效的管理者。

(一) 有效管理者与成功管理者

1998 年,弗雷德·卢桑斯(Fred Luthans)和他的同事们从一个新的角度对管理人员做了考察。他们想要回答的问题是：组织中晋升最快的管理人员与工作最有成效的管理人员，是否在管理工作的侧重点上有所不同？人们通常以为，组织中工作最具成效的管理人员一定也是晋升最快的人。然而，现实情况并非如此。

卢桑斯及其同事研究了 450 多名管理人员。他们发现，管理人员都从事以下四项管理活动：

（1）传统管理：决策、计划和控制；

（2）沟通：交换日常的信息和处理文书工作；

（3）人力资源管理：激励、执行纪律、处理冲突、人员管理及培训等；

（4）社会网络联系：社会活动、政治活动，以及与外界人士的联系。

研究表明，平均而言，管理人员将 32%的时间用于传统管理活动，将 32%的时间用于沟通，将 20%的时间用于人力资源管理活动，而将 19%的时间用于社会网络联系。但是，不同的管理人员在这四项活动上所花的时间及投入的努力程度，存在相当大的差异。具体而言，成功的管理人员（即晋升最快的管理人员）与有效的管理人员（即工作绩效优异，并使下属感到满意、得到下属支持的管理人员）各自的侧重点大不相同（见表 1－1）。社会网络联系与管理人员的成功与否关系最大，而人力资源管理活动则相关性最小；对有效的管理人员来讲，他们最侧重的活动是沟通，而社会网络联系所占的比重最少。

表 1－1 管理活动的时间分布 单位：%

活　　动	一般管理人员	成功的管理人员	有效的管理人员
传统管理	32	13	19
沟通	29	28	44
人力资源管理	20	11	26
社会网络联系	19	48	11

这项研究使我们对管理人员的活动有了更深刻的了解，明白了管理人员究竟在做些什么。一般而言，管理人员对四项管理活动，即传统管理、沟通、人力资源管理和社会网络联系各花费约 20%～30%的时间。然而，成功的管理人员与有效的管理人员的活动重心几乎截然相反。这一发现挑战了人们的传统假设，即管理人员的提升取决于其管理绩效。同时，它也生动地反映了社会与政治技能对于管理者在组织中取得成功的重要作用。

（二）做一个正直的管理人员

德鲁克认为，管理人员的管理对象涉及人，而人是一种独一无二的特殊资源，它要求使用它的人有特殊的品质。对人“进行工作”始终意味着培养他。这种培养方向决定了一个人最终是更富有活力，还是完全失去活力。管理人员是否按正确的方向来培养下属，是否帮助他们成长为更高大、更丰富的人，将直接决定他本人能否得到发展，是成长还是萎缩，是进步还是退步，是更丰富还是更贫乏。

人们可以学会对人进行管理的某些技巧，如主持会议或进行谈话的技巧，也可以制定一些有助于培养人的方法，但是，即使这些你都已经会了、已经说了或已经做了，为了培养人，管理人员还需要一种基本品质，即要求管理人员有正直的品格。一个管理人员如果缺少这种品质，无论他多么善于同人处好关系，多么和蔼可亲，多么能干和有才华，都不适合做一个管理人员。管理人员无法从别人那里获得但却必须具备的，不是天才，而是正直的品格。

第四节　未来的挑战

在一个不确定和快速变化的世界中，你怎样学会当一名称职的管理人员？如何通过本课程的学习来迎接管理的新挑战？

20 世纪初期形成的管理原理与制度，在相当长的时间引导着组织分配资源、安置人员、配置权力、激励员工和管理控制的方式。但与物理世界的原理不同，管理学原理并非横亘不变的真理，当外部市场、技术、竞争方式发生巨大变化时，组织也需要相应调整其管理模式。也因此，本书的读者需要重新思考管理的实质：管理既是一门科学，也是一门艺术。说它是科学，是因为它已经有了一整套不断发展的体系以及描述管理与如何取得组织成效的客观规律，这些知识是可以通过教学和书本加以传播的，但读者也需要时刻记得，管理更是一门艺术，管理环境要求管理人员应因环境、时机和对象的不同而调整其管理思想、流程和实践，并且许多管理技能并不能从教科书中学到，需要管理者长时间的实践。要成为一名成功的管理者，既需要正规的学习，也需要大量因地制宜的实践磨砺。未来管理者应对当前的一些趋势和问题有所知觉，才能在错综复杂的动态环境中，不断做出自我调整。

管理聚焦

21 世纪管理者应具备的素质

(1) 直面变革。高度有效的管理人员很清楚“事情绝不会一劳永逸”。变化和不确定都应视为正常的因素，只有坚持创新，企业才能持续发展。

(2) 关注外部现实。虽然管理人员必须搞好内部管理，但今后的管理人员将更关注外部问题，诸如市场的变化、技术的革新，以及经常与供应商、消费者和咨询人员接触。

(3) 提倡变革的管理风格。变革作为管理者工作的一部分,管理人员将帮助人们设计新的做事方式,在要求不断提高效率、降低成本和增加收益的前提下,向现存的系统挑战。

(4) 帮助员工消除顾虑。管理人员在坚持高标准和保持紧迫感的同时,应消除员工挑战旧秩序时可能产生的种种担忧。

(5) 创建学习氛围。高效的管理者在培养人才方面将发挥积极的作用,他们将鼓励组织成员主动寻找学习途径,促进互帮互学,掌握业务知识。

(6) 有远见。新的挑战要求管理人员有开阔的视野,并为组织及其成员指明前进的方向。

(7) 协商解决问题。随着组织结构扁平化、管理层次减少以及更多地依靠团队管理,管理人员将更多地与一些自己无权直接指挥的专业人员接触,所以,在实现组织目标过程中将更需要通过协商谈判来解决问题。

(8) 价值取向多样化。今后管理人员的构成将呈现多样化,具体表现在女性管理人员数量呈上升趋势;在一些国际化经营的企业中,管理人员更是来自五湖四海。因此,管理者应对新的思维方式持开放的态度,不应固执己见,认为自己的方式就是唯一正确的方式。

(9) 超越参与管理。管理人员需要发掘每一位员工的创造力,所以,单靠分享一点信息或一点决策权,显然是不够的,为此,作为一个管理者不仅要信任员工,更要善于倾听并鼓励员工大胆尝试新事物。

(10) 利用团队力量。将来扁平的组织结构,由于管理层次减少,因而必然要求管理人员扩大控制跨度,或组织有适当权限的项目团队来解决问题。

(11) 以用户为导向。产品、服务和流程的质量是用户衡量一个组织、一个部门或个人的标准。所以,管理人员应坚持不断改善产品质量的哲学,并引导全体员工朝着这一方向努力。

(12) 拓展全球视野。企业面临的将是愈益激烈的全球竞争,而越来越多的公司也会在其他国家开展业务,商务活动全球化已成为一个趋势,管理人员在21世纪需要掌握更多的国际商务知识。

一、全球化

世界经济正在发生根本性的变化。技术革命的加速发展使"世界变小了"。由于距离、时区、语言以及各国政府管制等造成的国际投资和贸易的障碍正在逐渐减少,原先相对隔离的各国经济正结合成一个相互依存的全球经济制度的世界,即所谓的全球化。

全球经济一体化的趋势将在21世纪得到更加迅猛的发展。

现实对各类组织提出了许多新问题。快速发展的全球经济为企业降低成本、扩大收益和增加利润创造了新的机会,全世界数以万计的公司正在利用全球通信基础设施为其产品开拓新的全球市场。大量的中小企业也因信息、资源和市场等方面的相互合作与共享而快速进入全球市场。

管理早已跨越了单个国家的边界,当今世界显然已变成一个"全球村"。新兴的全球经济为企业家在世界各地创业提供大量机会的同时,也使管理者面临着新的挑战与风险。他们必须对如何应对全球化竞争做出有效的决策;必须决定在提供产品、营销政策、人力资源实践及企业战略方面是否需做出调整;面对劳动力的多元化,即员工队伍在性别、种族、民族、年龄和其他特征方面更为多样化,他们必须适应不同国家在文化、语言、企业实践及政府管制上的差异;他们还必须决定如何最佳地应对强大的外国竞争者对其自身市场所带来的威胁。

二、互联网

通信技术的发展导致了管理世界的巨大变化。互联网改变了管理的方式,从战略的筹划至引导和激励员工,几乎所有的思考和行为都产生了变化。尽管管理仍然与战略、与人以及与人际关系密切相关,但现在这一切都将通过网络而发生。

互联网的普遍应用,使组织中出现了负责公司网络的新型管理职位,如首席信息官(CIO)。CIO是组织内部高层管理者与信息系统之间的"联系人",他不仅要监管组织的信息系统和战略,而且通过应用信息技术(IT)来创建和管理各种业务关系,他也负责为组织引入电子通信、办公自动化、管理信息系统、决策支持系统、专家系统等新技术。通过网络的应用,管理者们将在公司与其合作伙伴、供应商和用户之间建立起灵活而又必要的联系。事实上,不仅是网络管理者,应该说组织的全体员工,都必须充分运用信息技术去敏锐地发现机会,并比竞争对手更快、更有效地利用它。CIO与传统的数据处理管理者的最大不同是,后者专注于日常的作业情况,前者则专注于计划,并开发具有创新性的方法,来满足管理者日益增长的信息需求。

互联网使企业克服了传统的市场和组织之间的地域界限,通过Email、社交媒体等新型沟通工具,企业和用户以及组织和组织在相互频繁的接触与合作中产生了新的组合。网络明显地带来了外部经济、效率和灵活性。但网络在组织生活中的广泛渗透也给管理人员带来了挑战,这不仅指提高管理者在管理中应用网络的能力,更重要的是如何在信息沟通高度透明化的情境下,确立新的管理原则、流程和实践。比如,是否需要以网络为载体与员工、消费者沟通?如何利用网络去搜索信息,发现和捕捉商机?是否需要以网络为载体来开展业务经营活动?在信息网络化的条件下,企业需要面对更大的不确定性经营环境,管理者如何增强应对突发性事件的能力?这都是管理者在网络时代面临的新挑战。

电子商务交易的类型如图 1-7 所示。

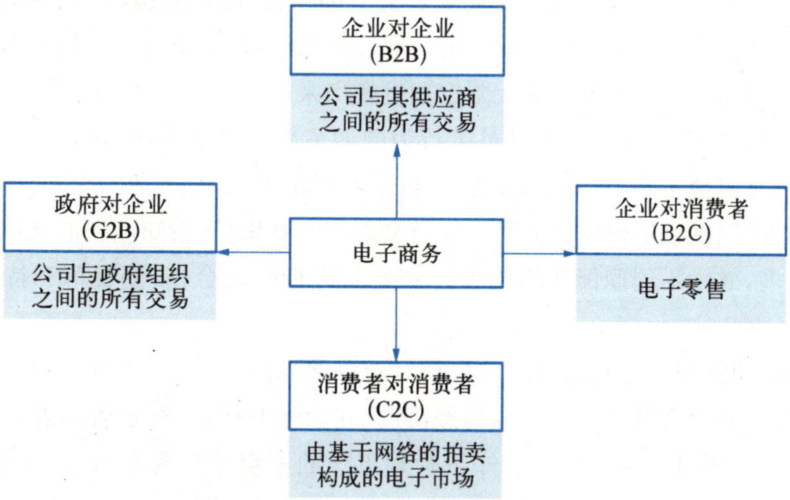

图 1-7 电子商务交易的类型

电子商务组织介入的领域如图 1-8 所示。

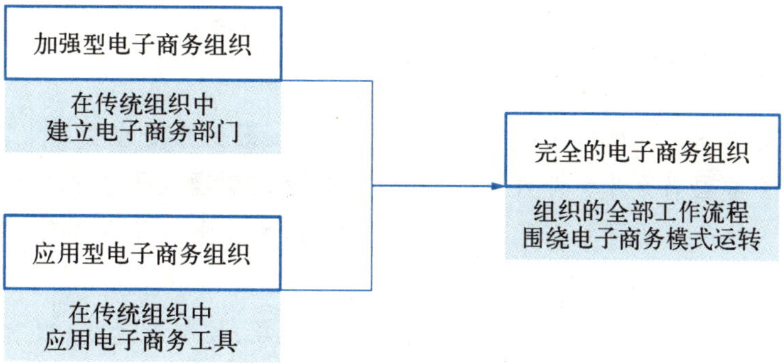

图 1-8 电子商务组织介入的领域

三、学习型组织和知识管理

管理人员面对的环境正以空前的速度发生着变化，信息和计算机技术持续创新加上市场全球化，塑造了一个混沌的世界。其结果是使得许多管理原理、原则显得过时，因为它们产生于一个相对稳定、更易预测的世界。21 世纪，成功的组织必须能够快速学习和反应。组织的管理者应敢于向传统观念挑战，管理好组织的知识资源和做出必要的变革。这些组织必须是学习型组织。

学习型组织通常是：(1) 有机的、网络化的组织；(2) 鼓励员工关注除自身工作外的外部世界；(3) 鼓励员工的自发性和主动性；(4) 使员工能适应各种难以预料的情景,从自身的经验中学习,转换心态,并比以往更快、更广和更深地进行变革。学习型组织离不开组织学习,即管理者致力于提高员工了解和管理组织及其任务环境的意愿和能力,最终达到提升组织绩效水平的目的。通过组织学习,促使员工中的个人或群体能创造性地工作和思考,将其潜能最大限度地发挥出来。所以,学习型组织应是一个能获得、传播和创造知识的组织,并通过员工行为的调整来反映新知识、新观点。在学习型组织中,员工有机会了解自身工作的进展和学习新事物,能建设性地思考一些重大问题,并寻求对问题的创造性解决方案。学习型组织对新思想、新知识和信息知识的传播持开放的态度,鼓励不同职能领域的人打破界限进行高度合作,使变革和持续改进更有效。

近年来推动管理变化的最大动力来自对新思路、好点子的需求日益增长。我们的社会已从"用手的经济"转向了"用脑的经济"。在未来时代中,知识管理者将与首席网络官一样是一个不可或缺的职务。知识管理工作的重点是发现和治理组织的知识资源——充分利用组织成员的知识。知识管理就是要寻找、开启、共享和充分地利用组织中最宝贵的资源——人们的专长、技能、智慧和关系。知识管理者发掘这些人力资源,帮助人们工作和学习,帮助人们产生新思路,并将其转化为成功的创新。

本章提要

当代社会是由各类组织构成的社会。我们每个人都在特定的组织中工作与生活,这些组织的经营管理离不开管理人员。实际上,如今的管理人员已成为我们社会的领导阶层。管理人员管理质量的高低,对每个人都有影响。学习并掌握管理知识不仅有利于社会,也有益于我们每个人。

管理是对组织中有限的资源,通过计划、组织、领导、控制等过程,以有效地达成组织的目标。"有效地"是指既要注重效率,也要注重效果。效率强调正确地做事,效果追求的是做正确的事。

管理人员不同于作业人员。管理人员在组织中指挥他人的活动,而作业人员直接工作于一项任务或职务,并不负有监管他人工作的职责。管理人员的职务分类可按纵向的等级层次和横向的职能领域进行划分。他们一般被分为三个层级:一线管理人员、中层管理人员和高层管理人员。各层次的管理人员又可根据不同的职责,履行营销、财务、生产、人事、行政等职能。

管理人员从事管理工作需要一定的知识基础和基本的管理技能。基本的管理技能分为技术技能、人际技能和概念技能三类,不同层次的管理者对这三项技能的侧重是不同的。此外,有效的管理者和成功的管理者在从事各项管理活动中,各自的侧重也有较大的区别。未来的管理人员应学习做一个正直的管理者,迎接管理的新挑战。

新时代的管理,不管是否言过其实,全球化、互联网、知识管理等种种影响力,正在改变着国家，改变着世界。对企业而言更是如此。无论中外，与世隔绝的“世外桃源”已不存在，在世界市场上进行全球竞争的生存压力与日俱增。互联网改变了管理方式，它使管理人员的思考和行为都发生了变化。21 世纪，成功的组织必须能快速学习与反应，知识管理也将愈益重要。

复习思考题

1. 管理人员是如何帮助组织达成其目标的？

2. 效率和效果的区别是什么？为了达成组织目标，效率和效果哪一个更重要？一个组织在这两个方面能否同步取得成功？

3. 列出管理的各项主要职能，解释为何计划工作是首要的职能。

4. 何谓管理角色？请列举四种要求管理者扮演的角色。

5. 指出管理的三项基本技能，并解释不同管理层次对各自所需技能的侧重。

6. 试述 21 世纪企业发展为学习型组织为何离不开知识管理。

课后练习

你准备好成为一名管理者了吗？

欢迎来到管理的世界。你准备好了吗？下面的小问卷将帮助你了解自己是否能满足当今管理者的要求。以下题项反映了一位部门经理需要从事的管理活动。根据各项活动对新任部门经理成功完成目标的重要程度，对各题项进行评级。你应找出其中最重要的 4 项管理活动（评为“极为重要”），并找出最不重要的 4 项管理活动（评为“不太重要”）。

题　项	极为重要	不太重要
1. 将 50%以上的时间用于关心照顾员工。		
2. 确保每个人了解你是本部门的老大。		
3. 利用午餐时间与其他部门的同事见面，和他们建立良好关系。		
4. 推进你认为改善部门绩效所必需的各项变革活动。		
5. 花费尽量多的时间与下属交谈，倾听他们的意见。		
6. 确保工作及时完成。		
7. 定期与上级交流他对你个人和部门的期望。		
8. 为整个部门设定明确的绩效期望和管理政策。		

计分和结果解读：

上述 8 个题项都是重要的管理活动，但通常人们认为，奇数题项对管理者的长期成功比偶数题项更重要。如果你对3～4个奇数题项的评级为“极为重要”,可以认为你已经为管理职位做好了准备。一位成功的新任管理者会发现,他需要花费大量时间在关心照顾员工上,包括指导直接下属和同事。在新任管理职位上未能取得成功的管理者,往往就输在糟糕的工作关系、错误地解读了组织的管理哲学或文化价值观方面。与各方相关人员建立良好的人际关系,往往比坚持提高传统的工作技能、强调控制或任务成果更重要。在担任某一管理职位一年之后,成功的管理者往往会发现,自己50%以上的时间都花在与他人交流、建立关系方面。

第二章
古典管理思想的演进

全章脉络

学习目的与要求

管理专业术语

- 第一节　早期的管理思想
- 第二节　泰罗与科学管理理论
- 第三节　法约尔与一般管理理论
- 第四节　韦伯与理想的行政集权制理论

本章提要

复习思考题

学习目的与要求

1. 了解古典管理思想发展的历史;
2. 认识早期管理思想的主要贡献;
3. 理解泰罗及科学管理理论;
4. 理解法约尔及一般管理理论;
5. 了解韦伯及理想的行政集权制理论;
6. 理清管理思想发展的逻辑思路。

管理专业术语

Division of Labor The breakdown of jobs into narrow and repetitive tasks.

Machiavellianism A measure of the degree to which people are pragmatic, maintain emotional distance, and believe that ends justify means.

Industrial Revolution The advent of machine power, mass production, and efficient transportation.

Scientific Management The use of the scientific method to determine the best way for a job to be done.

Therbligs A classification scheme for labeling 17 basic hand motions.

Gantt Chart A graphic bar chart that shows the relationship between work planned and completed on one axis and time elapsed on the other.

General Administrative theories The general theories of what managers do and what constitutes good management practices.

Principles of Management Universal truths of management that can be taught.

Bureaucracy A form of organization marked by division of labor, hierarchy, rules and regulations, and impersonal relationships.

人类的管理思想早已有之。自从有了有组织的活动，就有了管理活动。巴比伦的《汉谟拉比法典》及中国的《论语》无疑是管理思想的文字见证，巍然耸立的埃及金字塔和透迤延绵的中国万里长城则是管理实践的实物见证。然而，人类系统地研究并形成管理理论是在19世纪末、20世纪初。泰罗的管理理论标志着科学管理理论的诞生，后人称这一阶段的管理理论为"古典管理理论"。古典管理理论主要有以泰罗为代表的科学管理理论、以法约尔为代表的一般管理理论，以及以韦伯为代表的行政集权制理论等。

第一节　早期的管理思想

早期的管理思想是指19世纪末管理思想系统化之前，人类经过管理实践和经验总结而成的对管理的思考与认识。早期的管理思想按时间顺序大致可分为三个阶段，即古代的管理思想、中世纪的管理思想和工业革命时期的管理思想。下面将依次做一简略回顾。

一、古代的管理思想

在远古时代，管理思想随着人类的文明开化而在世界各地先后出现了一些萌芽。

大约在公元前9000年(即中石器时代)，在人类组成了氏族、部落的同时，相应也出现了一些管理工作的萌芽。

大约在公元前5000年，活跃在美索不达米亚(即两河流域)的苏美尔人创建了一种类似"公司"性质的管理机构，用来统一管理庙宇，并实现了把宗教礼仪活动与世俗活动分开、各由一名高级祭司负责的双头控制制度。与此同时，他们还创制了文字，并在泥板上记载账目，以便管理庙宇中的财物。这可以被视为最早的管理控制系统和库存账目记录系统。

四大文明古国之一的埃及约在公元前5000年到公元前525年间建造了大批金字塔。建设中某些技术性方面至今仍是不解之谜。此外，埃及还创造了许多"世界之最"。例如，建造古埃及大金字塔所耗的劳力竟是10万人口在20年间的劳动量。这类工程的管理复杂性，包括众多奴隶和工匠在劳作、生活中所涉及的实物分配、运输安排、工程协调等所需处理的管理问题，都是金字塔的工程管理者必须面对和解决的。另外，我们还可以通过《圣经》来了解一些古埃及的管理思想。《圣经》中提到了一些萌芽状态的组织制度、管理咨询制度、例外原则及授权原则等。此外，该书中提出的许多古埃及管理思想，目前已成为当代管理名言。譬如，"领导者对未来要有所打算"，"用你的手写，用你的嘴读，向比你知识丰富的人征求意见"，"应该对认识你的人和不认识你的人，接近你的人和不接近你的人一视同仁"，等等。可见，古埃及人在管理思想上是有很大成就的,他们早在数千年以前就认识到了计划、组织、控制的必要性,以及公正原则和分权原则在管理中的重要性。

古巴比伦人对管理思想的演进也做出了重大贡献。《汉谟拉比法典》中有如下条文:“如果一个人雇用一个农工,他每年支付8古(一种古巴比伦计量单位)谷物的工资”;“如果一位商人把谷物、羊毛、油或其他商品交给代理人,代理人应该写下这些商品的价值,并把金钱还给商人,同时取回一张盖有商人印章的收到金钱的收据。如果代理人由于疏忽而没取回那张收据,这笔没有取回收据的金钱就不会记在他的账上”;“如果一个石工造的房子倒塌,而使其中住的人死亡,要判该石工死刑”;“如果一个人在另一个人那里存放银、金或其他东西,他应该把这些东西让一位证人见证,并拟订一项契约,然后存放”。可见,当时巴比伦人对最低工资、收据处理、责任承担、贵金属存放等都有了较详细的规定,并形成了一定的管理制度。

印度与中国都是最古老的文明古国,其深厚的文化底蕴孕育出了诸多管理思想,哺育了众多管理思想家。印度恒河边上的古城遗迹,中国蜿蜒雄健的万里长城,都彰显着人类文明的光辉,也是当时大规模管理活动的结晶。

“光荣属于希腊,宏伟属于罗马”,这是人们对古希腊与古罗马的崇高评价,这里面也包含了对它们在管理思想史上地位的认可。

在古希腊,人们所处的是一种民主式的城邦,他们倡导民主协商式的管理。而且,古希腊人还利用音乐来规定工作节奏,以缓解人们的疲劳,最终达到增产增收的目的。另外,古希腊哲学家柏拉图在其巨著《理想国》一书中首先提出了劳动分工及专业化原理。在书中他写道:“每个人从事几种行业或坚守本行,哪一种更好呢?”针对这一问题,他做了如下论述:“如果一个人按照他的能力,并在恰当的时机做事,他就能做得更多、更好,而且更容易。我们不必对大城市中的物品比小城市中的物品更好这一点感到奇怪。在小城市中,同一个人既要做床,又要做门窗、做犁耙、做桌椅,常常还要造房屋等,一个要做这么多东西的工人是不可能样样都做得好的。而在大城市中,一个人可以只从事一种行业,有时只是从事一种行业的一个分支。一个工人做男鞋,另一个工人做女鞋;一个工人只是缝鞋,另一个工人只是切皮;如此等等。一个只从事这样一种有限范围工作的工人,必定能在工作上取得出色的成就。”他由此得出结论:“应该坚守自己的本行。”此外,苏格拉底、色诺芬等人还对管理的普遍性原则做了较为具体的阐述。苏格拉底认为“私事”的管理与“公事”的管理只有量上的差别,其他方面都是相同的,而且其管理者也无本质上的差别。色诺芬也认为对某方面(如家务)管理出色的人,肯定也能从事其他方面的管理。

古罗马人继承与发扬了古希腊的管理思想。为了统治拥有8 000万人口、西起英国东至叙利亚的庞大帝国,罗马帝国进行了集权与分权相结合的统治方式。最著名的代表者是戴克利国王,他于公元284年上台执政后实行了一种“连续授权制”的行政制度。所谓连续授权制,就是把罗马帝国划分成大区、区、省等行政区域,国王授权给大区首脑，大区首脑又授权给区总督，区总督再授权给省长……当时罗马被划分成19个省份，分归13个区领导，这些区又被归并为4个大区。戴克利国王兼任一个大区首脑，把另外三大区的领导权授予了3个助手。从宏观层面上来讲，古罗马拥有一套较完整的行政集权与分权体制。在微观层面上，古罗马的瓦洛对农庄管理提出了一些新的观点。他认为，如何选取合格的农庄工人与监工对于农庄管理的成效是非常重要的。他还提出了优秀的农庄工人与监工的标准。

总之，在古代人类社会中，因为生存、发展或统治的需要，管理思想就在人们生产、生活之中诞生了，并且不断地得到充实与发展。

古代的管理思想涉及多个方面，虽然并没有形成高度系统化的管理思想，但在计划、组织、控制、人事以及管理普遍性原则等方面，均有所涉及。这些内容进而形成了丰富而又立体的古代管理思想图景。

二、中世纪的管理思想

中世纪的管理思想是连接古代管理思想与现代管理思想的纽带。在中世纪，统治当局的黑暗统治及宗教势力对异端的残酷迫害对西方社会的发展施加了极大的压力，给西方人文史与自然科学史留下了累累伤疤。许多学者因此把中世纪称为“西方黑暗的世纪”。管理思想的发展在中世纪自然也受到了压抑，但并没有裹足不前。

马基雅维利(Niccolo Machiavelli，1469～1527)是意大利的政治思想家和历史学家，也是中世纪管理思想集大成者，著有《君主论》《论说集》等书。他的思想被后世称为“马基雅维利主义”，即为结束政治割据，建立强大而统一的国家，君主可以不择手段。他的思想为当时君王管理国家做出了很大的贡献。

在《君主论》和《论说集》中，马基雅维利阐述了大量的管理思想。

(1) 权力接受论。权力接受论是指权力的根源是自下而上、来源于群众的，领导者取得权力只是接受了群众的授予。马基雅维利非常强调领导者得到群众拥护的重要性，认为政府的存续、统治的稳定都来自群众的支持。

(2) 组织的凝聚力。马基雅维利指出，一个国家要存续，必须要有凝聚力。为了形成强大的凝聚力，国王应亲临那些被他所征服的领土，还要注意抚慰下级官员及平民百姓。为了增强凝聚力，国家立法是不可废的，法律也应当是稳定的。

(3) 好的领导者。一名称职的领导者应当是众人的楷模，甚至是精神上的领袖。他不仅应善于利用时机，而且还应善于用人、管人。

(4) 组织的存续。马基雅维利认为，组织的存续是组织的一个主要目标，要达到这一目标，领导者及群众应经常处于警惕状态，以防止或扑灭混乱。此外，在有关组织存亡的关头，领导者应背弃任何无用、过时的誓言，抛开所有道德上的借口，甚至可以不惜采取严酷的措施。

管理聚焦

早期的战略家
——马基雅维利和孙子

虽然“马基雅维利式的”这个形容词常用来指狡猾、玩弄权术的机会主义者，但马基雅维利本人对共和国的优越性坚信不疑。这一点在《论说集》中表现得很明显。该书写于1531年马基雅维利居住在早期意大利佛罗伦萨共和国之时。他推导出的原则稍加改进，就可以适用于当今的组织管理：

(1) 如果组织成员有权利表达不同意见，并且能在组织内部解决彼此间的冲突，那么，组织就会更稳定。

(2) 一个人在创办一个组织时，“如果有许多人负责并有许多人乐于维护它，那么，这个组织就会长久”。

(3) 一个能力较差的管理者跟在一个能力较强的管理者后面，就仍可以对下属保持权威。

(4) 管理者试图改变一个颇有年头的组织，“应该至少在表面上保留一些旧习”。

另一部给现代管理者以启迪的经典之作是中国古代谋略家孙子于2 000多年前写下的《孙子兵法》。这本书曾经被毛泽东所改进和运用，并提出了以下名言：

- 敌进我退；
- 敌驻我扰；
- 敌避我打；
- 敌退我追。

虽然这些规则原本是为了指导军事战略，不过它们现在被用于制定企业战略方案，打击生意场上的竞争对手。学习关于战略和计划的内容时，别忘了孙子。

虽然孙子和马基雅维利都不曾试图提出关于管理本身的理论，但他们的思想为我们提供了有关历史的重要警示。管理学并非产生于20世纪初的美国。处在特定时期和特定地域考虑组织的管理时，我们必须注意，不要无视历史和文化事实。

[资料来源] 詹姆斯·斯通纳等著：《管理学教程》，华夏出版社2001年版，第24页。

三、工业革命时期的管理思想

工业革命不仅是技术上的革命，也是生产关系上的革命，它不仅促使了资本主义的诞生，也催生了新的管理思想。

(一) 工业革命的影响

20 世纪以前，对管理最具影响力的莫过于工业革命。工业革命又称为产业革命，是指资本主义的机器大工业代替以手工技术为基础的工场手工业的一场重大变革。它不仅是生产技术上的革命，也是生产关系上的革命。工业革命的爆发是以 1733 年英国约翰·怀特发明纺织机为标志的。此后，1765 年，詹姆士·瓦特改进了蒸汽机，使之适合机器大工业；1769 年，阿克莱特建立了最早使用机器的工厂——水利纺纱厂；1785 年，卡特赖特发明了动力织机，蒸汽机在工业中的运用进一步扩大。到 20 世纪三四十年代，已基本上完成工业革命的英国，机械化生产已遍及工业、交通运输业、采矿业等各部门。随后，美、法、德、俄、日等国，也于 19 世纪先后开始并完成了工业革命，从而开创了生产力发展的新纪元。

工业革命的完成，生产关系的变革，工厂制度的建立与发展，促进了人们对管理的普遍关注。

(二) 工业革命时期的管理思想

工业革命时期管理思想的代表人物主要有詹姆士·斯图亚特、亚当·斯密、詹姆士·小瓦特、罗伯特·欧文、查尔斯·巴贝奇等人。

1. 詹姆士·斯图亚特(James Stewart，1712～1780)

斯图亚特是英国重商主义后期代表之一，是第一个探讨资产阶级政治经济学整个体系的英国经济学家。他的管理思想主要体现在其 1767 年出版的经济学名著《政治经济学原理研究》中。他先于亚当·斯密提出了“劳动分工”这一概念，认为工人因从事重复操作而更灵巧地工作，从而提高劳动生产率。此外，他比泰罗早 100 年就提出了工作方法研究，并阐明了刺激性工资的实质以及管理人员和工人之间劳动分工的问题。

2. 亚当·斯密(Adam Smith，1723～1790)

亚当·斯密是英国古典经济学的杰出代表和理论体系建立者。1776 年，他发表了著名的《国民财富的性质和原因的研究》一书，在书中他系统地论述了“经济人”观点以及劳动分工理论。

亚当·斯密研究经济问题的出发点是资产阶级利己主义，即每个人的一切活动都受“利己心”支配，人人追求个人私利，而这种追求客观上也会促进整个社会共同利益的发展。这种个人私利的追求者，就是“经济人”。所以，他极力反对重商主义，主张资本主义自由放任。他认为，劳动分工之所以能提高劳动生产率，是因为：(1) 劳动者的技巧因“业专”而“日进”；(2) 减少因工作变换而损失的时间；(3) 许多简化劳动和缩减劳动的机械发明，使一个人能够做多个人的工作。

亚当·斯密在著作中还提到控制职能以及计算投资回收期的必要性等问题。他对控制的理解是：必须使一个人为自己的工作成绩而对另外一个人负责，而他本人对那个人则无法施加任何重大的影响。他还认为,只有正确地计算设备的投资回收期,才能进行正确的投资决策。

3. 詹姆士·小瓦特(James Watt Jr. ,1769～1819)

小瓦特是改进蒸汽机的发明家詹姆士·瓦特的儿子,他于1800年接管了父亲建在英国伯明翰附近的索霍工厂。

在索霍工厂,他实施了一系列早期的科学管理措施:(1) 进行充分的市场调查与研究,为生产提供依据;(2) 选择交通便利并有扩建余地的厂址;(3) 进行符合工作流程的设备布局;(4) 制定工艺程序和机器作业标准;(5) 制定工具维修及采购制度;(6) 实行产品部件标准化;(7) 做详细统计记录,作为管理决策的依据;(8) 制定详细的会计制度;(9) 进行工作研究;(10) 实行按成果付酬制;(11) 推行员工福利制;(12) 制定员工培训计划;等等。

小瓦特的这些措施为索霍工厂赢得了声誉和生产率,并对现代管理制度产生了一定的影响。

4. 罗伯特·欧文(Robert Owen,1771～1858)

欧文是英国空想社会主义的代表人物,也是一名企业管理改革家,被人们誉为"现代人力资源管理的先驱"。

欧文的管理思想主要体现于人事管理方面的实践与理论。他于1800～1828年在英格兰的新拉那克工厂任经理一职。在任职期间,他致力于改进工作条件以及改革以工厂为中心的社区,希望以此来改善工人生活状况,并使工厂获得很高的利润。他认为:只要对工人加以训练与指挥,就可以取得50%～100%的报酬,从而使工厂主的收入大大增加;而花在机器上的支出只能赚到15%的报酬。所以,应当善待工人,并给他们以培训,使他们在精神上不至于受到太多的挫折与刺激。

欧文在人事管理方面的理论与实践,对以后的行为科学理论产生了很大的影响。

5. 查尔斯·巴贝奇(Charles Babage,1792～1871)

巴贝奇是英国的数学家、机械学家、科学管理的先驱者。他的代表作是1832年出版的《论机器和制造业的经济》。

巴贝奇提出了企业管理一般原则的设想,认为在科学分析的基础上,探索出某些管理规律或规则是可行的;他还提出了与后人作业研究方法相似的"观察制造业的方法";他进一步发展了亚当·斯密的劳动分工理论,认为劳动分工的益处在于:(1) 节省学习所需的时间;(2) 节省学习中所耗材料;(3) 节省工序转换所需时间;(4) 节省更换工具所耗时间;(5) 由于重复操作,技术容易熟练,可以加快工作速度;(6) 由于集中注意力,有利于创新,改进工具;等等。他还强调了劳资协作,提出了固定工资加利润分享的分配制度;倡导了以技术水平及劳动强度为依据的付酬制度;主张工厂建立建议制度;探讨了大工厂的优越性。他还发明了"差分机",被誉为今日电脑的先驱。以上这些都是巴贝奇对管理做出的重大贡献,他为以后古典管理理论的形成,提供了一定的思想基础。

第二节 泰罗与科学管理理论

弗雷德里克·温斯洛·泰罗(Fraderick Winslow Taylor,1856～1915)诞生在美国宾夕法尼亚州一个富裕的律师家庭。他年幼时就爱好科学研究、调查和实验。他在考入哈佛大学法学院不久,因熬夜读书得了眼疾而被迫辍学,从而放弃了子从父业的理想。1875～1878 年,泰罗在费城一家小钢铁机械制造厂当学徒工,1878 年谋职于米德维尔钢铁公司,不久升任车间管理员,尔后又升至技师、工长等职,1883 年在史蒂文斯技术学校获得机械工程学位,1884 年升为该公司总工程师。

在工作中,泰罗对米德维尔钢铁公司当时的管理方法产生了不满。当时,该公司权责不明,标准不清,工人积极性低,士气消沉,并最终导致劳动生产率的低下。对此,他提出了一系列方案,并取得了很好的效果。在此基础上,结合以后的工作管理经验,1911 年,他写成了《科学管理原理》一书。由于对科学管理理论的杰出贡献,他被尊称为"科学管理之父"。

一、科学管理理论

在《科学管理原理》一书中,泰罗阐述了科学管理的核心观念:科学管理是以工厂管理为对象,以提高工人劳动生产率为目标,在对工人的工作和任务进行研究的基础上制定出标准操作方法,并用此法对工人进行指导训练来提高劳动生产率。

科学管理制度又被称为泰罗制,是泰罗极力倡导企业建立的一套以科学管理理念为核心的管理制度。它基于科学管理"四原则"。在具体运用时,泰罗又提出了作业管理原则、职能化原理、例外原则和精神革命。

(一) 科学管理"四原则"

1. "一个最佳的方法"

管理部门通过科学观察,必定可以找到从事每项工作的"一个最佳的方法"。

2. 科学地挑选人员

管理部门应看到每个工人的局限性,找出其"发展的潜能",并给予每个工人必要的培训,使之在某项任务中成为第一流的工人。

3. 经济刺激

泰罗认为,将合适的人选安置在合适的岗位上并不能确保高的生产率。他提倡一种经济刺激制度,在这种制度下,工人的工资直接与其产出挂钩。

4. 职能上的分工

泰罗提倡在管理人员与工人之间进行分工,由管理人员从事计划、准备和检查等工作,而由工人从事实际作业。特定的专家或“职能工长”将具体负责工作的某一方面,诸如确定最佳的机床转速和检验工作成果等。

(二)作业管理原则

1. 较高的日作业定额

为了矫正当时作业方法不当、纪律松弛、有组织的怠工等不良现象,提高劳动生产率,泰罗制定了一个“所有工人经过训练和努力以后,在不损害健康的情况下,能够达到并长期坚持下去的“较高的日作业定额”。这一定额是根据作业时间、必要休息时间和延误时间计算出来的。

2. 标准的作业条件

为了达成上述“较高的作业定额”,必须具备两个条件:一个是前面已提到的“第一流的工人”,另外一个是标准的作业条件。

标准的作业条件包括:使工人掌握标准化的操作方法,使用标准化的工具、机器和材料,使作业环境标准化。

泰罗认为,创造标准的作业条件,必须用科学的方法对工人的操作方法、使用的劳动工具、工作时间的安排、机器的布置以及作业环境的布局等进行全面分析,消除不合理的因素,把各种最好的因素结合起来,从而形成一个标准的作业条件。为此,泰罗在米德维尔钢铁厂进行了金属切削试验,在贝瑟利恩钢铁公司进行了搬运生铁和铲沙试验。在试验中,泰罗对工人进行了培训,并消除了作业当中不必要的环节,改变其中不合理的部分,把劳动和休息时间很好地搭配起来,结果取得了很显著的成效。例如,切削工人的日金属切削量大大上升,生铁搬运工的日定额从12.5吨提升至47.5吨等。

3. 科学地挑选工人并使之成为第一流工人

泰罗认为,每个人都有不同的天赋与才能,只要工作对他适合,都能成为第一流的工人。但同时他也指出:“每一种类型的工人都能找到某些作业,使他成为第一流的工人,除了那些完全能做这些作业而不愿做的人。”

4. 差别计件工资制

这一原则主要是为了刺激工人们的工作积极性,因此又称为刺激性付酬制度。为此,首先制定一个较高的合理的作业定额或标准是必需的。泰罗认为,这一定额可由企业管理当局来制定。

差别计件工资制是一种根据工人是否完成定额而采取不同工资率的付酬制度。“高工资率”是正常工资率的125%,“低工资率”仅是正常工资率的80%,如果工人按质完成或超过定额,就按前者比例支付报酬,否则就按后者支付。可见,差别计件工资制是一种按工作数量与质量比例支付工资的做法,它能较有效地调动工人的积极性。

(三) 职能化原理、例外原则和精神革命

科学管理的重要内容还包括职能化原理、例外原则和精神革命。

1. 职能化原理

泰罗认为,在企业中应把计划职能与执行职能分开,并且实现职能工长制。泰罗认为,一个班组的工长有八种管理职能,而这些职能又可以分为两个部分,并归入两个管理部门分别承担。泰罗把工作流程管理、指示卡管理、工时成本管理、车间纪律管理归为计划部门的职能,而把工作分派、速度管理、检查、维修保养归为执行部门的职能。他认为这些职能不仅要分开,而且应由专门的人来分别承担,这些专人就是职能工长。这八个人必须具备以下九种素质中的几种:(1) 智能;(2) 教养;(3) 专门的或技术性的知识;(4) 才能;(5) 精力;(6) 坚韧刚毅;(7) 正直;(8) 判断力或常识;(9) 健康。而工人就要从几个担任不同职能的职能工长那里接受命令。

这种职能工长制有三大优点:(1) 由于职能工长只承担某项职能,所以对其培训只需花费较少的时间;(2) 管理职责明确,管理效率较高;(3) 可以降低整个企业的生产成本。

这一制度最明显的缺点是:由于一个工人同时要接受几个职能工长的领导(即多头领导),容易引起混乱,所以泰罗的这一原则没有得到推广。但它对于"直线职能制"组织形式的职能划分、"矩阵"组织形式的出现都产生了相当大的影响。

2. 例外原则

泰罗认为,规模较大的企业不能只依据职能原则来组织或管理,还必须运用例外原则。

例外原则是指企业高层管理人员把一般的日常事务授权给基层管理人员去处理,自己只保留对例外事项(特别好或特别坏的重要事项;超过常规或标准的各种例外情况,如重大政策的决定、重要人员的任免等)的决策和监督权。

例外原则对于避免高层管理人员陷入繁琐的日常具体事务,以集中精力做出对重大事项的决策,是非常必要和有利的。运用例外原则甚至还可以检验究竟是谁履行了他的职责,谁又是不称职的。

泰罗的例外原则为以后管理上的分权原则和事业部制等管理体制的形成奠定了理论基础。

3. 精神革命

泰罗认为,工人追求的是获得更高的工资,而管理当局追求的是降低成本、获得更高的利润,如想使双方不再为如何分配而针锋相对,只能通过共同努力提高劳动生产率来实现。

为了提高生产率,改变劳资敌对关系是很有必要的,为此,泰罗提倡工人和管理当局双方掀起一场精神革命。而科学管理的实质就是这样一场在劳资双方中进行的完全的精神革命。

泰罗认为,科学管理不轻视任何可以提高生产率的措施。科学管理实际上是工人们在对待他们的工作责任、同事和雇主方面的一次完全的精神革命,也是工长、厂长、雇主、董事会在对他们的同事和所有日常问题责任上的一次完全的精神革命。没有工人与管理人员双方在思想上的这样一次完全的革命,科学管理将名存实亡,生产效率的提高也仅是纸上谈兵而已。

二、泰罗的追随者

时势造英雄,在泰罗的同时代人当中,还有一些人对科学管理理论的形成与完善做出了卓越的贡献。

1. 弗兰克·吉尔布雷思(Frank Gilbreth,1868～1924)

吉尔布雷思早先是一个砌砖匠的学徒,受泰罗学术演讲的激发,成为其最真诚的追随者。他长期从事动作研究与疲劳研究,力图精简动作,降低疲劳,提高生产率。吉尔布雷思将人手的动作分解为 17 种基本要素(诸如扳、握、提等),并将其称为"动素"(therbligs),以便更精确地分析每个动作。因其在动作研究上的成就,吉尔布雷思被后人誉为"动作研究之父"。

1904 年,吉尔布雷思娶了有心理学背景的莉莲,婚后两人共同发展了动作研究原理,并从事工作任务的科学分析。

2. 亨利·甘特(Henry Gannt,1861～1919)

甘特是泰罗在米德维尔钢铁厂工作时的助理,是科学管理运动的先驱者之一,也是人际关系理论的先驱者之一。甘特的著作颇丰,主要有《培养工人的勤奋习惯和协作精神》(1908)、《工作:工资和利润》(1910)、《生产和成本的关系》(1915)、《工业领导》(1916)、《工作的组织》(1919)等。

甘特的主要贡献在于:(1) 进一步发展了泰罗的计件工资制,提出了"工作任务和奖金制";(2) 发明了反映生产计划进度的甘特图;(3) 强调对工人进行培训;(4) 提倡工业民主,注重管理的人性化。

此外,对工时测定、降低成本、提高效率、消除浪费以及组织结构都有所研究的哈林顿·埃默森(Harrington Emerson,1858～1931),推动了科学管理理论的进一步丰富化。亨利·福特(Henry Ford,1863～1947)创建了当今享誉全球的美国福特汽车公司,他是流水线大量生产方式的倡导者,并促进了生产与管理的进一步标准化,真正用实践充实了泰罗的管理标准化原理。

三、对科学管理的评价

以泰罗为代表的科学管理理论对世界各国工商界都产生了极大的影响。英国陆军少校林达尔·厄威克发起了一场关于科学管理的运动，成为英国第一位职业管理顾问。日本的“丰田精益生产之父”大野耐一（Taiichi Ohno）承认，他受益于科学管理理论。20世纪90年代，占主导地位的管理变革——企业流程再造理论，也深深带有科学管理的烙印。科学管理代表了效率和消除浪费，其理论可在当今任何一个以标准化生产和标准化质量为基础的行业中看到，如快餐业。泰罗可能是对20世纪管理学最有影响的人。

科学管理理论为工作方法的改进和工时定额的制定提供了理论依据；科学管理理论提出了劳资精神革命的构思，为缓解劳资关系增加了可能性；以科学管理理论为核心的科学管理运动加强了公众对提高生产率的关心程度；此外，科学管理理论还提升了管理理论的科学性。

德鲁克曾分析道，事实上科学管理几乎是一种有关工人与工作的系统性哲学。总的来说，它很有可能是自联邦主义文献（The Federalist Papers，指汉密尔顿等人发表的一系列为联邦宪法辩护的优秀论文）以后，美国对西方思想做出的最有力、最持久的贡献。

实际上，科学管理理论也有两个较突出的缺陷：

首先，泰罗混淆了分析原则与行动原则。泰罗可能认为这两者之间的关系是不言而喻的，所以他注重的是个别任务而不是综合成果。现实中几乎所有的实践者都把单个动作看作是把工作做好的关键，实际上在分析工作时确需把工作分解成最简单的单个动作，但在行动时应再把单个动作组合成一个整体，只有这样，工作才能做得更好。其实，把工作分得越细、人们就会把工作做得越好的观点也不完全正确。即使对机器来说也不是这回事，更不要说人了。人有意愿、个性、情感、嗜好和思想；人的本质同机器的设计天差地别，适合机器的作业和操作并不一定适用于人。人没有机器的那种力量和耐久性，容易疲劳，如果把人当成机器，人也仅是设计得非常差劲的机器。但人在协调方面却具有长处，人长于综合各相关的感受而采取行动。对人来讲，并不存在“唯一正确”的速度和节奏，每个人都有自己的速度、节奏和注意范围。强求人的动作如机器一样整齐划一，这是不现实的。

其次，科学管理理论的缺陷还体现在计划工作与实际工作的分离。泰罗似乎认为制定计划的核心阶层拥有天赋的统治权力，这与中国儒家“劳心者治人，劳力者治于人”的哲学很相似。

计划工作与实际工作是有差别的，这一发现是泰罗最有价值的高见之一。他强调，在做工作之前计划做得越周密，工作就会做得越容易、越有效，生产率也就越高。但是在分析过程中，不能从计划与实际工作是分开的两回事，就得出结论说：计划制定者和实际工作者应该是两个不同的人。也并不能就此推论出：企业中应该分为两类人，一小部分人决定要做什么，由他们来设计工作，规定工作步伐、节奏和动作，并命令其他人去做；大部分人则接受命令，怎样说就怎样干。

其实,计划工作与实际工作是同一工作的两个单独的组成部分,而不是两种单独的工作。单有计划而无实际工作仅是白日梦而已。相反,没有计划的指导,最机械的工作也可能无法控制。而实际上,只要把计划工作的人与实际工作的人结合起来,生产率就可能大大地得到提高。

上述这些理论上的局限,说明了为什么应用科学管理理论往往会导致工人们的抵制与反对,甚至因此给泰罗本人也带来了麻烦。

第三节　法约尔与一般管理理论

法约尔(Henri Fayol,1841～1925)著有《管理的一般原则》(1908)、《工业管理和一般管理》(1916)、《国家管理理论》(1923)、《公共精神的觉醒》(1927)等。

法约尔于1858年毕业于圣艾蒂安国立矿业学院,1860年开始其职业生涯,到法国康门塔里—福尔香包采矿冶金公司工作并在其中奋斗了一生。因为他一离开矿业学院就当上了矿井工程师,此后又担任了46年的经理,所以人们称他对管理理论的研究是从"办公桌前的总经理"开始的。他与泰罗研究管理问题的视角是有很大差别的,他具备从一个整体角度来考虑管理问题的条件,自上而下地考察管理实践的事实也体现于其一般管理理论。而泰罗研究管理理论是从"车床前的工人"开始的。

法约尔的管理理论针对的主要是一般性经营管理,他的理论被称为"一般管理理论"。因为法约尔对经营管理理论的杰出贡献,他被尊称为"现代经营管理理论之父"。

法约尔比较顺利的一生及其丰富的管理实践,对于一般管理理论的最终形成起到了非常重要的作用。"在这16年(1872～1888)中,他被提升为管理一批矿井的经理……这样,他不仅要从技术方面考虑,还要从管理和计划方面考虑,这就促使他对管理进行研究。1888年,当公司(康门塔里—福尔香包采矿冶金公司)处于破产边缘时,他被任命为总经理,并按照自己的管理思想对公司进行了改革和整顿,关闭了一些效益不高的工厂,吸收资源丰富的新矿来代替资源枯竭的老矿。他于1918年退休后……创立了一个管理研究中心……他曾亲自在陆军大学、海军学校讲授管理理论……他还曾经对法国烟草专卖事业的管理问题做过调查"。(孙耀君,1999)

一、一般管理理论

法约尔认为,尽管人们对管理谈论得很多,但对管理的定义却是模糊不清的,而且管理职能与组织其他方面的职能也没有明确的界限。为此,他提出了管理与经营的区别,从而对管理做了明确的界定,并在此基础上研究了一般管理理论。

(一) 经营与管理的区别

法约尔认为，经营与管理是不同的概念。经营比管理的内涵更广泛，它包括六种活动：技术活动、商业活动、财务活动、安全活动、会计活动、管理活动。而管理活动则由计划、组织、指挥、协调、控制五大要素组成。

(二) 管理的"五要素"

管理的"五要素"是指计划、组织、指挥、协调、控制五个管理职能。

1. 计划

计划是指预测未来并制定行动方案。

预测是计划的开始，"管理应当预见将来"是企业界的一条格言，它表示对未来的估计，也表示为未来做准备。

制定行动方案，首先要有一个依据。法约尔认为可供企业选择的依据有：(1) 企业资源，如人力、物力、财力等资源；(2) 目前正在进行的工作的性质和重要性；(3) 企业未来的发展趋势。

行动计划往往包含行动路线、行动阶段、行动手段以及计划目标四个要素。在制定时除了要选择恰当的依据以外，还要考虑到下级管理人员及一般工人的意见，以便正确地制定可行的行动计划。

一个良好的可行的行动计划有统一性、连续性、灵活性、精确性四大特点。

统一性，指局部目标之间以及局部目标与总体目标之间应当是相互联系、相互作用的。

连续性，指短期目标与长期目标应当是相关的，而且上下计划之间是相互衔接的。

灵活性，指计划不应当是限死的，计划应当能随人的认识变化做适当的符合实际的调整。

精确性，指计划应力求精确，排除主观臆测成分。这些都是靠在制定计划时预测的科学性与准确性来保证的。

2. 组织

组织是指确定企业在物质资源和人力资源方面的结构。

组织不仅仅包括组织企业的结构、各种活动和相互关系的规章制度以及员工的招聘、考核、培训等，也包括对物质资源的组织搭配。企业管理当局的责任就在于使人员和物资的组织同公司的目标、资源和要求相一致。

组织结构必须贯彻统一指挥原则。每个企业主管人员应完成编制计划、建立领导机构、做好协调工作、做出重大决策、配备人员、维护纪律等任务；而为协助企业主管人员，企业参谋机构的主要任务是帮助协调、帮助控制。参谋机构必须直接听命于企业主管，但并不参与下属部门的执行工作，以免违背统一指挥原则。

此外,法约尔认为,组织的效率取决于其成员的素质和创造性。因此,他和泰罗一样也认为企业必须重视对员工的选择、考核与培训。

3. 指挥

指挥是指保证企业人员能履行赋予他的职能,以使下级有良好的工作表现,使下级增强责任感,最终使企业的活动最富成效性。

法约尔认为指挥是组织建立以后的当务之急,为此他对行使指挥权的管理者提出了八个要求:(1) 透彻地了解下属;(2) 淘汰不胜任者;(3) 拟订并了解雇佣协议;(4) 树立良好的榜样;(5) 定期检查组织结构,避免双重领导;(6) 召开助手会议,了解情况,集中力量;(7) 不陷于日常琐事;(8) 力争使职员团结、互助、主动和忠诚。

4. 协调

协调是指让企业人员团结一致,使企业中所有活动和努力得到统一协调,并使企业经营成功。协调还指各种职能的社会组织机构和物资设备机构之间保持适当的比例。

协调和指挥的主要区别在于前者主要是要保证组织中各部门的努力相一致,组织活动与企业目标相一致,而后者涉及较多的是上级与下级人员之间的指导关系问题。

如何判断一个企业是否协调呢?法约尔认为,这一问题应从三方面着手:(1) 每个部门的工作是否都与其他部门步调一致;(2) 各个部门内部的分支及所属单位对自己所应承担的职责和相互之间应提供的协助是否都有清晰的了解;(3) 各部门及所属分支的计划是否经常随实际情况的变化而相应调整。

5. 控制

控制是指保证企业中所进行的一切活动符合制定的计划和既定的原则、发布的命令。

控制是为了检查其他四要素在实际运作中是否得当,并发现、改正和防止重犯错误。

为了保证控制的有效性,控制必须及时进行,并给相关人员予以奖惩。同时,为了保证控制的客观性,检查人员应独立于被检查人员,企业的检查部门应保持客观、独立与公正。

(三) 管理的十四条原则

为了进行有效的管理,法约尔提出了管理人员在管理过程中应遵循的十四条原则。

1. 劳动分工

法约尔认为,劳动分工的目的是用同样的努力生产出更多、更好的产品。因为工人总是做同一部件,领导人经常处理同一事务,对自己的工作就可以熟练、有自信心,从而提高效率。

同泰罗的观点一致,法约尔认为劳动分工不仅仅适用于技术工作,也适用于管理工作以及权限的划分。

2. 权力与责任

法约尔认为,如果要一个人对某一工作的结果负责,就应当赋予确保工作成功的应有权力，因为权责是互相对应的。

3. 纪律

纪律应以尊重而不是以恐吓为基础。领导不善会导致纪律松弛，而严明的纪律源自良好的领导、明确的雇佣协议和审慎的赏罚制度。严明的纪律又是企业顺利经营的保证。

4. 统一命令

统一命令是指无论对哪一件工作来说，一个下属只能听命于一个领导者。这与泰罗的职能工长制的思想是相反的。

5. 统一指挥

统一指挥是指目标相同的一组活动，只能有一个领导者和一项计划。统一指挥源自健全的组织，它是统一行动、协调力量和集中努力的必要条件。

法约尔认为，统一指挥与统一命令原则是不同的。“人们通过完善的组织来实现一个社会团体的统一指挥，而统一命令则取决于人员如何发挥作用。统一命令不能没有统一指挥而存在，但并不来源于它。”

6. 个人利益服从整体利益

在企业中，总目标是至高无上的，个人利益不应超越公司利益。为了保证这一点，管理人员要有强硬的措施，树立良好的榜样，并与雇员签订公平合理的协定，此外还要进行认真的监督。

7. 人员的报酬

法约尔以“经济人”假设为前提指出人员的报酬是其服务的价格，所以应该制定合理的报酬制度，尽量使企业中的雇主和雇员都满意。

8. 集中与分散

合理的集中与分散可以使组织各部分运动起来，尽可能地发挥所有人员的才能。集中、分散的程度应当视企业规模、企业环境、企业人员素质等情况而定。

9. 等级链

法约尔认为，为了保证统一指挥，那种从最高权威到最低层员工，一级指挥一级的等级系列是必要的，但在紧急情况下，平级之间跨越权力而进行的横向沟通也是非常重要的。为此，法约尔设计了一种把等级制度与横向信息沟通结合起来的“跳板”，即“法约尔跳板”，亦称“法约尔桥”(见图 2－1)。

在法约尔跳板中，如果工长 F 的生产车间发生了紧急情况，工长 F 可以与工长 P 直接横向沟通，条件是所有当事人同意并通知各自的上级。这样，通过法约尔跳板就可以把尊重等级系列与保持行动迅速恰当地结合起来了。

10. 秩序

理想的秩序是指有地方安置每件东西，而每件东西都放在了该放置的地方，有职位安排每个人，每个人都安排在了应该安排的职位上的这样一种理想状态。只有这样，才

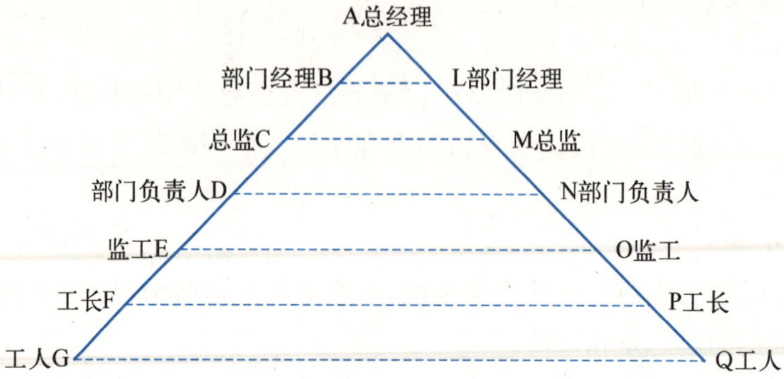

图 2-1　法约尔跳板示意图

能物尽其用、人尽其才。

11. 公平

为了保证员工忠诚、热心地尽职尽责,在对待员工时,管理人员必须做到善意与公道。即"做事公平有理智,有经验,有善良的性格。在对待下属人员时,应该特别注意他们是期望公平、期望平等的。为了最大限度地满足这些愿望,同时又不违背任何原则,不忽视整体利益,企业领导者应当经常发挥自己最大的能力来使公平感深入各级人员"。

12. 人员稳定

法约尔认为,成功的企业需要有一个稳定的员工队伍,应避免人员频繁地流动。当然,对不称职及特别优秀的管理人员进行调离与提拔是必要的。

13. 首创精神

法约尔认为,想出一个计划并保证其实现这样一种发明与执行相结合的可能性就是首创精神。一个企业的成功,不仅其领导者要富有首创精神,其全体人员都需要具有首创精神。

14. 团队精神

管理人员应当积极鼓励员工紧密团结,发扬团队精神。即协调各种内部力量,激发企业人员的工作热忱,发挥每个人的才能,奖励每个人的功绩而不引起其他人的嫉妒,以免破坏企业人员之间的和谐关系。他还认为团结就是力量,而企业经营是亟需这种力量的。

二、对法约尔的评价

上述是法约尔一般管理理论的主要内容,他的这一理论被后来的管理过程学派所继承,人们还把法约尔称为管理过程理论的创始人,许多管理学者对法约尔的评价是相当高的。英国管理学家厄威克在《管理备要》一书中对他的评价是:"法约尔是 20 世纪上半叶为止,欧洲贡献给管理运动的最杰出的人物。"

第四节　韦伯与理想的行政集权制理论

马克斯·韦伯(Max Weber,1864～1920)与泰罗是同时代人,他是德国古典管理理论的代表人物,此外,他还是社会学家、经济学家,著有《新教伦理和资本主义精神》《一般经济史》和《社会和经济组织的理论》等著作。

韦伯出生之前,德国因长期的分裂,经济较英、法等国落后。当时德国的企业主要是家族式企业,其规模远不及英、法等国大规模的现代工业企业。19世纪末、20世纪初,德国经济迅速崛起,赶超了英、法等先进资本主义国家。当时以韦伯为代表的德国古典管理理论就是经济快速发展的产物,并成为经济发展的催化剂。

韦伯首创了一套完整的组织理论,即理想的行政集权制理论,又称为行政组织理论,他被尊称为"组织理论之父"。

一、理想的行政集权制理论

"行政集权制"又被译为"官僚制",是指通过职位或职务来实现管理职能的一套管理制度。韦伯认为,它是组织和管理一个组织的理想方式。这一制度与德国当时家族企业通过个人或世袭地位来管理的体系天差地别。"理想的行政集权制理论"研究的对象是理想的(亦即纯粹或单一的)行政集权组织形态下的管理。因为在现实生活中,组织形态往往是复杂多样的,为了便于研究从小规模的家族企业管理向大规模的现代工业化企业管理的过渡,韦伯做了上述假定。

在理想的行政集权制理论中,韦伯主要阐述了以下三方面的内容:理想的组织形式,理想组织形式的管理制度,理想组织形式的组织结构。

(一)理想的组织形式

韦伯认为,任何组织都必须有某种形式的权力做基础,只有这样,组织才会始终朝目标前进并达到它。韦伯在其管理理论中指出,世上有三种权力,与之相对应,世上有三种组织形式。

1. 超凡权力——神秘化组织

这种组织的基础是对个别人的特殊魅力和超凡的神圣、英雄主义或模范的崇拜。在这种组织中,支撑组织的即为"超凡人物",这些超凡人物具有超自然、超人的权力,所谓的"救世主""先知""政治领袖"就属于这类人物。而一旦"超凡人物"死亡,组织就往往会走向分裂,组织形式也就演化成另外两种形式或者组织本身逐渐消亡。可见,这种"神秘化组织"的基础是不稳固的。

2. 传统权力——传统的组织

这种组织的基础是对古老传统的坚持和按传统执行权力的人的正统信念。可以说,先例与惯例是这种组织行事的准则。在这种组织中,领导人不是按能力来挑选的,而是按传统或继承沿袭确立的。其管理也单纯是为了保存过去的传统行事方式,其假设前提就是过去一直采用的工作方式就是合理本身。可以看出,这种组织形式建立的基础也是非理性的或局部非理性的,其运作效率在三种组织形式中也是最差的。

3. 法定权力——法律化组织

这种组织的基础是对标准规则的"合法性"的信念,或对那些按照标准规则被提升为领导者的权力的信念。这种组织是一个按规则或程序来行使正式职能的持续性组织,领导者是按技术资格或其他既定的准则挑选出来的,组织中的决定、规则都以书面形式规定与记载,合法权利能以多种方式行使。这种组织好比一架旨在执行某些功能而精心设计的合理化的机器,机器上的每一个部件都在为机器发挥最大功能而起着各自的作用。这种组织的优点是能够有效地实现组织目标。

法律化的组织形式是建立在法理、理性基础上的最有效率的组织形态,也就是韦伯所极力推崇的理想的组织形式。

(二) 理想组织形式的管理制度

韦伯对理想组织形式的管理制度进行了一系列的构思。对韦伯而言,理想的组织形式是最有效的,他认为管理人员只要按照以下准则,就能将企业很好地组织起来:

(1) 一个明确限定的层级权力。

(2) 分工清晰。

(3) 一系列的规章,包括与岗位密切相关的权利和义务。

(4) 有关各工作情形的流程系统。

(5) 保持客观的人际关系(非人格化的人与人之间的关系)。

(6) 根据技术能力来选用和提拔人员。

(三) 理想组织形式的组织结构

在理想的行政集权制理论当中,韦伯把理想的组织形式即法律化组织的组织结构分为三个层次(见图 2-2)。

二、对韦伯的评价

韦伯的理想的行政集权制理论反映了当时德国从封建主义向资本主义过渡的要求。他总结了在大型组织中的实践经验,为资本主义的发展提供了一种稳定、严密、高

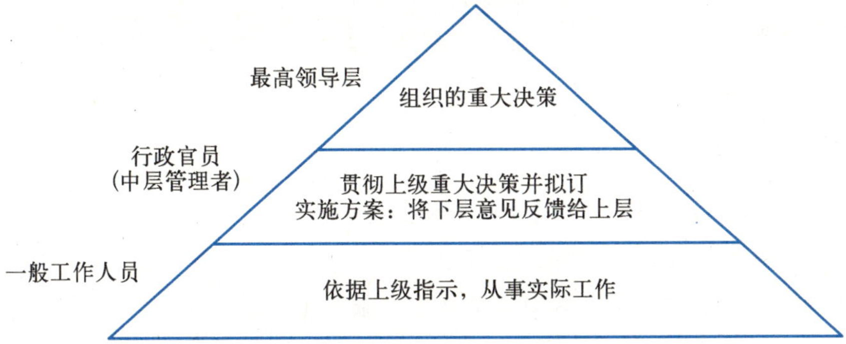

图 2-2　法律化组织的组织结构

效、合乎理性的管理体系理论；同时，也为管理界管理理论的创新做出了贡献。韦伯的理想的行政集权制理论具有很大的积极意义与参考价值。

当然，理想的行政集权制理论并不是十全十美的管理理论，也不如韦伯所称的那么有效，其中的缺陷还是很突出的。有人对理论中的升迁制度提出了疑问；还有人对韦伯的理论提出了批评，认为韦伯只把目光瞄向了正式组织，忽视了现实中非正式组织的存在及其对管理所起的重大影响。

本章提要

管理思想的变革与演进过程是本章的主题。从公元前 9000 年中石器时代出现萌芽状态的管理工作开始，早期的管理思想依次经历了古代的管理思想、中世纪的管理思想、工业革命时期的管理思想三个阶段。此后，在一些先驱们的倡导与推动下，产生了古典管理理论，在传统管理理论基础上又演化出行为科学理论及其他现代管理理论。

在古代管理思想部分，介绍了以下一些内容：(1) 苏美尔人的管理控制系统和库存账目记录系统；(2) 古埃及人在计划、组织、控制等方面的管理实践和由此而产生的管理格言；(3) 古巴比伦人初具形态的管理制度；(4) 古希腊柏拉图的劳动分工及专业化原理，苏格拉底、色诺芬等人的管理普遍性原则；(5) 古罗马的"连续授权制"；等等。

在中世纪管理思想部分，主要介绍了当时集大成者马基雅维利的管理思想。

在工业革命时期的管理思想这一部分，主要介绍了西方工业革命时期出现的一大批管理思想家的管理思想及管理实践：詹姆士·斯图亚特、亚当·斯密、詹姆士·小瓦特、罗伯特·欧文、查尔斯·巴贝奇等。

管理思想是管理理论的核心，管理理论是理论化、系统化的管理思想。直到 19 世纪末、20 世纪初，早期的管理思想才真正发展成为系统的、科学的管理理论。泰罗的科学管理理论、法约尔的一般管理理论以及韦伯的理想的行政集权制理论构成了古典管理理论的框架。古典管理理论的一大特点是以"经济人"假设为前提，这表明了其理论有创新性、积极性，也有片面性、局限性。

古典管理理论是本章的重点,也是本章的难点,它开辟了管理理论的新纪元,并奠定了现代管理理论的基础。

复习思考题

1. 试述早期管理思想的发展,并分析管理思想发展迟缓的原因。

2. 为何说工业革命催生了新的管理思想?

3. 科学管理的主要思想及其对管理学的贡献是什么?谈谈你对泰罗的评价。

4. 简述法约尔提出的十四条管理原则及五项管理要素,这些管理原则今天还适用吗?为什么?

5. 什么是理想的行政集权制?它是完美的组织理论吗?

第三章
现代管理理论的发展

全章脉络

学习目的与要求

管理专业术语

- 第一节　行为管理理论
- 第二节　管理科学理论
- 第三节　现代管理理论丛林

本章提要

复习思考题

学习目的与要求

1. 理解现代管理理论的产生背景;
2. 认识现代管理理论的主要分支和基本流派;
3. 明确行为管理理论的研究途径;
4. 理解科学管理理论的主要内容与方法;
5. 正确认识现代管理理论的丛林现象;
6. 了解现代管理理论的发展状况与趋势。

管理专业术语

Organizational Behavior (OB) The field of study concerned with the actions (behavior) of people at work.

Hawthorne Studies A series of studies during the 1920s and 1930s that provided new insights in individual and group behavior.

Human Relations Movement The belief, for the most part unsubstantiated by research, that a satisfied worker will be productive.

Behavioral Science Theorists Psychologists and sociologists who relied on the scientific method for the study of organizational behavior.

Management Science Approach focuses specifically on the development of mathematical model.

Process Approach Management performs the functions of planning, organizing, leading, and controlling.

Systems Approach A theory that sees an organization as a set of interrelated and interdependent parts.

Contingency Approach Recognizing and responding to situational variables as they arise.

泰罗、法约尔和韦伯等人的管理理论构成了西方古典管理理论的全貌。此后，一些管理学家如厄威克、古利克等人又把古典管理学说进一步加以综合和条理化。从某种程度上来讲，古典管理理论的先导者们多少有点从机械的观点来看待组织和工作。这些理论家们虽然也承认个人的作用，但是他们强调的是对个人行为的控制与规范。在古典管理理论发展的同时，另一些人则注重对工作中人的行为的研究，并形成了行为管理理论。第二次世界大战期间，英国政府因国防需要，组织了一支科学研究队伍，集中解决一些高度技术性的问题，产生了“运筹学”，有关成果被运用于管理，这样，另一种新的管理理论，即数量管理理论或管理科学理论，就应运而生了。第二次世界大战后，又出现了许多管理理论的新派别，这些学派在历史渊源和论述内容上互相影响、盘根错节，形成了现代管理理论丛林。

第一节 行为管理理论

行为管理理论通过关注组织中的人的行为来研究管理。行为学家们从心理学或社会学角度，对组织中人类行为的理解做出了贡献。行为管理理论始于 20 世纪 20 年代，早期被称为人际关系学说，以后发展为行为科学(或称组织行为学)。管理者在管理员工的过程中，所从事的激励、领导、信任、团队工作、冲突管理等管理活动，都是组织行为学的研究对象。

一、早期的行为管理学家

20 世纪初期，虽然有些人认识到了人对组织成功的重要性，但其中仅有三个人脱颖而出，为早期行为管理理论做出了杰出贡献。这些早期研究者的具体理念虽然各不相同，但他们都认为人是组织中最重要的资产，应获得管理者的重视。他们的理念为诸如员工甄选程序、激励制度及团队工作等管理实践奠定了基础。

(一) 雨果·芒斯特伯格(Hugo Munsterberg, 1863～1916)

芒斯特伯格是德国著名的心理学家，因最早把心理学的观念运用于工业组织，作为工业心理学的创始人，被人们尊称为“工业心理学之父”。1892 年，他在哈佛大学创办了心理实验室。1913 年，他的开拓性著作《心理学与工作效率》被译为英文。

为了增强科学管理和工业效率的关系，芒斯特伯格想找出为何有的人工作表现上佳，而有的人则表现不佳的原因。他认为，科学管理者们往往过于关注工人的身体技能与工作要求相适应，但忽略了心理和精神方面的技能，这引发了他对职业兴趣领域的试验。他建议在各级组织成员的甄选程序中引入心理测试，在员工培训中使用学习理论，并建议对人的行为进行研究，以更好地激励员工。

(二) 玛丽·芙莱特(Mary P. Follett, 1868～1933)

玛丽·芙莱特是另一位提倡行为学派思想的管理学家。虽然她生活在科学管理时代，但是她认为有必要理解组织中行为的作用，并走在行为管理理论的前面，为此，她做了不少开拓性工作。她相信，科学管理方法和原理能应用于人际关系，并相信人们只有通过群体，才能把自身的潜能充分发挥出来。后人称她为“科学管理和行为科学之间的桥梁”。

玛丽·芙莱特的主要观点有：(1) 利益结合原则。她认为，对于冲突的解决可以通过仔细检查冲突各方的情形来找到对各方都有利的办法，即通过利益结合来消除冲突。如今，这一原则已被普遍用于谈判策略中，以取得双赢的结果。(2) 形势法则(亦称情景法则)。她指出，是形势本身，而非等级制度，将确定谁拥有权威。发布命令的人应是最了解形势、最能有效完成工作的人，而不必顾虑职位的高低，从而变服从个人权力为遵循形势规律。(3) 协作原则。该原则坚持，人们的协作对整个群体都有好处，并以此来取代让个人利益左右形势。这一原则补充了形势法则，使其更加完善。(4) 循环行为论。领导活动应以领导者和拥护者在情景中的相互影响为基础。她认为，管理是一种以知识为别人服务的“职业”。

玛丽·芙莱特有关利益结合、形势法则的论述与泰罗的“精神革命”、职能管理的精神相一致，而协作、相互影响等论述又与行为科学学派梅奥等人的论点相通，所以，她成为两者之间过渡的桥梁。

(三) 莉莲·吉尔布雷思(Lillian M. Gilbreth, 1878～1972)

莉莲·吉尔布雷思是本书第二章介绍的“动作研究之父”弗兰克·吉尔布雷思的妻子，她不仅对丈夫的研究工作起了很大的作用，而且自身也在管理思想史中占有一席之地，为自己赢得了巨大的声誉。她结婚后开始把学术兴趣转向心理学，在加州大学她写了一篇题为“管理心理学”的论文，后成专著出版，此书也是理解工业中人文因素的早期文献之一。1915 年，她获得了布朗大学的博士学位。

在她之前，许多心理学家研究的是群体行为，莉莲·吉尔布雷思则注重研究个体行为，并对管理中如何理解心理学的作用和重要性进行了深入探究。此外，她还研究了各种不同的管理风格，认为管理风格主要可分为以下三类：

1. 传统的管理风格。管理者为严格的驱动型，相信统一命令和使用集中权威。

2. 过渡的管理风格。介于传统的和科学的管理风格之间。

3. 科学的管理风格。管理者仔细甄选人员，全面关心工人的福利，使用各种方式来激励员工，使员工得到充分发展。

莉莲·吉尔布雷思的这些观点在当时是十分超前的。在行为领域，实际上直至 20 世纪 70 年代才有人力资源管理这一管理学科，并出现全面开发员工潜能的研究热点。

而人力资源管理的许多观点，莉莲·吉尔布雷思早在20世纪50年代前就提出来了。莉莲·吉尔布雷思于1972年去世，此时她对管理学领域的重要贡献已经为她赢得了世界声誉，人们尊称她为“管理第一夫人”。

二、人际关系运动

行为管理理论始于20世纪20年代，早期被称为人际关系学说，侧重于人际关系的研究，包括研究人的工作动机、情绪、行为等与工作间的关系，以及如何按人的心理发展规律来激发其积极性和创造性。对这一领域最重要的贡献来自梅奥领导的霍桑试验，该研究促进了人际关系运动的进一步发展，使人际关系研究成为人们多年来研究管理的普遍方法。

古典管理理论假设在工厂中存在刺激与反应的单一关系，只要对工作做出适当的设计，再加上适当的奖励制度，工人就会按照要求去做，并会尽力提高生产效率，以期提高其工资收入（见图3-1）。

图3-1　科学管理理论对工作的看法

可是，人际关系理论提出了一个更加复杂的过程（见图3-2）。

图3-2　人际关系理论对工作的看法

从图3-2可见，人际关系理论认为工人主要受社会内容的影响（社会内容主要包括社会环境条件、情感、工作中的人际关系等）。也就是说，管理当局对工人的关心会导致工人满意度的增加，并进而导致更好的绩效。推动人际关系运动的主要理论家还有马斯洛和麦格雷戈等人。

（一）梅奥和霍桑试验

乔治·埃尔顿·梅奥（George Elton Mayo，1880～1949），原籍澳大利亚，后移居美国。作为一名心理学家和管理学家，梅奥领导了开拓性的工业研究项目，即著名的霍桑试验。该试验在芝加哥西方电器公司的霍桑工厂中进行，历时8年（1924～1932），其间主要做了以下一系列的具体实验：

1. 照明实验（1924～1927年）

照明实验从变换车间的照明开始，原计划研究工作条件与生产效率之间的关系。实验中有两个控制小组：一个小组在照明强度不变的条件下工作；另一个小组的照明强度发生变换，员工在不同照明强度下工作。研究者希望了解照明强度对生产率的影响，结果却发现，两组的生产量都持续上升，照明强度的变化对生产率几乎没有影响。究其原因发现：照明灯光仅是影响产量的一个微不足道的因素，还有其他许多变量都对试验结果产生了影响。由于影响因素众多且难以控制，因而无法准确测量照明强度对产量的影响。之所以两个小组都提高了效率，是因为参与实验者对实验本身产生了莫大的兴趣。

2. 继电器装配室实验(1927年8月～1928年4月)

梅奥在这一阶段加入了霍桑实验。为了对实验进行更好的控制，研究人员决定从工人中选出6位女工在一个专门的继电器装配室中工作，1名观察员被指派加入这个小组，记录室内发生的一切，以研究新环境对产量的影响。一开始，实验引入了多种工作条件的变化：改变工间休息时间、缩短工作日、缩短工作周等，这些变化都使产量上升。过了一年半，在取消工间休息和供应的午餐、茶点并恢复每周工作六天后，女工的产量仍然维持在高水平上。研究人员认为，工作条件的改变对产量的影响不大，而社会条件和监督指导方式的改变是导致女工改变工作态度、提高生产率的主要原因。为了进一步研究工人的工作态度和可能影响工人工作态度的其他因素，研究者决定开展大规模访谈，这也成为霍桑实验的一个转折点。

3. 大规模访谈(1928～1931年)

在上述实验的基础上，梅奥等人又进行了一个为期2年的大规模访谈调查，涉及的受访员工约2万多人次。刚开始，调查人员提出了有关督导管理和工作环境方面的问题，但是他们发现员工的回答往往是带有防卫性的或是千篇一律的陈词滥调。因此，他们决定改变直接提问的方式，允许员工自由选择话题，结果得到了大量有关员工态度的第一手资料。研究人员发现，影响生产率的最重要因素是工作中发展出来的人际关系，而不是待遇和工作环境。员工的工作绩效、职位和组织中的地位不仅仅取决于其本人，还取决于其所在群体中的其他成员。这一看法使研究者进一步系统地研究员工在工作中的群体行为。

4. 接线板小组观察实验研究(1931～1932年)

研究人员选择了接线板小组(由9名接线工、3名焊接工和2名检查员组成)进行观察，以研究员工在工作中的群体行为。在观察了相当长一段时间后，研究者有一些重要发现：(1) 大部分小组成员都会自行限制产量。原因是员工担心公司会不断提高工作定额，这可能会造成一部分人失业，限制产量可以保护工作速度较慢的同事。(2) 员工对不同级别的上级持不同态度。他们把小组长视为小组成员，但对于小组长以上的上级，级别越高，工人对他越尊敬，同时对他的顾忌心理也越强。(3) 小组中存在不同派系。每个派系有自己的行为规范，成员必须遵守这些规范，否则会受到惩罚。

梅奥等人对霍桑试验的结果进行总结，并写出了《工业文明人的问题》一书。书中提出了以下主要结论：(1) 员工是社会人，除了物质需求外，还有社会、心理需求，不能忽视社会、心理因素对员工工作积极性的影响。(2) 企业中存在“非正式组织”，非正式组织以其独特的感情、规范和倾向，左右其成员的行为，并对生产率产生重要影响。(3) 新的领导能力在于提高员工的“满足度”(即员工对社会因素特别是人际关系的满足程度)，以提高士气，从而提高劳动生产率。霍桑试验的影响是巨大的，它促进了管理对人的因素的关注，管理人员开始主动寻求提高员工的满足感和激励士气，使得人际关系研究成为研究管理的一种普遍方法，并掀起了一场人际关系运动。

(二) 马斯洛(Abraham Maslow, 1906～1964)

马斯洛于1943年提出了著名的“需要层次理论”(参见第十二章第二节的相关内容)，将人类的各种需要做了高度的概括，提出了最基本的五种需要，并认为人是按需求顺序被激励的，如物质刺激、社会接纳和其他等因素。马斯洛理论使管理人员对学术理论家的工作增加了关注。

(三) 麦格雷戈(Douglas McGregor, 1906～1964)

1957年，麦格雷戈发表了《企业的人性面》一文，文中提出了著名的“X-Y理论”(详见第十一章第三节的相关内容)。X理论是从悲观否定的角度来看待工人的，与传统的管理观念有点相似。Y理论则从积极的角度来看待工人，它代表了人际关系学派的假设。麦格雷戈认为，Y理论是管理人员应坚持的管理哲学。麦格雷戈的思想对许多管理人员的管理实践产生了很大影响。

三、组织行为理论

梅奥、马斯洛和麦格雷戈等人都对管理理论做出了重大贡献，尤其是霍桑试验，可以说是管理研究的一个转折点。这项研究的广泛传播使管理人员和管理专家开始明白，在工作中人的行为是无法预先设计的，组织中人的行为很复杂，管理当局必须考虑员工的需要和需求。但是，当代的一些理论家们发现，人际关系理论的许多假设过于简单化了。例如，员工满意会导致绩效改进的假设，两者的因果关联并非直接和线性的。满意并非必然导致绩效改善，反过来，优秀的绩效也可能导致满足。因此，后期的行为科学研究的侧重点又发展为研究有关人的需要、动机和激励，组织中人的个性，非正式组织和群体行为，组织中的领导方式、组织结构等。

当代行为管理理论(即组织行为理论)主要产生于20世纪50年代后期，它认为人的行为要比人际关系学家所认识的复杂得多。组织行为学涉及的领域非常广泛，它是在吸收了诸如心理学、社会学、人类学、经济学和医学等多种学科的基础上建立起来的。它从一个系统、全面的视角来考察个人、群体和组织的行为过程，这一理论目前包含了行为改造理论、激励理论、领导科学、沟通理论、群体动力学、组织政治学、人际冲突理论、组织结构和组织设计等众多理论课题。此外，权变理论在该领域中的应用也很突出，它强调把研究成果应用于多种可能的场合。

第二节 管理科学理论

管理科学产生于第二次世界大战期间，这一学派强调应用定量和数学工具来解决管理问题。所谓管理科学理论，是指以现代科技成果为手段，运用计量模型，对管理领域中的人、财、物、信息资源做系统定量的分析，进行优化规划和决策的理论。管理科学理论的主要内容包括运筹学、系统工程、运营管理与定量决策。

一、运筹学

运筹学是管理科学理论的基础。第二次世界大战期间，军事上出现了不少新的技术问题，如后勤装备和部队调动、潜水艇战术等，这些问题有的已超出了指战员的知识范畴。为解决这些问题，军事当局组织了许多科学家与专家进行集体研究，以便为作战和决策提供依据，这样就产生了运筹学(Operations Research，简称 O. R.)。发展至今，运筹学已经比较成熟，并被用来解决许多管理问题。

(一) 运筹学的性质

所谓运筹学，简单地说就是一种分析、实验和定量的方法，是专门研究在既定条件下，为达到一定目的，如何最经济、有效地使用人、财和物等资源的学科。运筹学权威人士丘奇曼(Churchman)把运筹学定义为："把科学的方法、技术和工具应用到一个系统的各种管理问题上，为掌管系统的人们提供最佳的解决问题的办法。"在使用运筹学解决管理问题时，主要是探讨事物的关联性，用数量加以表示，并用各种模型与变量(或用模拟的办法)进行演算，从而对各种方案做出具体比较，取得所需的解答。

不能说在采用运筹学之前，解决管理问题就没有数量化。不少管理学家认为，在许多方面，管理科学是泰罗提出的科学管理理论的一种继续，加上更复杂的(主要是数学的)方法、计算技术以及对广泛问题决策的方法。西蒙也说："运筹学与科学管理在其原理上并无差异，巴贝奇和泰罗如果处于现代，将是运筹学会的创设会员。"

(二) 运筹学的运用程序

运筹学的运用程序包括以下六个步骤：

1. 提出问题

运筹学家首先需要分析目标和有关系统。该系统是问题领域中各相关部分组成的复合体，主要包括决策环境和计划工作的前提条件，系统中包含的因素越多，则问题就越复杂，因此，实际工作中往往需要应用限定因素原则来简化问题。

由于提出问题的目的是为了确定目标、选择最佳行动路线及衡量效果，所以，必须先明确地限定问题。此外，一个典型的运筹学问题，只要是必需和可行的，就应考虑多重目标。例如，在生产和分销计划工作问题中，决策者可能希望经营成本要低、库存资金积压要小，而且对消费者的服务水平要高，以及最有效地进行资本投资。衡量达到这些目标的效果和提出问题是为了使多重目标能在最优的基础上得到满足。特别在考虑各种输入变量时，问题的概念和计算会变得非常复杂。因此，简化的方法是把某些目标作为限定条件。

2. 构建模型

构建模型即按系统的关系以数学模型来表述待解决的问题。就单个目标而言，至少有部分变量是可控的。运筹学模型的一般形式可表述如下：

$$E = f(X_i, Y_j)$$

式中：E——对系统效果的计量；

X_i——可控变量；

Y_j——不可控变量。

上述模型既可代表优化模型，又可代表模拟模型。当把它作为优化模型使用时，代入不可控变量(Y_j)的值，而对可控变量(X_i)的值加以控制，从而使对系统效果的计量(E)最优化。例如，一位营销经理希望使销售总额达到最优化，那么在这个模型中包含的不可控变量主要有竞争者价格、国民生产总值或价格水平的变化等，而可控变量则包括销售人数、允许的佣金、产品价格和广告费用等。

虽然模型都是模拟现实的，然而所谓的“模拟模式”是指使用者在模型中对可控变量给出一组数值，并为不可控变量假定一组数值。通过使用一组或多组不可控变量的数值(因不可控变量常常是不可知的)，使用者就能计算出各种 E 来，直至找到一个他们认为满意的数值为止。当然，在这种情况下，无法知道是否已经找到最优方案，但它能得到各种看得到的结果，这点很重要，也很有意义。

3. 模型求解

在求解过程中又有两个基本程序。首先是分析程序，即用数学演绎法，在把数值代入模型求得数字结果前，先尽可能近似地得到一种数学解法。变量中有的可用公共变量被加以简化或重新表示，也有些等式可进行合并与简化。通过演绎分析把一系列复杂的关系尽可能以简明的数学形式表示出来。有些变量如果对一个合理的解法无关紧要，则可省略，不予考虑。

其次是“数字”程序。在此程序中，通常用各种数值代入受控变量来进行“试验”，看看能得出什么结果，并由此形成一组似乎能得出最优解的数值。数字程序的方式是多样的,从纯粹的反复试验至复杂的迭代法都有,其中有许多规则,可帮助分析人员找出最优解。

4. 测试模型

模型只是现实的表象,它不可能包括所有的变量,所以通常应对模型进行测试。办法是用模型去解题,并将结果与实际发生的情况进行比较。这些测试可用过去的数据,也可在实践中进行试验,看它是否符合实际情形。

5. 提供控制

随着时间的推移,原先准确的模型可能不再反映现实,加之一些不可控变量值的变化和变量关系的改变,必须对模型和解决方法提供控制。通过反馈手段,来发现重大的偏差并加以纠正。对一些复杂的模型而言,研究人员还需对偏差造成的影响和纠偏的成本做权衡,如花费过高,则研究人员可决定对模型和投入不予纠正。

6. 发挥效用

最后的步骤就是使解答发挥作用,使模型和投入的数据资料有可操作性。这就需要提高资料工作的质量,资料不仅要准确,而且要及时提供,即资料要优质优量并要及时准确。此外,运筹学的效用与成就在很大程度上还取决于管理人员的支持和信任,因此,对管理人员灌输这方面的知识,理解与掌握运筹学的要点,是极为重要的一环。

二、系统工程

所谓系统工程,按照美国大百科全书的解释,是指为了完成一定的目标,把人和机器进行最恰当结合的一套方法,包括对一个系统的构思、成形、设计、建设、运转和试验。系统工程是与运筹学密切相关的一门学科。两者如何区分,至今尚未有定论。霍尔在《系统工程的方法论》中曾进行了如下区分:运筹学通常研究一个现存系统,它的目的在于使系统中现存的物资、能源、人和机器设备都能得到最佳和更好的利用;系统工程则注重新系统的设计,使原有作业得到改革,开辟新的作业和服务。

(一) 系统工程的发展

早在1930年,美国无线电公司就采用了系统处理的观点来开发与研究电视广播。20世纪40年代,美国贝尔电话公司最早在扩大电话系统时,使用了“系统工程”这一名词。1946年,兰德公司又提出了“系统分析”这一概念。第二次世界大战期间,英、美等国为适应战争需要,开始研究系统工程。1950年,麻省理工学院开展了系统工程学的教育;至20世纪50年代中期,系统工程学已逐渐形成。

1957年,哥德和麦克霍尔编写了第一本《系统工程学》。20世纪60年代初,美国电器工程师学会在科学与电子部门设立了系统科学委员会。1965年《系统工程学手册》在美国问世,其内容包括系统工程方法论、系统环境、系统元件、系统理论、系统技术、系统数学等。随着电脑的应用,系统工程拥有了强有力的工具与手段,得到了迅速的发展,其应用范围也从军事部门逐步扩大到经济管理各领域。

(二) 系统分析与系统设计

系统分析与系统设计是系统工程研究的一个重要方面。

1. 系统分析

所谓系统分析,就是把系统的观点和思想引入到管理的方法之中,运用科学和数学的方法对系统中的事件做研究和分析。系统分析一般分为五个步骤:(1) 问题形成。以合乎逻辑的系统方式叙述待研究的问题,以便确定目标,说明问题的重点范围。(2) 提出方案。拟订研究大纲,确定分析方法,收集资料,提出解决问题的各种可能方案。(3) 评价方案。建立数学模型、图表等,设计评价标准,比较各种方案,分析各个方案可能产生的后果,以供选择。(4) 选择方案。通过各个方案的利弊得失和成本效益分析,结合考虑非定量因素综合研究成果,选出最优方案。(5) 检验核实。用试验和模拟的方法对所选择的方案进行检验。如检验后不满意,就重复上述步骤,直至提出满意的建议供决策者参考。

2. 系统设计

系统设计是指一个综合信息处理系统从问题提出直至达成设计目标为止的整个过程。它有三个阶段:(1) 系统初步设计阶段。这一阶段包括评价设计方案、选择设计方案、拟订初步设计说明与拟订测试说明。(2) 详细设计阶段。这一阶段包括拟订详细说明、准备图纸、建造新系统的模型、确定技术要求和程序说明等。(3) 系统发展阶段。这一阶段的基本任务是根据设计要求编写程序,然后进行程序的单体调试、功能模块调试、子系统调试和系统联调、系统试运行,直至用户验收。

(三) 系统论中的基本概念

系统思想的应用十分广泛,其中有些基本概念已成为各种系统方法的共同核心。明确这些基本概念,对于在管理中应用系统思想是十分有益的。

1. 协同作用

所谓协同作用,指的是整体大于其各部分之和。系统作为整体,其发挥的效用往往是个体单独工作所无法达成的。

2. 开放与封闭系统

如果一个系统与环境互相作用,则称其为开放系统,而封闭系统则没有这样的相互作用。所有组织都是开放系统,如果无视环境的变化,必将为此付出代价。

3. 事件的循环

任何一个开放系统都存在一种确定的事件顺序,如输入、转换和输出。组织系统也不例外,它从环境中接受能量的投入。在通过系统的过程中,投入的能量被转换,部分用于维持系统本身,另一部分则作为产出,输出到外界环境。

4. 负熵

所谓熵,指的是系统的消亡过程。一个开放系统通过输入多于转换过程和维持系统本身所需的能量,就可抑制熵。如果系统能长期健康地成长,则谓之负熵。

5. 反馈

开放系统应有反馈机制。反馈即系统监察其绩效的信息。组织系统通过反馈可知道是否偏离了目标,并可据此采取纠正行动。

6. 边界

边界是指系统和环境的分界线。为了确定什么应包括在系统之中,什么是系统的环境,就有必要人为限定系统的边界。在分析一个特定问题时,明确边界有助于搞清问题的实质。

7. 子系统

整体系统中的次级系统即谓之子系统。对复杂的事物来说,整体可分成局部,局部可再细分为小局部;而在此是整体的,但在更大的系统中只是一个局部。所以,不同层次的系统存在包含关系、嵌套关系。

8. 动态平衡

所有有机体都有一种动态平衡的趋势。正常人的体温即使在外界环境随时变化的情况下,仍能保持恒温。一个系统必须维持稳定和均衡状态,才能生存下去。但是,这种稳定状态不是固定不变的,相反,它有一个规定的变动幅度。所谓动态平衡,指的就是处在不断运动之中的一种稳定状态。

9. 分化

一个开放系统在成长、发展的同时,组成它的各部分的职能会变得更为复杂、专业化,它的结构会变得更完善,从而扩大其边界,形成一个更大的新系统。例如,作为一个社会系统的管理学专业来说,随着管理相关研究和知识的发展,其专业越分越细,正趋于不断完善和分化的过程之中。

10. 殊途同归

殊途同归亦称"同等结果",即一个开放的系统能以不同的方式取得同样满意的结果。此概念也可用一句谚语来加以解释:"条条大路通罗马",一个组织达到目标的途径是多种多样的。

三、运营管理与定量决策

管理科学在现代组织中的应用,大多体现于生产管理与运营管理领域中。"生产"这一术语主要是指在制造企业中制造技术和原材料的流程。企业中的生产职能,尤其是与产品的生产活动有关,即为实现特定的目标,对所需的人员、资金、原材料、设备和各种资料进行的设计、执行、营运和控制活动。“运营”这一术语的含义要广得多,它适用于任何一种组织的产品生产与服务活动,而不论该组织属于制造业还是服务业、公共的还是私人的、营利性的还是非营利性的。

运营管理是把科学的计量方法更为直接地应用于管理情景。一个组织无论是否属于制造企业,都能用它来指导其进行中的活动。在企事业单位的运行过程中,许多活动、过程和问题都可以通过运营管理来解决。例如,库存管理、线性规划、网络模型、排队论、盈亏平衡点分析和模拟等,都属于定量性的决策技术。

总之,绝大多数管理科学的运用具有以下基本特征:(1) 以决策为基本出发点。决策时以充足的事实为依据,采取严密的逻辑思考方法,对大量的数据资料按事物内在的联系进行系统分析和定量计算,遵循科学程序,做出正确决策。(2) 以经济效果作为评估的标准。通过对各种备选方案进行比较,以能反映组织未来利益的可衡量的数值为决策判断的依据。所测量的变量包括成本、总收入和投资利润率等。(3) 应用各种数学模型。管理科学往往以数学形式来表示解决某些问题的可行方案。处理数据的程序要合乎逻辑,即相同的数据将得出相同的结果,从而使分析的过程可以重复。(4) 使用计算机辅助运算。无论从数学模型的复杂性,以及需要处理的大量数据,或模型的计算规模看,计算机的运用是必需的。管理科学正是由于使用了先进的工具——计算机和管理信息系统,才使定量决策的科学化成为可能。

其实,要对管理科学学派进行明确的界定并非易事,每当一门新的学科出现时,对这门学科所包含的内容在看法上往往会出现一些混乱现象。很多时候,运筹学、系统工程、运营管理等,都成为管理科学的代名词。如果说行为管理研究的重点在于对人的管理,管理科学则着重研究对工作的管理,其主要目标是应用科学的方法论来解决生产和作业管理问题。

第三节　现代管理理论丛林

有人把管理思想和管理理论比喻为浩浩荡荡的长江之水,是再恰当不过了。如果把古典管理说成是上游风光,它确实是汹涌澎湃的,但这毕竟不是长江水的全貌。长江的深度和广度是无法用某一局部来概全的。长江除了“接收”上游的水,还汇纳了岷江、嘉陵江、涪江、汉水、湘江、赣江等大小百川。管理也一样,它“汇纳”了各种各样的管理理论、思想和方法,才使现代管理得以兴起。如今管理思想已经形成形形色色的各种流派,管理理论也纷繁复杂、百花齐放。

如果说古典管理理论当初对管理学而言尚处于萌芽状态,那么现在这些萌芽已茁壮成长,并发展成为一片茂密的丛林。尤其是在第二次世界大战后,管理掀起了热潮,许多学者和管理学家提出了各自的理论和新学说,并形成各种不同的学派,这些大大小小的理论流派加总起来有百余个之多。

管理聚焦

经理人为什么应当重视管理理论

在管理人员眼中,理论经常令人联想到"不切实际""闭门造车"之类的字眼。但管理理论对实践的意义,远不止于此。理论是预测何种行动将导致何种结果,以及原因何在的一个表述。事实上,管理者采取的每项行动以及制定的每项计划,都基于他记忆深处的某种理论,这个理论使他们期望自己打算采取的行动产生预期的结果。与这种缺乏自觉的理论应用不同,管理人员应当有意识地选择好的理论并加以应用。

好的理论至少有两方面的价值。首先,它们有助于我们做出准确的预测。例如,万有引力定律就是一种理论。作为一个因果关系的表述,它使我们能预言"跨出悬崖就会跌得粉身碎骨",而不必亲自去尝试。的确,因为我们手头上掌握的可靠数据都是关于过去的,所以,利用可靠的因果关系理论是管理人员自信地展望未来的唯一方式。其次,可靠的理论有助于我们解释现状,从而理解正在发生的一切及其原因。理论还有助于我们区分毫无战略意义的杂音,预示未来重大变化的信号。也正因此,管理学教育可以帮助管理人员成为精明的管理理论消费者,使来自大学和咨询公司的最好理论能有用武之地,而肤浅和不够严谨的理论不会带来太多的害处。

管理理论的构建需要经历 3 个步骤:(1) 确定因果关系,解释是什么导致了结果出现(而不是仅仅描述与结果相关的特性);(2) 对各种情况进行分类,使研究者得以从尝试性推测发展到可靠性预测;(3) 研究失败以完善理论。

确定因果关系。在建立理论的初期,人们一般是找出被研究对象最明显的特性、确定其分类,以及这些特性与某个特定结果的关系。仅仅停留在相关性的表述,可能带来的风险是:相信禽鸟能飞翔是因为它们拥有翅膀,所以,如果人类装上羽翼,也就能飞上天空。在管理学研究领域,很多研究都停留在相关性的理论建立阶段,错误地认为,借助大数据及统计分析工具以测量特性与结果的相关性,就能提高"理论"的预测威力。比如,发现高管团队的构成更为多样化的公司,绩效优于其他公司,则认为高管团队异质性是企业绩效增长的原因。遗憾的是,相关性不能等同于因果关系,研究者需要更为具体的现场观察和调查来了解特性与结果的因果联系。

发展可靠性预测。在管理研究中,研究者不仅需要弄清行动和结果间的因果机制,还需要说明这一机制取得成功的条件、范围,从而形成可靠性预测。换言之,有价值的理论不仅能说明是什么导致什么、原因何在,还能说明这种因果机制将在何种情况下产生何种结果。这些理论可以帮助管理者了解,在特定的情况下,什么做法能有利于企业战略、战术有效实施。很多有希望的管理理论最后被实践者放弃,正是因为其倡导者没有深入弄清它何种有用、何时无用、原因何在,而是轻率地声称它在任何情况下都适用,这严重误导了管理理论的实践者。

对失败的研究。为了提高理论的价值,研究者还必须弄清企业在什么情况下完全按要求做却仍然失败了。成功的公司及其"最佳实践"更受研究者关注,但当管理者照搬"最佳实践"时,却发现无法达到效期效果,因而他们经常得出"这不管用"的结论。为此,研究者需要探讨"什么时候,该理论不管用",对这一问题的解答将使实践者在诊断其所处境况的基础上,选择真正适用的理论。

如果将管理理论视为对企业的"治病处方",则没有一个处方能包治百病。管理者在面对众说纷纭的管理理论时,应成为有鉴别能力的理论消费者。那么,应如何区别好的理论和不好的理论?克莱顿·克里斯滕森提出了以下几点建议,帮助管理人员判断什么样的理论或管理建议适合自己公司的情况:

1. 对要求一切都进行革命性变革、全面推翻先前理论的著作,必须格外小心。通常,事物的存在都有其理由,大多数情况下,新的管理方案或理论不会完全推翻原有的想法。相反,它们会带来以权变方式思考问题的新视角,以及对原有行动方案的优化和完善。

2. 如果作者暗示其研究成果适用于处在各种情况下的所有公司,不要相信他们。并且,以生产、服务为依据的分类理论,几乎永远不能成为构建可靠理论的有用基础。一个理论的适用范围很少同行业界限相吻合。

3. 有些管理理论是对其所描述现象的特性分类,这类理论中特性与结果的相关性,可以帮助你了解某些特性与公司的经营结果有关联(如管理者的领导特质与绩效存在关系),但不能用来指导公司的行动。一个真正有效的理论应能说明其内在机理,即一种对某种东西如何起作用的描述。

4. 请记住,永远不要把某位研究者的研究发现当做最终结论。理论处于不断发展和改进过程中,实践者需要不断学习和接纳对原有理论的更新,了解原有理论的适用边界。了解理论的解释、预测力,了解理论在指导实践时成功与失败的情况,以发展的眼光来评价和选择理论,管理实践者将从理论中获益良多。

一、孔茨与管理理论"丛林"

美国著名管理学教授哈罗德·孔茨(Harold Koontz,1908～1984)在20世纪60年代对现代管理理论中的各种学派加以分类,并发表了《管理理论的丛林》一文。该论文的发表,引起了学术界广泛的反响。孔茨把当时不同的管理观点,以及这些观点对管理的性质和内容所做的不同解释,概括出六个有代表性的学派,它们分别是:(1) 管理过程学派;(2) 经验和案例学派;(3) 人类行为学派;(4) 社会系统学派;(5) 决策理论学派;(6) 数理学派。这些不同的学派或不同的观点,形成了一个思想、理论和意见的“丛林”。这使一些初步接触管理和一些从事实际工作的管理人员很有点“不识庐山真面目”的感觉。不同的解释,不同的概念,或同一名词的不同含义,令人眼花缭乱。

如今,这个“丛林”似乎越来越茂密了。根据孔茨的研究,至 20 世纪 80 年代,各个有代表性的管理理论学派至少有 11 个之多,为此孔茨又写了《再论管理理论丛林》一文,在该文中他概要地叙述并分析了这十一大学派,它们分别是:(1) 经验和案例学派,通过分析经验(各种实际案例)来研究管理;(2) 人际关系学派,强调管理必须注重人际关系;(3) 群体行为学派,注重组织中群体的行为,包括群体的文化、行为方式和行为特点等,群体行为学派也常被称为组织行为学派;(4) 合作社会系统学派,把组织当成一个合作的社会系统来研究关注管理者在组织和领导方面的角色;(5) 社会技术系统学派,研究组织中技术系统对人的影响;(6) 决策理论学派,认为决策是管理者的主要任务,并提出了行为决策理论;(7) 系统理论学派,认为一个组织的管理人员必须具备系统观念,理解构成整个组织中各个系统的依存和联系;(8) 数理学派,注重定量的数学模型,通过建立数学模型来表述管理问题,并在确定目标后能求得最优结果;(9) 权变管理学派,强调管理者的实际工作取决于所处的环境条件,管理者应根据不同的情景及其变量决定采取不同的行动和方法;(10) 管理角色学派,通过观察管理者的实际活动来明确管理者工作的内容;(11) 经营管理学派,亦称管理过程学派,通过汇集、整合与管理职能相联系的管理知识,以形成管理所独有的科学理论核心。

二、现代管理理论的理论脉络

在孔茨关于管理理论丛林的判断之后 30 年,现代管理理论和技术的分支日益庞杂,丛林状况并未有明显改善,因此,进一步细化解读管理理论的发展,无益于学习者对管理理论全局的把握。因此,本书引入丹尼尔·雷恩对现代管理理论的简要梳理和分类,以此为管理理论的学习者提供一个简洁的总体脉络,并帮助学习者辨别现代管理理论发展的主要趋势。

雷恩认为,现代管理思想是以往管理理论在以下四个方面的延伸和发展:

1. 在亨利·法约尔工作的基础上扩展而成的一般管理理论和管理活动研究

法约尔的继承者们采用了他的“要素”说,并把它们构造成为管理过程范式。法约尔的一般管理理论经受住了时间的考验,为整合组织内部活动及战略管理提供了分析框架,并为管理学科的发展提供了一种动态、兼容的思考模式。

2. 对基于霍桑研究、人际关系学派及其他人本取向的行为科学的发展

早期的研究对领导、激励、群体动力学和组织理论进行了初步探索，现代学者们继续沿着这一脉络研究组织中人的行为，探索人与组织之间如何形成一种令人满意的、富有生产力的关系，以解决效率逻辑与情感逻辑之间的冲突，以及在实现组织目标的同时满足人的需要。具体的研究内容包括领导、激励、动机、参与式管理、组织学习、人力资源管理等。这一领域的研究者主要来自心理学、社会学和人类学等非传统商学背景的领域，他们带来了不同的研究视角、研究工具和理念，重塑了人际关系理论，并使其迈入组织行为阶段。

3. 组织结构的发展观点

这一领域关注整个组织，从宏观角度考察组织的目标、结构及完成组织目标所必需的过程，以及外部环境、技术和生命周期阶段对组织结构的影响；在微观领域中，这一领域关注权力层级、控制跨度、部门化及内部流程管理。这一领域出现了大量模型和研究结论，但总体而言，仍是“各行其是和零碎的解释”，其结论更有可能是长于断言而缺乏经验证据的。可以想见，这一领域的理论发展和争议仍将继续，理论的价值仍有待实践的检验。

4. 以巴比奇、科学管理理论为代表的问题解决模式的发展

数字化管理对管理研究者有着莫大的吸引力，为了使工作场所合理化、系统化，为了测量和控制组织运行并辅助决策，管理研究者提出了不同的管理技术。这一领域中寻找组织内部秩序和系统的努力，使运筹学家、统计学家和决策理论学家将科学方法和数学引入对某些类型的管理问题（如质量控制、物流与库存管理）的研究，从而大大推动了生产/运筹领域的理论发展。

上述四个领域都试图寻求对管理及其目的、职能和范围的更好理解，都希望改善组织绩效，增强对组织中人的理解，平衡个体和组织寻求各自目标实现的需要，把组织与其经济、技术、社会和政治的环境联系在一起，但这些管理理论为达到这些目标时采取的路径和手段不尽相同，也各有专长。随着管理理论的不断发展，现代管理思想正在度过其丰富多彩、高度多样化的“青春期”，并在寻求更加成熟的专业化态势。

本章提要

本章主要阐述现代管理理论的演进、发展过程，着重介绍了古典管理理论之后各种有代表性的管理理论分支与学派。

随着科学的发展、人类的进步，人们开始逐渐认识到古典管理理论“经济人”这一假设的脆弱性，于是又开始了新的管理理论与实践的探索。

行为管理理论是现代管理学中颇具代表性的一个理论分支。行为管理理论着重研究了人们在工作中的行为，进而又研究了人的管理，它是集众多管理学家、管理哲学家、

心理学家的研究成果而成的。它与早期雨果·芒斯特伯格、玛丽·芙莱特、丽莲·吉尔布雷思的探索分不开,也与梅奥及其霍桑试验、马斯洛、麦格雷戈等的贡献密切相关。

管理科学理论是诸理论当中最讲究定量分析的一个理论分支。它以现代科技成果为手段,运用计量模型,对管理领域中的人、财、物、信息资源做系统定量的分析,进行优化规划和决策。管理科学理论着重研究了如何有效地对工作进行管理,为此引入了运筹学、系统工程、运营管理与定量决策等理论与工具。可以说,它的主要目标是应用科学的方法、工具来解决生产和作业管理当中的问题。

随着生产的进一步发展,管理越来越成为人们关注的焦点,人类对管理理论的探索也愈发深入了,而且出现了“丛林化”发展的趋势。

第二次世界大战后,随着管理热潮的掀起,出现了众多的管理学家,诸多种类的管理理论也随之诞生,形成了“百家争鸣”的管理理论“丛林”格局。身处其中,我们难以客观而恰当地评价现代管理理论的发展全局,雷恩对现代管理思想的梳理,为我们提供了一个把握现代管理思想总体脉络和发展趋势的简化模型。

复习思考题

1. 人际关系学说的主要思想是什么?霍桑试验产生了怎样的结论和影响?
2. 管理科学学派对管理理论做出了怎样的贡献?
3. 举例说明如何把系统思想应用于管理实践。
4. 现代管理理论发展的主要趋势和方向是什么?
5. 何谓管理理论“丛林”?谈谈你对“丛林”现象的认识。

第四章
组织环境和组织文化

全章脉络

学习目的与要求

管理专业术语

- 第一节　组织环境
- 第二节　组织文化
- 第三节　组织对环境和文化的影响
- 第四节　社会责任和管理伦理

本章提要

复习思考题

学习目的与要求

1. 清楚组织环境的概念和构成；
2. 掌握一般环境和任务环境所包含的主要因素；
3. 知道组织文化的含义、本质特征及其内容；
4. 了解组织文化对管理职能的作用；
5. 分析组织对环境和文化的影响；
6. 明确组织的社会责任及其限度；
7. 阐述影响管理伦理的几个关键因素；
8. 认识改善组织伦理行为的几个主要方面。

管理专业术语

General Environment Broad external conditions that may affect the organization.

Task Environment The part of environment that is directly relevant to the achievement of organization's goal.

Organizational Culture The characteristic set of values and ways of behaving that employees in an organization share.

Social Responsibility The extent to which companies should do channel resources toward improving the quality of life of one or more segments of society other than the firm's own stockholders.

Ethics Rules and principles that define right and wrong conduct.

Preconventional Level At this level, a person's choice between right and wrong is based on personal consequences involved.

Conventional Level At this level, moral values reside in maintaining expected standards and living up to the expectations of others.

Principled Level At this level, individuals make a clear efforts to define moral principles apart from the authority of the groups to which they belong to or society in general.

管理者对于组织运作通常都具有决定性的影响力，但管理者也并非是无所不能的，许多存在于管理部门控制之外的约束力量也同样影响着组织的生存和发展。外部的约束力量来源于组织所处的外部环境，它约束着管理当局斟酌决定的权限；内部的约束力量则来源于组织的文化，它存在于所有组织之中，约束着管理人员的决策选择。

第一节　组 织 环 境

任何组织都不可能脱离其所处的环境而封闭、孤立地存在，组织的生存和发展必然会与环境发生千丝万缕的联系。从购进原材料到售出产成品以及最终的售后服务，组织不断地与环境进行着输入、输出的转换。因此，组织的管理活动必然会受到与之息息相关的环境的影响。环境是组织中管理者管理行为的一个重要限制因素。

一、组织环境的概念

组织环境是指一切存在于组织内外并对组织有现实和潜在影响力的因素。总的来说，组织环境可分为内部环境和外部环境两大部分。组织的内部环境主要是指组织的文化，它由组织内部所共享的价值观、规章制度、规范条例、风格特征等构成。组织的外部环境是指存在于组织之外、对组织产生影响的所有因素。它包括两个不同的层次：一般环境（General Environment）和任务环境（Task Environment）（见图 4－1）。本节讨论的组织环境是指组织的外部环境。

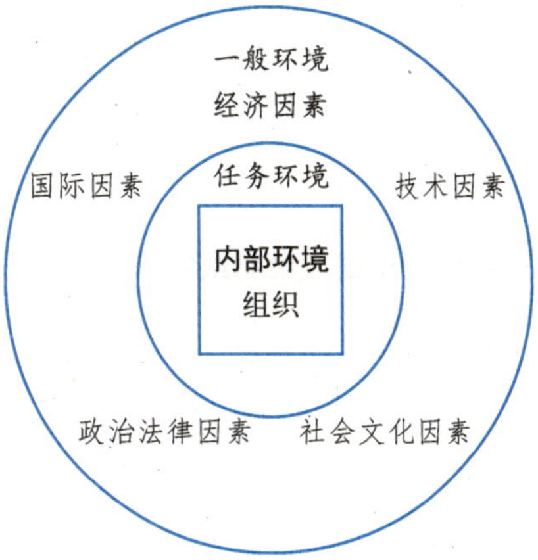

图 4－1　组织环境

二、一般环境

组织的一般环境是指组织之外的对组织绩效可能产生影响的因素和力量（它不一定与其他特定组织相联系），通常包括经济因素、技术因素、社会文化因素、政治法律因素和国际因素等。

（一）经济因素

经济因素是指组织所处国家或地区的整体经济发展状况，它包括经济发展趋势、国家经济体制、物价水平、劳动力情况以及政府的财政金融政策等内容。一般而言，如果经济发展良好,组织就会处于较为有利的地位;反之,如果经济萧条、市场不景气,组织就可能会缺乏生机。我国于20世纪80年代中后期开始实行经济体制改革,于1993年开始全面进入市场经济领域,这一根本性的变化,使得许多原本只关注生产率的组织不得不从盲目的生产中抬起头来,去观察市场、了解市场,掌握市场需求。组织开始从一个单一的生产者角色转变为集市场调研、生产规划、产品营销、售后服务于一体的全能角色。而这些都是国家经济体制变革对组织产生影响后带去的新气象。社会物价水平和通货膨胀程度对组织管理也有很大的影响。在劳动力、原材料价格不断增长,商品价格却不能同步增长的情况下,组织管理就必须千方百计地降低成本,提高劳动生产率,以保证盈利。此外,财政金融方面的政策也是不可忽视的因素,银行贷款利率降低,往往会促进分期付款商品,诸如房屋、汽车等的销售;反之,则会降低人们对这类商品的购买力。

(二)技术因素

在一般环境的五个组成要素中,技术是变化最为迅猛也是最难以预测其影响的要素。集成电路、网络技术、纳米科技、3D打印等新技术的高速发展,对组织管理活动、生产制造方式和人类生活方式的改善,都产生了积极的、重要的影响。无论是工商企业还是医院、大学、机场、军队,只有注重技术开发和技术革新,才能在竞争中处于领先地位;否则,将会遭遇淘汰的厄运。

(三)社会文化因素

组织处于社会之中,随着社会价值观、习俗、观念、态度和生活方式的变化,组织的管理活动也应采取相应的调整,包括对产品、服务以及内部政策的调整。例如,网络和社交媒体的普及、工作生活节奏的加快以及对低价优质产品的需求,使越来越多的消费者从传统的零售渠道(如大卖场、百货公司、专卖店)转向网络购物,京东、淘宝、1号店等购物平台成为年轻人日常消费时的首选。并且,由于消费者越来越强调对个性化的、小众产品的消费,其购买行为和选择日益受到朋友及其他购买者的消费体验的影响,知名品牌、商家广告的影响正在弱化。这一消费者行为方式和偏好的变化,给传统零售企业带来的渠道、宣传和管理方面的冲击,迫使它们必须对市场变化做出及时的管理应对。

(四)政治法律因素

政治法律因素包括政局的稳定性、国际关系以及影响组织的法律、法规等。国家政局稳定,有利于组织管理部门增强投资信心,制定长期发展目标和计划;反之,则会动摇投资信心,使得管理人员只注重眼前短期利益。另外,国际关系融洽,会促进对外直接投资和外资企业的建立,扩大管理活动的范围。而国家立法部门制定的法律、法规更是会对组织的行为起到一定的监督和约束作用。例如,法律规定的组织登记注册审批程序的简繁程度，对组织经营范围、劳动待遇以及价格、质量等方面的法律监督，都会对组织的管理活动产生影响。

（五）国际因素

“地球村”时代的到来，给众多组织的海外发展创造了机遇，像波音、IBM、百事可乐等世界知名的公司现已成为足迹遍布几大洲的大型跨国公司。这些公司充分利用全球资源最优化配置的益处，形成了当地生产、当地销售或当地生产、异地销售等多种经营形式，甚至跨越国界、跨越地域在异国设立了科研基地或销售办事处。它们在国际环境中求发展，所以，也必然会受到国际条件和国际市场情况的影响和制约。即便是那些未走出国门的组织或非营利性的组织，事实上，也正受到大量国际事务的影响，如国际医疗救援、国际文化交流与沟通以及来自其他各个方面的互相协作等。在当今社会，地球上已没有任何一块土地能完全地独立于世界之外了，而国际因素也将不可避免地影响到世界每个角落中的每个组织。

三、任务环境

任务环境是指对组织构成影响的某些具体组织。虽然不同的组织所面临的任务环境会因组织自身的性质而有很大的差异，但对所有组织而言，构成任务环境的主要成分可分为供应商、顾客、竞争者、政府主管部门和协作组织等几种类型。

（一）供应商

谈到供应商，人们通常首先想到的是提供物料、设备的单位，如建筑承包商的供应商（包括推土机、卡车等设备的生产商或租赁商），木料场，砖料、混凝土分销商等。实际上，供应商也包括那些提供人力、资金的组织机构。企业需要股东、银行、保险公司以及其他类似的机构来确保资金的持续充足供应；行业协会、当地劳动力市场等则是员工的来源，人力供应也是组织供应商的重要组成部分。组织对所需材料、人力、资金等一般应有稳定的渠道，并应与供方订立相应的合同。

（二）顾客

组织，尤其是企业，是以满足顾客的需求为目的而存在的，是通过顾客对组织输出品的吸收而得以正常运转的。组织能否成功，关键在于能否满足顾客的需求，使顾客满意，甚至超出顾客的期望。但是，顾客的口味和需求是不断发生变化的，这意味着组织存在潜在的不确定性。因此，如果组织要在激烈的市场竞争中立足，就必须培养和巩固顾客的忠诚度；如果希望能不断提高自身的市场占有率，就必须进行市场研究，做好广告宣传，并且不断地改善服务，树立“顾客至上”的经营理念。

(三)竞争者

任何组织，即使是寡头垄断厂商，也会有着一家以上的竞争对手，如碳酸饮料行业的可口可乐与百事可乐，汽车行业的通用汽车、丰田汽车、大众汽车等。没有任何管理人员能够忽略市场竞争对手，否则其代价将是非常昂贵的。以美国的铁路运输业为例，其铁路行业经营状况恶化，连年亏损，失败原因之一就在于未能真正认清竞争对手。他们自认为对铁路运输业务进行垄断经营，就能实现对运输业的垄断。事实上，铁路运输只是整个运输业中的一部分，卡车、轮船、飞机以及公共汽车和私人汽车运输都是铁路运输的竞争对手。基于这样的错误认识，铁路行业总是以“老大”自居，在很长一段时间内止步不前。此外，对于竞争的片面理解也同样是不可取的。竞争是多方面的，不仅限于争取顾客，在取得原材料、贷款方面也有竞争，在技术发展、改进商品方面更是竞争激烈，而这些竞争最终又将是管理的竞争、人才的竞争。因此，管理人员必须保持清醒的头脑，仔细研究分析本组织的竞争状况及竞争对手的实力，并及时采取适宜的竞争策略。

(四)政府主管部门和协作组织

政府主管部门是指代表国家和社会利益而监督企业经营的各有关部门，如财政局、税务局、人力资源与社会保障局、质量监督局、工商管理局等。西方国家主管部门为了社会利益，也在若干方面对企业实行了严格监督。例如，航空局对飞机是否合格、能否飞行等实行严格监督；有关食品与药物生产，也受到食品药物管理局的严格监督，未获批准发证，不准进行生产上市。在社会上，为了公众利益，也有很多组织，如消费者协会等对工商企业进行监督。因此，组织的管理者必须理顺同这些部门和组织之间的关系，在他们的监督约束下开展经营管理活动。此外，企业的协作单位、兄弟组织也应包括在任务环境中。

了解组织环境的各项构成要素是什么，并且考虑其中的一些特定要素，对于管理者的决策相当重要。毕竟，外部环境会对管理者的决策和行动形成约束和挑战。具体来看，外部环境的变化，会直接影响到企业战略和短期经营目标的选择和实现可能性；快速或出乎意料的环境变化，大大提高了组织经营所面对的环境不确定性和动态性，从而增加了管理者经营决策的复杂性；任务环境中各类利害关系人(如供应商、顾客、竞争者等)既会受到组织管理决策和行动的影响，同时也是组织目标需要考量的因素。事实上，研究者发现，高绩效公司的管理者在制定决策时，会考虑所有主要利害关系人的利益和目标。

第二节 组织文化

每个人都存在区别于他人的某些特征，心理学家称之为“个性”，个性影响着我们的行为方式和与他人互动的方式。人的个性是由一系列相对持久、稳定的特性组成的。当我们形容某人热情、健谈、随和、勇于创新时，我们描述的便是他的个性特征。一个组织也同样有自己的个性，只是我们把这种个性称为组织文化。这种文化会影响员工的行为方式以及与他人互动的方式。

一、组织文化的含义

组织文化是组织在所处的社会和商业环境中形成的，为全体员工所接受和认同的对组织的性质、准则、风格和特征等的认识。在绝大多数组织中，这些共有的认识会随着时间推移而演变，并在很大程度上决定着员工关于“在本组织，应当如何完成工作”的看法。

组织文化由组织的传统和氛围构成，代表着一个组织的价值观，同时也是组织成员活动和行为的规范。这一定义反映了组织文化的三个特征：首先，组织文化是一种对组织的感知，而不是某种切实存在、可触摸或看见的东西；其次，组织文化具有共享性，即组织成员会形成关于组织成员的一致看法，同一组织中不同背景、不同层次的个人会用相似的语句描述组织文化；最后，组织文化是描述性的，组织文化并非是其成员对组织的评价，它所关注的是员工对组织的感知和理解，与员工的喜恶并无关系。

有关组织文化的例子有很多，任何组织都有着自身的文化，只是强弱程度不同而已。例如，国际商用机器公司确立了“IBM 意味着服务”的企业宗旨，企业上下自始至终贯彻三个信条：一是追求完善，二是尊重个人，三是为顾客提供最好的服务。他们不仅奉顾客为上帝，各项工作围绕顾客展开，而且在组织内消除等级分界线，加强民主管理，并改善工作环境，增加福利设施。这些做法构成了 IBM 的企业文化特色。又如，日本松下电器公司以“入乡随俗”的灵活经营作风，向社会提供廉价的优质商品，让松下产品“以人人买得起的合理价格普及到地球上多数人的家庭生活中去，就像自来水一样……”

管理聚焦

如何描述特定组织的文化

研究者(Chatman)认为，可以使用七个维度来有效界定和描述一个组织的文化。这七个维度分别是：

1. 关注细节。期望员工表现出精确性、分析和关注细节的程度。
2. 成果导向。管理者关注结果或成果，而不是如何取得这些成果的程度。
3. 员工导向。管理决策中考虑结果对组织成员影响的程度。
4. 团队导向。围绕团队而不是个人来工作的程度。

5. 进取性。员工富有进取心和竞争意愿,而不是乐于合作的程度。

6. 稳定性。组织决策和行动强调维持现状的程度。

7. 创新与风险承受力。鼓励员工创新并承担风险的程度。

这七个维度的取值可以从低到高变化。如果在一个维度上取值较低,则该维度在该企业的组织文化中并不典型。如果该维度取值很高,则在该企业的组织文化中非常典型。使用这七个维度,就可以对一个组织的文化进行全面、综合的描述。在很多组织中,某一个(组)文化维度比其他维度更受重视,并且从根本上塑造着该组织的个性及组织成员的工作方式。例如,在苹果公司,关注的重点是产品创新(创新和冒险),该公司全身心地投入到新产品开发上,而且公司员工的工作行为支持这个目标。

二、组织文化的内容

从组织文化的形式来看,其内容可以分为显性和隐性两大类。显性内容是指那些以精神的物化产品和精神性行为为表现形式,通过直观的视听器官能感受到的,又符合组织文化实质的内容。它包括组织标志、工作环境、规章制度和经营管理行为等方面。

管理聚焦

管理者如何创建企业文化

(1) 表明预期。管理者要求下属遵循有关的价值观,首先你必须明确表述你的预期或期望。例如,把企业的伦理准则印成小册子发放给员工等。

(2) 使用标志和象征。“听其言,观其行”,管理人员的所作所为向员工发出的信号远胜于其口头所强调的话语,并最终潜移默化形成公司的文化。其他如组织设施的布置、员工的穿着、为老总配备的汽车等,都能成为企业文化的象征。

(3) 提供实质性的支持。管理人员价值观在现实中的反映,诸如企业的奖励计划、评估制度和惩处违规的程序等,自然向员工发送了强烈的信号,即“什么事该做”和“什么事不该做”。

(4) 运用传说和故事。管理者可以运用典范的传闻故事来诠释公司的价值观,如“海尔”中流传的“营销人员在摄氏 38 度的气温下,徒步身背 85 公斤重的洗衣机,按时送达用户住地进行安装调试……”等许多故事。

(5) 组织礼仪及纪念活动。管理者可以用组织典礼和仪式等活动来强化组织文化对员工的影响。例如，新员工参加的迎新会议、为晋升或退休人员准备的活动、年终的总结颁奖大会、年终聚餐会等。这类活动的目的无非是学习、形成或强化组织的规范和价值观。

组织标志是指以标志性的外化形态来表示本组织的组织文化特色，并与其他组织明显区别开来的内容，包括厂牌、厂服、厂徽、厂旗、厂歌、商标、标志性建筑等。组织标志有助于组织形象的塑造，有助于激发员工的自豪感和责任感。**工作环境**是指员工在组织中办公、生产、休息的场所，良好的工作环境一方面是领导爱护员工、保障员工权利的表现，另一方面又能激发员工热爱组织、积极工作的自觉性。因此，以改善工作环境为主要内容的环境建设是组织文化的一个组成部分。**规章制度**是组织成员必须遵循的行为规范的总和。体现组织特色、反映组织精神面貌的规章制度是组织文化的组成部分。**经营管理行为**诸如"质量第一"为核心的生产活动，"顾客至上"为宗旨的营销活动，"建立良好人际关系"为目标的公共关系活动等，都是组织哲学、价值观念、道德规范等的具体实施和直接体现，属于组织文化的显性内容。组织文化的显性内容是组织文化的重要组成部分，但它们毕竟是精神的外化，不是组织文化的根本内容。

组织文化的隐性内容是组织文化的根本，是最重要的组成部分，直接表现为精神活动，直接具有文化的特质。组织文化的隐性内容大致包括组织哲学、价值观念、道德规范、组织精神等方面。

组织哲学是组织理论化、系统化的世界观和方法论，是一个组织全体成员所共有的对事物的最一般的看法，用于指导组织的生产、经营、管理等活动。从一定意义上讲，组织哲学是组织最高层次的文化，主导、制约着组织文化其他内容的发展方向。从根本上说，组织哲学是对组织进行总体设计、总体信息选择的综合方法，是组织一切行为的逻辑起点。组织哲学在管理史上已经经历了"以物为中心"到"以人为中心"的转变。

价值观念是指组织的管理人员和全体员工对组织的生产经营活动和组织中人的行为是否有价值以及价值大小的总的看法和根本作用。它包括组织存在的意义和目的、组织各项规章制度的价值和作用、组织中人的各种行为与组织利益的关系等。价值观念是组织文化的重要组成部分，为组织的生存和发展提供了基本的方法和行动指南，为组织成员形成共同的行为准则奠定了基础。价值观念对组织成员的行为起着直接的支配作用，因而也限定了管理人员的管理活动不能与之背道而驰。

道德规范是所有组织成员自觉遵守的行为准则和道德风气、习俗，它包括是非界限、善恶标准和荣辱观念等。道德规范的形成主要取决于组织哲学和价值观念的作用，管理人员应通过树立优秀的组织哲学和价值观念来引导组织形成良好的道德规范。良好的道德规范主要表现为尊重知识、尊重人才、友好相处、自觉工作、与组织共命运等。

组织精神是指组织群体的共同心理定势和价值取向,是组织哲学、价值观念和道德规范的综合体现和高度概括,反映了全体组织成员的共同认识和追求。管理人员应对本组织的文化加以总结概括,挖掘出其中最有代表性的内核,把它升华为一种精神,激励全体员工为之奋斗。同时,管理人员应约束自身的管理行为,使其与之相符。

三、组织文化对管理实践的影响

由于组织文化具有特殊的强制渗透功能,因而成为管理人员进行管理的依据,同时也是管理人员管理活动的限制因素。随着组织文化的形成和发展,它渗透到管理人员的一切活动中,并产生了重大的影响。在任何一个特定的组织中,人们所公认的管理要素,如计划、组织、指挥、控制等,本身就带有一定程度的文化色彩,脱离文化的管理活动是不存在的。

由于组织文化很少形成文字,甚至连口头上的明确说明也很少,因此并非是明晰可见的,但它确实存在于组织之中。例如,你不会在现实的组织中发现以下这些成文的价值观,但它们却存在于绝大多数组织成员的思想之中:即使你并不忙,也要看上去很忙;盲目冒险会付出沉重的代价;我们的产品必须符合竞争的需要;在你做出最终决策之前,需先征得上司的认同……这些价值观与管理行为的联系是非常直接而且明显的。管理决策是不能在真空中做出的,必须反映组织的历史和现实,因此必然受到组织文化的制约。如果某组织的文化坚信利润可通过削减成本得以增加,组织可通过每季度稳定却迟缓的收入增长来获取利益的话,各级管理人员便不会愿意采取富有革新精神的、高风险的、长期的或扩张性的行动了。

可见,组织文化限制着管理人员各项管理职能的决策与实施(见表 4-1)。

表 4-1 组织文化对管理职能的影响

计 划	计划中所包含的风险大小 制定计划的群体人选 管理者参与环境扫描的程度
组 织	分权程度 完成任务所需的人员安排 部门间的横向联系程度
领 导	管理者对雇员工作满意度的关心程度 领导风格的选用 对不同意见的态度(完全排斥还是有选择地保留)
控 制	控制方式的选用(自行控制还是外部控制) 评价雇员绩效的标准选取 对预算超支的反应

第三节 组织对环境和文化的影响

一个组织的环境和文化并不是一成不变的，管理人员对那些产生约束力的限制因素也并不是完全无能为力的。接下来，我们简要地讨论一下管理人员改变环境和文化的可能性，以及如果这些限制因素的力量是可以被削弱的，那么管理人员所应采取的行为。

一、组织对环境的影响

大多数组织致力于改变环境的做法都收效甚微，显然，是环境作用于组织而不是组织作用于环境。然而，某些组织——特别是大型的有实力的组织，能够对环境因素施加影响，并由此削弱环境对管理的限制力量。一般来说，组织对任务环境相对易于采取对策，而对一般环境则较难产生显著作用。

对供应商，组织应避免供应来源的单一化，联系多家供应商可以避免停工待料的危险，而且能够造成供应商之间的相互竞争，为自己争取主动地位和有利条件。如果只有一家供应来源，也可通过与之签订长期合同或对供应来源投资等办法，增强对它的控制。在资金来源方面，也应注意筹资渠道、筹资方式的多样化，分散风险，搞活资金。

对竞争者，组织首先可采取价格竞争。例如，美国的通用、福特等大汽车公司相互竞争，一家降价，其余汽车公司也会相应降价。组织新产品开发成功后，也可采用“渗透战略”，一开始就利用规模优势低价销售，限制其他竞争对手进入，待获取高市场占有率后再逐步提价。其次，组织也可以通过非价格竞争，如广告、促销、优质服务等措施来树立品牌形象，这是当前任何一个组织都不可忽视的重要手段，也是日趋激烈的竞争发展方向。

对顾客，一是要提高产品质量并做好售后服务工作，以增强顾客对产品的信赖。二是要不断通过市场调查及时了解顾客需求变化以及对产品的反映，开发新产品满足市场需求。三是要使产品用途多样化，为自己的产品开辟新用途。四是要通过各种途径如广告、促销等巩固顾客的品牌忠诚度，并努力开发新市场。

对有关政府部门，往往可聘请有影响的专家或退职下来的前任官员做组织的顾问或咨询专家，发挥他们与政府部门的沟通作用或政策咨询作用。对社会组织，要加强同新闻媒体、消费者协会等与自身利益密切相关的社会组织的联系，做好公关工作。

总之，组织对环境并非是无能为力的，管理者可通过上述对策改善环境，减少环境制约。然而，除规模庞大、实力雄厚的知名企业外，大多数组织的管理者在中、短期内仍应将环境视为固定不变的制约因素，通过组织内部调整来适应外部环境。

二、组织对文化的影响

事实上,组织文化是由相对稳定不变的特征组成的,短期内难以发生什么变化。组织文化是在组织的长期发展过程中逐步形成的,一旦形成建立,便会日趋巩固加强。因此,如果某组织的文化随着时间推移变得与组织不相适应,成为管理上的障碍,很少有管理人员能够改变它,短期内更是如此。即使在最合适的条件下,文化变更也要经历好几年,而不是几个星期或几个月。

能够促进文化发生改变的"合适条件"是什么呢?据调查研究表明,在以下条件大部分或全部存在的情况下,组织文化最易于发生变更:

(1) 有严重危机出现。突然发生的资金周转困难,失去某位主要客户,竞争对手有了惊人的技术突破等,这些危机可能会对原有组织文化形成冲击,产生削弱作用。

(2) 领导班子换人。新的高层领导可能带来一些新的价值观,员工也会产生一种认为他们能够带领大家渡过难关的感觉。这里的领导班子可以指组织的总裁、总经理,也可能包括所有高级管理人员。

(3) 组织年轻,且规模较小。组织成立的时间越短,文化就越不稳固。同样,组织规模越小,管理层对于新事物、新的价值观就越容易交流沟通。

(4) 文化尚未得到广泛认可。文化越为广泛接受,其价值观越能被组织成员所认可,改变文化就越困难;反之,若未能得到广泛认可,组织文化就越容易变更。

值得注意的是,即使上述这些条件都存在,也并不意味着组织文化一定会发生根本性的变化,而且任何较为显著的组织文化的变更都会需要很长的时间。因此,在中、短期,组织文化应被视为固定不变的限制因素。

三、怎样改变和加强组织文化

现代社会唯一不变的就是变化,企业要发展,就需努力变革,包括改变和加强一种组织文化。这可能是管理人员面临的最大挑战之一。组织文化对公司成功与否有着强大的影响。那么,如何改变和加强组织文化呢?以下四种策略已为成功的实践所检验:

(一) 创始人和领导者的行动

组织文化始于其创始人和领导者的愿景。创始人定下的基调,强调了什么是最重要的,什么是次重要的。创始人通常是卓有远见的人,在公司规模尚小时,他们用自己鲜明的好恶和价值取向向所有成员传达自己关于公司愿景的想法,以身作则,为其下属们树立了强有力的榜样。专家认为,公司文化有时还反映了创始人的个性,而这种文化烙印常常会留在组织中几十年。

领导的一些象征性的言行，有时会在正式事件中彰显出来，通过一些难忘的事件来象征一种新文化（或所需的文化）。但同样重要的是，在看似平凡的日常活动中（诸如会议怎样开、管理者的办公室安置在何处，以及谁安排领导的日程表、各项活动安排时间的长短等），员工们也会通过观察组织的现任管理者，来决定是否要认真对待一次文化的变革，以及如何转化为行动。所以，领导者的一举一动如果与员工期望的文化信号相一致，对引导组织文化的发展将起到潜移默化的作用。

（二）树立典范

向组织成员讲述能强化组织文化的故事和典型事例。让组织成员共享一些故事和传说，这有助于重塑组织的典范。

组织也可以在各类仪式中表达和强化组织的重要价值观和目标，通过仪式使员工了解组织强烈支持或意图摒弃的某些行为和价值观。例如，为了破除官僚主义，一些管理人员当众把一些束缚人的旧规章制度付之一炬。也有的企业引入了一些不同寻常（甚至有疑问）的仪式，以促使绩效导向型文化的形成。

（三）奖励制度的导向

奖励制度在引导组织文化方面也有很强的影响。凡是员工中与组织文化相一致的行为都应鼓励，将奖励与行为挂钩。另外，对那些帮助员工理解组织文化的管理人员也应给予奖励。

（四）用人方式与开展组织社交活动

雇用那些价值观与公司文化相一致的员工；同时通过开展组织社交活动（集体活动），让个人学习组织的主导价值观、组织期望的行为，以及在组织中承担角色所必需的社会知识。如果新员工和求职者都明确了公司的价值观，将大大有助于他们迅速而又深入地将这些价值观内在化。

以上四项策略虽不详尽，但每项活动只要条件成熟，都会行之有效。

第四节 社会责任和管理伦理

关于“组织是否应承担社会责任”的争论存在至今已将近整整一个世纪了。但事实上，20 世纪 30 年代以前，该问题始终没有引起人们足够的重视和关注。直到第二次世界大战后，人们才真正开始日益强调组织的社会贡献，并对组织的社会公益性行为有所期盼、有所要求。时至今日，由于引发全球金融风暴的次贷危机、三鹿奶粉事件、富士康员工连续跳楼事件在媒体的大量曝光，人们意识到，任凭管理者以自利和贪婪为行为准则来经营企业,会给社会带来难以承受的严重恶果。企业在追求利润的同时,必须遵守管理伦理要求并承担必要的社会责任,这一期望同样适用于任何一名管理者的职场行为。

一、组织社会职责的认识过程

社会责任是企业追求有利社会长远目标实现的一种义务,它超越了法律和经济对企业所要求的义务。现代企业由四类组织组成,即政府、企业、非营利组织和家庭。企业以外的三类组织的社会责任都相当明晰,而企业的社会责任在相当长的时间里,却比较模糊而备受争议。在过去的几十年里,人们对组织应承担何种社会职责的认识发生了根本性的转变,大致上可分为以下三个阶段:

(一) 利润最大化管理阶段

20 世纪 30 年代以前,绝大多数组织以利润最大化作为自己主要的经营哲学。这种观点的存在主要是基于这样一种认识:追求组织利益应优先于追求社会利益。当时,很多管理者认为社会利益的实现是以组织利益的实现为基础的,社会需要是从属于组织需要的。所以,当时的很多管理人员认为自己的唯一目标就是追逐尽可能多的利润,而不管实现利润最大化的手段或途径是否有损于社会利益。这个观点曾在很长时间内一直维系着人们对组织的社会职责的认识。但进入大萧条时期后,这种观点逐渐显现出不适合之处。伴随着环境状况的变更,人们对组织的社会职责的认识也进入了一个崭新的阶段。

(二) 信托人管理阶段

自从全球经济经历了 20 世纪 20 年代末、30 年代初的大萧条后,世界上一些主要的组织开始采用公司制,将组织改制为由众多股东控股的企业模式。这时,组织内部的管理人员就成为众多股东的信托人,承担着协调内、外部各种群体不同需求的职责。这些群体包括股东、供应商、顾客以及公众等。而所谓的信托人管理,事实上就是指调和各种需求冲突的过程。信托人管理当局应对所有这些对组织有助益的群体负责。这种组织职责观主要建立在这样一种假设上:组织与社会之间应是相互合作的伙伴关系,为了彼此的共同生存,两者必须相互协作。虽然信托人管理的组织职责观仍有偏颇之处,但显然比早先狭隘的"利润最大化"要进步得多。

(三) 生活质量管理阶段

对于生活质量管理的关注最早出现于 20 世纪 60 年代初。在这个历史阶段中,社会上不断呈现出动乱、幻想破灭以及对组织信任度丧失的迹象。人们开始意识到,提高国民生活水准不能仅强调数量标准,还需注重质量标准。倡导提高生活质量的人们认为：组织与社会之间不应该是合伙人关系，相反，组织需要应从属于社会需要。换言之，这种观点强调的是社会利益的优先性，这恰恰与“利润最大化”观点所倡导的内容相左。

就目前现状而言，大多数组织仍比较信奉“信托人管理”的信条，但也有不少组织信奉其他两种哲学。然而，信托人哲学在今后是否仍会处于主导地位，或者是否还会有其他什么新的模式出现，就必须拭目以待了。

二、什么是社会责任

社会责任(Social Responsibility)是组织在追逐自身利益的同时，对社会所需承担的相应义务——维护并提高整个社会的福利水平。作为组织所应尽的一种实现社会长远目标的义务，这种义务与组织的道德伦理观有密切联系。

为了能更好地理解社会责任的含义，我们引入另外两个与之相似的概念——社会义务和社会响应——进行比较、区分。

社会义务(Social Obligation)是组织参与社会的基础。当一个组织承担了其经济和法律责任的义务时，就意味着该组织已实现了它的社会义务。社会义务的履行仅代表着组织达到了在经济和法律上的最低要求。因此，社会义务是三者中最基础的一个方面，社会责任与社会响应的实现都是以社会义务的完成为前提条件的。

社会响应(Social Responsiveness)是指一个组织适应社会状况变化的能力。具有社会响应力的管理者，并不琢磨长远看来对社会有益的做法，而是去识别主流的社会准则和价值观，并相应改变其社会参与方式，从而对社会状况的变化做出反应。与社会责任相比，社会响应更注重运用各种手段和途径去实现对中、短期社会需求的响应。而社会责任更多考虑的则是一种道德规范，强调义务的实现和一种长期利益的获得。

一个有社会责任感的组织不只是做有义务去做的事，或因为某种流行的社会需求而有选择性地去做事，而是尽自己所能来帮助改善社会，因为这是应该做的、正确的事。因此，社会责任是一个组织在其法律和经济义务(遵守相关法律法规、关注股东利益)之外，愿意去做正确的事并以有益于社会的方式行事的意向。具体来看，这些行为可能表现为企业按照绿色循环经济的要求来重组生产流程、在工作场所中为员工提供儿童托管设施、增加社会捐赠等。

管理聚焦

中国企业社会责任：构建责任共识

目前，中国经济进入了一个全新的发展时期，中国在产业结构转型的背景下进入了经济新常态，即经济增长开始减速，发展方式由规模速度粗放增长向质量效率型集约增长转变，对自然资源和人口红利的依赖度下降，平衡经济发展、社会环境优化的关系，并强调经济发展的收益惠及社会更多群体。

作为中国社会经济中重要单元的企业组织在经营和发展模式上也将面临重要的变革，在体制倒逼下，企业需要重视其社会责任。在此背景下，如何评价企业社会责任、关注哪些社会责任的履行情况，构成了人们热议的话题。

根据企业社会评价体系的来源，可以把现有的企业社会责任评价体系分为三种类型：一类是由媒体提出的企业社会责任评价体系，如美国《财富》杂志的名誉调查，这类评价体系通常主观性较强，偏重于反映各类媒体自身的价值取向。第二类主要是由学者在学术论文中提出的企业社会责任评价体系，这类评价体系重视指标的理论基础，但存在很多难以量化的指标，在实际中很少得到应用。第三类是由带有官方背景的机构提出的评价体系，如国际标准化组织于 2010 年 11 月发布的社会责任指南标准(ISO26000)。ISO26000 标准共有七大项，下设有 37 个核心议题和 217 个细化指标，由于该体系指标较多，在实际应用中，数据的收集往往成为一个很大的障碍。

对于中国企业社会责任共识与履行现状的了解，需要建设一套既能全面反映企业社会责任履行情况，又能可靠获得相关指标数据以客观评价企业社会责任的指标体系，因此，中国知名媒体《南方周末》在历经十多年发展完善的基础上，于 2014 年推出了一套全新的企业社会责任评价体系。该评价体系包括经济指标、管理指标、合规指标、环境指标和社区指标 5 大模块，涵盖 11 个二级指标和 32 个具体评价指标。具体如下：

一级指标及权重	二级指标	具体评价指标及权重
经济指标(32%)	经济规模指标(16%)	主营收入(4%) 主营收入增速(4%) 净资产(4%) 净资产增值(4%)
	经济效益指标(16%)	净利润(4%) 净利润增速(4%) 纳税额(4%) 纳税额增速(4%)
管理指标(8%)	企业社会责任管理团队(4%)	是否设立企业社会责任管理团队(4%)
	企业社会责任管理目标及考核(4%)	企业社会责任管理团队是否有明确目标及考核(4%)

（续表）

一级指标及权重	二级指标	具体评价指标及权重
合规指标（30%）	产品安全与服务质量（15%）	是否有重大（人群/后果）消费者投诉事件（3%） 是否存在产品与服务虚假宣传（3%） 是否因违反消费者权益法规而受到监管部门处罚（3%） 是否建立产品与服务的可持续评估体系（3%） 是否通过 ISO9001 质量管理认证（3%）
	员工权益保护（15%）	雇用员工人数（3%） 是否设立 EHS 管理体系（3%） 是否通过职业安全卫生管理系统认证 OHSAS18001（3%） 是否及时、足额为员工缴纳社保（2%） 是否存在劳资纠纷（2%） 是否曾受到第三方组织颁发的劳动权益相关奖励（2%）
环境指标（15%）	环境保护行为及认证（6%）	是否通过 ISO14001 环保认证（2%） 是否曾因违反环境法规而受到国家监管部门处罚（2%） 是否有过排放超标记录（2%）
	环境影响管理体系及节能减排举措（6%）	是否制定了节能减排目标及是否完成（2%） 是否对供应商进行环境影响评估（2%） 是否接受环境影响的第三方评估（2%）
	环境类社会行动（3%）	是否发现或参与环境类社会行动（3%）
社区指标（15%）	信息公开与透明度（6%）	是否发表企业社会责任报告（3%） 是否对责任报告进行第三方审验（3%）
	社区建设和公益表现（9%）	是否发现或参与解决本国实际问题的行动（贫困、教育、儿童权利、妇女权利、消除疾病等）（3%） 慈善捐赠金额及公益项目投入金额总计所占当年主营业务收入的比例（6%）

中国企业已经逐步意识到履行社会责任的重要性，但企业在履行社会责任方面往往还带有随意性和被动性，发生困难时捐点钱，有时间就做些公益活动，缺乏系统的规划和持续性的社会责任履行机制。这类指标体系有很好的前瞻性，既体现了组织对经济管理指标的关注，也考虑到了对法律、法规的合规性以及经营活动对社会、经济的影响，评价体系考虑到了企业履行社会责任的持续性、合理性和高效性，企业可据此增进社会责任的内部评价体系，据此进行系统的目标管理和过程考核，并建立相应的考核团队。

[资料来源]《2015 中国企业社会责任年会蓝皮书：构建责任共识》，摘自《南方周末》。

三、影响组织承担社会责任的因素

组织对社会责任的态度是受到各种因素影响和干扰的。有些因素是促进性的,它增强了组织对社会责任承担的意愿;另一些因素则具有一定的消极性,它会削弱组织在这方面的意向。

撇开个人的信仰、伦理观以及价值观不谈,我们可以发现促使组织承担社会责任的积极因素有:(1) 公众形象。承担社会责任的良好行为有助于组织在公众中形成良好的口碑。(2) 长期利润。良好的社区关系和负责行为能为组织赢得更稳固的长期利润。(3) 组织系统。社会责任的履行能为组织增添吸引力,从而留住优秀雇员,形成良好的组织氛围。(4) 规范行为。社会责任中的道德规范能有效地约束组织的日常行为,从而尽可能地避免对非法和不道德手段的采用,等等。

与此同时,也有很多消极的因素存在,例如以下方面:(1) 股东权益。社会公益性举措会削减股东们的既得利润,若按照"信托人"观点,这体现了管理当局对股东的不负责任。(2) 行为衡量。组织的社会责任行为的效果通常难以用确切的指标进行度量。(3) 成本问题。许多社会责任活动是不能自负盈亏的,这就导致组织最终会以提价的方式将成本转嫁给消费者。(4) 权力过大。组织本身已具有在经济领域内的充足权力,若再涉足社会领域,处理社会问题,追逐社会目标,组织所拥有的权力就会产生过度膨胀现象,等等。

管理聚焦

华硕电脑:以社会责任支持永续经营

华硕是台湾当今第一大科技品牌,它的产品创新、商业竞争行为随时吸引着外界的关注,而它在公司社会责任领域的行动,也同样受人瞩目。2016 年,欧洲公益机构"Rank a Brand"公布全球消费电子品牌的永续度排行榜,华硕排名第四位,仅次于苹果、惠普及荷兰永续手机品牌 Fairphone,甚至超过规模、知名度更高的戴尔、索尼和联想。

华硕表现最突出的硕目,是报废产品的回收率。华硕 2015 年在全球的回收率达到 11%,在全球大型消费电子厂商中,仅次于惠普的 12%。回收产品多数来自华硕的主要市场欧洲。以往,根据欧盟报废电子电机设备指令(WEEE)的要求,华硕选择让各国经销商负起回收旧电脑、旧手机的责任。但这一做法成效不明显,2014 年华硕的报废产品回收率仅为 6.7%。2015 年年初,华硕电脑董事长施崇棠决定,华硕将对欧洲市场的回收业务负完全责任。此后,公司迎难而上,在幅员辽阔、国家众多的欧洲市场致力于建立自己的回收体系，并在一年后获得了回报。

华硕在社会责任领域的另一个重大进步，是关注产品价值链中的企业社会责任(如劳工安全、杜绝血汗原料)，并将其纳入KPI考核指标。华硕参与了无冲突采购计划(CFSI)，要求供应商采用经过认证，并非来自武装冲突或侵犯人权情况下开采的矿产。目前，华硕产品中金、钽、锡、钨四种金属原料来自经CFSI认证的非冲突地区的比例，比2014年的22%上升到2016年的85%。

华硕在社会责任领域的成功部分源于其有力的组织保障。华硕的永续长魏杏娟是整个台湾科技界职位最高、权力最大的永续长。与其他企业由中层管理者担任“永续长”的惯例不同，魏杏娟是华硕的共同创办人、最早的财务主管，目前还兼任华硕总管理处处长。有这样一位举足轻重、能直接向董事会汇报的永续长，企业的各项永续计划得以自上而下地快速推动和执行。

[资料来源]《华硕：下决心做“回收”永续度全球第四》，《天下》2016年第604期，第52～54页。

四、社会责任和经济绩效

社会责任活动的发生必然会导致组织内部成本的增加，那么，这是否意味着组织从事社会责任活动会引起组织经济绩效的下降呢？对一个组织而言，社会责任与经济绩效之间到底存在怎样的一种关系呢？许多学者针对这一方面进行了研究和探讨，但由于其在衡量“社会绩效”和“经济绩效”时受到方法论的影响，所以其结论总存在一定程度的缺陷和局限性。

对于“社会绩效”的衡量，最常用的一种方法是通过对组织年度报表的分析、对组织文档中有关社会行动描述的引证以及组织在公众中的“声誉”指数等标准来测量。而对于“经济绩效”的评估，虽然通常以净收入、权益收益率或者每股价格等客观标准来衡量，具有较强的可信度，但它揭示的是短期内的财务绩效，而社会责任对组织利润的冲击(正面的或负面的)需要经过一段较长的时间才能完全体现，也就是说，这种作用的结果具有一定的时间滞后性。所以，这些财务资料也无法产生完全有效的可用结果。

尽管如此，分析大部分研究的成果，我们仍能得出这样一个结论：组织的社会参与和经济绩效之间存在着一种正相关关系。这种正相关关系的逻辑基础是：组织通过社会参与所获得的利益足以补偿其因社会参与而造成的额外成本。这里所指的利益包括获得一个积极的消费者形象、一支目的更明确和更讲究奉献的员工队伍或者是政府当局的更少干预等。

所以,对于我们最初提出的问题"社会责任活动的发生是否会降低一个组织的经济绩效",回答应是"否"。

五、社会责任的限度

管理人员作为众股东的"信托人"在组织中的首要职责是什么？是成为慈善家或是社会知名人士吗？对于这个问题答案的了解,或许能帮助我们更清醒地明白一个组织在承担社会责任时所需控制的限度。

管理人员作为组织机构的"仆人",他的首要职责是对他所服务的机构负责,他的首要任务是使他的机构,无论是企业、医院、学校还是其他组织,执行其职能并为此而做出贡献。如果某组织的高层人士虽然通过其权力优势成为一名卓有成效的社会问题处理专家,享有很高的社会知名度和社会地位,但他所经营的组织却陷入财务危机或濒临破产,那么,这个人对于该组织、对于社会而言,仍是极不负责的,至少是有负信托责任的。所以,对于任何一个组织来说,其最终承担社会责任的程度应根据自身的实际情况来确定,真正做到量力而行。以下是组织在承担社会责任时所需考虑的几方面限制因素:

(一)组织的特殊任务

组织完成自身的特殊使命是社会的第一位需要,也是社会利益的根本保证。组织的首要社会责任是执行其职能,如果不能认真负责地执行其职能,就根本无法很好地完成其他任何事情。尤其是对工商企业、社会的经济机构来讲,更需要强调这一点。其首先必须完成使命所要求的最低限度,获得最低限度的利润率,否则,一个自身根本无法生存下去的企业又何谈造福于民呢？虽然,社会上流行这样一句话:"对于一个企业来讲,光做好业务是不够的,还必须做好事",但是,若其连自身的业务都没能做好的话,又如何"做好事"呢？

(二)组织的实际能力

承担组织在该方面缺乏应对能力的工作是一种不负责任的行为,也是一种残酷的行为。它使组织在进行了大量投入后,因无法实现预期目标而陷入困境。一个组织,尤其是工商企业,在社会责任领域内的能力是有限的。因此,管理当局在承担某项社会责任并处理某项工作之前,必须好好地思考:组织有没有能力承担那项工作以及有哪些部分较适合自己组织的能力？其中是不是有的部分可以用具体的目标或可以衡量的成绩来予以规定？如果答案都是肯定的,组织才可以认真地开始考虑承担自己的社会责任。如果答案是否定的,而且在许多领域中答案都会是否定的,那么,不管问题是多么重要或对组织来讲是多么迫切,组织最好先不要承担。若勉强承担了,只会对社会和该组织造成损害，而不会取得任何成就。

（三）组织的职权

职权和责任仿佛是一个事物的两个方面。任何人在享有某种职权的同时，必须担负其相应的责任；一个人在承担某种责任时，就应该享有相应的职权。组织承担社会责任也是一样。组织承担社会责任的过程实际上也是组织行使某种相应职权的过程。但有时候，某种社会责任背后所赋予的职权对组织而言是不可得的，或者说是组织不该拥有的，这时该组织承担的那份社会责任就变得不可行了。所以，任何时候，当人们要求组织承担某项责任时，应该先问一下："该组织有这种职权吗？它应该有这项职权吗？"如果该组织没有而且不应该有这项职权，那么由该组织承担那份社会责任就有些不切实际了。

总之，组织有担负一定社会责任的义务，但也要视情况、场合以及条件而定，在有些时候，该拒绝时仍需说"不"。

六、什么是管理伦理

一个推销员贿赂一位采购代理人以诱使其做出购买决策，这种行为是道德的吗？如果这笔贿赂款是出自推销员自己的销售佣金，又应当如何看待呢？这两者之间是同质的，还是异质的？将公司的资源挪为私用是道德的吗？在工作时间处理私人事务是道德的吗？为了获得晋升机会，有意夸大个人贡献、打压对手是道德的吗？……在日常的组织生活中，每个人都会有意或无意地进行一系列对伦理行为的判断和选择。那么，到底何谓伦理及伦理行为呢？

伦理(Ethics)通常是指规定行为是非的规则和原则。顾名思义，管理伦理观(Managerial Ethics)是指在管理领域内涉及的是非规则和准则。一个组织的管理伦理观通常能较为清晰地反映出在该组织文化中所包含的价值观、态度、信念、语言以及行为模式等。所以，管理伦理既是一个个人行为，同时也是一个组织行为。组织中的伦理行为，通俗地讲就是职业道德问题。

伦理行为(Ethics Behavior)是一种与盛行的社会规范和文化准则相一致的行为。它与通常所说的合法行为不是同一个概念。合法行为(Legal Behavior)是指那些被法律与法规所承认和允许的行为举措。它通常较为客观，受法律和法规的严格约束，并要求任何组织都予以强制执行。伦理行为则带有很强的主观意识，有时在是与非之间甚至很难决断，它更多地受到公众舆论以及社会压力的影响。合法行为与伦理行为之间多数时候是一致的，但有时候也会出现"合法不合理"或"合理不合法"的状况，这时就需要根据场合、情景以及个人的是非态度、道德观等再加以权衡轻重，但无论如何，合法总是第一位的，需给予优先满足。

七、影响管理伦理的因素

一个组织或个人的行为是否合乎伦理道德,通常受多种因素的影响。最主要的因素包括个人伦理道德的发展阶段、个人特征、组织结构设计、组织文化以及伦理道德问题的强度等。这些因素共同作用,将最终决定组织或个人所采用的手段是道德的还是不道德的(见图 4-2)。此外,个体道德感的强弱也并不是一成不变的,它在很大程度上是由个体所在组织的环境决定的。缺乏强烈道德感的人,如果在组织中受到规则、政策、工作规定或加于行为之上的强文化准则的约束,他们产生不道德行为的可能性就小,久而久之,会产生一种道德认同感,从而改善自身原本的道德伦理观。相反,原木非常有道德的人,也可能在一段时间后被组织的结构和组织中允许或鼓励不道德行为的文化所腐蚀,从而削弱自身原有的道德感。所以,在组织内部建立一个良好的道德伦理系统是非常重要的。接下来,我们就分析一下那些最终将影响组织或个人伦理行为的主要因素。

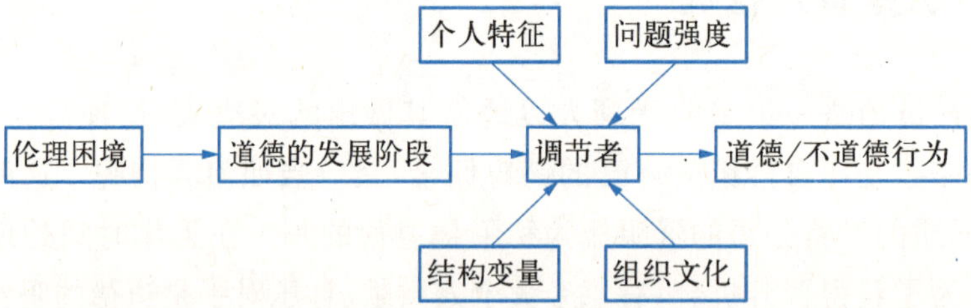

图 4-2 影响伦理行为的因素

(一) 道德的发展阶段

美国心理学家科尔伯格的研究表明,道德在认知层面的发展存在着前后相继的三个水平的发展时期,而每一个时期又分为两个阶段,一共有六个阶段。每个阶段对道德情境的分析过程都比前一个阶段在认知上更为复杂,并且,各阶段的排序是固定不变的。

第一个时期称为道德成规前期(Preconventional Level)。伦理道德处于这个水平上的人们在进行是非曲直判断时所参照的唯一指标是个人利益的得失情况。通俗一点说,也就是人们的行为方式是根据趋"利"避"害"的原则而决定的。这里的"利"是指自身利益的可得性,"害"则是指所受惩罚的规避性。这一水平中所包含的两个道德伦理阶段是:(1) 为避免受罚而遵守规则的阶段;(2) 为获取直接利益而遵守规则的阶段。

第二个时期称为道德成规期(Conventional Level)。这一水平上的人们较看重他人的期望以及对传统秩序的维护。它包括这样两个阶段:(1) 做周围人所期望的事情;(2) 通过履行你所赞同的准则来维护传统的秩序。

第三个时期是道德自律期(Postconventional Level)。处在这一水平上的人们开始摆脱他们所属群体和一般社会的传统观念，确立自己的价值观、道德伦理观以及一系列进行是非判断的个人道德原则。这一水平上的两个阶段是指：(1) 支持自身认可的价值观和权利，而不管该价值观和权利是否符合多数人的意见；(2) 遵循自己所选择的道德原则。

以上三个时期、六个阶段展现了人们道德伦理观的形成过程，一个不断趋于主动、主观的过程，呈阶梯状分布。每个人都会毫无疑问地经历这样一个阶梯式攀登的过程，所不同的只是每个人在其最终伦理道德上的停留阶段有差异。一般来说，一个人伦理行为的道德水准与其伦理道德所能达到的阶段呈正相关关系。过去数十年的研究表明，道德判断是每个人的全面个人成长和社会成长的一部分，并且，那些道德判断发展得最充分的个人"乐于学习、寻求新的挑战、喜欢有智力刺激的环境、内省、制定计划并确立目标、敢于冒险、从更大的社会历史和制度背景下看待个人存在的意义，并承担起对自己和他人的责任"。

(二) 个人特征

研究者发现，有两个呈现个人特征的个性变量对人们的行为有较大影响。这两个个性变量，一是自我强度变量，二是控制点变量。自我强度是衡量个人自信心强度的一种个性变量。通常，自我强度高的人具有较强的自信心，他们更多地会做他们认为正确的事。所以，与自我强度低的人相比，自我强度高的人在伦理判断和伦理行为之间有更高的一致性。控制点(Locus of Control)则是用于衡量人们相信自己能掌握命运程度的个性变量。具有内控倾向的人认为自己对命运有绝对的控制力，具有外控倾向的人则认为自己一生的命运是由运气和社会来决定的。因此，一般情况下，与外控倾向的人相比，具有内控倾向的人在伦理判断和伦理行为之间表现出更高的一致性。

(三) 结构变量

良好的组织结构有助于强化组织成员的道德行为。一般而言，清晰明确的组织结构设计最能提高员工对伦理行为的认识程度，而组织正式的规章制度、清晰的职务说明和明文规定的道德准则能有效地减少组织运作的模糊性，而且还能促进行为的统一性。此外，上级的行为以及组织绩效评价系统的完善与否也是两大关键因素。上级管理者的行为标准对其下属而言往往会产生最直接且有效的影响，而组织在评价时对结果和手段的重视态度也会对员工伦理行为的选择产生较大的影响。

(四) 组织文化

组织文化的内容和力量同样也会影响组织员工的伦理行为。可能形成较高伦理标准的文化是一种高风险承受力、高度控制以及对冲突高度宽容的文化。处于这种文化中的组织员工会被要求不断创新和进取,并会对道德和不道德行为产生清醒的认识。而从文化力量的角度而言,如果文化的力量很强并且支持高伦理标准,那它会对组织员工的伦理行为产生非常强烈和积极的影响。例如,强生公司有一种长期承诺为顾客、雇员、社会和股东履行义务的强文化。当有毒的泰诺胶囊在商店货架上被发现时,美国各地强生公司的雇员,甚至在强生公司还未发表有关中毒事件的声明之前,就自动将这些产品从商店撤走了。事实上,并没有人告诉这些雇员在伦理道德上什么是对的,但他们知道,强生公司对他们的期望是什么。

(五) 问题强度

影响伦理行为的最后一个主要因素是伦理道德问题木身的强度(严重性)。如图 4-3 所示,有六个相关特征将最终决定问题的强弱和重要性程度。

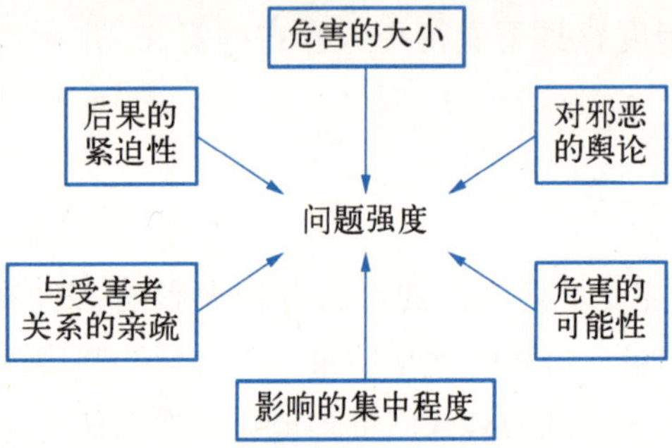

图 4-3 决定问题强度的特征

(1) 某种伦理行为的受害者(或受益者)受到多大程度的伤害(或利益)?

(2) 多少舆论认为这种行为是邪恶的(或善良的)?

(3) 行为实际发生和将会引起可预见的危害(或利益)的可能性有多大?

(4) 在该行为和它所期望的结果之间,持续的时间有多久?

(5) 你觉得(在社会、心理或物质上)你与该种邪恶(或有益)行为的受害者(或受益者)关系的亲疏如何?

(6) 伦理行为对有关人员的影响的集中程度有多大?

根据以上六项特征可知,某行为造成危害的可能性越大,从其行为到后果的时间间隔越短,人们与受害者的关系越近,其危害性越严重,影响集中度越显著,舆论谴责越强烈,那么该问题的强度就越大,其重要性程度也就越高,人们对该行为具备道德性的期望也就会越强烈。

管理聚焦

原则至上的领导

对管理者而言,为所有员工做出基于价值观的个人行为示范是至关重要的,而同样重要的是(特别是高层管理者),应确保使用清晰的价值观指导组织中**每个人**的行为。这就要求管理者做出个人行为表率,这是在整个组织中推行符合道德准则的行为的前提。如果最高管理者对价值观持漠视态度或只是做做样子，组织中的其他人也不会认为按准则行事是非常重要的。

值得注意的是，组织的道德行为不是组织成员的集体道德水准的简单相加。为此，需要关注不同组织层次上的道德行为。柯维开发出了一种名为**“原则至上的领导”**(principle-centered leadership)的方法，并提出，领导的各个层面(个人层面、人际层面、管理层面和组织层面)存在基本的相互依赖关系。每个层面的独特作用可以表示如下：

个人：个人的第一需要是成为值得信赖的人，而这取决于个人的品质和任职能力。只有在个人值得信赖时，他才能与他人建立信任关系。

人际：缺乏信任的关系的一个特征，是为自我保护而努力去控制及核实彼此的行为。

管理：只有在信任关系的背景下，一位管理者才会冒险授权给他人，使他们充分发挥其才华和活力。但即使采用授权式领导风格，对高绩效群体的领导仍取决于团队塑造、委派、沟通、协商和自我管理。

组织：当组织结构、制度(如培训、沟通、奖励制度)、战略和愿景保持高度整合并相互支持时，组织是最富创造性和生产性的。换言之，特定的组织构架比其他安排更有可能培养和强化其成员的道德行为。

但即使组织清楚地将受到每个人欢迎的价值观印在纸上，价值观冲突仍可能出现。如果员工认为管理者的行为未能体现公司的重要价值观，就会出现价值观冲突。当组织中的下属成员认为领导者违背了价值观时，他们不太可能向后者主动表达负面感受。因此，领导者本人需要定期询问员工的所思所想，积极主动地激发讨论。

[资料来源] 理查德·L. 哈格斯：《领导学：在实践中提升领导力》(第7版)，机械工业出版社2012年版。

八、改善伦理行为

在日趋激烈的全球竞争中，通过建立规范的道德伦理制度来创建一个有利于加强团结和提高声誉的组织氛围，已成为各组织获得成功所必不可少的基础。伦理标准、态度和规则不仅有助于组织利益，从长远看，还将有助于增加个人和整个国家的价值和财富，有助于社会和谐发展。为此，组织的高层管理者应特别重视以下几个方面：

(一) 新员工招聘

组织在招聘的过程中，应重视对应聘者个人价值观和性格的测试。一般可通过面试、笔试以及情景测试等多种形式进行综合了解,并据此对那些在伦理道德上不符合要求的人员进行淘汰和剔除。虽然这种甄选过程会受一些主、客观条件的影响而有时显得不那么完全可靠,但不可否认,它是组织了解个人伦理道德发展水平、个人价值准则、自我强度和控制轨迹的一个良好机会。

(二) 制定明确的伦理准则和决策规则

伦理问题具有一定的主观意识性,就好似一句俗语所说,“仁者见仁,智者见智”,在不同文化背景和家庭环境中长大的人对于某些问题的伦理判断可能会产生大相径庭的观点。所以,在多元化的组织内部应建立明确的伦理准则,这有利于避免组织员工可能产生的迷茫感。《财富》杂志列出的 1 000 家公司中,几乎 90%的公司已建立了一套明文的伦理法规。伦理准则(Code of Ethics)是表明一个组织基本价值观和它希望雇员遵守的道德规则的正式文件。在伦理准则的制定过程中,要特别注意两个方面:一方面,伦理准则应尽量详尽具体,能让雇员明白组织所要求的工作精神;另一方面,伦理准则又应有足够的宽松度,从而给予雇员们一定的判断自由。

(三) 高层管理者的榜样作用

组织伦理准则有效落实的关键在于高层管理者的以身作则,因为组织文化基调的建立通常是自上而下的。高层管理者的言谈举止对其下属而言往往具有很强的表率作用,尤其是在某些敏感问题上,诸如贿赂、晋升、奖惩等问题上,下属员工会更直接地以其上司的行为为模板进行操作,同时还会据此建立起对该问题的道德伦理意识和是非观。所以,作为组织最高决策者的管理人员应当时刻警惕自己的所作所为,因为这已不仅是一种单纯的个人行为,它可能会直接影响到组织道德伦理氛围的建立。

(四) 建立明确且可行的工作目标

工作目标的可实现性对于组织的管理伦理具有很重要的现实意义。若组织给某个员工所制定的工作目标是根本不切实际、难以完成的,那么在该目标的重压之下,即使原本很有道德感的人也会迫于无奈而开始采取“不择手段”的态度。由此而造成的价值观和道德伦理观的扭曲,对组织来说是损失重大的。

(五) 定期的道德培训

如今,越来越多的组织已开始设立研讨会、专题讨论会以及类似的培训项目,尝试去改善组织的伦理行为。据最近的估计,44%的公司已经提供了某些不同程度的伦理培训。虽然对于伦理培训的效果有一部分批评者始终持否定态度,但一些实验证明,伦理培训对于伦理行为的实质性变化仍是非常有助益的。这种培训提高了组织员工个人的伦理道德发展水平,即使这种培训没有对行为产生本质影响,但至少它增强了受训者对管理伦理问题的意识。

（六）建立完善的绩效评价体系

结果和过程是绩效评价的两个主要方面。一个在绩效评价时只看重经济成果的组织是很容易陷入伦理困境的，因为他们往往会为了追求理想的结果而不择手段。所以，在一个坚持高伦理标准的组织里，他们的绩效评价应该是结果与过程相兼顾的，有时甚至会更注重其实现结果的手段和途径的道德性问题。

此外，组织还可以通过进行定期和不定期的审计抽查来监督组织的管理伦理，也可以建立一些组织伦理行为的咨询机构，通过沟通来帮助组织成员明确伦理道德问题，更有甚者，还可以通过对组织核心价值观的不断强调、对组织内正确行为的不断肯定以及在组织内建立共同奋斗目标等方式，改善组织内部的道德伦理现状。

本章提要

组织环境有内、外之分。外部环境又可根据其对组织作用的直接与否而划分为一般环境和任务环境两大部分。一般环境中的五个主要因素是经济因素、技术因素、社会文化因素、政治法律因素和国际因素。任务环境虽然因组织性质和经营业务范畴的不同而各不相同，但基本要素是类似的，包括供应商、顾客、竞争者以及有关政府主管部门和协作组织等。

组织文化作为一种独特的文化，具有五大本质特征，其显性内容包括组织标志、工作环境、规章制度和经营管理行为等方面，隐性内容包括组织哲学、价值观念、道德规范、组织精神等方面。另外，组织文化对于一个组织的管理实践、管理职能有着十分重要的作用。

组织文化与组织环境影响着管理人员的管理活动，同时，组织也能对文化和环境施加一定的影响力。

生存于社会中的组织对社会应承担相应的社会责任和义务，这与组织所追求的经济绩效并不存在必然的矛盾关系。如果运用得当，有时甚至还会给组织带来十分稳定、可观的长期收益。但组织对社会责任的承担也应该适可而止，因为毕竟组织的首要任务并不是要做一个公益大使。管理伦理是又一个涉及组织道德行为的重要问题。对于当今社会而言，组织若期望得到长期发展的可能，伦理行为的实施就是其必须具备的条件之一。

复习思考题

1. 你认为一般环境和任务环境何者更加重要？为什么？

2. 试析组织与环境的关系,两者间哪一方的影响力更大些? 请举例说明。

3. 什么是组织文化? 它是如何对管理产生影响的?

4. 你是如何理解社会责任的? 工商企业应当承担社会责任吗? 为什么?

5. 管理伦理指的是什么? 你是如何看待企业“生意经”的? 做生意可以不讲职业道德吗?

第五章
计划工作与目标的设置

全章脉络

学习目的与要求
管理专业术语
- 第一节　计划与计划工作
- 第二节　计划工作的基础
- 第三节　计划工作的常用工具和方法

本章提要
复习思考题

学习目的与要求

1. 明确计划工作的性质与目的；
2. 区分战略计划、战术计划与作业计划；
3. 了解什么时候更需要导向性计划；
4. 认识计划工作中的四种权变因素；
5. 清楚计划过程；
6. 明白组织目标的多重性与分类；
7. 知道真实目标与宣称目标之间的区别；
8. 掌握良好目标的特征；
9. 应用典型的目标管理规划；
10. 熟悉各种常用的计划工作的工具与技术。

管理专业术语

Planning The process of setting goals and courses of action, developing rules and procedures, and forecasting future outcomes.

Purpose It is the basic goal, defined by the societal context in which it operates.

Mission A long-term vision of what an organization is trying to become. The mission is the unique aim that differentiates an organization from similar organizations.

Objective Specified future conditions that an organization — or member of an organization — hopes to achieve.

Hierarchy of plans A set of plans that includes the company-wide and derivative plans of subsidiary units required to help achieve the enterprise-wide plan.

Single-use plan A one time plan specifically designed to meet the needs of a unique situation.

Standing plan Ongoing plans that provide guidance for activities performed repeatedly.

Budget A financial plan, showing financial expectations for a specific period.

Management by objectives (MBO) A technique in which supervisor and subordinate jointly set goals for the latter and periodically assess progress toward those goals.

计划是一项最基本的管理职能。在集体中工作的人们，要取得有效的成果，最主要的任务是设法使他们明确目的与目标，以及实现它们的方法。领袖人物往往在力求实现某一目标前，先构想出一张蓝图。一个企业、组织，一个地区或一个国家的命运，从某种意义上讲取决于管理其事务的人的思想和计划。可以说，良好的管理，始于良好的观念、调查和计划。

第一节 计划与计划工作

计划是所有管理职能中最基本的方面，计划工作先于其他管理职能。英文中把经营称为“带风险的事业”(Venture)，就在于许多事情很难预料，而计划正是减少风险的一种重要手段。因此，各行各业、各单位和机构都十分重视计划，而各个层次的管理者也都需要制定计划，计划和决策的结果将会影响到管理者所在的组织。在现代社会里，计划工作已成为组织生存的必备条件，对企业而言更是如此，要经营事业就必须有计划，而且必须严加计划，把计划作为集体行为的准绳。良好的计划是增强竞争力的重要途径和有力工具。

一、计划工作的性质和目的

(一) 计划和计划工作的含义

对计划的理解有广义、狭义和动态、静态之分。从广义上说，计划就是对未来所要从事的事业的谋划、规划和打算。这里包含两层意思：从动态角度看，它是准备在未来从事某项工作(目标)，预先确定行动的时间、方法、步骤、手段等过程，我们通常称之为“计划工作”。另一种是静态的解释，即指规划好的行动方案或蓝图。从狭义上讲，计划仅指未来可望达到或实现的具体目标。

阿考夫(Ackoff)把计划定义为：对所追求的目标及实现该目标的有效途径进行设计(Ackoff,1964)。多数定义认为计划是预先制定的行动方案。因此，我们可将计划定义为：为了从事某些工作预先进行规划好的详细方案。计划工作是针对将来活动的决策所进行的周密思考和准备工作。它包括限定组织的目标，为实现这些目标制定总体战略，并提出一系列派生计划，以综合和协调各项活动。它同时涉及结果(做什么)和手段(如何做)。计划工作是行动的前提，它迫使管理人员通盘思考问题，尽管不可能预见到未来的一切，但是还能做出情理之中的推论，并对潜在的问题做出研究。

计划工作意味着今日做出明日的决策。计划工作包含了目标选择和确定实现目标的行动路线。所以，当你做计划时，实际上是现在决定未来将做些什么。从某种意义上讲，计划仅仅是一组事先做出的决策，让你能实现未来的目标；计划工作则是让你今日对明日各种行动路线的结果做出评估。

(二)计划工作的目的

管理人员为什么应从事计划工作?因为计划工作给出了方向,减少了变化带来的影响,尽可能避免了重复、遗漏和浪费,并制定了利于控制的标准。

计划工作协调了组织成员所做的各种努力。无论是管理人员还是非管理人员,都为他们指明了方向,使所有有关人员知道组织正走向何方,为了达到目标,他们必须做何贡献,并能互相合作,协调各自的活动;避免了组织忽左忽右的摇摆,从而有效地达到目标。

计划工作通过迫使管理者展望未来、预测变化、考虑变化的影响和制定妥善的应对措施,来降低不确定性的负面影响。它也为管理人员指明在面对变化做出反应时所采取的各项行动的后果。

计划工作说明并确定了组织中每一部门应做些什么,为什么要做这些事,应在什么时候去做。目的和手段都明确了,低效和无能也就显而易见了。它减少了重复与浪费的活动,并协调各项活动,使之与其他有关活动相配合。

最后,计划工作建立了目标与标准,从而保证了必要的控制。如果我们不确知究竟要达成什么,也就无法确定是否实现了目标。正是由于在计划工作中提出了目标,在控制职能中才能将实际的业绩与目标相对照,一旦出现重大的偏差,就能及时采取纠偏行动。没有计划工作,也就无所谓控制。

管理聚焦

谁来从事计划工作

谁是实际从事计划工作的人?这取决于企业的规模。计划的基本过程是不变的——设定目标、开发背景信息(如预测)、确定备选方案、评估方案,以及最后形成计划书。然而,在小企业中,绝大部分计划工作是由企业主自己来做的,有人也许会非正式地与某些雇员交流;也有的干脆使用商业计划工作软件。

在大企业中,公司中心可能有一个计划班子。其作用是与高层管理部门以及各分部一起,征集意见、质疑,完善公司的计划。但在过去几年中,多数企业将其计划工作下放基层。如今,即使在一些大企业中,核心计划人员并非总部一些专业人员,而是企业的生产经理或分部主管,最多加上少量的总部顾问小组成员。其理由是直线管理人员(参看第八章第二节)对用户、竞争形势的变化和技术变革的趋势等最了解,也最能做出快速反应。总部的计划工作人员大多做一些汇编、存档工作,提出一些统一的报告和表格形式,以及做一些与计划工作相关的研究和培训工作。

[资料来源] Gary Dessler, Management Principles and Practices for Tomorrow Leaders 3rd ed.

二、计划的类型

不少管理人员由于对计划的多样性认识不足，致使不能充分发挥计划工作的效能。一个重要的规划，如扩建一个新厂是一种计划，这容易理解，但是，其他许多涉及未来的行为过程也是计划，这点常常被忽视。要认识计划的多样性，必须牢记，计划包括任何有关将来的行为过程。计划有多种不同的分类法：按计划的广度来分，有战略计划、战术计划和作业计划；按时间框架来分，有长期计划、中期计划和短期计划；按明确性来分，有具体计划和导向计划；按行政效用来分，有指令性计划和指导性计划。其他的分类标准还有按组织层次、按职能、按业务等。图 5－1 展示了组织中最常用的计划类别和它们之间的联系。

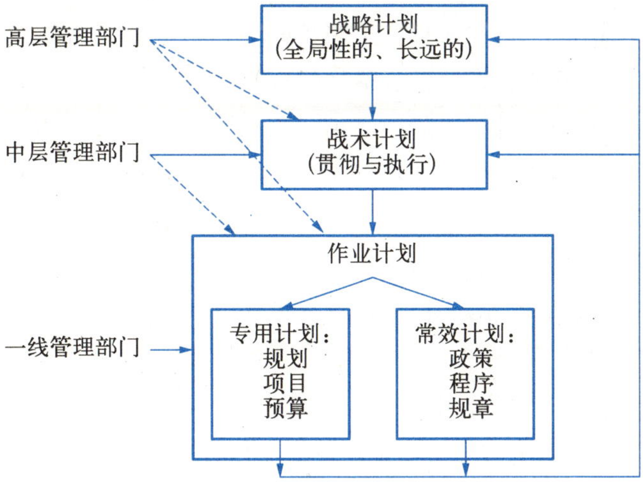

图 5－1　计划的主要类别与联系

管理聚焦

计划是值得的吗？

当企业投入大量资源和时间用于计划、决策时，需要回答一个问题：计划是值得的吗？大量研究考察了计划与绩效之间的关系。虽然绝大多数研究表明这两者之间大体上存在正相关关系，但我们仍无法得出肯定的结论，说拥有正式计划的组织总是优于那些没有正式计划的组织。那么，我们能够从以往的研究中得出什么结论呢？

首先，正式的计划一般来说是与正面的财务绩效（更高的利润、更高的资产回报率等)联系在一起的。其次,与计划的数量相比,计划的质量以及实施这些计划的适当措施往往对高绩效的贡献更大。再次,在那些发现正式计划并没有导致高绩效的研究中,组织的外部环境往往是导致这种现象的"罪魁祸首"。当外部力量(比如政府的政策法规或不利的劳动力市场治理)限制了管理者的选择余地时,正式计划对组织绩效的正面影响会弱化。最后,计划—绩效关系似乎会被计划的时间框架所影响。研究显示,至少需要实施四年的正式计划后,正式计划对绩效的积极影响才会显现出来。

[资料来源] 斯蒂芬·P. 罗宾斯:《管理学》(第 11 版),中国人民大学出版社 2012 年版。

(一) 战略计划

战略计划是指应用于整个组织,为组织确立总体目标并寻求组织在环境中地位的计划。在工商企业中,战略计划关系到整体的运作,并要求多层次的介入。高层管理部门为整个组织提出指导性目标,然后逐级由较低层次的管理部门提出相应的目标与计划来达成组织的目标,随着计划工作过程在组织中自上而下地推行,标的和业绩的衡量也就越来越具体。

战略计划工作及作为其结果的战略计划是放眼未来的。它们需勾勒出 2 年、3 年、5 年甚至更长时期的宏伟蓝图,并试图为组织在今后这些年份中运作成功做好准备。

战略计划始于组织的使命。组织的使命是该组织为什么而存在的明确阐述。它支配了组织中将发生或应发生的一切。根据彼得·德鲁克的论述,对每个企业而言,有两个根本性的问题需要回答:企业的业务是什么?应该是什么?第一个问题的答案是由消费者决定的,而非取决于生产者。消费者对企业的产品怎么看、怎么想、怎么认为,以及什么时候要,管理部门必须"照单全收",并且这一问题需经常提出来并解决它,而不只是在企业初创时才思考它。

第二个问题要求企业决定它们是否找对了业务,或是否应改变其方向。一些企业受制于经济形势、竞争压力或其他非常事件而不得不调整方向;也有的企业出于生产率、创新及获利能力等考虑,而寻找新机会和寻求新方向。这些大大小小的转移将促使企业重新定义其使命。企业必须明确地限定其使命,并使其为所有的掌权者所理解。

战略计划的意图是应对未来的许多事关重大的不可测事件。例如,是否会出现经济紧缩?通货膨胀能否维持在现有的水平上?有关的政府政策法规对本产业将带来何种影响?要预测 1 年后可能发生的这类事情已属相当困难,更不用说 3 年或 5 年后又会怎样,战略计划之所以必要,正是因为我们难以预测将来。

（二）战术计划

战术计划通常是由中层管理部门提出的对各自部门必须做什么、它们必须如何做，以及谁负责做好它等细节的安排。战术是实现战略所需的手段。它可使战略积极地活动起来并发挥作用。

战术计划涉及的时间长度较短，范围较之战略计划也要窄得多。其跨度一般不超过1年，它们在实现长期目标的过程中，代表了一个接一个的短期努力（这些短期努力，有时甚至是互相交叉重叠的），直至目标达成。

虽然在这里我们对战略计划和战术计划分别做了讨论，但实际上它们是交织在一起的。战略是"整体"，它由一系列战术计划组成，这些战术计划互相关联、互相依赖，共同实现战略计划。战略计划与战术计划的关系见图5－2。

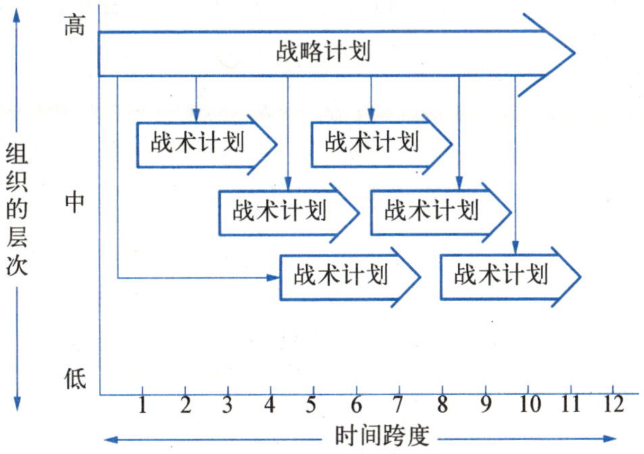

图5－2　战略计划与战术计划的关系

（三）作业计划

作业计划是一个管理人员用于完成其工作职责的计划。它可以是一项专用计划（专项计划），也可以是一种现存的常规计划（常效计划，亦称常置计划）。

1. 专用计划

专用计划应用于那些不重复发生的活动。一旦活动完成，该计划也就不再需要了。专用计划在目标实现后，也就完成了其历史使命。

（1）规划。规划的定义是为组织总体目标内特定的重点工程或任务所制定的一套专用计划。一项主要的规划可以有其自身的政策、程序、预算等。例如，一家医院的发展规划通常包括大楼的扩建计划、财务计划、员工招聘计划、公用设施配套计划等。当发展规划完成后，这一系列的计划都不再使用。

（2）项目。基层或一线管理人员虽然在组织的规划中发挥了一定的作用，但他们更多的还是介入项目的计划工作。项目是整个规划的一部分。它可以是一项工程或任务,可以作为一个独立的实体来计划和完成,其时间跨度相对较短。一项规划可以包括许多个项目,但每个项目都可单独地指派某人去完成它。例如,在企业中由采购部门经理负责设计的新的库存控制系统,即属一个项目。

(3) 预算。预算是预计各种资源和收入数额,以及如何使用它们的一种专用计划。简言之,它是一种数字化的计划。每个组织都需要用预算来控制其财务资源的使用。各种预算的时间长度可以各不相同,但是一般以1年为期。到期后,该预算也就失去其作为计划工作和控制工具的价值。可是,有时它还具有历史价值,因为它通常可用来帮助制定将来的预算。

2. 常规计划

持续的或进行中的常规计划(常效计划)通常在一次制定后要持续使用多年,并在这若干年中进行不定期的修改和更新。常效计划主要用于处理那些重复出现的情形、问题与活动。常效计划使管理决策例行化或"程序化"。它指导管理人员按一定规则进行决策,从而使整个组织系统取得某种一致性。假如每个经理都能遵循常效计划办事,那么,企业中的所有经理人员对于相同的情况、相同的问题,都能以同样的方式进行处理而节省不少时间。常效计划并不一定随着时间的推移而变化,它们是相对"固定的",除非整个系统决策重新进行规划,否则它会继续发生作用。常效计划有三种基本类型,即政策、程序和规章。

(1) 政策。政策是管理的指导思想。它为管理人员指明行动的方向,并明确在一定的范围内怎样进行管理。当管理人员在处理重大领域决策时,政策提供了一个广泛的指导方针。

企业中的政策也分许多种类,如营销政策、财务政策、生产政策、人事政策等。在上述各领域中,又可提出一些更具体的政策。例如,人事政策中包括提升、招工、退休、培训和劳工关系等政策,营销政策中包括广告、产品价格、用户关系、退货等政策。

用系统观点来看,组织的政策体系形成一个指导管理思想的等级网络。系统中较高层次的政策,其阐述相对广泛、笼统,但随着政策制定任务的下移,子系统的政策涉及的活动就越来越具体了。管理人员应保证这些政策协调一致,各项政策都需围绕整个系统目标,各子系统的政策是不应该互相矛盾的。

组织的政策用书面的形式写下来是一个有益的实践。这使所有管理人员都能看到有关政策,并在决策过程中能充分了解该部门的决策将对其他系统所产生的影响。当管理人员离开某一岗位时,接任者也能从这些书面文件中得到指导,从而防止了组织的混乱,并使决策具有一定的稳定性。此外,各项政策的制定都应有充分的基本理由,这是政策存在的基础。

(2) 程序。组织中各种措施和行动必须符合目标的需要。程序是行动的指南,它具体规定某件事情应该做什么、如何去做。由于程序确定了一个管理人员在一个特定情况下应采取何种行动,所以相对政策而言,它们要具体得多。对于一个特定问题或情况而言，程序是用来规定行动过程或规定采取哪些例行措施的。

在一个组织中，有许许多多各类程序。具体地说，如有关成本资料的积累和报告、办公室档案和记录的保存、休假的安排、预算的准备以及大量的其他工作，都应有规定的程序。在一些较正规的企业中，通常都制定了标准作业程序(SOP)，它是指在处理某一具体事例中应采取的例行工作步骤。一个组织没有政策和程序同样可以存在，但是作为一个管理人员，如不利用常效计划，那么他的工作将不胜负担。常效计划可以使管理人员执行“例外管理”，即只是对发生的例外或不平常事件才采取的其他行动。

(3) 规章。规章是一种最简单的计划，它是控制人们在工作中态度和行为的一种特定的常效计划。规章通常在应该怎样行动或禁止什么行动上规定得非常具体，通过建立行动指导准则，达到简化管理人员工作的目的。这里的行动指的是个人行为。新员工一进入该组织即应被告知各项规章，但他们需经常加以提醒。出于这个理由，在办公室和车间中常常贴有“禁止吸烟”“带上你的安全帽”和其他类似的标语。多数规章是有关员工职业安全，以及有关保持一个良好工作环境的提示。这对防止事故发生、保障员工安全、提高劳动生产率，都有很大的作用。

三、权变计划工作

突然发生的事件常常使计划在尚未完全实施前即失去价值。计划的有效性是受多种因素影响的。

(一) 计划工作中的权变因素

在某些条件下，需要战略计划工作；在有的情况下，中、短期计划更有意义；而在其他情形下，事情又可能正好相反。影响计划工作的权变因素主要有以下几点：

1. 组织的层次

图 5-3 显示了组织中管理层次与所从事计划工作类型的一般关系。多数情况下，较低层次管理人员的计划活动主要是作业性计划工作。只有管理人员的组织等级层次提高了，他们的计划工作角色才更具战略导向。在大组织中，高级经理人员所做的计划工作基本上是战略性的；在小企业中，作为业主兼管理者，则这两方面(战略计划工作与作业计划工作)都需要去做。

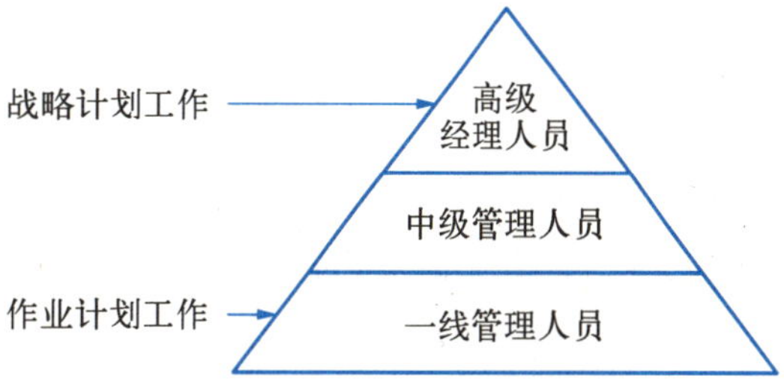

图 5-3 计划工作与组织的等级层次

2. 组织的发展阶段

组织也有它的生命周期，可分为四个阶段：形成期、成长期、成熟期和衰退期。在各个阶段其计划工作是非同质的,尤其在时间长度和明确性上,应在各个不同阶段做相应的调整。

处于形成期(幼年期)的组织,需要极大的灵活性。目标是尝试性的,资源的获得很不确定,要确认谁是真正的用户和顾客也较困难,所以,在此阶段导向计划(指导性计划)更适用。导向计划通常只规定一般的指导方针,它提出重点,但并不把管理者限定在具体的目标或特定的行动路线上。这样,当管理者需要时,也就随时能做出改变。

组织处在成长期时,虽然仍以短期计划为主,但由于目标更明确了,资源更易调配了,用户和顾客的信赖程度更高了,这时计划也就更具体了。

当组织进入成熟期时,可预见性最大,这时具体计划最适用。具体计划的目标是明确限定的。它不存在模棱两可,也没有容易引起误解的问题。具体计划和导向计划的区别见图 5-4。在成熟阶段,组织处于相对稳定时期,因此,计划期的时间跨度就可以更长。

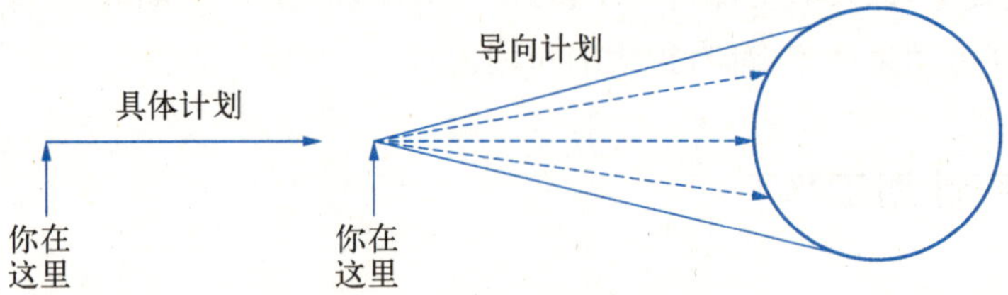

图 5-4 具体计划和导向计划

组织从成熟期转为衰退期时,计划模式也随之逆向变化。当重新考虑目标时,计划又从具体转入指导性,资源将重新配置,并在其他方面也做出相应的调整。

3. 环境的不确定性

环境的不确定性越大,计划就更应是导向性的,计划期的长度也应更短。假如环境要素诸如技术、社会、经济、政法或其他方面发生了迅速或重大的变化,限定的精确的行动路线反而会成为组织取得绩效的障碍。当环境的不确定性很高时,具体计划就不得不改变,以适应这种变化,但是这样常常会降低效率和增加成本。

同样,在环境高度不确定的时期,组织变化的发生也异常频繁;变化越大,计划的精确性也就越差。如一项研究发现,一年期收益计划的精确性能高达 99%,而五年期计划的精确性只能达到 84%。因此,当一个组织面临快速变化的环境时,管理部门就应寻求灵活性。计划中的灵活性越大,由意外事件引起损失的危险就越小,但必须对增加灵活性的成本和未来承诺任务中的风险做出权衡。一般而言,如果组织所处的环境相对稳定,则可以制定相对复杂、综合的长期计划;如果组织面对的是相对动态的环境,则计划几乎都集中于短期。

4. 未来承诺的时间长度

最后一个权变因素也与计划的时间期限有关。当前计划对未来承诺的影响越大,其计划期限也应越长。这里涉及应用计划工作中的一项基本原则——承诺原则，即合乎逻辑的计划工作包含的期限，应是尽最大可能预见未来足以完成今日决策中做的承诺所需的那段时间。计划期过长或过短都是低效率的。

值得注意的是，管理人员并非是为将来的决策做计划，而是正在为当前决策的未来影响做安排。今日的决策即承诺，指在资金、行动路线、信誉等方面承担责任。所以，明智的管理人员一定会承认把长远的考虑结合到今日的决策之中是必要的，否则就是无视计划工作和决策的基本性质。

(二) 权变计划

权变计划工作是指管理者发展出其他可供选择的行动路线，若原计划突然失效或变得不再适合时，即能将其付诸实施。由于无法预见的事件可能会改变现行计划的结果，因此，权变计划的目的是有备无患，不至于在事件发生后才仓促做出反应。当然，并不是所有的情形事先都能预料，但是，管理人员通过理性的推断来预估可能发生的事件是有效开展计划工作所必需的。

权变计划工作的机制如图 5-5 所示，在有关组织现行的计划工作过程中，权变计划工作在四个行动点上发挥作用。

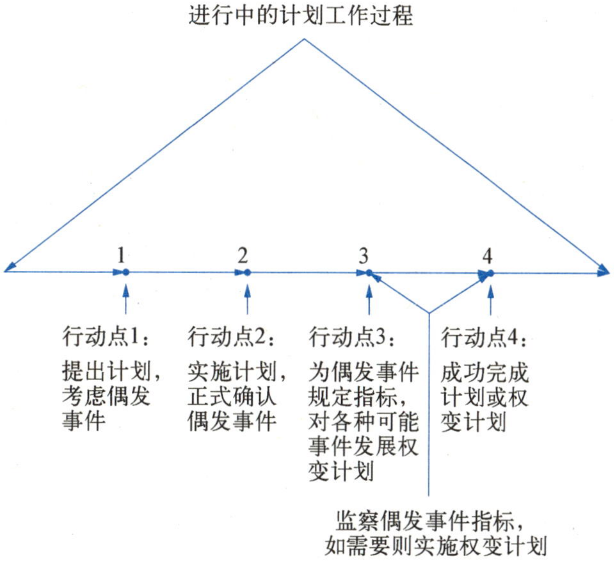

图 5-5 权变计划工作

在行动点 1 上，组织的基础计划被提出，这些计划包括战略计划、战术计划、专用计划及常效计划。在发展这些计划过程中，管理人员通常要考虑各种偶发事件。有些管理领导班子甚至指派某人专门充当“反面角色”(devil’s advocate)，对每一行动路线提出不同的看法，多问几个“但是，如果……又怎么办”等问题。一般而言，大多数管理人员在一开始确定其计划时就会考虑各种假设出现的概率大小。假如某公司的计划是基于市场增长10%的假设,而这10%的增长的发生概率为98%,这一计划的基础是相当牢靠的;如果这10%的增长的发生可能性只有15%,则显然不应对这一计划期望过大。各种其他的随机事件(如市场增长超过或不足10%)都应加以考虑。

在行动点2上,已选的计划正在加以实施,这时需要正式确认那些最重要的偶发事件。从理论上讲,偶发事件可以有无穷多个,所以,指出那些发生概率最大的随机事件很重要。只有那些最有可能发生并会对组织产生重大影响的事件,才用于权变计划工作过程。

下一步,至行动点3,该公司需指定某些指标或信号,这些指标和信号能指示某偶发事件即将发生。例如,一家公司把年通货膨胀率超过15%作为偶发事件来处理。那么,在这种情形下,一个能早期发现问题的指标可能是连续3个月通货膨胀率超过15%。偶发事件的指标确定后,就应提出权变计划。各种情形下可能的权变计划包括工程建筑的延期、开发一个新的制造过程、削减产品成本等。在这个阶段后,组织的管理人员需要监察在行动点3所确定的指标。假如表明形势有变,则需贯彻实施权变计划;否则,原行动计划照常进行。

最后,行动点4标志着原计划或权变计划得以成功完成。

权变计划工作对大多数组织而言,显得越来越重要了,特别是那些处于非常复杂与动态环境下的企业更是如此。权变计划适用于各种类型的计划,无论是战略计划还是战术计划,长期、中长期或短期计划,都可应用。

四、计划过程

计划不是一次性的活动,而是一个持续的过程。随着条件的改变、目标的更新以及新方法的出现,计划过程一直在进行。因为组织经营的环境持续变化,所以需要对计划进行更新和修改(普蒂等,1998)。计划过程包括八个步骤(见图5-6)。

(一) 估量机会

对机会进行估量,要在实际的计划工作开始之前去做,但尽管如此,它还是计划工作的一个真正起点。对未来可能的机会进行初步了解并进行清楚、全面的掌握是很重要的。所有管理人员都应根据自己的优势和不足清楚自己所处的地位,明白希望解决什么问题以及为什么要解决这些问题,并且应当了解希望获得什么。制定切合实际的目标取决于对所有这些内容的估计。组织计划要求对机会及其环境做出切合实际的分析诊断。

在计划过程中,一个组织必须实事求是地评估自己的优势和劣势。若计划建立在错误的评估上,将会导致灾难性的打击。当一个组织集中注意自己弱点的时候,也应当看到自己的优势,根据自己的优势制定适宜的战略。对自己拥有的资源如财务状况、现有技术、有形设备、原材料等进行评估将是一个很好的起点。这些项目的情况将表明组织实现其目标的能力。

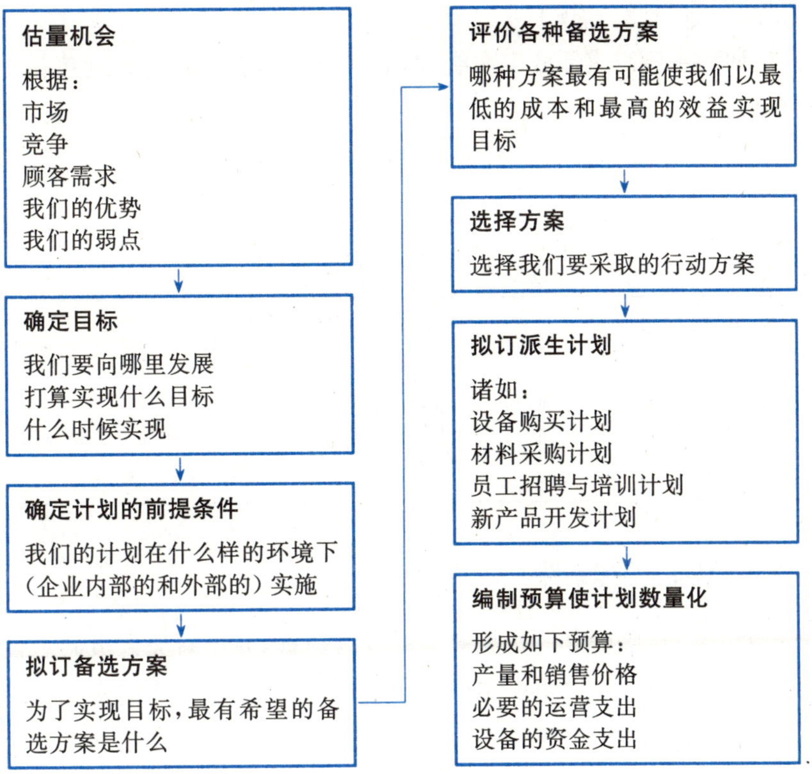

图 5-6　计划过程的步骤

评估外部环境的第一步是界定组织所面对的市场。在界定市场时通常进行市场研究和历史分析，分析市场的历史可以明确顾客购买产品的原因，研究市场还可以分辨潜在的顾客以及他们的需求。接下来是考虑行业状况、确定竞争性质及战胜竞争对手的战略。组织应当了解主要的竞争对手及他们的优势和劣势。无论是长期计划还是短期计划，都必须考虑技术的发展。如果组织忽略了环境中技术的发展而生产产品，最终可能会发现该产品已经过时，因为在市场上可能已经出现了一种应用现代技术的新产品。

经济状况也是一个重要方面。如果由于经济状况恶化而引起货币市场银根紧缩，那么在市场上投放一种产品，可能会面临销售和利润下降。多数计划人员通常会进行经济趋势分析。在进行外部环境分析时，应根据组织和行业的性质以及其他相关方面进行共同估算。

分析外部环境的一个重要目的是寻求和分辨新机会。抓住新机会将导致组织扩张和多样化的可能。分析外部环境及寻求机会意味着收集大量的数据，没有这些数据和可靠的信息，不能采取任何行动。

（二）确定目标

计划的第二步是为整个组织及其所属的下级单位确定计划工作目标，包括长期目标和短期目标。目标设定预期结果，指明要达到的终点和重点所在之处，以及依据战略、政策、程序、规则、预算和规划来完成预期的任务。

目标是计划的主要组成部分。在给计划下定义时我们指出,计划包括确定所要达到的预期结果,这些结果就是目标。目标指明个体或组织想要前进的方向,为所有管理决策和行动提供指导,并且构成了测量实际效果(工作绩效)的标准。表 5-1 是组织不同层次的目标。

表 5-1 组织不同层次的目标

(1) 公司管理层	获得 10%或更高的净利润
(2) 生产部门	未来将轴承产量提高 5%
(3) 市场营销部门	保持目前 12%的市场份额
(4) 领班	以后 6 个月内将本部门的次品率降低 5%
(5) 销售人员	1 年内将销量从 10%提高到 15%

(三) 确定计划的前提条件

计划工作的第三步是确定一些关键性的计划前提,并使有关人员同意使用和加以宣传。这些前提条件可以是说明事实的预测资料,也可以是使用的基本政策或者组织现行的计划等。计划工作的前提条件就是计划工作的假设条件,换言之,即计划实施时的预期环境。但组织的外部环境是非常复杂的,即使是组织的内部环境,有时在草拟计划时也需慎重考虑。所以,在计划工作中有这样一个重要的原理:负责计划工作的人员对计划前提了解得越细、越透彻,并能始终如一地运用它,组织的计划工作也将做得更加协调。

在制定计划时,组织所需预测的内容很多,包括:未来市场的情况会怎样?销售量会有多大?价格会如何?产品会怎样?技术发展会如何?成本会多高?工资会多高?税率及税收政策会如何?新建工厂情况会如何?采取什么样的股息政策?政治和社会环境会如何?等等。

由于计划的未来环境是如此复杂,所以,要想对未来环境的每个细节都进行假设是不现实的,也是不经济的。因此,我们所要确定的计划前提实际上是指那些对计划来说是关键性的、有策略意义的要素,也就是对计划的贯彻落实具有最大影响的那些因素。

此外,由于全体管理人员对计划前提的一致认同对于计划工作的有效进行显得尤为重要,因此,使下级主管人员了解什么是他们制定计划所依据的前提,就成为组织中自上而下各级主管人员的重要职责。

(四) 拟订备选方案

计划工作的第四步是寻找和检验备选方案,尤其是那些不是立即就能明显识别的方案。很少有计划只存在唯一的选择方案,那些最初并不起眼的备选方案经常被证明是真正最好的。

更严峻的难题有时并不是寻找备选方案，而是减少可供选择方案的数量，以便能够着重分析最突出的方案。即使我们可以采用数学方法和电子计算机，但由于成本和时间等因素的影响，实际上真正能够分析的备选方案数量仍是有限的。计划人员通常必须做一次初选，以便发现最有利的方案。

正确的行动方案必须建立在对内部和外部条件估量的基础上，并与其目标保持一致，这意味着要将机会转化为所选择的行动方案。设计行动方案就是为计划形成一个正式的框架。为了进行行动方案的选择，首先必须提出各种可供选择的方案。决策过程正是从工作计划这一阶段开始的。备选方案必须是在给定条件下可行的，并且是能够实现的。

（五）评价各种备选方案

在拟订出备选方案并权衡各个方案的优点和缺点之后，接着是按照前提条件和目标对方案进行比较。或许一个方案表明获利程度最大，但需要大量现金支出而且投资回收期较长；而另一个方案获利较小但风险也较小，或许还有其他方案似乎更适合组织的长期目标，这就需要对各个方案进行评价。

如果公司唯一的目标是在某一行业迅速实现最大利润，假如未来情况是确定的，现金状况和资金的获得无需担心，多数因素能被归纳成一些确定的数据，那么，这种评价就会变得非常容易。但是，计划人员通常面临许多不确定性，如资金短缺问题以及各种无形因素，评价工作往往非常困难，甚至对一些简单问题也是如此。例如，一家公司希望引进一条新生产线来提高声誉，但是预测表明这将导致资金损失，那么，组织在选择方案时所需考虑的问题也就是所提高的声誉是否能完全弥补资金方面的损失。

在评价方案时可以运用成本效益分析法，即用所选方案的成本与所得收益进行比较。

（六）选择方案

选择方案就是在备选方案中做出选择，确定最优的或最令人满意的方案。当然，在选择最优方案时，应以组织的资源、优势、弱点和环境的不确定因素作为指南。

选择方案就是确定计划，即实质性决策。可能遇到的情况是，在分析和评价方案时会发现两个或多个可取方案。在这种情况下，管理人员可能会决定采取几个方案，而不仅仅是一个最优方案。

（七）拟订派生计划

在做出决策之后，计划工作还没有完成，还有第七步工作要做。通常来说，一个基本计划的执行总是毫无例外地需要一系列派生计划的落实。例如，某航空公司在做出购买一个编队新式飞机的计划决策后，就会自然而然地产生一系列派生计划，如拟订招聘、培训各类人员、购买各种配件、扩建维修设施、编制飞机时刻表等。

(八)编制预算使计划数量化

一旦选择了最优的或最令人满意的方案，计划工作的下一步就是制定具体任务、定额以及分配资源。资源的分配必须以量化的方式表示。这一阶段的计划可称之为预算。

预算是用收益和费用来表示的计划，是对资金分配的描述。预算是对支出的许可，当发生偏差时，预算为采取纠偏措施提供信息。从这方面来讲，预算是计划和控制有效的工具。当既定的目标和方案发生偏差时，必须采取纠正措施，此时预算则被用作控制工具。

预算有多种类型，如生产预算、销售预算、材料预算、现金预算、人工预算、管理费用预算、资金预算和总预算。

固定预算仅仅适用于一段时期内一定产量下计划的编制，不具可变性和通用性。与此相反，变动预算却有可允许的变动范围，它表明不同产出水平下的预期成本。

零基预算于1969年首次被德克萨斯仪器公司(Texas Instruments)所运用。零基预算是指在每个预算年度一切都从零开始，重新审查每项活动的费用和效益，并根据对组织整体业绩的重要程度重新排出各项管理活动的优先顺序。

有实验表明，零基预算纳入计划过程后产生了良好的效果。在一个变化的环境中，采用零基预算非常方便。

在编制预算时，如果组织中各个层次的人员能够广泛参与，将会提高编制和执行预算的有效性。

第二节 计划工作的基础

如前所述，计划工作过程的重要一步是确定目标。什么是目标？目标是组织和个人活动所指向的终点或一定时期内所寻求的最终成果。目标为组织成员指明了方向，为管理人员提供了衡量成就、评估绩效的标准，并且它也是调动员工积极性的一种激励因素。正是基于这些原因，目标形成了一种管理基础，特别是计划工作的基础。

一、目标的性质

目标表述了想要达到的最终成果，而主要的目标又受到许多子目标的支持。这样，目标在组织中不仅形成了一个网络，而且还有等级层次之分。

(一) 目标等级层系

如图 5-7 所示，目标形成了一个等级层系，范围从广泛的目的到具体的个人目标。在层系的顶峰为组织的宗旨。宗旨是社会和经济赋予组织的基本职能，也是组织的最基本目标。宗旨是由组织营运的外部环境所决定的。

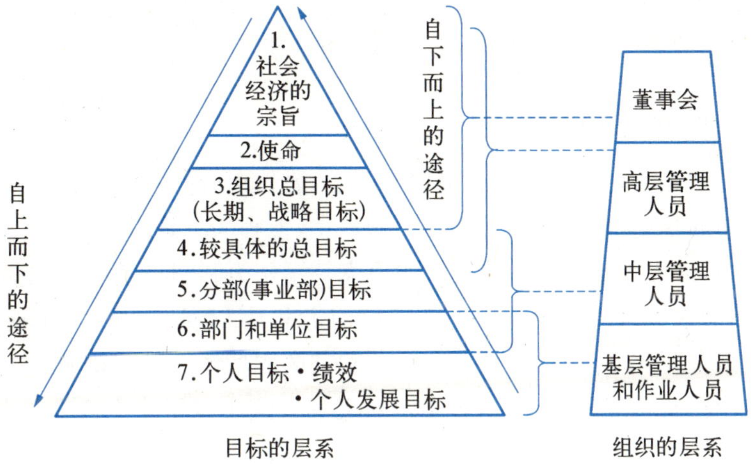

图 5-7　目标和组织层系的关系

使命是管理人员选择的实现组织宗旨的途径。虽然社会限定了一个组织的宗旨，主管人员还需选择最佳途径来实现它。一些正规的现代组织，通常都用一两句话来表述其使命，即所谓的使命陈述(Mission Statement)，以示与其他类似组织的区别。一个完整的使命陈述通常包括三部分内容：(1) 企业的基本产品或业务；(2) 它的功能；(3) 它所服务的市场或对象。例如，一家医院的使命陈述为“向本社区的公民提供全方位的医疗保健服务”，一家饮料公司的使命陈述为“向全国消费者提供高质量的饮用水”，等等。

目标是宗旨、使命的具体化，对企业而言，是其经营活动所要达到的结果。组织的宗旨和使命首先要转换成战略目标，然后层层分解为更具体的总目标、分部目标、部门和单位目标以及个人目标。

组织中不同层系的管理人员涉及不同类型的目标。董事会和高层管理人员主要涉及决定宗旨、使命和企业的战略目标，以及关键成果领域中较具体的总目标；中层管理人员涉及设置关键成果领域的目标、分部目标及部门目标；基层管理人员则负责制定部门、单位级的目标和下属的目标。有关绩效目标和个人发展目标在图 5-7 中处于目标层系的最底层，实际上，每位管理人员都应有这方面的个人目标。

组织在制定目标过程中有两种途径和方法：一是自上而下的方法，即由组织最高管理者(结合董事会)提出总目标，为组织指明方向；然后，由各级上层管理人员为下属确定目标。这是设定目标的传统方法。它假设最高管理者最了解应确定什么目标，因为只有他处在综观组织全局的位置上。二是自下而上的方法,是由下属主动为自己的岗位设置目标,并把这些目标逐级呈报给他们的上司。此方法的优点在于高层管理者可借此得到基层信息。而且,由于下属自己参与了目标的制定,因而积极性和责任心更高。上述两种途径孰优孰劣,是有争议的。在现实生活中,自下而上的方法用得较少。实际上,这两种方法都有不足之处,但又各有所长。所以,两者结合起来运用是较理想的。然而,这两种方法又可根据具体情形有所侧重。各种情境要素包括组织规模的大小、组织的文化、高层经理的领导风格以及计划的紧迫性等。

(二)组织目标的多重性

“企业的目标是什么?”向十个人提这个问题,恐怕十有八九的回答都是“利润”。的确,有不少成功的企业,都很关注销售和利润数字,但利润不是组织的唯一目标,即使对一个工商组织来讲也并非如此。彼得·德鲁克甚至认为利润不是一个主要目标。他在《管理实践》一书中指出:“企业宗旨唯一有效的定义是:创造用户。”“企业考虑它生产什么,这并不是首要的,特别是对企业的前途和它的成功并不是首要的。用户考虑他要买什么,认为什么有‘价值’,这才是有决定意义的。这决定了一个企业是什么,生产什么,能否兴旺发达。”

亨利·福特则更坚定地认为,利润只是达到目的的一种手段。他所创建的福特汽车公司有一个简明而又具体的目标,即向美国公众提供价格低廉的运输工具。福特还说:“假如真做到了这一点,你就能无视利润的存在。”

实际上,从深层次分析,所有组织的目标都是多重的。企业也不例外,它除了关注利润外,还追求扩大市场份额和满足员工福利等。即使在企业各级目标层系中,目标也是多种多样的。现代组织是一个复杂的社会机构,它需要在多重的目标和需要之间求得平衡。过分强调某一个目标,如利润,会忽视其他目标,而其他这些目标又是实现长期利润目标所不可或缺的。靠单一尺度是难以有效衡量和评价一个组织是否成功履行其使命的。

一项对美国80家最大公司的研究成果表明,有10种目标受到了最高的评价(见表5-2)。这10个目标除了利润率外,其他目标既适用于工商企业,也适用于非营利性组织。

表5-2 一些大公司宣称的目标

目　　标	对该目标认可的百分比
盈利能力(营利性) 利润的绝对额或投资报酬率	89
成长性 总收益,员工等的增加数	82
市场份额 组织的销售额在整个行业中所占的百分比	66

（续表）

目　　标	对该目标认可的百分比
社会责任 认识到组织对更大范围的社会所负的责任，包括帮助治理污染、消除歧视、缓解城市化压力等问题	65
员工福利 关心员工的满意程度及他们的工作、生活质量	62
产品质量和服务 生产和提供优质的产品和服务	60
研究与开发 成功地开发出新的创新产品和程序	54
多元化 识别和进入新市场的能力	51
效率 以最低的成本将投入转化为产出的能力	50
财务稳定性 财务指标的绩效，避免不稳定的波动	49

二、目标的分类

从衡量程度划分，目标可分为定量目标和定性目标。可被衡量的目标称为定量目标，它一定是可以被考核的。例如，将目标设定为在财务年度末实现12%的投资报酬率，这就是可以衡量的定量目标。

有时很难用考核术语来陈述目标，这就是定性目标。例如，某大学制定的目标是“对高质量教育的承诺”，即为定性目标。

从目标大小划分，目标可分为总目标和子目标。总目标是一个组织所要实现或达到的总体结果。子目标是从总目标分解出来所要完成的具体目标，是为总目标服务的辅助目标。

从真实性划分，目标又可分为宣称的目标与真实的目标。宣称的目标（Stated Objectives）是一个组织对其目标的官方陈述，是要使公众相信该组织打算做什么。但是，宣称的目标（这些目标可以从组织的章程、年度报告、公共关系通告或组织管理者的公开声明中找到）通常受社会对组织应该做什么的舆论的影响。

当你发现一个组织宣称的目标常常与其实际的追求南辕北辙时，不必感到惊异，一个组织有几种目标陈述是常事。例如，有时一家公司告知给股东的是一种目标陈述，向消费者宣布的是另一种目标陈述，而向雇员和公众宣布的又不一样。

最高管理当局宣称的目标应被看做是“某个组织为了向特定的听众说明、解释或宣传而特意杜撰的,而不是这个组织真实目的的可靠体现”。宣称目标的内容很大程度上取决于听众们想听什么。不仅如此,与解释一个组织实际的多种目标相比,宣称一套前后一致、容易理解的目标是一件简单得多的事情。如果你想要了解一个组织的真实的目标(Real Objectives)是什么,只需细心地观察组织成员实际在做什么,行动反映了一个组织优先考虑的事情。有这样一所大学,在其宣称的目标中说要限制课堂的规模,促进师生之间的密切关系,让学生积极地参与学习过程。而实际上,这所大学经常把学生置于300人的大教室中。也有这样的汽车维修中心,说要提供快捷、低成本的修理服务,而实际上其服务质量平庸,而收费却高得吓人。认识到真实目标与宣称目标有可能背离是很重要的,至少它能帮你理解为什么管理当局的言行会不一致。

三、组织目标的运用

在组织中如何运用目标呢?最重要的是应将目标转化为工作。如果目标仅仅表现为良好的愿望,那是毫无意义的。有些组织尽管制定了一整套宏伟的计划,但若把它束之高阁,不付诸实行,那必将一无所成。所以,必须将目标变为工作。因为工作总是具体的,应有明确的、毫不含糊的、可衡量的结果,且有时间界限,以及责任安排。

但我们也不能过分地受到目标的束缚,把目标当作约束自身的“紧箍咒”同样是有害的。目标在期望的基础上,体现了对未来不确定因素的一种有根据的猜测(educated guess)和判断,而这些判断要素往往大部分存在于组织的外部,是不为组织所控制的。世界永远是变化的,当你必须改变行动路线时,就应该做出明智的转变。

所以,运用目标的合适方法应是像飞行员用行程表执行飞行计划一样。假如途中遇上风暴,他就转向;假如迎面遇上强风,他就升高几千英尺;一个城市有大雾,他就改在旁边的城市降落。但每次飞行,他总是有行程表和飞行计划。每次改变总是即刻反馈给地面站,以产生新的行程表和飞行计划。其实,绝大多数航班总是遵照飞行计划的,或在一个很小的范围中稍有偏差,这就是目标的效用。否则,一个管理有素的航空公司早就该撤换其管理人员了。

总之,目标不是运气,它们是方向;不是命令,而是承诺;目标并不决定未来,但是它们是动员组织中各种资源和力量去创造未来的手段。

四、良好目标的特征

从关键领域出发制定具体目标。正确、有效的目标具有下列主要特征:

1. 目标应具体

一般组织目标的通病是叙述太笼统。所定的目标虽应有一定的弹性,然而一笼统则易显得平凡，产生一种陈词滥调之感。例如，一个组织的增长目标应在具体的目标中反映出增长究竟意味着什么，所以，具体的增长目标应规定：销售收入的适当增长，如“销售额比上年增长5%”；市场地位，如“到2017年市场占有率应达到15%”；利润率，如“比去年提高10%”等。高层的目标越具体，组织基层制定目标的过程就越简单。

2. 目标应可衡量

绩效的好坏需要通过对目标实现的程度来验证。例如，“在下一个财务年度将市场占有率提高5%”，这一目标是可衡量的，它使管理人员在年度中能衡量进展情况，并把实绩和预期目标相对照；该目标也隐含了所有与完成目标活动有关的人员的具体行动。相反，如果一个目标仅仅定为“增加市场份额”，则毫无意义，因为对它的理解是因人而异的。从增加市场份额的1%至40%，都可以说是完成了这一笼统的目标。可衡量目标是人们互相理解的共同基础，它使人们在把实际绩效和预期相对照时有一个基准。

但是，有些目标是非定量性的或较难衡量的，如“提高员工士气”“树立好的企业形象”“加强员工生产安全”等。虽然这些目标不像销售收入、利润率等目标那样具体，但是，把它们转化为可衡量的目标也并非不可能。例如，“员工安全”这一目标可通过降低员工工伤事故率来衡量，“员工士气”这一目标可通过缺勤率或离职率等来反映，“企业的社会责任”这一目标可用员工为社会义务服务的小时数、待业员工的再培训时数和返聘率等加以考核验证。一旦衡量指标被确定，管理部门就能建立控制程序，确定各领域的绩效标准。

3. 目标应有时间限定

目标除了可衡量外，还应规定其完成期限。目标应有一段时间跨度，在这段时间终止时，这些目标应该如期完成。在组织中，目标的实现可以日、周、月、年为基础。良好的目标，不论它们是短期、中期还是长期的，相关的时间跨度总是明确包含在目标本身之中。

4. 目标不应强调活动，而应强调成果

活动是完成目标的手段。通过加强对生产工人的培训可以提高劳动生产率，但培训本身并非目标，真正的目标仍然是提高劳动生产率。

5. 目标既应切实可行，又应具有挑战性

目标定得太高而不切实际，往往会挫伤员工的积极性。而且，一旦人们意识到某一目标不切实际，就不会再去努力，甚至阳奉阴违、敷衍塞责，造成极大的腐蚀性。反之，目标定得过低，又会被员工视为笑话，甚至被认为是低估他人能力的一种污辱。因此，目标必须具有挑战性，经过相当努力才能实现目标，它的达成应带给人一种成就感。而目标作为一种有效激励手段的作用，也恰恰体现于此。

6. 目标应尽可能由负责完成它的人来制定

当负责实现目标的人在提出目标的过程中发挥积极作用时，管理部门就更易获得他对该目标的承诺。让执行人参与目标的制定，往往可使目标更切合实际。

此外,目标不宜过分复杂累赘,以至于把员工的思想搞混,目标应为组织成员指明正确的方向。而且,管理部门必须定期修正目标,甚至用新目标来替换过时的目标。当组织和组织所在的环境发生变化时,目标也应做相应的调整,以反映这些变化。

五、目标管理

(一) 目标管理的概念

不管组织规模的大小,许多组织发现它们需要一种简单、容易理解、可操作的方法来实施计划工作过程。目标管理(Management by Objectives,简称 MBO)被证明是一种行之有效的方法。那么,什么是目标管理?

目标管理是一种系统方法,在该系统中,下属和上级共同确定具体的绩效目标,定期检查完成目标的进展情况,并根据这种进展给予奖励。目标管理现已发展出多种不同的形式,名称叫法也有很多,如绩效管理、成果管理、承诺管理、季度评审法等,但其基本原理是一致的。

虽然要确切指出目标管理的来源很难,但绝大多数人还是把该方法的提出和发展归功于彼得·德鲁克。早在 20 世纪 50 年代,他就总结归纳了这一思想,其强大的吸引力在于提供了一种将组织的总体目标转换为组织部门、单位和每个成员目标的有效方式。目标管理的基本哲学可用四句话加以概括,即鼓励参与决策、注重自我控制、促进权力下放、强调成果第一。

(二) 目标管理的先决条件

成功的目标管理应具备以下先决条件:

(1) 适合组织的需求;

(2) 无个人之间不健康的竞争,倡导团体参与设置目标;

(3) 有充分的培训;

(4) 相关部门参与评价这种方法的成果与可操作性。

(三) 目标管理过程

图 5-8 显示了在目标管理中采用的各步骤的顺序。从组织的高层开始,各管理人员检查其部门的目标。然后,把这些目标转换成各关键成果领域所必须取得的具体绩效。例如,25%的投资报酬率、6%的市场份额、增加 18%的销售额、废品率降低 4%、员工流动率下降 10%等。

接着,管理人员检查组织结构。在部门或单位中各人在做些什么?在他们的职责适当地落实后,能否产生所要求的绩效?假如不行的话,在结构上需要做出哪些改变?

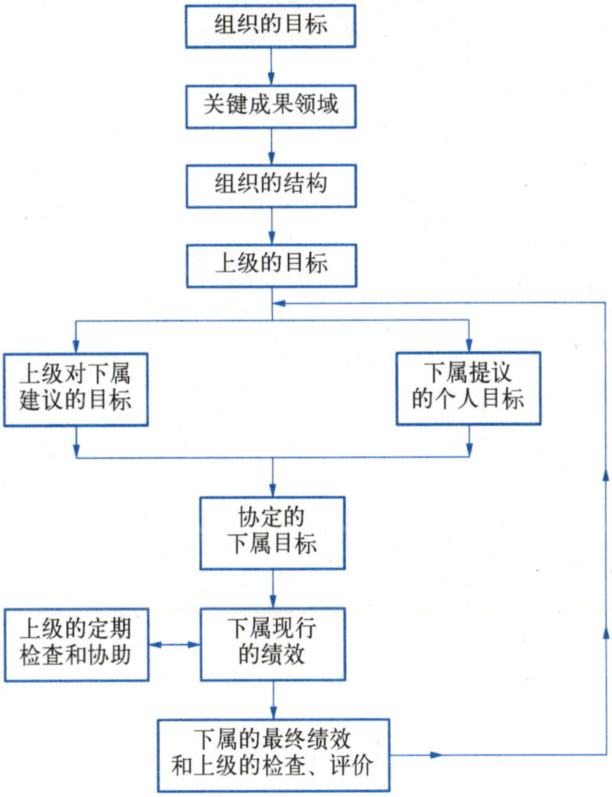

图 5-8　目标管理的过程

当组织结构调整好后，上司可转向目标的设定。第一步是决定如何把部门或单位目标分解成子目标并委派给下属。这一步骤通过双向的目标设置过程得以贯彻。

上级为每个下属提出初步的目标，同时要求下属也为自己提出一组目标。然后，双方会面、讨论各自的建议，并为下属商订双方同意的最终目标。这些目标通常不超过5～6个，每个目标应具体并有时间限定。如下列各项目标：(1) 至6月底人员流动率降为6%；(2) 至8月底增加产量9%；(3) 全年保持目前的生产率水平；(4) 至12月15日，销售员队伍扩大20%；(5) 在3月底前完成所有的初级管理培训。

一旦上、下级双方协商确定目标后，这些目标需要书面记录，上、下级各拿一份副本。以后上司用它来检查下属的绩效并提供协助，下属则用它作为发展行动计划完成目标的指导。

整个目标管理周期（通常为一季）结束后，上级和下级再次面对面坐下，讨论下属取得的绩效，并决定如何解决各种遗留问题。在整个周期末，这些评价的结果将作为奖励的依据和下属制定将来目标的基础。

(四) 对目标管理的评价

目标管理已被许多组织有效地加以使用。目标管理就其正面效果看，员工常常喜欢参与其自身目标的制定,同时对他们来讲也是一种承诺。在目标管理过程中,上、下级之间的沟通加强了,从而确保员工了解他们将做些什么、什么时候完成、他们将怎样被评价等。实际上,由于明确了预期的成果,管理人员不仅使员工减少了顾虑,而且也诱导了个人争取高成就的动机。

但是,目标管理也有其局限,假如运用不当,它也可能使整个规划失效。第一个问题是下属一开始如果得不到高层管理的支持,多数规划就注定会失败。第二个通病是对目标管理错误的解释也常常导致其不能取得预期的效果。人们不理解目标管理的全过程,就不会全力去支持它。第三个问题是由于管理人员不善于为下属制定明确限定的、可衡量的目标。第四个问题是上、下级之间在共同开发目标时个性有冲突。第五个问题是过分强调书面文字工作,使目标管理流于形式,人人忙于填写表格,增加了不必要的成本。第六个问题是有的管理人员没能把奖励和员工的绩效相联系,使员工积极性受挫。

研究显示,目标管理的过程可能会很费时,并需要参与各方的共同承诺。假如组织能强调计划工作的效果,则目标管理的方法不仅对组织有利,同时对参与者也有益。总之,目标管理是有巨大潜力的。

第三节　计划工作的常用工具和方法

在计划工作活动中,有许多工具和方法可加以利用。为了使计划工作更加精确和有效,管理人员有必要对这些常用的工具和基本技术有一个全面、概括的了解,并在需要时能充分加以使用。我们首先考察三种较新的环境分析技术——环境扫描、信息演绎推理和标杆管理,然后介绍各种常用的预测技术。作为应用最普遍的计划工具——预算,将在“控制”一章中进行详细讨论。最后,将对各种作业计划工具做一简述。

一、环境分析技术

管理人员如何对组织的环境进行评估? 40 多年前,环境分析技术还是一种非正式的尝试,主要依靠管理人员的直觉判断。如今,运用了结构化技术,如环境扫描、标杆管理等,使管理人员准确分析组织环境的能力得以显著提高。

(一) 环境扫描

环境扫描是指审查大量信息来察觉正在出现的新趋势并据此提出一套方案。现在不管大、小企业,管理人员都越来越重视环境扫描,以预估和解释环境的变化。环境扫描发展最快的一个领域是竞争者情报(competitor intelligence,CI)。它寻求竞争对手的基本信息,如谁是竞争者、他们正在做什么、他们的行动将对我们的组织产生什么影响等有关竞争方面的精确信息,使管理人员能预估竞争者的行为,而不只是对他们做出反应。

实际上,一个组织关键的战略决策所需的有关竞争对手的信息,其中绝大部分(95%)能从公开的出版物中得到。换言之,竞争者情报并非是组织的谍报活动。广告、促销资料、宣传品、向政府提交的报告、年度报告、招聘广告、新闻报道和产业研究等都是很容易获得的信息来源。贸易展销会和向自己公司销售人员征询等也是了解竞争者信息的很好来源。许多企业甚至定期购买竞争者产品,并让自己的技术人员拆解分析,以了解学习有关新的技术创新。

广泛的环境扫描可以揭示出许多问题和联系,它们会影响组织目前或计划中的运作。但它们并非同等重要,因此,通常需要集中于最重要的三四个问题,并根据各个问题提出设想方案。所谓设想方案,是指对未来可能会是什么样的一种内部的一致看法。通过提出多种假设来评价某一事件一旦发生的可能后果,并根据不同的特定条件演练可能的对策,这种做法的目的并不是试图预测未来,而是为了减少未来的不确定性。例如,在制定的战略中,对乐观的估计和悲观的估计各提出相应的方案,主动为各种可能的变化做好准备,以获取和保持一种竞争优势。

(二)信息演绎推理

环境扫描是以大量的信息为基础进行推理的。它是将判断建立在已经表现出来或过去的数据资料上,"因为是这样,所以就这样""因为从来如此,所以如此",它是在变化已经开始后,将信息加以归纳,再说明变化将向某个方面发展。这种方法虽然很重要,但有时在以往的延长线上未必一定预示着未来。信息演绎推理则要求站在将来的转折点,考虑在何处、何时、向何方向变化的问题。它是以极少的资料做出假设:"应该是这样的,所以大概会这样吧",甚至依靠一些"孤立的数据"来推断出事物今后"发展的全貌"。

制定商业计划书,企业传统的做法要求回答下列问题:某产品是否畅销、需要多少设备投资、何时可回收成本、月生产能力多少、何时能卖出多少,以及何时能产生多少效益等。如果提供的数据资料不充分或不精确,新产品或新项目的开发是得不到批准的。然而,开创一项崭新的事业,往往是不具备充分的数据资料的。也正是因为其没有现存的数据资料,所以才称其为崭新的事业。那些依据已有的数据资料而做的事业,只能算是一种仿效或改良。

要与强劲的竞争对手并驾齐驱,或在某些方面超乎其上,我们要寻找需要的数据资料很难,有时即使有,对手也是严加保密的,更何况有时他们自己也没有。一切只能靠自己去创造。为此,还得需要假设、需要想象、需要理想,商业计划工作不必强求数据资料。

理想也是演绎法。“如此这般该是完满的，应能实现的”“如此大概可解决问题吧”等，这就是理想。继而是进行“是否真正可以完满实现，通过实践加以证实”的工作，仍然是“应该”“大概”的思想方法。信息推理也同样，可用大胆假设、小心求证的方法。尽管开始不一定确切，但可以以后再做证实。有时重要的信息往往在一些不起眼的“小事”里，有时仅从一则短小的报道中就能通过信息推理得出令人吃惊的先见之明。

要让顾客接受好的规划、好的产品、好的商品，就必须把握顾客的潜意识。因为是潜意识，顾客本身也未必知道或意识到。所以，无论你怎样进行市场调查，他们是无法表达自己没意识到的问题和要求的。对尚未明显化、没引起人们注意的事情，人们是无法回答的。所以，信息推理的第一步，就在于根据极少的资料、信息，产生出推测，甚至是个人的独断和偏见。有了这一步，才能对其是否属实做验证。验证工作不是信息推理，若市场调查进行得好，验证工作必然就完成得好。信息推理的第二步是“异质的结合”，即将毫不相干的信息联系起来，乍一看毫无关联的信息，将它们联系在一起再看时，则可发现很多线索和情况。例如，在市场上销售的电子宠物就是将电子游戏和小孩喜欢养宠物的信息结合起来，从而开发出这一流行商品。最后，就是对信息如何灵活运用。它的关键在于不仅要认识时代的趋势，而且必须站在代表主要市场的新一代消费者(所谓影视的一代——随电视机成长起来的一代人)的立场上进行推测，通过对各种信息做更进一步、更深刻的了解，并依靠演绎推理对未来的发展做出判断。

(三) 标杆管理

计划工作中评价环境的第三种工具是标杆管理(Benchmarking)。所谓标杆管理，是主动寻求各领域中领先者如何取得卓越成效的最佳方式，并以最佳水平为基准定下指标赶超对手。标杆管理的基本思想是，管理部门能通过分析竞争对手或其他企业在某领域中的先进方法，然后仿效他们来提高自身产品的质量。所以，标杆管理也是面向全面质量管理的。

标杆管理的基本过程有以下四个步骤：

(1) 由管理部门组织或指派成立一个标杆管理计划小组或团队。其最初的任务是确定什么应进行标杆管理、谁是领先者，以及如何收集数据信息。

(2) 小组从内部收集有关作业数据，以及从外部收集其他组织的数据。

(3) 分析数据，对照绩效找出差距，并寻求造成差距的原因。

(4) 制定并贯彻行动计划，努力争取并超过其他组织的标准。

日本的企业和制造商很早就采用了标杆管理方法。他们经常组团周游世界，考察别国的成功企业是如何做的，然后模仿过来，以改进他们自己的产品和生产过程。美国于 1979 年由施乐公司率先在美国企业界推行了标杆管理。福特汽车公司在 20 世纪 80 年代初应用标杆管理方法开发新型轿车，取得了极大的成功。该公司先按顾客认为的重要性能列出了 400 多个性能指标，然后按竞争者和领先者的相应指标确定最佳水平的指标要求，最后按标杆管理要求设计并制造了性能卓越的新型轿车。1992年该车进行现代化换型时，福特公司再次将所有的性能指标进行标杆管理。其车门把手是仿雪佛莱的Lumina轿车标杆管理的，尾灯是对照日产公司的Maxima轿车标杆管理的，而方向盘又是按本田汽车公司的Accord轿车标杆管理的。

二、预测

法约尔把预见性说成是管理的本质。他还把计划称为各种预测的综合体。预测既表示对未来的估计，也表示对未来做准备。所谓预测，就是人们对未来某种不确定的东西或未知的事件进行事先的调查研究和分析，做出符合事物发展规律的设想或结论，以指导人们的实际行动和方向。

（一）管理预测的对象

一般而言，管理当局通常对两种预测结果最关心，即未来的收益和新的技术突破。然而，实际上组织的任何一般的和特定的环境要素都能作为预测关注的对象。

1. 收入预测

对任何组织来说，收入预测都是一个关键因素。对学校来说，学生人数及来自学生的学费、政府预算的经费，决定了教师的需求、能开设多少课程、教师工资的增长等。对企业而言，关键的计划与前提是销售预测。销售收入驱动着采购要求、生产目标、劳动力需求、库存及其他许多决策。

收集收入预测的数据一般可从过去的收入统计数字着手。例如，上年的收入是多少？近几年收入的变化趋势怎样？一般环境中哪些因素发生了变化，对未来的收入变化将产生什么影响？在特定环境中，竞争者有何举措？当今的市场特征有何变化？这些问题的答案，即是收入预测的基础。

2. 技术预测

现代科技的发展速度不断在加快。从智能手机、平板电脑、移动应用到基于云计算的技术，技术创新在不断地带给消费者巨大惊喜的同时，经常会给相关企业组织带来巨大的冲击。网络免费音乐下载的流行使传统唱片业几乎退出了历史舞台，而智能手机又威胁到了数码相机企业的生存。而那些成功预测到新的技术突破和预见到该技术对行业影响的企业则欣欣向荣。为了保持竞争力，企业需要去预见最重要的技术趋势，因为它们可能将重新塑造企业，改变未来市场的“游戏规则”（包括如何出售产品、营销、沟通、协作、培训、创新模式等），如果不能比竞争对手更快地利用创新和技术变革，将难以继续在市场上立足。能否准确预测到未来将会出现何种新技术及这些新技术可能的功能性影响，将成为企业开发新的畅销商品的关键，而环境扫描与信息推理技术都能为预测潜在的技术创新提供数据和信息。

(二)常用预测技术

各种预测技术和方法很多,据统计,至今已有150种以上。就预测的方式而言,主要可分为定量预测法和定性预测法两大类。

1. 定量预测法

由于数学方法的完善和电脑的广泛使用,定量预测法已成为收入预测和销售预测最常用的方法。这些方法可分为时间序列分析法、相关分析法、经济指标法、替代效果法等。

(1) 时间序列分析法。这种分析方法的依据是,假设"过去是今后的序幕", 种趋势如无意外情况,它将沿袭下去。时间序列分析法是常用的一种趋势外推法,即按时间把过去统计得到的数据排列起来,看它的发展趋势。

(2) 相关分析法。此法又称因果法,是最常用的一种统计预测法,一般用于测定企业的销售量和其他各个因素间的相互关系。它是根据已知的或假设的变量来预测某一个变量。使用此法预测是以已找到的一些准确的相互关系为前提的。预测人员需要研究各种变量间的相互关系,从中找出可供预测的指示性资料,或拟出数学公式,以此说明若干变量和某一变量的关系,从而找出某种趋势或相关分析关系。其具体方法有一元线性回归法、多元线性回归法和非线性回归法。

(3) 经济指标法。它是利用一个或多个经济指标来预测经济的未来状态,如利用GDP的变化预测可支配收入,利用银行利率的变化预测股市投资的变化。

(4) 替代效果法。它是运用数学公式来预测新产品或新技术将怎样、何时及在什么情况下替代现有的产品和技术,如预测微波炉对传统烤炉销售量的影响等。

2. 定性预测法

定性预测法亦称直观型预测法。预测虽有许多定量的科学工具,但并不排斥人的主观判断,相反,主观判断在预测特别是决策中占有十分重要的地位。

主观判断实际上也是人的一种思维能力,是指在决策和发现问题过程中敏锐的感觉和闪念。它的表现似乎是非科学的,但本质上是科学的。据研究揭示,在人脑的"海马"区内贮存着大量的记忆信息,这是任何电脑所无法比拟的。这些记忆是潜在的,是不断自我加工综合的,但不能自觉地意识到,而只是在某个问题的触发下会突然输出,形成创造性的见解。实际上,不论人们意识到与否,每个人头脑里都有某种预测模型,并以这种模型认识和预测事物。常用的定性预测法主要有以下几种:

(1) 意见评判法。此法是对管理人员或专家的意见进行综合与折衷,有时也采取对不同意见进行投票的办法,以产生一种大略的平均估测。这种方法的优点在于简单方便,它集中了专家们的经验和判断,也不需要在经济研究和统计上做周密的准备。但它也有严重缺陷,它把预测建筑在意见上而不是事实和分析的基础上,所以往往比较笼统。另外,它折衷大家的意见,从而降低了有关人员进行精确预测的责任性。

(2) 销售人员估计法。这是销售预测常用的方法之一,是从销售员和销售经理那里获得他们对预期销量的综合意见。一般先要求销售员对他所负责的那个地区做出销售预测,然后由地区销售经理,再由公司销售经理对销售员的估测进行复核。有时还要对销售人员进行指导,告诉他们企业在正常情况下的计划前提条件。有时还要由公司中有关商标、广告和市场的主管经理对销售人员所做的估测进行复核。

此方法的优点在于销售人员在第一线,最接近用户和竞争对手,所以最了解市场,最熟悉销售情况,他们的意见参考价值高。其次,销售员人多、面广,便于分别按产品、顾客或地区来分析销售预测。此外,此预测速度也较快。这一方法的不足之处是销售人员往往只重视眼前的状况,对时限较长的预测,他们一般会由于缺乏对社会、政治和经济发展趋势的基本认识而难以胜任。此外,在一定条件下,当预测用于定额分配时,预测倾向保守;当销售要求在开支、促销和广告中有更多的自由时,预测倾向乐观。有时销售人员因预测不是其主要职责,可能有单纯的任务观,应付了事。

(3) 客户评估法。此法是综合客户对预期购买量的估计。在开发新商品时,甚至在商品筹划阶段,就将经销商、代理商及与销售渠道有关的人们,请到一起共同研究,决定某产品的型号与数量。

这一评估法的优点在于客户、经销商参与了预测工作,将来通常会更乐意推销此商品;缺点是客户不一定掌握有关的预测知识,所以,多数的观点和主观的预感差不多。

预测的目标是为管理者提供有助于决策的信息。虽然预测对计划非常重要,但很多时候管理者的预测却并非总是正确的。在对美国、英国、法国和德国的财务经理的一项调查中,84%的被调查者说他们的财务预测中超过5%的预测不准确;54%的被调查者表示,有超过10%的预测不准确。另一项调查的结果显示,39%的财务总监说他们只能可靠地预测出未来一个季度的收入,并且,有16%的财务总监说他们对收入预测"毫无把握"。但是,设法使预测变得尽可能有效是非常重要的,因为研究显示,一家公司的预测能力能够成为一种与众不同的能力。以下是一些关于如何使预测变得更加有效的建议:

首先,很重要的一点是管理者需要明白,当环境大体上保持稳定时,预测技术是最精确的。环境越动态,管理者的预测就越有可能无效。而如果是预测非周期性的事件,如经济衰退、偶然事件、不连续的经营以及竞争者的行动或反应,那么预测的效果相对就较差。第二,使用简单的预测方法。它们往往与复杂的预测方法不分伯仲,甚至效果更好,而复杂的预测方法可能会错误地把随机数据当成有意义的信息。第三,设法让更多人员参与预测。在《财富》100强企业中,让1 000~5 000名管理者提供预测是习以为常的事情。这些企业发现,越多的人参与预测,预测结果的可靠性就会越高。第四,将每种预测结果与"不变趋势"进行比较。根据不变趋势进行的预测大约50%是准确的。第五,采用动态预测方法对未来12~18个月进行预测,而不是仅仅使用某种静态预测方法。动态预测方法可以帮助管理者更好地掌握未来趋势,并有助于他们的组织更加适应不断变化的环境。不只依靠某一种预测方法也很重要，应当采用几种模型来预测，然后将预测结果进行平均，在进行长期预测时更应如此。第六，不要假定你能够精确地确定某个发展趋势的转折点。察觉到的某个重大转折点通常只是由于人们自以为是，而最终发现它只是一个随机事件。第七，请记住预测是一项管理技能，因而能够得以实践并且获得改进。预测软件使得管理者在预测时面临的数学难度有所下降，但“捣弄数字”只是预测工作的一小部分内容，解读预测结果并把这些信息融入计划决策才是管理者面临的真正的挑战。

三、作业计划工具

每个组织及组织中的各级管理者在计划工作中都需使用一些基本的工具和方法，尤其在作业计划中，不少都是定量化的工具，有些还需要使用电脑。这些工具和方法各有其优点和缺点，其使用的好坏取决于管理人员的应用能力及是否适合特定的情景。

(一) 甘特图

甘特图是表示作业计划及其进展状况的最基本的工具。它是一种线条图，左边纵轴表示要安排的活动，横轴表示时间，线条则表示整个期间计划活动与实际完成的情形。这一工具简明直观，使管理人员很容易认清目前计划任务的进展情况(超前于、落后于还是符合进度计划)，并实施有效的控制。图 5-9 绘出了某一建设项目的甘特图，空白线框表示计划活动的顺序，涂色的线条则表示实际的进度，整个项目何时开始、何时完成一目了然，并能帮助管理人员及时发现实际进度偏离计划的情况，以便采取措施及时纠正。如果把纵向的“活动”一栏改为所使用的资源(如组织中的人力资源等)，即成为负荷图。负荷图是改良的甘特图，用于表明各项资源的负荷情况。

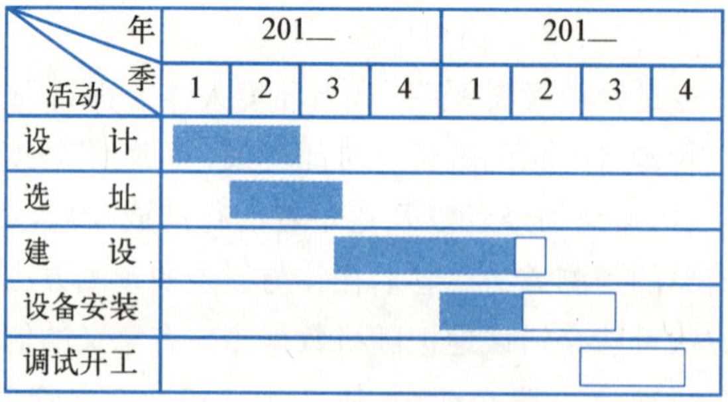

图 5-9　简化的甘特图

(二) 网络图

网络图实际上是从甘特图发展而来的，其目的是为了显示完成某项目所需要的所有活动，以及使计划人员能计算项目从开始至结束需要的时间长度。项目一旦开始后，各项活动所耗的时间可能与原日程安排有出入，这样就需要对网络的时间做调整——有的任务提前完成了，有的任务则拖延了。

图 5 - 10 画出了一个简单产品的网络图，包括各项活动（箭头）和各事件（圈），以代表一项完整的项目。事件是表示主要活动开始或结束的那一点，活动则表示达到某一事件所必须完成的任务（包括各种脑力任务和体力任务）。每一活动都标有完成该项活动所需的时间（估计的），时间单位任选，估测的时间可有多种表示方法：乐观时间、悲观时间和最可能时间等。

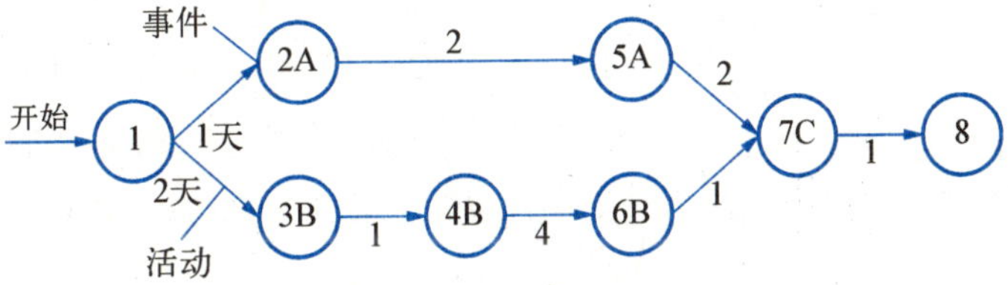

图 5 - 10　简单产品的网络图

图 5 - 10 表示两个零部件 A 与 B 的制造，并装配成成品 C——事件 7。事件 1 代表为各零部件安装设备，事件 2 和 5 代表制造零部件 A，事件 3、4、6 代表制造零部件 B，制造零部件 A 预计需要的时间为事件 1、2、5 至 7 的时间总和——5 个生产工作日。制造零部件 B 的总时间为事件 1、3、4、6 至 7 的活动时间的总和——8 个生产工作日。事件 7 组装成品 C，在零部件 A、B 没完成前无法装配，因此，该项目最早可能完成的时间取决于制造时间最长的那个零部件。换言之，即制造作业开始后，即使零部件 A 5 天就完成了，但事件 7 至少在 8 天后才能开始。

网络图画出后就产生了各活动的路线，而花费时间最长的事件和活动序列即所谓关键路线。关键路线之所以关键，是由于它代表了整个项目最早的可能完工时间。在图 5 - 10 中，从事件 1 经过事件 3、4、6、7 至 8 为关键路线，总共需要 9 个生产工作日。计划人员找出了这条路线，就可设法缩短此路线上的活动时间，以加速项目的完成。假如他们能把关键路线的时间缩短到 4 天，就会出现一条新的关键路线，即连接事件 1、2、5、7 和 8 的路线。这样，就有可能使总的完工时间缩短为 6 天。

网络图使计划人员能集中于一个项目中最关键的耗时活动。一旦项目开始后，随着活动时间的改变，网络呈动态变化，完工时间也随之调整。网络图也可显示一个项目中各部分的内在联系。无论是简单的、复杂的或耗时的项目，都能运用网络图。现在已有有关网络技术的专门软件可应用。

(三) 盈亏平衡分析

所有企业都需要知道，他们的产品销售收入到哪一点就能保持盈亏平衡（收支相抵），在哪一点销售收入又将超过开支，从而产生利润。图 5 - 11 所示的这种方法能帮

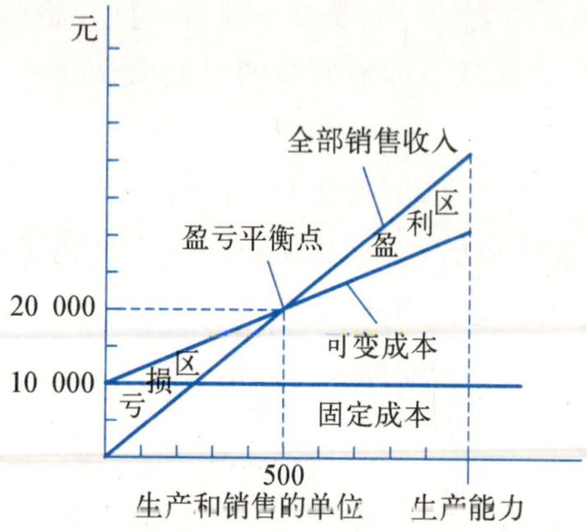

图 5-11 盈亏平衡分析

助一个组织确定其盈亏平衡点(保本点)。图中三条直线分别代表三个主要因素：全部固定成本、同单位产量相联系的变动成本及和单位销量相联系的销售收入。图中的纵坐标(左方垂直的轴线)是货币量，横坐标(水平底线)是单位的产出量或销量。

盈亏平衡点的计算公式很简单，即：

$$\text{盈亏平衡点} = \frac{\text{固定成本}}{\text{单位产品贡献值}}$$

如果用字母 FC 代表固定成本，P 代表产品单价，V 代表单位产品的变动成本，$P-V$ 代表单位产品贡献值，BE 代表盈亏平衡点，则公式可简化为：

$$BE = \frac{FC}{P-V}$$

上述公式表明，当单位产品贡献值为正数时，在销量达到一定水平时，全部销售收入将与全部成本相抵；而全部固定成本等于单位产品售价与可变成本之差乘以盈亏平衡点销售量。

盈亏平衡分析对管理人员制定计划很有用，因为它能指出收入、成本和利润之间的关系。例如，图 5-11 表示一家计算器公司，它每月的固定成本为 10 000 元，每单位产品的变动成本为 20 元，假定单位产品的售价为 40 元，则盈亏平衡点为 10 000/(40－20)＝500 个单位产品，即该公司每月产量为 500 个单位时能保本。假如我们知道该公司的月销售量可达 600 个单位，则其利润为(600－500)×(40－20)＝2 000(元)。盈亏平衡分析能使管理人员分析成本、销售收入发生变化时的影响，并能帮助他们确定产品的最优或最高售价。在市场经济中，生产厂商往往很难完全控制各种成本、产品售价和销量，使用盈亏平衡分析，成本、售价及销量这三个变量一有变化，管理人员马上就能测算出其净效应。

(四) 运筹学——管理科学技术

管理聚焦

管理技能：开发你的目标设定能力

管理者的重要职责之一，是为团队设定目标，并帮助员工设定个人工作目标。因此，为团队中的每个人设定目标是每一位管理者需要开发的能力。

如果你使用以下八项建议,就可以更加有效地设定目标:

1. 确认每位员工关键的工作任务。要设定目标,首先要确定你希望自己的员工完成什么工作任务。这些信息的最佳来源是每位员工的工作说明书。

2. 为每种关键任务设定具体的、有挑战性的目标。确定对每位员工的绩效预期。此外,具体阐述每位员工应实现的目标。

3. 为每个目标设置具体的最后期限。为每个目标设置最后期限,可以降低模糊性。不过,最后期限不应该随意设置。给定必须完成的工作任务,最后期限必须符合实际。

4. 允许员工积极参与。当员工参与目标设定时,他们更有可能会接受所设定的目标。为了确保员工积极参与,必须使员工感到你确实在真诚地邀请他们参与和投入,而不只是装装样子。

5. 确定这些目标的优先顺序。当你为某位员工安排一个以上的目标时,按照重要程度为这些目标确定优先顺序是很重要的。确定优先顺序的目的是鼓励该员工根据每个目标的重要程度采取相应的行动和付出努力。

6. 对目标的困难程度和重要程度进行评定。目标设定不应该鼓励人们选择可轻易实现的目标。实际上,重要的、困难的目标应该受到推崇。这样,即使员工没能完全实现这些目标,他们也会因为尝试困难的目标而获得赞誉。

7. 建立反馈机制以评估目标的进展情况。反馈能够让员工知道他们的努力程度是否足以实现目标。反馈应该包含自我提供的反馈和上级提供的反馈。

8. 使目标的实现与奖励紧密结合起来。自然而然地,员工会问:“我可以从中获得什么?”把实现目标与奖励结合起来,会有助于回答这个问题。

在计划工作中,管理人员使用的其他基本工具还有模拟、线性规划、排队论、博弈论等。它们是“运筹学”或“管理科学”学科研究对象的一部分。这些方法要求用数学和科学技术提出模型,由这些模型提供预示变化的信息,确定其他各种行动路线的结果,以及提供对各种方案的分析。虽然这些工具所需的数学知识和要求已超出了本书的范围,但管理人员有必要对它们有大致的了解。

1. 模拟

模拟是对真实的活动或过程建立模型,然后操纵模型中的一个或多个变量来评价它们的影响。在政府机构和大学中,都有电脑模拟或模型能显示发生某些变化(如税收、利率的改变)时,我们的经济将如何变化。

模型又有实物模型和抽象模型之分。上述的电脑模型是抽象模型的一种;其他如电脑程序、设计人员的图纸、数学或化学方程式等,都属于抽象模型。实物模型相对较直观,有三维构造(立体型),为多数人所熟悉,如制造商制作的产品原型、建筑模型等。

一些大航空公司在培训飞行员和飞机服务员时,都采用了逼真的模拟技术。

管理人员要使用模型或模拟,应先知道并理解他们想要模拟的过程,以及其变更的相互关系。使用电脑模拟还应懂得电脑模拟技术的知识。模拟的最大优点不仅在于能鉴别各种设计方案,而且能使正在进行的各种作业的影响减至最小,从而避免时间和开支上不必要的损失。

2. 线性规划

线性规划试图在给定的各种可能用途和资源限制下确定资源的最佳分配方式。规划之所以称为线性,是因为它要求变量之间的关系应是直接的和成比例的。管理人员应懂得,假如他要求下属超时加班,那么,超时的工作和工作的产出以及支付的加班费用应成直接的比例关系。

线性规划用于选择与时间或货币成本相联系的各种方案。用户下了订单后,制造商就可用线性规划来确定最佳的(费用最小或最快捷)运货方式。有各种备选方案:卡车运送、铁路或空运等,每一个方案都有时间因素和特定的成本与之相联系。有关管理者可根据定量的测试,对各方案评估其费用和日期,从而选择某种运输方式。对于复杂的线性规划问题,可借助于现成的电脑软件来求解。

3. 排队论

排队论亦称候线模型,它用于帮助管理人员决定哪种等候队伍或排队的长度最适当。在超级市场、银行、大桥收费处等的主管都要决定设置几个收费口,在什么时候开放多少个出纳窗口等,这些都属于排队问题。多数情况下,管理当局总是希望以最低的成本——尽量减少开放的服务台数量,同时又不希望顾客排长队而失去等候的耐心。片面强调消除排队现象是不确切的,因为这里还有服务能力的充分利用问题。总之,管理人员一方面应考虑尽可能缩短服务时间,另一方面又要考虑增加服务人员及设备数量的后果,要计算空余能力的经济损失。这就是排队论给我们的启迪。

4. 博弈论

博弈论是试图预测在竞争形势下,人们或组织将如何行为。预测的目的是为了设计一些策略来应对这些行为。博弈论可应用于组织相互竞争的各种场合,如在定价上、在产品开发上、广告及分销渠道等。例如,一家公司如果能较准确地预测到竞争对手是否或在什么时候要采取降价措施,该公司就能决定是否也采取甚至提前采取降价措施。

本章提要

为使集体努力有效,人们一定要明白期望他们完成的是什么,这就是计划工作的职能。对计划的理解有动态与静态之分。从静态角度看,计划是预先规划好的方案;从动态角度看,计划工作是对有关将来活动做决策所进行的思考与准备工作。许多涉及未来的行为过程都属于计划范畴。

计划的类型是多种多样的。按计划的广度来分，有战略计划、战术计划与作业计划；按时间跨度来分，有长期计划、中期计划与短期计划；按明确性来分，又有具体计划与导向计划等。各级管理人员都要从事计划工作，管理人员是管计划的，但不是被计划管住的，应看到计划的有效性是受各种因素影响的。

目标是计划的基础。任何组织的目标都是多重的。目标管理是贯彻计划工作的一种简明、可操作与行之有效的方法，但许多因素也会影响目标管理的效果。

常用的计划工作的工具与技术很多，在分析环境时，可用环境扫描、信息演绎推理和标杆管理等方法。预测作为计划的前提，有定量和定性之分。定量预测是把数学方法应用于历史数据以预计将来的结果，定性预测则是利用个人的判断和知识来估测未来的情形。作业计划的工具有甘特图、网络图、盈亏平衡分析、运筹学等。

复习思考题

1. 何谓计划与计划工作？为什么市场经济中的企业必须有计划，而且要有严格的计划？
2. 你是如何理解计划的多样性的？举例描述各种不同类型的计划。
3. 理论上讲，计划工作应有哪些基本步骤？
4. 企业的目标是什么？为什么说企业主管人员必须考虑清楚其业务究竟是什么？
5. 如何分析组织的环境？试述环境分析与预测的关系。

第六章　战略管理

全章脉络

学习目的与要求

管理专业术语

- 第一节　战略性思考
- 第二节　战略管理过程
- 第三节　战略管理的常用工具与分析模型
- 第四节　业务战略
- 第五节　职能战略
- 第六节　战略管理的新趋势

本章提要

复习思考题

学习目的与要求

1. 理解战略与战略管理的概念;
2. 清楚战略管理的特征及其作用;
3. 通晓战略管理过程的步骤;
4. 明确组织中战略的层次性和战略的三种类型;
5. 掌握 BCG、SWOT 等分析方法的理论框架;
6. 熟悉几种主要的战略类型;
7. 了解战略管理的新趋势。

管理专业术语

Strategy	A course of action that explains how an enterprise will move from the business it is in now to the business it wants to be in.
Competitive Advantages	What set an orgnization apart; its distinct edge.
Synergy	It is expected to result from decisions about scope, resource deployment, and competitive advantages.
Strategic Management	The process of identifying and executing the organization's mission by matching the organization's capabilities with the demands of its environment.
Horizontal Integration	Acquiring ownership or control of competitors who are competing in the same or similar markets with the same or similar products.
Vertical Integration	A growth strategy in which a company owns or controls the inputs to its processes and/or its distribution channels.
Conglomerate Diversification	Diversifying into other products or markets that are not related to a firm's present business.
Core Competencies	An organization's major value-creating skills, capabilities, and resources that determine its competitive weapon.
Strategic Alliance	An agreement between potential or actual competitors to achieve common objectives.

管理不仅要协调组织内部的各种关系，还要协调组织与外部环境的关系，解决组织如何在多变的环境中生存和发展。这就是本章所要探讨的战略管理问题。如果说目标是计划工作的基础和出发点，那么，战略就是组织实现目标所采取的模式和方针，以及有关的主要政策和规划。

第一节　战略性思考

在动态的市场经济中，组织若不能清醒地知己知彼，不能及时分析、了解和运用环境的变化，不能对组织进行较长时间跨度的战略性思考，不能扬长避短、利用优势、抓住机会，那么营运的风险将随时随地让组织付出沉重的代价，甚至危及生存。事实上，如果你关心商业新闻，大型公司的战略规划、战略调整几乎总是其中的热点。这也表明，战略管理对组织运作和赢得成功具有重要意义，并在高层管理者工作中具有重要地位。

一、战略管理研究的历史及趋势

战略管理的研究大致经历了三个阶段：20 世纪 50、60 年代是其起步阶段。早在 20 世纪 50 年代末，美国学者戈登(Gordon)和豪威尔(Howell)就率先提出在美国工商管理课程中加开经营政策课程的建议，这就是战略管理研究的前身，它主要针对组织的长期发展进行分析、规划。在这个时期，对战略的概念、组织的结构等一系列相关问题也进行了较为深入的探讨。20 世纪 60 年代初，美国著名管理学家钱德勒(Alfred D. Chandler Jr.)出版了著名的《战略与结构》一书，首次对战略的定义及其与环境、组织结构之间的关系进行了开拓性的分析与阐述。此后，哈佛商学院教授安德鲁斯(Kenneth R. Andrews)和安索夫(H. I. Ansoff)也相继提出了自己的构想。同时，设计和计划两大流派也相继诞生。

20 世纪 70 年代，战略管理研究进入快速发展阶段，战略理论也渐趋成熟。1971 年，安德鲁斯出版了《公司战略思想》一书，首次提出了公司战略的问题。安索夫于 1972 年在《企业经营政策》杂志上刊登了《战略管理思想》一文，正式提出了“战略管理”的概念。此外，许多战略组合分析模型也伴随企业的实践而诞生了。整个 20 世纪 70 年代可谓是对战略近乎狂热的年代。

自 20 世纪 80 年代起，战略管理研究进入了一个相对稳步发展的阶段。20 世纪 80 年代以后，战略管理研究有所降温，盲目进入战略研究领域的热潮趋向下降，同时整个理论体系更加完善了。最值得一提的是，在这个时期，哈佛商学院著名教授迈克尔·波特(Michael E. Porter)先后于 1980 年和 1985 年著成《竞争战略》和《竞争优势》两本书，提出了一整套竞争战略的理论与方法。

目前,战略管理理论的完整体系已基本建立,但仍较多地停留于通过模型对事物的静态分析上。如何依据环境的变化对战略进行跟踪调整,以实现预期的绩效,增强战略理论的实践性和可操作性,将是战略管理研究必须予以解决的新课题。

二、战略和战略管理

“战略”(Strategy)一词早先作为军事术语,是指导战争全局的方略,是战争指挥者为了达到政治目的,根据战争规律所制定和采取的准备战争和实施战争的方针、政策及方法。简言之,战略是指在战争中利用军事手段达到战争目的的科学与艺术。

在组织中,对“战略”概念的阐述更是众说纷纭,至今未形成统一认识。安德鲁斯认为,企业总体战略是一种决策模式,它决定和揭示着企业的宗旨,提出实现企业宗旨的方针、政策、规划,确定企业应该从事的业务,明确企业的经营类型和组织类型,以及企业应该对员工、顾客、社会做出的经济和非经济的贡献。奎因(J. B. Quin)则认为战略可以是一种模式,也可以是一种计划。战略把组织的主要目的、政策、活动按一定顺序结合成一个紧密的整体,主要包括四方面的内容:(1) 战略是由企业可以达到的最主要目标指导约束经营活动的政策,是可以在一定目标下执行活动的程序。(2) 战略需要围绕其理念和推动力进行。(3) 战略要处理可预见的事件和不可预见的突发事件。(4) 大型企业中,每个有自己职权的层次都应有自己的战略,每个层次的战略都要形成企业的整体凝聚力。明茨伯格(H. Mintsberg)更是从“5Ps”(Plan、Ploy、Pattern、Position、Perspective)——计划、策略、模式、位置和视角五个角度,对战略的概念做了进一步说明。

总之,战略可以理解为是确定组织总体目标和保证组织总体目标得以实现的一系列方针、政策、活动的集合体。而战略管理顾名思义就是指针对战略所进行的管理,是围绕战略的分析、选择、实施和评估而采取的一系列手段与措施的全过程,对组织的发展方向具有长远、全局性的影响。

三、战略的构成

一个构想良好的战略应包括范围、资源部署、竞争优势和协同作用四个基本组成部分。

(一) 范围

战略范围具体描述了一个组织和环境间的互动作用(现在的和计划的),有时也指一个组织对经营领域的表述。实际上,范围规定了组织希望进入的竞争市场。例如,上海家化公司的主要经营范围为家用化学产品，如各类化妆品、卫生用品等，而不生产汽车或糖果。

（二）资源部署

战略应包括组织设计的资源部署，如何在各领域中分配其有限的资源。这里需分清主次，以充分利用这些资源。例如，在杰克·韦尔奇任通用电气公司首席执行官的时代，要求公司的各项业务都必须是该行业的领先者（行业中的第一名、第二名），若哪一业务部门不能成为该行业的主导者，就将被逐步淘汰（出盘或关闭）。通过这一手段，资源将从没有活力的部门调出，用于对成功的业务部门进行追加投资和重点扶持。

（三）竞争优势

战略应规定由组织的范围及资源配置所导致的竞争优势。例如，迪士尼公司把其范围限定在娱乐业，并把其资源分配集中于主题乐园和电影分部。该公司利用其多年经营的竞争优势，在日本、欧洲、中国香港和上海开设了迪士尼乐园。

（四）协同作用

协同作用是指整体效用要大于各单个部分之和。对战略而言，应考虑预期的协同作用（期望取得的目标成果），有关范围、资源配置的决策及具有的竞争优势协同发挥作用将会取得怎样的目标成果。

四、战略的层次

假如一个组织只生产单一的产品或提供单一的服务，则管理部门只需开发单一的、包罗万象的战略计划就行了。但是，由于近几十年来企业多元化经营（多种经营）的兴起，许多组织的业务五花八门，而且有时各种业务的联系也不明显。例如，通用电气公司经营的业务，从制造飞机的发动机、家用灯泡到NBC电视广播网的拥有，几乎无所不包。同时，该公司也有各种职能部门，诸如财务、营销等来支持其各项业务。多种业务的组织需要为不同层次的活动发展不同的战略。企业战略按层次来分，大致可分为企业层战略、经营（业务层）战略和职能层战略三种类型（见图6-1）。

（一）企业层战略

企业层战略亦称大战略或总体战略，是整个组织的总方向，规定组织从事或准备从事哪些业务，以及它想如何从事这些业务。在企业层战略中，主要强调战略中的经营范

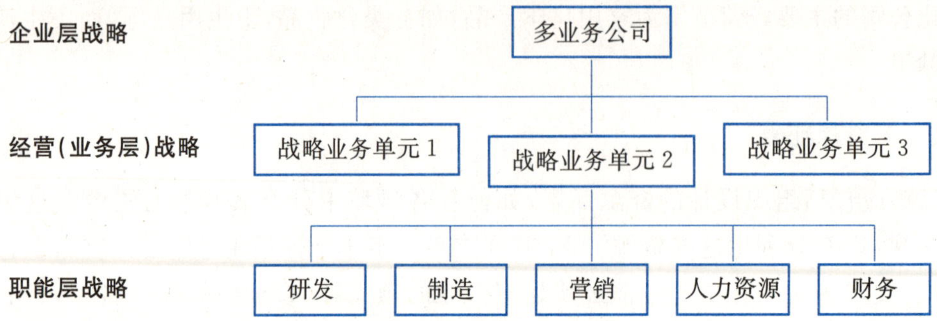

图 6-1 组织战略的层次

围和资源配置这两个部分,通常需要回答以下问题:

(1) 什么是本组织的宗旨和使命?

(2) 应为本组织设计怎样的形象?

(3) 本组织的业务组合应是什么?

(4) 根据各种业务在组织中的地位,应如何有效分配资源?

(5) 本组织要求其成员具有怎样的理想和价值观?

(二) 经营战略

企业层战略是确定企业应当从事什么业务,而经营战略(又称业务层战略)的制定则涉及确定如何在特定的市场或行业中最好地开展竞争。经营战略通常是大企业中各业务部门、分部或子单位的战略。在这一层次上,战略寻求回答的问题如下:

(1) 本组织生产何种产品或服务?

(2) 本组织的用户或顾客是谁?

(3) 本组织如何以最佳的状态用自身特定的产品和服务与竞争对手竞争?

(4) 本组织如何配合和支持本组织总目标的达成?

经营战略较少强调范围和资源部署,而主要强调竞争优势和协同作用。对于从事单一产品或经营一种业务的中小企业,其经营战略与企业层战略合二为一,它所要制定的战略通常为经营战略。

当一个组织从事多元化经营,有许多不同业务时,建立战略业务单位(Strategic Business Unit,SBU)更有利于计划和控制。战略业务单位通常是由一个单独业务或由若干个相关业务所组成的业务部门,其主要特征如下:

(1) 每个 SBU 有其自己的使命。

(2) 它由一个或若干个相关的单位组成。

(3) 每个 SBU 有其自己的竞争对手。

(4) 在组织中,每个 SBU 都有自己独特的战略,以区别于其他 SBU。

管理聚焦

高层管理者与战略领导

一个组织的战略通常是由高层管理者来制定和监管的。通常来说,一个组织的最高管理者是首席执行官。首席执行官通常与一个高层管理团队共事,其中包括其他高管或资深经理,如首席运营官、首席财务官(财务总监)、首席信息官,以及可能拥有类似头衔的其他个体。对于首席执行官在战略管理中的角色,传统的描述包括首席战略官、结构设计师以及组织信息/控制系统的开发者。对于该角色的其他描述,包括关键决策者、愿景领导者、政治行动者、环境变化的监控者和解读者,以及战略设计师。

无论最高管理层的工作如何被描述,可以肯定的一件事是:由于位于最高组织级别而拥有的独特视角,这些管理者的角色与组织中的其他工作是不一样的。顾名思义,高层管理者需要为组织中每一位员工做出的每项决策和行动承担最终责任。高层管理者扮演的一个重要角色是战略领导者。组织领域的研究者对与战略管理有关的领导职能进行了研究,这是因为一个组织的高层管理者必须进行有效的战略领导。战略领导(Strategic Leadership)是管理者预测、展望、保持灵活性、战略地思考以及与组织中其他人共同发动变革,从而为组织创造光明未来的能力。高层管理者如何提供有效的战略领导?具体来看,研究者提出了战略领导的八个关键维度,包括:

(1) 确定组织的目标或愿景;

(2) 开发和保持组织的核心竞争力;

(3) 开发组织的人力资本;

(4) 创造和保持一种强有力的组织文化;

(5) 创造和保持组织的各种关系;

(6) 通过询问敏锐的问题和质疑各种假设来对主流观点进行重构;

(7) 强调有道德的组织决策和实践;

(8) 建立张弛有度的组织控制体系。

这其中的每一个维度都包含战略管理过程的一个重要组成部分。

[资料来源] 斯蒂芬·罗宾斯:《管理学》(第11版),中国人民大学出版社2012年版。

(三) 职能层战略

职能层战略是由组织中各职能领域,诸如生产、营销、财务、人事在一特定业务部门或职能部门中提出的战略。组织中职能的划分对其成功发挥着很重要的作用。职能层战略决定组织中的政策和程序,是针对范围较狭窄而又密切关联的活动而制定的。它需要回答的主要问题是：如何支持经营战略？

职能层战略一般在一些专业课程中做专门的研究。例如，营销战略包括产品策略、价格策略、分销策略和促销策略等；财务职能战略包括预算、会计、投资政策，以及分配给各分支单位的流动资金等规定。尽管职能层战略是低层次的战略，但有的企业由于突出营销的重要性，把营销战略扩展到经营战略甚至是企业层战略之中。战略计划通常不涉及日常管理，它主要提供综合性、长期的指导。

第二节　战略管理过程

战略管理涉及对战略从分析、选择、实施到评价的全过程，主要包括四个相互关联的阶段：战略分析阶段、战略选择阶段、战略实施阶段、战略评价阶段(见图6-2)。

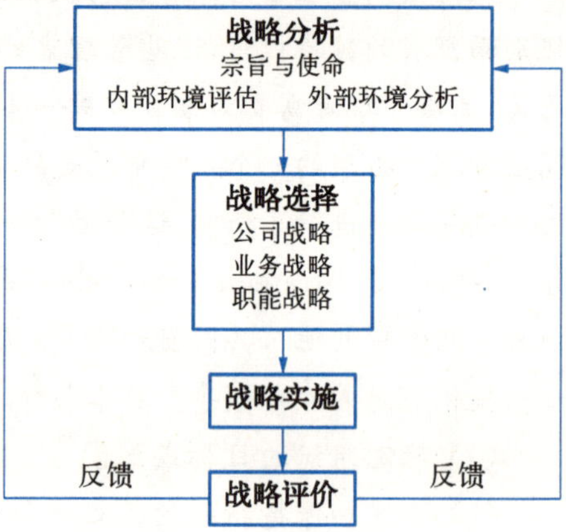

图6-2　战略管理过程

一、战略分析阶段

战略分析是整个战略管理过程的起点和首要环节，为战略的正确选择提供决策依据，因此，它在战略管理全过程中有着举足轻重的地位。在这个阶段，组织的战略管理人员将在明确组织宗旨与使命的基础上，通过对外部环境的分析，挖掘市场机会、明辨市场威胁、提炼关键成功要素，并通过对内部资源的评估，理性认识组织自身的优势和劣势，从而确定组织的核心竞争力。

(一) 确定组织宗旨与使命

组织的宗旨与使命是指组织中最基本的、使自己区别于其他组织的经营目的，也是组织经营哲学的一种体现。组织的宗旨与使命使处于相同环境的组织在经营活动上具有不同的出发点和目的，也使在目前看来地位相同的组织，在若干年后具有不同的变化和结局。它确定了一个组织“是干什么的”和“应该干什么”，作为制定战略的依据，并为组织明确了究竟从事哪一方面的事业或业务，所以经营目的的确定是一个不可缺少的步骤。只有在此基础上，组织的全体成员才能树立共同的理想，增进相互理解，达成共识，从而促进团队合作，同时也能使组织外各类与组织有利益关系的集团和个人获得对组织的基本了解。组织的宗旨与使命具体体现了组织的未来目标、业务性质及其内、外部价值观，因此在确定时，应注意以下几个方面：(1) 善于整合不同观点。宗旨与使命的确定是一项重大决策，所以需以各种分歧的观点为依据。(2) 关于组织的业务类型，要从组织的外部，从顾客、市场出发寻找答案。(3) 明确组织的真正顾客及其需求。(4) 适时调整宗旨与使命。(5) 发掘市场空间。

诚然，组织宗旨与使命的确定具有一定的难度和风险，但作为战略管理的基础，却又是关键性的第一步。

(二) 评估组织内部环境

通过对组织内部文化、结构、财务等因素的分析，以了解以下几个方面：

(1) 组织能用于创造或维持竞争力的强项。

(2) 组织的核心竞争力，即对未来成功有关键作用的那些少数的强项，如资产、技术等。

(3) 所需改进的弱项和进行战略变革的阻力。

其中，一些重要的内部评估要素包括：① 核心竞争力；② 所需竞争能力；③ 目前的战略评估；④ 目前的业绩；⑤ 评价和管理体系；⑥ 所需资源和实际资源；⑦ 内部工作流程和系统的分析；⑧ 组织和结构；⑨ 人员；⑩ 财务等。

一般分析的主要方面有(但不必局限于这些方面)：

(1) 组织的人力资源(合格管理人员的数量与质量)。

(2) 组织的物质资源(厂房、设备、办公空间等)。

(3) 组织的财务资源(现金、资产、各种信贷、债务等)。

(4) 组织的信息资源(得到有关竞争信息的质量与数量)。

(5) 市场地位(市场份额、产品系列的优势等)。

(6) 研究与开发工作(对研究与开发工作预期的突破及其数量与质量)。

这些信息有的可从组织的正式信息系统中获得，有的则专为制定战略收集。收集必需的资料所做的种种努力可被理解为一种有价值的投资。

(三) 分析组织外部环境

目前对外部环境分析所采用的最广泛的方法是由迈克尔·波特在 20 世纪 80 年代所提出的产业分析模型(见图 6-3)。

1. *潜在进入者的威胁*

这是指新的竞争者进入某一特定市场或市场细分部分的难易程度，即所谓的进入壁垒的大小。对于一个产业来讲，进入威胁的大小不仅取决于呈现的进入壁垒的大小，而且还决定于准备进入者可能遇到的现存在位者反击的力度和有效性。如果壁垒高筑或新进入者认为严阵以待的在位者会坚决地报复，新进入者就很有可能放弃进入该领域，这样在位者所受的威胁亦相对减小了。常见的进入壁垒有规模经济、产品差别、资本需求、转移成本、分销渠道的控制、与规模无关的成本优势、政府政策等。一般进入壁垒高的产业，其

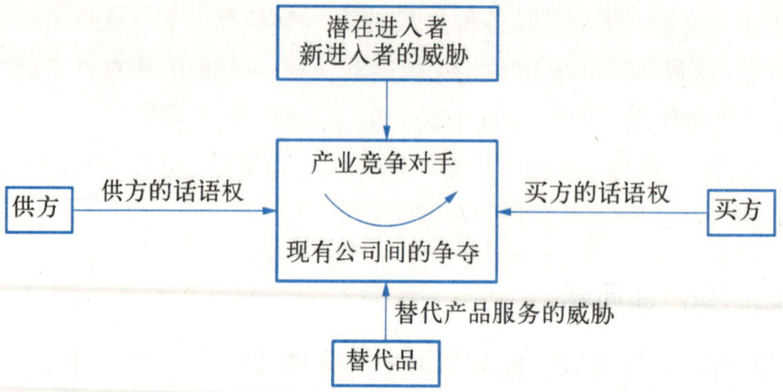

图 6-3 产业分析模型

退出障碍也可能较大，而对于已进入该类产业的厂商而言，其竞争也就会相当激烈。

2. 同行竞争者的竞争

这是指行业中主要竞争者间的竞争关系及其性质。例如，在饮料业中，可口可乐公司和百事可乐公司之间常常发生激烈的价格战，在广告促销手段上互相攀比，并不断引入新包装、新品种饮料。对于竞争者的分析，不仅要关注重要的现有竞争者，而且要重视潜在的竞争者，对其相对谈判力和竞争状态，如市场占有率、品牌形象、新产品的研究与开发、规模、资金实力等，进行系统的研究、分析。

管理聚焦

竞争者情报

要了解竞争者尽可能多的信息。竞争者正在做什么？竞争者准备做什么？竞争者情报(CI)是一种用系统的方法来获取和分析竞争对手的公开信息。虽然这听上去有点像搞合法的间谍活动，但这一方法在美国商界十分普遍。有调研报告宣称，配备有 CI 小组的大公司的数目在近十年中翻了 3 倍。

CI 的从业人员运用各种手段发现用户的竞争对手正在做什么，包括跟踪现成的和新的竞争者动态。例如，请专家参观访问竞争者的工厂设施，聘用对方的员工，征询竞争者的供应商和用户的意见。CI 事务所也从事大量的网上搜索工作。除了有关竞争者信息的日常搜索，还有如阅读股票分析师分析竞争者前景的报告等。当你准备与另一家公司联盟或决定从事某些新业务前，CI 咨询公司还会利用对方公司的前诉讼人、业务分析人员、FBI 和缉毒署(DEA)的雇员来探询用户所需的各种信息。

CI 事务所对企业是十分有用的。借助于它们，客户可了解更多有关竞争者的优势、劣势、产品策略、财务能力以及现在和过去的行为。其他的 CI 服务还包括评估对手的产能、弱点以及合伙人现在和潜在的声誉,确认公司想要进入的新市场或新产业,以及帮助销售人员筹划增加销路的机会等。

[资料来源] Gary Dessler. *Management*, 3rd ed.

3. 替代品的威胁

这是指那些可能取代或减少现存产品和服务需求的替代物所造成威胁的严重程度。例如,对传统个人电脑的需求会因平板电脑的出现而明显下降。

4. 买方的力量

这是指某行业中产品和服务的买方对供方所能产生影响的程度。例如,空客A380这种超大型飞机的可能买主相对来说并不多,只有像美国航空公司、全日空、新加坡航空等大公司才可能购买此类产品。因此,这些公司(买方)对产品的价格、订货、交货期等都有相当的影响。

5. 供方的力量

这是指供方对潜在的买方可能影响的程度。例如,一家地方电力公司是该地区唯一的电力供源,显然其他企业要申请用电,就得看对方的脸色。

以上五项竞争力应在分析环境时一一找出,最好有数据可依,如供方和买方的具体数字、国际和国内的供需状况、替代品的价格与销售状况、新进入行业的厂商、可能进入的渠道等,以评估产业的吸引力。

二、战略选择阶段

通过对内、外部资源环境的分析,确立了战略目标后,接着就是把组织的优势和劣势与环境中的机会和威胁相配合,这一过程的目的是使组织与环境相适应。通过对内部优势和劣势的认识,利用环境中的机会,避免可能遇到的威胁。这种分析方法称为SWOT分析法(见图6-4),它表明了几种特定的利害关系。

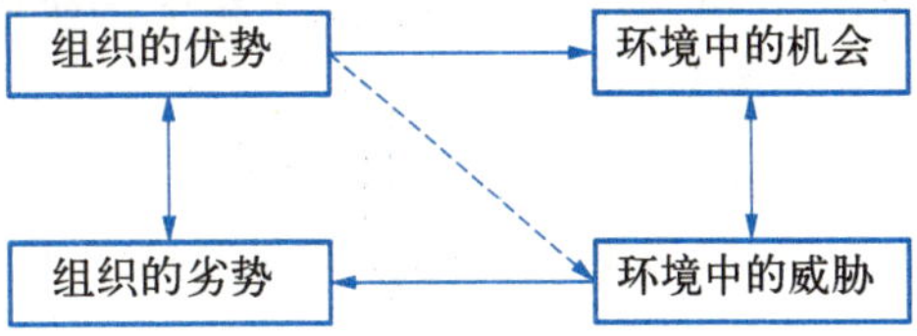

图6-4 SWOT分析法

1. 组织的优势和劣势与环境中的机会和威胁常常是互相联系、互相转换的。例如,一个企业可能有不少现金盈余(优势),是因为它没有在研究与开发上花多少投资(劣势)。同样,一个企业产品的市场份额增长很快(机会),但也可能吸引潜在的竞争者进入这一市场(威胁)。所以,组织的优势也好、市场的机会也好,都并不是绝对的,一旦没有妥善运用,就可能走向反面。

2. 组织的优势应与环境中的机会相对应。例如,比亚迪是以电池研发、生产起家的,当新能源汽车的发展成为当今汽车产业发展的主流方向时,比亚迪利用其在电池(新能源汽车的核心技术)研发和电子领域的多年储备,成为新能源汽车研发、生产领域的领跑者。

3. 组织应认识到其弱点对环境中的威胁来说特别脆弱。如果组织过分依赖于某一供应商(劣势),供方的相对谈判力就很强;但是,在这方面处于劣势的企业若能有机会实行后向一体化,兼并这一供应商,那就反而能大大提高自身的竞争力。

4. 在可能的情况下,企业应利用其优势力量来克服环境中的威胁。例如,苏宁电器原本是一家依托传统连锁店面销售的零售巨头,当网络购物、大数据、云计算等技术对消费者行为和企业营销方式产生巨大影响时,苏宁将自己的战略模式重新定义为"店商+电商+零售服务商",意图在线下开辟超级店、旗舰店、生活广场等,为消费者提供展示和体验以及购物提货等,线上卖电器、化妆品、日用品、图书等实体商品以及各类服务包括金融、商旅等,并且将网络销售平台开放给别的商户。这一重新定位的战略,将使苏宁有可能将其在传统零售业中的优势(特别是门店服务)与网络销售渠道实现有效整理。

在完成以上分析后,组织就可着手对各个层次的战略备选方案进行适用与否的评价,进而选定一套相对满意的供执行的战略,并为其实施制定相应的政策和计划。这些战略不仅应注意与各层次要求相符合,而且应能最佳地利用组织的资源和市场的机会。

三、战略实施阶段

再好的战略计划,如果不恰当地贯彻实施,也只是一项完备的计划,它并不会自行取得成功。战略计划工作能否提供成果的突出标志是使关键人员去从事特定的任务。所以,战略实施的首要问题是组织落实,组织是实现目标和战略的手段。钱德勒说过,"战略决定组织结构",如果一个组织的企业层战略有重大改变,就有必要对该组织的总体结构重新加以设计。

高层管理人员的领导能力是战略计划取得成功的一个必要因素,但是中层和基层管理人员执行高层管理部门计划的主动性也十分关键。根据确定的战略计划制定战术计划和作业计划,然后把组织中最好的人员投入实施计划。这里不仅意味着由某个人从事某项任务,而且还意味着落实个人的责任、完成任务的时间,以及以何标准来衡量成果等。

近年来,战略与组织文化的关系也备受人们关注。企业文化作为一个组织所特有的价值观念、管理风格、行为规范和精神风貌的体现,对一个组织的成功有很大的影响。但是,有时具有强文化的成功组织,也可能为过去的成功所拖累。在实施战略过程中,不同的战略也要求组织文化与之相适应。同组织结构一样,文化本身并无优劣之别,它是实施战略取得竞争优势的手段。

四、战略评价阶段

战略评价是整个战略管理过程的最后一个环节。战略方案在实施过程中,需对其实施情况进行跟踪检查,明确各项活动进展正常与否以及预期成果的实现情况。这些用于衡量战略执行效果好坏的指标体系,就是战略评价标准,包括定性指标和定量指标两个方面。在定性指标方面,包括战略与环境的适应性、对环境中的机会和威胁进行再评估和分析;在定量指标方面,一般包括资金的筹措与投放、投资报酬、技术进步、市场开创等内容。此外,还应建立必需的战略管理信息系统,采用先进的手段和科学的方法,进行全面、精准、及时、必要的信息反馈,以便更好地掌握组织内、外部各方面的情况。

由于战略本身带有预见性的特点,所以战略的长期稳定性与战略环境的多变性之间常会产生矛盾,从而导致战略实施结果与战略预期目标之间时常发生偏差,这就需要对战略方案进行调整。一般有以下三种情况:(1)局部性调整。总体战略不变,只在操作执行层进行调整。(2)职能性调整。由职能部门提出调整方案,报高层审核、通过。(3)总体性调整。对组织的总体战略进行根本性的修正。

第三节 战略管理的常用工具与分析模型

在战略管理中,有许多工具和技术可加以运用。其中,有的适用于企业层战略管理,有的则更适合经营战略管理,职能层战略属其他专业课程的研究范畴,本节将概述企业层战略所需处理的问题。

企业层的战略实际上就是回答下述问题:本组织应包括哪些业务?如何更有效地利用各项资源?回答上述问题时,有两种普遍采用的工具,即大战略构架和业务组合分析法。

一、大战略构架

不同性质的企业根据其不同的现实,可选择不同的发展方向。由于企业层的战略计划工作过程带有总体性质,所以我们通常可以用总战略来解释组织发展的各种不同方向。

(一)维持战略

维持战略亦称稳定战略,其主要特征是组织继续从事当前各种业务,没有什么重大的变化,维持一种温和程度的增长,或者干脆维持现状。具体来看,实施维持战略的企业可能从事以下活动:通过提供相同的产品或服务继续服务于相同的顾客;维持现有的市场份额;维持组织现有的业务经营。管理者没兴趣改变现状。

(二) 增长战略

增长战略亦称扩张战略,是指增加组织的经营层次,如扩大企业规模、扩大市场份额、增加雇员、提高收益等。增长战略可分为两类,即一体化战略与多元化战略。

1. 一体化战略

一体化战略又有纵向一体化和横向一体化之分。如果战略目标是扩大市场份额,则应选择横向一体化战略,即收买或合并同类企业或业务。纵向一体化包括前向一体化和后向一体化。有时企业为了扩大其经营业务或控制销售渠道,把自己的下游产业加以收购与合并,即为前向一体化。例如,石油公司搞提炼加工业,利用原油做原料,向前延伸,生产化工产品、制药等。公司也可收买或合并自己的上游产业与业务,则为后向一体化。它是兼并供应商,实行供产联合。例如,汽车制造商原先靠外购轮胎、铁板维持生产,如今收购这些供应商改为自己生产。当供应商或销售商获利过高时,采取纵向一体化战略可克服这一缺陷。

2. 多元化战略

多元化战略即通常所说的多种经营战略,主要以增加生产和销售的产品或服务的品种为主旨。多元化可以是混合多元化,即开发与本组织原有业务并无关联的新业务;也可以是集中多元化,即扩展与本行业原有业务相关的营业。作为一种大战略,多元化的一个目的是分散风险,即“不把所有的鸡蛋放在一个篮子中”,以避免一损俱损的弊病。另一个目的是为了提高效益,如开发集中型的多元化,汽车制造商生产冰箱,把生产汽车外壳多余的钢板做冰箱的外壳,从而达到综合利用原材料的目的。

多元化经营通常是由组织中具有战略眼光的高层管理者在获取廉价的出售企业时所得到的副产品。有些单位尽管业务性质差别很大,但因出售的企业折价甚多,或从长远看有利可图,于是就把其购并为自己的子公司、孙公司。

(三) 收缩战略

收缩战略通常是在危急情况下使用的一种战略,是指紧缩经营规模或多元化的经营范围。多数管理人员并不愿意公开承认他们在使用这一战略,因为收缩战略似乎是与组织的增长目标背道而驰的。但是,在过去的一二十年中,如何管理衰退也成为管理领域中相当突出的一个问题。出现这种现象的原因是多方面的,如咄咄逼人的国际竞争、体制的失调、产业结构的调整、企业间的收购兼并、新技术的突破等,常常会威胁一个企业的生存。

我国企业中一些扭亏成功的管理人员,在他们刚接管一个企业时,通常这些亏损企业的情况十分糟糕,但是通过大刀阔斧的紧缩措施,出售非生产性资产,下岗冗员、精简编制,使企业变为精干的小型组织,很快恢复了盈利。这些例子说明,组织为了增长而先行收缩也是可取的。对亏损组织实行收缩常常是那些有才干的管理人员取得成功的一条有效途径。

二、业务组合分析法

对于多业务组织，进行公司战略分析的常用方法是业务组合分析法。业务组合分析法主要有BCG发展矩阵、麦肯锡矩阵和生命周期分析三种。

（一）BCG发展矩阵

BCG发展矩阵是20世纪70年代由波士顿咨询集团提出的，所以又称为波士顿发展矩阵（见图6－5）。BCG发展矩阵是现今采用得最普遍的一种业务组合分析方法，其横坐标代表相对市场份额，纵坐标代表市场增长率。两个坐标分别分为高、低两档，这样就产生四种组合：两者都高的称为明星类；两者都低的称为瘦狗类；相对市场份额高，但市场增长率趋于停滞状态的是金牛类；市场增长率高，但相对市场份额较低的属于问题类。应用该矩阵分析一般分为三个步骤，即识别各业务部门或战略业务单位，把各业务单位分类并归入各矩阵类别之中，对各业务单位分别选择不同的战略。

明星类领域中的业务或产品处于快速增长的市场中，虽然它们也占有支配地位的市场份额，但是它们通常需要大量的短期现金来支持其高成长的市场，管理人员尝试投资未来是以长期潜在的利益最大化为目标的。

当市场成熟了，许多“明星”就成为组织的“金牛”。“金牛”不再需要大量的成长扩张资金，相反，它产生的大量现金收益可用于组织的其他领域。

问题类领域中的业务或产品往往带有一定的投机性，管理人员必须决定究竟是扶植其发展成为“明星”，还是采取收缩战略逐步放弃它。

瘦狗类领域中的产品常常不能维持其自身发展，有时甚至还需从组织的其他部门抽调资金。对瘦狗类业务要改进其绩效较难，所以一般采取收缩战略或放弃战略。

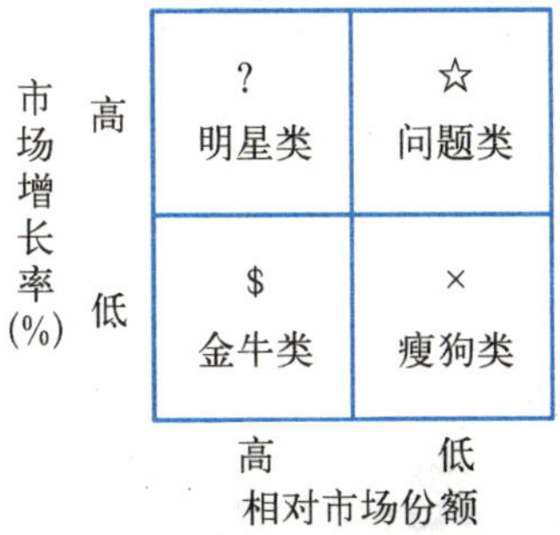

图6－5 BCG发展矩阵

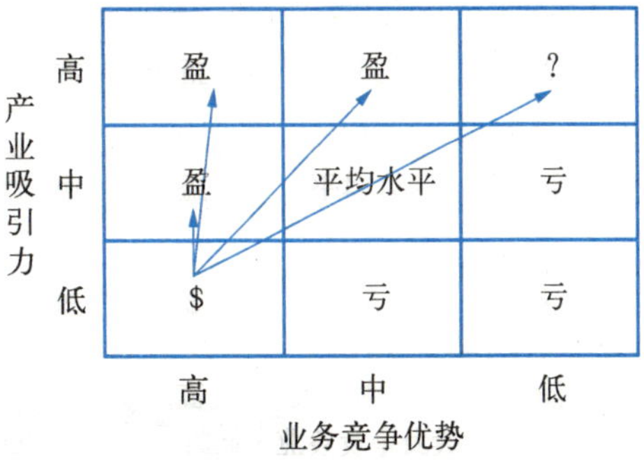

图6－6 麦肯锡矩阵

（二）麦肯锡矩阵

麦肯锡矩阵（见图6－6）是美国麦肯锡咨询公司对BCG发展矩阵进行调整后用于

业务组合分析的又一种方法,它克服了 BCG 发展矩阵的一些局限性,通过权数使用多项指标对业务优势及其吸引力进行分析。其横坐标代表业务竞争优势,纵坐标代表产业吸引力。两个坐标都分为高、中、低三类,这样就形成了九类不同的组合。

其中,产业吸引力虽低,但业务竞争优势显著的那一组合是组织利润的源泉,它就好似 BCG 中的金牛类产品,是为其他类产品提供追加投资的货币来源。组织通过确定各项业务在矩阵中的位置后,决定对其是继续投资,还是有选择地投资,或是收回投资。

(三)生命周期分析

生命周期分析法(见表 6-1)主要是根据各项业务所处的产品生命周期及其大致的竞争地位来确定战略类型的,适用于无法精确量化、无法用 BCG 发展矩阵和麦肯锡矩阵分析的情况。但在实际市场中,产品生命阶段并无明显界限,较难精确划分,故该矩阵的实际可操作性较差,更适合于理论分析时所用。

表 6-1 生命周期分析表

竞争地位生命阶段	好	中等	差
引进阶段	盈	?	亏
发展阶段	盈	盈或?	可能亏
成熟阶段	盈	盈	亏
衰退阶段	盈	亏	亏

业务组合分析法在战略上的应用已经流行了许多年,但也有人提出了一些不同的意见。例如,有的学者认为,假如一个组织的业务组合中没有一项业务有明显的增长,倒不如把主要的管理精力放在怎样提高效率和增加投资回报上。当然,也有的管理人员在应用这些矩阵时过于机械了,对瘦狗类业务的退出策略也并不是一味盲目的,要权衡组织自身现在是否拥有其他能衔接的业务以及该业务的可榨取性是否已经到了尽头。但不管怎样,近期的一些研究表明,业务组合分析的理论仍然是有效的,它不仅有利于组织多样化的发展、组织资源的分配,而且将有助于组织总体战略的落实,是一种具有指导作用的模型依据。

第四节 业务战略

业务战略又称经营战略,是为组织中特定业务单位制定的发展方向和计划。组织的总体战略是确定组织所应从事的业务,业务战略则是用于确定如何在特定的市场或产业中最好地进行竞争。因此,业务战略也是对某项业务进行竞争方式选择的过程,通常是各业务部门、分部或子单位的战略。

一、业务战略的主要内容

业务战略较少强调范围和资源部署，而主要强调竞争优势和协同作用，因此，它需要考虑以下几个主要问题：

(1) 依照公司战略的指示，各业务单位需做出的贡献。例如，生产何种产品或服务，面向何种顾客群，如何配合实现总体目标。

(2) 确定竞争方式。例如，以何种姿态参与竞争(领导者、追随者还是挑战者)，如何发挥自身竞争优势，如何与竞争对手相抗衡。

(3) 对各职能部门的要求。例如，需要各职能部门给予何种程度、何种方式上的支持与协助。

(4) 业务单位内的资源利用。

二、适应战略模型

业务战略的适应模型是由雷蒙德·迈尔思(Raymond E. Miles)和查尔斯·斯诺(Charles C. Snow)提出的。适应战略模型认为，战略管理的基本任务是管理内部的相互关系应与组织的环境保持有效的一致性，即企业或事业部门应使其使命和目标与环境中的机会和威胁相适应。这一适应过程是通过解决以下三个方面的基本管理问题而得以贯彻的：

(一) 管理问题

有三个基本管理问题将决定适应过程，它们分别是企业开拓问题、工程技术问题和行政管理问题。

1. 企业开拓问题

企业开拓问题亦称企业家问题，此问题在于确定组织的使命。对一个新企业来说，这意味着决定组织将提供什么特定的产品和服务，以及它将试图进入的目标市场或市场细分部分。对一个现存的企业而言，企业开拓问题即确定是否对现有的产品、服务、市场和细分部分等组合做增加或修改。

2. 工程技术问题

工程技术问题简称工程问题或技术问题，这一问题是要建立一个生产、控制和分销系统。例如，一个制造商原先决定采用装配线技术装配，后又决定应用机器人的自动生产系统，这两种解决办法都属于工程问题；又如，大学中确定班级的数目、每个班的大小、教室的安排、选修每门课程的前提要求等，同样也属于工程问题。

3. 行政管理问题

行政管理问题需要对上述两个问题的答案进行思考，并提出合适的组织结构。组织设计中有关集中与分散、控制跨度等的决定皆属行政管理问题。行政管理问题又可分成两个方面：滞后方面与先导方面。组织的结构应与公司的企业开拓和工程问题的目前解决办法相一致（具有滞后特点），但它也必须有助于认识和解决将来的企业开拓和工程问题（具有先导特点）。换言之，即组织的结构应适合现在和将来两个方面。

企业开拓、工程和行政管理问题的求解过程如图 6－7 所示。

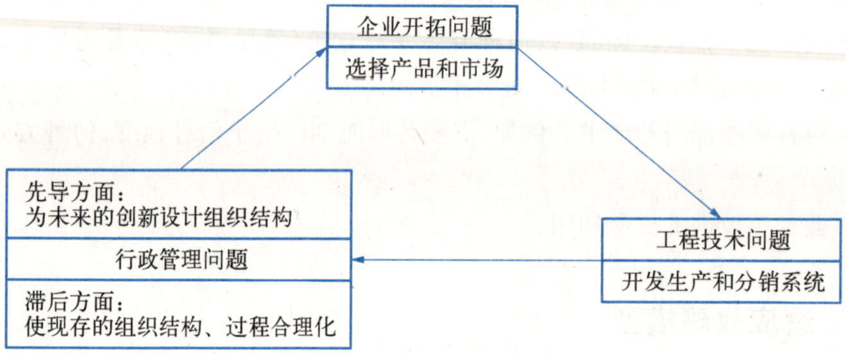

图 6－7　适应过程

（二）战略类型

不同的组织在处理上述三方面基本管理问题时可采取不同的方式。企业有四种途径或战略供选择，在适应战略模型中，它们分别被称为防御者、开拓者、分析者和反应者。

1. 防御者

采取防御者战略的组织试图创造和维持一种环境，使这种环境最适应稳定的组织形式。因此，管理部门最关心的也是稳定性。在解决企业开拓问题上，防御者努力在市场中划出一块相对狭小的领域，在该领域集中于有限的产品或提供某些服务。虽然防御者可以用竞争性的定价或高质量的生产标准来捍卫其地位，但很少注意本领域外的趋势和发展。在解决工程技术问题方面，则更注意高效率的生产和促销技术，而不太注意长期效果。在行政管理问题上，保持严格层级管理体系，以利于控制和提高效率。

2. 开拓者

开拓者正好与防御者相反。采取开拓者战略的组织试图为自身创造和维持一种动态的环境。开拓者特别注重培育发现并探索新产品与新的市场机会。其企业开拓问题是决定如何做出最佳的市场定位，然后系统地开发这些机会。由于它们强调新产品和市场，所以在工程技术问题上，避免长期投入一种单一的工艺技术，通常使用多种技术，方式灵活，不搞固定的机械化，以使组织在转换产品和市场时，不必完全重砌炉灶。开拓者的行政管理问题是在组织中如何促进生产与经营，而非控制运作。

3. 分析者

分析者根据其调适的战略是处于中间状态的组织，即它试图把防御者和开拓者的战略在一个组织中结合起来。其企业开拓问题是在确认并利用新产品与新市场的同时，也保持一些传统的核心产品与用户。在工程技术问题上，力求平衡在组织工艺中灵活性与稳定性间的冲突。在行政管理问题上，其构造的组织一方面支持与现存的核心产品及技术相关的稳定因素，另一方面也努力适应由新产品、新技术所带来的动态变化。在分析者组织中，若干单位和群体维持传统产品，而另一些部门则探索开发新产品和新市场，甚至模仿或紧跟那些有创新精神的竞争对手。

4. 反应者

反应者实际上是战略的失败。这种战略正如其名称所反映的，是对出现的问题仓促地做被动的反应，因而在决策上表现为不一致和不稳定。这些对环境不适当的反应导致了不良的业绩，进而又影响其未来的行为，在承诺某项战略时表现得犹豫不决。

（三）战略与环境的适应

适应战略模型对组织的三个基本管理问题做了深入的洞察，同时对组织在战略计划工作过程中可能采取的战略姿态做了分类。关于何种战略姿态最适应环境条件，图 6－8 提出了组织的形式、环境的稳定程度和组织与环境相适应的程度之间的关系。根据组织环境稳定性的不同，图 6－8 中提出了防御者、分析者和开拓者战略各自适合的位置。当组织有一个高度稳定的环境时，采取防御者战略最合适。换言之，防御者在稳定的环境中运作时，组织与环境的适应程度最高，开拓者与分析者在同样的环境中相适程度就低。

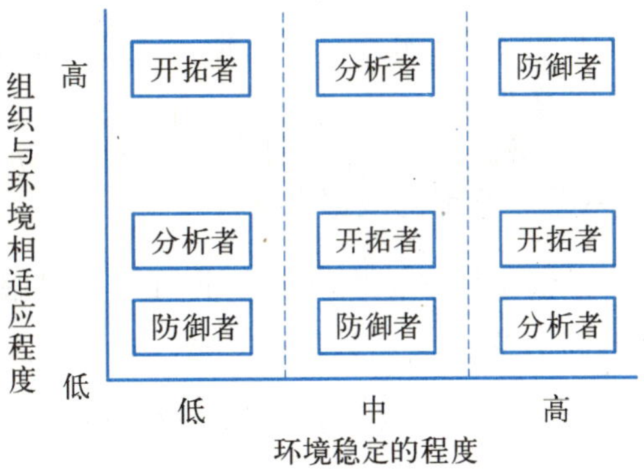

图 6－8　适应模型的战略分类

对稳定程度低的环境（动态变化的环境），开拓者战略更为有效。分析者和防御者在这种情形中组织与环境的相适程度也低，并因而产生较差的效果。最后，分析者战略在中度稳定的条件下，显示出高度的组织与环境相适性。

适应战略模型的主要贡献是它强调了组织与环境相一致的重要性，也帮助组织理解相对其他组织，它们所应有的战略地位，以及集中关注一些管理的基本问题。

三、竞争战略模型

竞争战略模型（见图 6－9）是由迈克尔·波特提出的，包括通用的三种竞争战略：

成本领先战略(Overall Cost Leadership)、差别化战略(Differentiation)、目标集聚战略(Focus)。管理当局可以通过分析自身的长处和竞争对手的短处,寻找一种适合组织发展的战略,以维系自身强有力的市场地位,从而避免与产业中所有竞争对手的死拼硬杀。

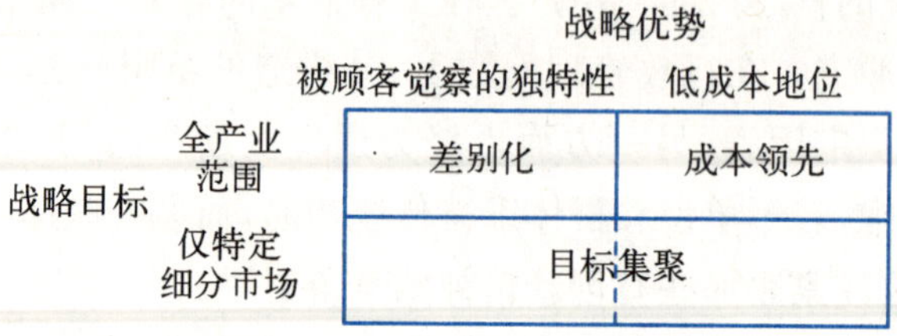

图 6-9　三种通用竞争战略

(一) 成本领先战略

成本领先战略是在 20 世纪 70 年代由于经验曲线概念的流行而得到日益普遍应用的,通过运用一系列针对本战略的举措来取得自身在产业中成本领先的地位,试图以最低的单位成本和因此产生的低价来取得最大的销量。成本领先战略要求积极地建立起达到有效规模的生产能力,在经验积累的基础上全力以赴降低成本,抓紧成本与管理费用的控制以及最大限度地减小研究开发、服务、推销、广告等方面的成本费用。尽管质量、服务以及其他方面也不容忽视,但贯穿于整个战略中的主题是使成本低于竞争对手。

(二) 差别化战略

差别化战略是将组织提供的产品或服务标新立异,形成一些在全行业范围内与众不同的特征。差别化的方式、方法有很多种,可以是体现于产品或服务自身的,也可以是实体以外延伸形态所体现出的独到之处:特殊的功能、高超的质量、优质的服务、独特的品牌等。这些竞争者无法比拟的特征,能使组织以较高的定价来获取更高的单位利润。差别化战略利用客户对品牌的忠实以及由此产生的对价格敏感性的下降,使组织能尽可能地避开竞争,同时能使组织在追求高利润时不必追求低成本。当然,差别化战略也并不是意味着组织可一味地忽视成本,但此时成本已不再是其首要考虑的战略目标了。

(三) 目标集聚战略

目标集聚战略是主攻某个特定的顾客群、某产品系列的一个细分区段或某一个地区市场。该战略的前提是:组织能够以更高的效率、更好的效果为某一狭窄的战略对象服务,从而超过在更广阔范围内的竞争对手。结果是,组织或者通过较好满足特定对象的需要实现了标新立异,或者在为这一对象服务时实现了低成本,或者两者兼得。目标集聚战略对小企业最有效。

此外，在最新的业务战略研究中，又有学者提出了用户一体化、系统一体化等较为新颖的竞争战略概念。用户一体化是指组织通过对其用户进行投资让利，从而使用户产生较大的转移成本，促使用户更愿意与组织保持良好的合作关系，形成“共荣圈”，而组织也就实现了对其用户的前向锁定。系统一体化则指不仅要对其用户实行投资锁定，而且要对其供应商甚至贷款者、竞争者等与组织业务方方面面有关的其他组织实行锁定联合，形成一个互利系统。随着经济全球化的到来，竞争必将愈演愈烈，用户一体化与系统一体化都将成为大势所趋的竞争战略模式之一。

第五节 职能战略

职能战略又称职能支持战略，是对组织中各主要职能部门制定的发展方向和计划。职能战略是为业务战略服务的，所以它的内容要比业务战略更具体、更细致。通常包括六个职能领域（尤其是企业）：市场营销、财务、生产、研究与开发、人力资源以及组织设计。这些战略针对的主要问题见表 6－2。

表 6－2 职能战略

职能领域	主要关注的问题
市场营销	产品组合 市场地位 分销渠道 销售推广 定价政策 公共政策
财务	资本构成 债务政策 资产管理 分红政策
生产	生产率的提高 生产计划工作 厂址定位 政府管制
研究与开发	产品开发 技术预测 专利和许可证

（续表）

职能领域	主要关注的问题
人力资源	人事政策 劳资关系 政府的规章条例 管理人员的发展
组织设计	集中与分散的程度 协作的方法 部门化的根据

一、市场营销战略

对多数组织而言，市场营销战略是最重要的战略，它通常反映了公司的总体战略。市场营销战略通常要处理组织面临的许多主要问题。其中之一是产品组合问题。例如，通用汽车公司的雪佛莱分部，其产品组合包括许多不同型号的产品系列。其他的主要问题包括要求的市场地位（如百事可乐和可口可乐争夺软饮料市场的领导地位）；分销渠道（如苏宁云商需要顺应消费者购买行为的变化，在实体店之外增加网购平台）；销售推广（如广告预算和销售人员的规模）；定价政策（如一开始对新产品在被期望的价格范围中给产品定个高价即“撇脂法”，并随后准备逐步降低价格）；以及公共政策（处理有关法律、文化和规章管制等限制）。

二、财务战略

对一个组织而言，提出正确的财务战略是十分关键的。财务战略中一个很重要的部分即确定最适宜的资本构成，包括各种股票（法人股、公众股等）以及长期债务（如债券等）的组合，从而使企业能以最低的资金成本提供其所需的资本。财务战略的另一个要素是债务政策（如允许借入多少，以何种形式举债）。资产管理强调对流动资产和长期资产的处置（如应怎样对剩余的现金进行投资，才能使其收益和流动性得以最佳结合）。最后，分红政策将决定收益中分配给股东的比例，以及企业留存用于成长发展的收益比例。

三、生产战略

从某种意义上讲，组织的生产战略取决于它的营销战略。例如，假定营销战略要求推广优质、高价的产品，则生产部门自然需强调质量优先，至于成本，则是属于第二位考虑的问题了。但是，生产战略自身也有若干重要的问题需要解决。譬如，需提出改进生产率的方法；对制造商而言，生产计划工作（什么时候生产、生产多少以及如何生产等）特别重要；生产战略也包括决定厂址的定位、生产过程中生产工艺的选择（是投资新的自动化技术，还是采用传统的技术）；最后，生产战略必须考虑政府主管部门的有关规章条例（如环境保护法规等）。

四、研究与开发战略

在市场经济中，绝大多数大组织和许多较小的组织都需要研究与开发战略。这一领域主要涉及有关产品开发的决策。例如，对企业而言，究竟是应集中精力开发新的产品，还是对现存的产品做改进？应如何利用技术预测，如技术发展趋势、新的发现与突破等？此外，研究与开发战略还包括专利和技术授权的政策。例如，企业开发了某一新的产品或程序并申请了专利，则其他企业就不能随意仿冒它，但企业可以通过技术授权来获利，即牺牲一些竞争优势，允许被授权方使用其专利，以换取一定的转让费。

五、人力资源战略

许多现代组织认为有必要提出一种人力资源战略，一些人力资源政策事项，如确定薪酬、挑选人员和绩效评估等都涉及人力资源战略。其他还包括劳资关系、政府的劳动人事法规等方面的考虑，管理人员的发展也需要提到战略高度加以关注。世界上一些著名的大公司，如宝洁公司（P&G）、通用食品公司等，都有自己的企业大学和系统的培训课程规划，以至于一些接受培训的学员将其称为 MBA（工商管理硕士）再培训。其结果是这些企业都有一个强大的人力资源库。这种做法也反映了这些公司的人力资源战略的一个侧面。

六、组织设计战略

组织设计战略是有关组织如何构造其自身，包括员工的定岗，部门的划分，分公司、子公司或分部的安排等。组织设计恰当是企业成功贯彻其战略计划的保证。

第六节 战略管理的新趋势

资源的全球性配置加速了世界经济发展的进程。21 世纪的竞争将是组织与组织间在战略素质与综合实力上的真正较量。这种较量不仅局限于自然资源、货币资本、人力资源、技术技能等领域,还突出地表现为在创新意识方面和战略协作能力上的强弱比较,而组织核心竞争力的确立和战略联盟的形成能有效地帮助组织在激烈的竞争中获胜。此外,从战略管理理论与实战的发展角度来看,核心竞争力的形成和战略联盟的建立也是其未来的方向和必然趋势。

一、核心竞争力

任何一个组织在制定可行性战略的过程中,通常都会问这样一些问题:本组织在哪些方面有强于竞争对手的本领?本组织在哪些领域能比竞争对手做得更好?本组织到底拥有什么样的竞争优势(这种竞争优势必须是竞争对手难以模仿的,至少短时间内是根本无法模仿的)?本组织应如何针对这些专长和特殊技能进行投资开发,善用它们,从而使本组织能更好地取悦顾客?本组织应如何利用这些优势给竞争对手设置竞争障碍?本组织是否还蕴藏着其他潜在的核心优势?其实,这一系列问题的提出,就是一个组织寻求和挖掘自身核心竞争力的过程。

核心竞争力(Core Competency)是指对组织未来成功有关键作用的那些少数的强势能力。它可以是组织中进行多项产品开发所共享的某种关键性技术或技能,也可以是组织所拥有的某项独一无二的资源或系统,甚至可以是竞争对手无法拥有的销售网络或供货渠道。

核心竞争力对于任何一个组织而言都是至关重要的,就如加里·哈默(Gary Hamel)和 C. K. 普拉哈拉德(C. K. Prahalad)所强调的,今天的企业必须围绕核心竞争力进行设计,从而使各战略业务单位能共享这种核心能力。

核心竞争力是组织战略的中心部分,它不同于一般性的竞争优势,有其自身的特征:

1. 核心竞争力的识别和建立是一个自上而下的过程。其中包含两层含义:第一,核心竞争力的识别与建立是由高层管理人员开始的。对一个组织而言,核心竞争力的确立是以内部环境分析为主要基础的,包括对组织文化、气氛、结构、财务等内容的分析以及对组织核心过程的分析,在此基础上明确组织自身的强势与弱势,然后才能最终选择出所需投资开发和加以善用的核心竞争力。这一过程的有效实现是建立在对组织内部环境充分了解的基础上的,因此通常是由高层管理者牵头进行的。第二,核心竞争力是通过组织的战略文化流传开来的,它是以文化为载体向下传递的。

2. 核心竞争力在组织的发展中应具有相对的稳定性。一个组织的核心竞争力通常是其竞争对手在一段时期内无法模仿或很难模仿的特殊技能。它是组织在某一个方面甚至某几个方面取得独占优势的竞争力源泉,也是组织维护和增强自身竞争地位所依据的主要力量。这种能力对其竞争对手而言通常是在一定时期内难以逾越的竞争障碍,而对组织而言则是使自身比其竞争对手做得更好的可能性力量。基于这样一些特征，组织的核心竞争力一般是相对稳定的，这能更有利于组织对这种特殊技能的充分挖掘和开发利用。

随着科学技术的进步，组织所确定的核心竞争力偶尔也会成为组织的一种负担或组织发展的障碍，尤其当这种核心竞争力是某种过时技术的时候。一个公司可能特别擅长做某些东西，但这种产品却过时了。

3. 核心竞争力通常是指组织所拥有的某一种强势。对于任何一个组织而言，它都可能会同时具备多种竞争优势：融资渠道、关键技术领域人才、资源供货渠道或者也可能是无形资产价值，这些优势的共同作用使组织的生存和发展成为可能。但一个组织的核心竞争力是不可能多点发展的，这是由组织在人、财、物等资源上的有限性所决定的。组织核心竞争力的成功运用可以使组织拥有从头至尾比竞争对手做得更好的素质，可以使组织在竞争中取得主动权和导向权，所以，一旦组织认识到自身的核心竞争力，就应该对其实行集中投资，把它建立在较高的水平上，从而充分显示出其不同于竞争对手的独特性。通常核心竞争力的培养需要较长的时间和较大的投资，所以组织在最终确定核心竞争力时必须慎之又慎。

二、战略联盟

组织间的联盟，无论是跨产业、行业的还是跨地域、区位的，无论是纵向结合的还是横向协作的，都已成为战略管理领域中的一个潮流。

随着经济全球化时代的到来，任何一个组织都无法独善其身，都无法简单地通过“大而全”“小而全”等固有模式参与竞争。从全球经济的角度来看，一个组织只有具备卓越的建立和保持广泛协作关系的能力，才可能在 21 世纪拥有最强的竞争实力。

（一）战略联盟的概念和动机

战略联盟（Strategic Alliance）是指两个或两个以上组织为了实现各自的利益目标，出于优势互补的考虑，而建立的一种战略合作伙伴关系。这种战略合作伙伴关系建立的动机可能是多种多样的，例如，为了实现技术与市场的互补，为了降低可能遇到的风险，为了加快组织创新的速度，为了避免市场进入的壁垒，为了克服供货或销货的“瓶颈”效应等，这些都是组织通过结盟方式可以达成的目的。

（二）战略联盟的对象

组织结盟动机的差异决定了其选择结盟对象的多样化。它可以是同一价值链上的供应商，如可口可乐公司就与其瓶装供应商结成了联盟；它可以是外包厂商，如将组织的信息系统、计算机系统设计外包等；它可以是融资渠道中的银行，也可以是负责产品销售的批发商或零售商；它甚至可以是竞争对手，如日本丰田与美国通用汽车、德国大众在统一汽车和零部件的设计和开发系统方面达成的合作协议。

随着组织间各种资源与利害关系的频繁交涉,用户一体化、系统一体化等战略模式也会越来越多地被各种组织所采用。

(三) 战略联盟建立的过程

成功的战略联盟通常会包括五个有一定重叠的阶段:(1) 寻觅阶段。一个组织通常会首先确定其结盟的动机,然后会从动机出发进行合作伙伴的选择。在这个阶段,有意向的组织之间会进行初步的会面和交涉,通过彼此条件上的优势,有时甚至是人格上的魅力互相吸引,找到相互间的兼容性。(2) 签约阶段。通过不断地沟通和谈判,双方逐渐在各个方面达成一致,拟订计划,正式确立合作关系。(3) 分歧阶段。结盟双方虽然在签约时就一些主要问题已达成一致,但在正式联合运作后,在实际操作中仍会遇到许多意见或观点相左的情况,这就像新婚夫妇处理家务时遇到的情况一样,这些矛盾和冲突通常是很难完全避免的。(4) 磨合阶段。针对出现的种种问题,结盟双方需要通过不断地协商、修正来减少彼此的分歧,共同探索融洽相处的技巧。磨合阶段对于任何一种形式的战略联盟而言都是至关重要的,结盟双方磨合的好坏,将直接决定联盟成功与否。(5) 完全适应阶段。随着双方对这种协作关系的不断适应,这种战略联盟也相对稳定下来,同时这也意味着战略联盟的初步成功。步入这一阶段的组织通常会下意识地发现自身内部的许多方面已发生了潜移默化的变化。

(四) 战略联盟中五个关键层面的整合

对于结盟的合作双方而言,签约不是形成联盟的终点,而恰恰是联盟形成的起点。合作双方为了实现各自事先制定的目标,并从合作关系中实现真正价值,就需要在签约生效后,积极主动地实现以下五个层面的整合:

1. 战略整合

高层领导者之间必须通过持续地接触和交流来共同探讨每个组织更广泛的目标和变革内容,而绝不是置若罔闻、放任不管。高层决策者之间接触越多,他们获悉的变化就越多,他们就更有机会去妥善地解决问题,把更多的信息转化为共同的利益,这使得组织间沿着互补而不是冲突的方向演变的可能性也就越大。

2. 战术整合

通过中层经理人员或专家们对特殊工程或联盟行动计划制定的共同参与来识别那些能使组织间联系更为紧密,或能转让知识的组织与系统方面的变革。为了实现有效的战术整合,组织中通常会任命一位高级管理人员从事联盟的管理工作。

3. 操作整合

结盟双方互相参与对方的培训计划,有助于技术上进行合作的两个组织在用语和产品开发标准方面达成一致。伦敦的因玛赛特工程公司与其合作伙伴通过地面站接收卫星讯号，实现了在技术用语和系统上的统一共享。

4. 人际关系整合

人际关系整合是创造未来价值的一个必要基础。只有当两个组织中的许多人员彼此开始了解，并且愿意努力去交换技术、接洽顾客或者愿意加入合作队伍时，诞生于纸上的广泛协作才能真正付诸实践。利波集团在其银行和财产发展业务中有许多合作伙伴，经常利用高级经理会议去推广协同观念，发掘跨单位的商业机会，并在经理之间建立了良好的人际关系。此外，稳固的人际关系还将有助于及时地解决某些可能升级的小冲突。如一位拥有丰富人际关系经验的欧洲经理所评论的："如果你不与你的合作者建立融洽的关系，你就不能保证联盟的正常运转。除非你已开始建立关系，否则正式的决策组织不会为你做任何事情。"

5. 文化整合

文化整合要求合作关系中所涉及的人员具有交流的技术和文化意识，以沟通消弥他们之间的差异。结成联盟的组织往往有着地域上的距离，即便是同属一个区位的组织之间，其在企业文化上也会因最高决策者的文化背景或组织长期以来的传统习惯而有所不同。这些在经营哲学、管理模式、组织制度等领域上的差异会导致联盟组织间在合作中的冲突不断，所以，对于任何一个结盟的组织而言，如何在思想意识领域、文化观念上尽早趋同是十分关键的，而且文化整合的好坏对于战略联盟的最终成功与否也是至关重要的。

（五）善用战略联盟的四大要点

1. 选择共同营运的合作模式

虽然并不是每种战略联盟都需要合作双方共同进行经营管理，但只要机密外泄的风险不大，组织就应该选择共同营运的合作模式，因为它能让每个组织都有更好的机会去监视对手，同时也能通过对手对本组织的监视，对本组织的进一步发展提供有用的改良方案。

2. 投入最佳的管理人员

千里马需要伯乐来辨认，创新的机会也需要具有伯乐眼光的人才来发掘，所以，只有将具备最佳能力与心态的管理人员投入联盟计划，才能真正实现联盟中各方利益的最大化。

3. 实行轮流调换参与

实行战略联盟对组织而言是一种挑战，因此，组织中的每个人不可避免地将参与到这种挑战中去。如果你的对手给你带去的是一种明显有益的考验，就应该尽量定期地轮换参与计划的人员，这对组织的整体成长是很有好处的。

4. 将改善列为永远的联盟目标

组织在对内阐述联盟计划的时候，除了要解释各项既定策略外，还需要让全体员工了解战略联盟的目的之一就是要不断寻找各种方法来改善组织本身的流程。

本章提要

战略是有关组织目标以及实现这些目标的政策和计划的安排方式。通常表述为一个组织所限定从事的业务,或想要从事的业务,以及准备成为何种类型的组织。

有关战略的重点可从其构成、层次及管理过程三个方面来理解。战略的基本构成为范围、资源部署、竞争优势及协同作用。对组织而言,战略有层次之分,它们分别是企业层战略、经营(业务层)战略和职能层战略。战略管理的过程可分为四个相互关联的阶段:战略分析阶段、战略选择阶段、战略实施阶段、战略评价阶段。

战略工具及分析模型除了最常用的SWOT分析法外,还有BCG发展矩阵、麦肯锡矩阵、适应战略模型、竞争战略模型等。企业的六项基本职能战略分别为市场营销、财务、生产、研究与开发、人力资源和组织设计战略。

识别核心竞争力和形成战略联盟是战略管理发展中的两大新趋势,也是各组织在21世纪立足世界经济舞台所必须掌握的两大课题。

复习思考题

1. 简述战略管理过程的基本步骤,运用SWOT分析法,分析某企业的机会、威胁、优势与劣势。
2. 何谓组织战略?良好的战略有哪几个基本组成部分?
3. 企业成功的关键因素有哪些?
4. 请描述组织中三个不同层次的战略类型,并说明这些战略所涉及的内容。
5. 为什么说企业必须围绕核心竞争力进行设计?
6. 试述企业战略联盟的优势与形式。

第七章　决　　策

全章脉络

学习目的与要求

1. 理解决策的含义;
2. 了解个人制定决策时所面临的多种情境;
3. 了解常规决策、适应性决策和创新决策的特征;
4. 了解最优化、有限理性和政治决策制定模式的特点及其应用;
5. 了解决策过程的各个步骤;
6. 了解定量决策方法的具体使用。

管理专业术语

Decision Making	The process of choosing the best course of action from available alternatives for reaching objectives.
Complete Certainty Condition	The condition exists when decision makers know exactly what the results of each alternative will be.
Risk Condition	The condition that exists when decision makers have only enough information about the outcome of each alternative to estimate how probable an outcome will be.
Complete Uncertainty Condition	The condition exists when decision makers have absolutely no idea what the results of an implemented alternative will be.
Bounded Rationality	Refers to limits in our ability to formulate complex problems, to gather and process the information necessary for solving those problems, and thus to solve those problems in a rational way.
Decision Making Process	The steps a decision maker uses to arrive at his choice.
Decision Tree	A graphic decision-making tool typically used to evaluate decision involving a series of steps.

每天我们都在做出决策——"今天会下雨吗？需要带伞吗？""中午在哪里就餐？"尽管我们可能并不在意，事实是我们已经快速做出了选择并顺利地度过了一天又一天。在工作中，管理者也时常面临一系列与计划、组织、人事、领导和控制等管理活动相关的决策与协调问题。在组织的整个管理过程中，都有决策行为存在。当决策风险较小时，管理者可能并不需要进行有意识的决策，因为公司已经为他提供了自动决策的方法。比如，完成一批电脑订单需要多少人工、公司的年度绩效评估中他应当填写哪些表格。组织政策、程序、规章的存在，使得许多重复性管理决策标准化、常规化了。

在少数极端情况下，管理者行动的作用微乎其微，无论他采取哪种解决方案都不影响问题的结果。但更常见的情况是，各级管理者解决问题的方法对组织的结构和功能有极大的影响。在本章中，我们将就决策的性质、决策制定的情境、决策类型、决策的过程与步骤、团队决策以及决策分析方法等几个方面展开分析，说明决策在组织管理过程中所发挥的重要作用。

第一节 决策的性质

一、决策的含义

有关决策的概念，不同的管理学派从不同角度进行了阐述。赫伯特·西蒙从决策过程的角度进行定义，他认为，决策就是找出要求制定决策的条件，寻找、拟订和分析可能的行动方案，并从中选择特定的行动方案。邓肯（Dun Can）将理性引入了决策的定义："理性的人对需要采取行动的局面给予的恰当反应。"也有研究者从权变的视角，指出决策是指根据既定环境的要求，管理者从备选方案中选择一项行动方案的活动过程。

综合上述定义，决策是决策者为了解决组织面临的问题，实现特定目标，在充分搜集信息的基础上，提出多种可行方案，依据评定准则和标准，选定方案并加以实施的过程。这一概念包括以下两层含义：第一，决策总是为了解决某个问题，达到某种目的而采取的行动。第二，决策必然伴随着某种行动，是决策者与外部环境、内部条件进行交互作用的过程。科学的决策必须具备以下条件：目标合理；对系统要素的寻找及考虑深入而广泛，而不是挂一漏万；对各要素间的顺序排列合乎逻辑推理关系；决策结果满足预定目标的要求；决策本身符合效率、满意、经济性原则。

二、决策制定的情境

决策可能受到多种因素的影响，如外部经济政治因素、利益相关者的影响、新技术或新竞争者进入市场，都会对决策过程产生明显的或潜在的影响。与此同时，决策者还必须考虑每项决策可能造成的潜在后果，以便有效评估各项决策方案的优劣。

人们在制定决策时所面临的情境可以分为确定性、风险性和不确定性三种，图 7-1 以一个连续区间的方式表述了三者的关系。在确定性情境下，个体能够识别发展状况和事件，并完全可以预测它们的影响；当信息变得模糊或模棱两可时，决策制定就会处于风险性情境中，此时，个体开始将决策建立在概率基础上；当个体对发展状况和相关因素的信息了解甚少，决策仅能基于合理猜想时，就出现了不确定性情境。

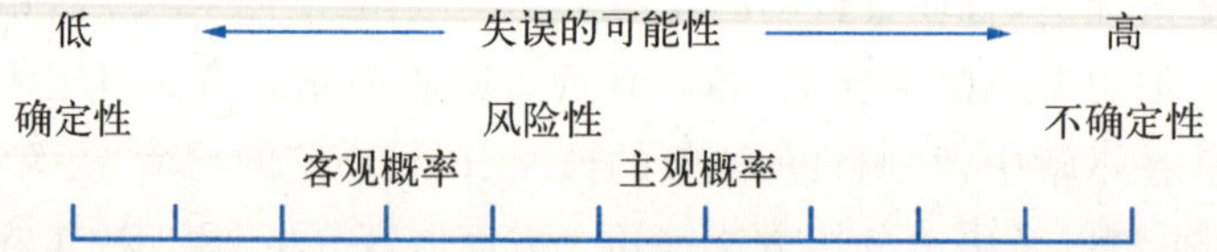

图 7-1 决策制定的情境

(一) 确定性情境

在确定性情境下，决策者完全了解问题、知道可供选择的方案，并能够完全预测每种解决方案的后果。确定性情境意味着个体拥有决策所需要的全部信息。在确定性情境下，决策信息的完备性和准确性意味着决策者仅仅需要选择有最好预期结果的解决方案。例如，一位投资者想通过银行存款获取利息，他了解到：A 银行的活期存款利率为 1.5%；B 银行的 7 天通知存款年利率为 2.5%；C 银行的大额存单存款期为 1 年，利率为 4.5%，但不允许提前支取。在这三种方案的条件、结果都十分明确的情况下，投资者可以结合自己的具体情况，选择一个最理想的存款方式。组织的基层管理者通常在确定性或接近确定性的情境下制定日常决策。

(二) 风险性情境

在风险性情境下，决策者能够明确决策问题，详细说明某些事件的概率，识别可供选择的解决方案，并能阐述每种解决方案结果出现的概率。决策者可以根据获取的信息类型、数量和可靠性方面的差异，运用客观概率或主观概率对每个解决方案的成功可能性进行评估。

1. 客观概率

客观概率是建立在事实和数字之上的具体结果出现的可能性。有时决策者能通过检查历史记录来确定某种决策可能的结果，如人寿保险公司虽然不能确定特定保险客户未来的死亡时间，但可以计算出各个年龄段保险客户在具体年份去世的客观概率，这些客观概率建立在过去的死亡率会在将来重复出现的预期之上。

2. 主观概率

主观概率是指基于决策者的判断和信念认定的具体结果出现的可能性。这类判断取决于决策者的直觉、以前在相似情境中的经验、专长和个人特质(如风险偏好)。

(三) 不确定性情境

不确定性情境是指决策者了解决策问题,但缺乏足够的信息来确定各种解决方案的结果出现的概率,也无法确定未来事件对决策的影响程度。在极端的情况下,决策者甚至不能确定问题,不能确定可供选择的解决方案及其可能的结果。

与不确定性情境打交道是许多管理者和专业人员(如研发工程师、市场研究人员)工作的一个重要组成部分。例如,管理者可能发现,预测一个全新数码产品的价格、市场需求量是极端困难的。在不确定性情境下,管理者、团队和其他专业人员经常需要通过使用自己的直觉、创造力和所有可能的信息来“消化不确定性”,做出关于行动(决策)的判断。

三、决策者

在企业决策的过程中,决策者既可能是管理者个体,也可能是以群体方式进行参与性决策。在管理实践中,很多企业的重要决策是由几个甚至一个高层管理者决定的。这种个体决策的风险是:由于决策者个人掌握的信息有限,造成决策不够严谨和周密;由于决策者对未来形势的变化估计不足,导致做出了错误的决策假设;由于决策者与执行者脱节,导致决策缺乏可执行性。管理大师德鲁克针对这一决策问题,指出吸引更多相关人员参与到决策过程中来,能够最大限度地保证决策的正确性。因此,“有利于决策发挥作用或对决策持反对意见的个人,都应该参与到决策中去”。

将决策参与者扩大、实行群体决策,其在决策程序、决策模型的使用上与个体决策并无明显差异,其关键不同之处,在于群体决策存在社会交互作用,从而使动态环境更加复杂。基于这一差异,群体决策往往更能集思广益,扩大决策的分析视角和备选方案,并能有效发挥沟通和协调功能;但群体决策往往意味着较慢的决策速度、群体成员间在方案选择上的妥协。因此,管理者在做出决策之前,需要明确决策参与的范围和选择标准。对决策人选的选择,需要考虑其个人能力、创造性、经验水平、动机及对风险的态度,这是决策成败的关键。

第二节 决策的类型

决策在组织中是具有普遍性的活动,但决策活动因管理层次、管理部门及决策者风格的不同而不同。因此,可以按不同的标准对决策活动进行分类。

一、战略决策、管理决策和业务决策

按决策的重要程度,可以把决策分为战略决策、管理决策和业务决策三种。

(一)战略决策

战略决策是所有决策问题中最重要的,是涉及组织大政方针、战略目标等重大事项进行的决策活动,是有关组织全局性的、长期性的、关系到组织生存和发展的根本性决策。它还包括组织资本的变化、国内外市场的开拓与巩固、组织机构的调整、高级经理层的人事变动等。

战略决策一般需要经过较长时间才能看出决策后果,所需解决的问题复杂,主要是协调组织与组织环境之间的关系。决策过程所需考虑的环境变化性较大,往往并不过分依赖复杂的数学模式及技术,定量分析和定性分析并重,对决策者的洞察力、判断力有着很高的要求。在战略决策中,找出关键问题比利用复杂计算更为有效。因此,必要时可以借助组织外部人员(如咨询顾问等)对战略性决策方案进行设定和分析。

(二)管理决策

管理决策又称战术决策,是组织在内部范围内贯彻执行的决策,属于执行战略决策过程中的具体决策。管理决策旨在实现组织内部各环节活动的高度协调和资源的合理使用,以提高经济效益和管理效能,如企业的生产计划、销售计划、更新设备的选择、新产品定价、流动资金筹措等决策。管理决策不直接决定企业组织的命运,但决策行为的质量将在很大程度上影响组织目标的实现程度和组织效率的高低。

管理决策是每个管理者的日常工作内容,它依赖于管理者的经验和综合研究方法,也可使用电脑和数学模型辅助决策。

(三)业务决策

业务决策又称执行性决策,是涉及组织中一般管理和工作的具体决策活动,直接影响日常工作效率。主要的业务决策内容包括:工作任务的日常分配与检查、工作日程(生产进度)的监督与管理、岗位责任制的制定与执行、企业的库存控制、材料采购等方面的决策。

业务决策是组织所有决策中范围最小、影响最小的具体决策,是组织中所有决策的基础,也是组织运行的基础。业务决策是组织中大多数人员经常性的工作内容。业务决策有效与否,很大程度上依赖于决策者的经验和常识,包括使用少量的模型和电脑。

在不同类型的决策活动中,不同管理层级因面对的问题和所授权限不同,所能负责的决策也不同。高层管理者主要负责战略决策,中层管理者主要负责管理决策,基层管理者负责大部分业务决策(见表 7－1)。

表 7－1　管理层次和决策活动

管理层次	决策类型
高层管理者	战略决策
中层管理者	管理决策
基层管理者(作业人员)	业务决策

当然,在组织中,三类决策活动的界限并非明确清晰,应按具体情况加以分析和鉴别。在传统上,决策者由管理者担任,但目前随着分权程度和员工参与决策程度的提高,情况发生了很大变化,相当一部分业务决策已转而由有一定工作自由度的作业人员做出。此外,从日本的经验来看,作业人员和基层管理者参与战略决策、管理决策,也不失为一个好办法。这一方法能大大减少基层人员对决策结果的抵触情绪,简化决策完成后的宣传动员工作,推动决策方案的贯彻实施。员工参与决策,管理民主化,是提高管理效率和决策有效性的重要途径。

二、常规决策、适应性决策和创新决策

基于确定性、风险和不确定性情境的考虑,也可以将决策分为常规决策、适应性决策和创新决策。这些决策类型反映了决策者面对的问题类型及解决方法的类型。图 7－2 呈现了不同类型的问题(纵轴)与不同类型的解决方法(横轴)的组合。这个组合对应于三种不同的决策情境:向右上倾斜的对角线代表了确定性、风险和不确定性的情境。

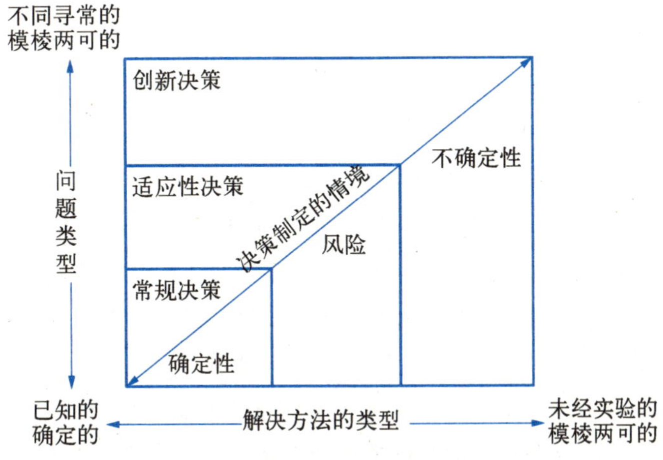

图 7－2　常规决策、适应性决策和创新决策

(一) 常规决策

常规决策是针对非常确定的、常见的问题和解决方法而制定出的标准化决策机制。常规决策的过程通常体现为那些已经确定的规则和标准化的过程,或者体现为计算机软件,如处理客户订单、在线订票系统等。在企业中需要做出大量的常规决策。不少管理者在处理这类重复出现的问题时得心应手,凭经验感觉就能找出问题的症结并提出解决问题的办法。如果把这些经验和解决问题的过程用程序、规范、标准、制度等文件规定下来,将这些包含管理实践的真知灼见和有效成果的文件作为指导以后处理类似问题的依据和准则,会使组织受益无穷。

常规决策给组织带来的益处是:(1) 这些浓缩了管理经验的文件,是大量员工的心血结晶,是企业文化的组成部分,因而是组织的宝贵财富,也是组织的专有技术,被视为激烈竞争中的有利条件和公司的立足点之一。(2) 完整的程序化文件为新上岗者提供了学习的范本,缩短了新上岗者学习和培训实习的时间。(3) 降低管理成本。标准化决策简化了决策过程,缩短了决策时间,简化了方案执行,组织可以聘用学历较低、经验较少的人员担任要求较高的岗位。(4) 提高管理效率。常规决策具体规定了决策的过程,大量的重复性管理活动可以通过授权放到下一级管理层中,这样使管理者能避免陷入日常繁忙的事务堆中,有时间思考组织的重大问题,有精力处理与组织生存和发展有关的非重复性的重大战略问题。

常规决策在日常管理中是不可或缺的,但当一个问题真正需要适应性决策或创新决策时,决策者应当避免做出常规决策。总是试图用同样的方式回应新问题和不断变化的环境,就会形成表面积极、实际无益的局面,这种现象被称为"积极惰性陷阱"(Active Inertia Trap)。很多时候,即使是运作成功的优秀企业也会出现积极惰性的现象,曾经给企业带来成功的常规工作方式充斥着管理者的头脑,当环境发生重大变化时,传统的成功模式会导致停滞、减少利润,甚至是灾难性的失败。

管理聚焦

麦当劳的本地化经营

麦当劳的常规运作方式曾阻碍了公司对市场情况的变化做出及时反应。20世纪90年代初期,麦当劳的操作指南已长达750页,其中详尽列出了餐馆业务的每个细节。多年以来,公司一直严格按照标准运作,同时听取总部的指令。这一做法使公司得以在市场中快速推广自己的标准操作模式,并确保公司能够持续地吸引客户和打击竞争对手。但是,麦当劳也出现了"积极惰性"的现象。消费者期望吃到不同的食物,竞争对手也开发出了新的菜肴来迎合市场,但麦当劳对市场变化的反应很慢，它的传统优势——专注于生产大量优质产品的标准作业程序——突然变成了弱点。由于麦当劳的菜单创新需要经过总部同意，这就抑制了创新，延迟了行动。公司的中央厨房远离餐馆和消费者开发出的一系列产品，往往无法赢得市场的认可。

因此，麦当劳开始调整决策方式，以克服它的“积极惰性”。例如，麦当劳在法国的经营以法国消费者的喜好为归依，改变在法国使用的食谱和食材，执行“本地化”战略，向注重美食文化的法国人提供差异化的快餐食品(如通过单独柜台提供的高端咖啡和糕点、法式烘焙面包)，麦当劳甚至在法国推出了一家全色拉餐厅，这是麦当劳全球32 000多家门店中第一家不出售任何传统汉堡包、薯条或奶昔的门店。麦当劳法国公司的高管表示：“今天，我们已经成为法国日常生活的一部分。我们的首要任务是，在提供传统产品的同时融入当地市场。”得益于这些举措，法国消费者在麦当劳每次的平均花费为15美元，相当于美国消费者每次平均花费的4倍。

(二) 适应性决策

贝恩在《适应性决策者》一书中指出，现实生活中的决策者通常是仅拥有有限计算能力的信息处理者。在面对复杂的、风险性的任务环境时，为了确保其做出最有利的方案选择，他们必须在寻求正确的解决方案与花费尽可能少的决策成本(包括时间、搜寻成本、方案评估努力等)之间找到平衡点。只有在时间—努力成本较低、风险程度较小的情况下，决策者才会选择寻求更优的解决方案。适应性决策反映了有限理性决策模型的思想，即决策过程会受到决策者有限的认知资源的影响，决策结果是决策准确性和决策所需的认知资源两者权衡的结果。

可以说，适应性决策是决策者针对一般程度的不寻常问题和备选解决方案的组合所做出的选择，它主要包括修改、优化过去的常规决策和实践。适应性决策也能够反映“持续改善”的概念，即把对产品和过程提高的挑战当作一种持续不断的努力，从而提高质量水平和绩效水平。它包括持续不断地制定适应组织的决策，这些决策将使组织每年都有为数众多的局部提高和改善。

(三) 创新决策

创新决策是指基于发现、识别和诊断那些不同寻常的、模棱两可的问题，并提出独特的、有创造性的解决方法而做出的选择。创新决策通常包括一系列小的、相互联系的决策，需要投入较长时间才能制定出来。前沿性的创新决策需要花费多年才能制定出来，并需要众多专业人员和团队的参与。创新决策往往意味着对以往经验的突破，决策者没有现成的规则可以遵循,所以这类决策一般不会以一种合理的、有序的方式出现。创新决策主要建立在不完全信息和急速变化的信息基础上,在这种情况下,形势是难以预料的,决策者可能需要在完全确定和了解问题之前做出决策。因此,为了提高决策效力,决策者尤其要注意确定正确的问题,并了解先前的行动能在多大程度上影响后继决策。

三、长期决策、中期决策和短期决策

按决策的时间,可以把决策分成长期决策、中期决策和短期决策三种。长期决策又称长期战略决策,是指决策结果对组织的影响时间长,对组织今后的发展方向具有长远性、全局性的重大影响,如投资方向选择、人力资源开发、组织规模的确定等问题的决策。短期决策是指决策的结果对组织的影响时期较短,是实现长期战略目标所采用的短期策略手段,通常是战术性的决策,如企业的日常营销决策、物资储备决策、生产中的劳动力调配和资金分配等问题的决策。而居于长期决策和短期决策之间的,即为中期决策。

第三节　决策制定模型

决策者在制定决策的过程中,往往表现为一定的决策风格,其中隐含着对某一特定决策模型的偏好及选择。决策制定模型反映了影响决策过程的许多假设前提、复杂因素及其存在的不足。模型揭示的这些因素都是管理者及其他决策者努力提高决策质量时必须加以注意的问题。这里简要介绍三种决策制定模型:最优化决策模型、有限理性决策模型和政治模型。

一、最优化决策模型

决策者为了找到最佳的行动方案而进行的决策,就是最优化决策。最优化决策模型又称理性模型,是最早的也是最基本的决策模型,它详细说明了决策者为增加自身决策的逻辑性和做出最佳选择的可能性而应遵循的各个步骤。管理者在使用最优化决策模型时,需要对决策过程的实质进行一系列简化的假设。

要实现最优化决策,必须满足以下一系列假设:

(1) 目标取向。最优化决策假定不存在目标冲突。不论决策是选择要进入的市场,还是决定今天是否上班,抑或挑选合适的人选填补工作空缺,它假定决策者的目标明确、单一。

(2) 所有选项为已知。最优化决策假定决策者可以确定所有的选择标准,并能列出所有的可行性方案。它假定决策者有足够的能力对标准和备选方案进行评估。

(3) 偏好明确。它假定决策标准和备选方案的价值可以数量化，并能以决策者的个人偏好来排序。

(4) 偏好稳定。除了目标和偏好明确外，它假定具体的决策标准是恒定的，分配给它们的权重也是稳定的，不随时间而变化。因此，不同时间点的标准和备选方案应相同。

(5) 最终选择效果最佳。理性的决策者将选择评估分数最高的方案。根据最优化决策的程序而选取的最有利解决方案将带来最大效益。

图 7－3 显示了决策者制定最优化决策的七个阶段。整个过程从确定和诊断问题开始，经过继续的一系列阶段，直到评价和反馈阶段。人们较容易在确定性或低风险的情境和制定常规决策时使用这一决策过程。在接近确定性的情境中制定常规决策，无须经历这个模型的所有阶段。如果某一特定问题重复出现，则决策(解决方法)有可能被当作标准的操作步骤或规则确定下来。

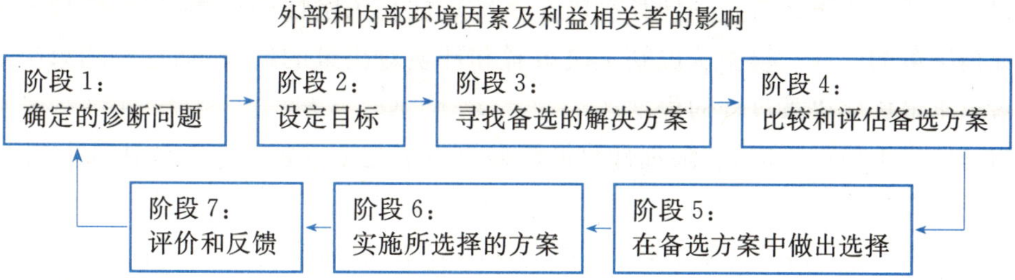

图 7－3 决策者制定最优化决策

最优化决策模型的价值在于它使得决策者在决策过程中更加理性。例如，施乐公司就在全公司范围内发展了一套六步理性决策过程(见表 7－2)，用于解决各类决策问题。在表 7－2 中，第一栏列出了六个决策步骤，第二栏说明了待回答的关键问题，第三栏说明了在进入下一步骤前该做的工作。这一决策工具鼓励管理者和员工针对决策问题进行更有效的逻辑思维。

表 7－2 施乐公司的理性决策过程

步 骤	待回答的问题	在进入下一步骤前，需要进行的工作
1. 确认并选择问题	我们希望改变什么？	确定分歧，用简明的语言来描述“理想状态”
2. 分析问题	是什么阻碍我们达到“理想状态”？	列出关键原因，并进行排序
3. 提出可能的解决方案	我们怎样改变现状？	列出可行方案表
4. 选择并规划解决方案	达到目标的最佳途径是什么？	制定和监督改变的计划，制定衡量方案效果的评估标准
5. 贯彻解决方案	我们是否在按计划进行？	执行方案
6. 评估方案执行效果	执行计划的效果如何？	核实已被解决的问题，并在未解决的问题上达成一致

近年来,由于计算机在企业决策过程中的广泛应用,定量决策技术(如决策树、线性规划、盈亏平衡分析、预测和运筹学模型)大大提高了最优化决策模型的有效性。但在组织中大量存在的高风险性或不确定性决策情境下,最优化决策模型带有很大的局限性。由于最优化决策的各项假定在现实中不可能完全满足,因此,在企业决策中,往往不能完全遵循最优化的原则进行,人们经常会使用有限理性决策模型或政治模型。

二、有限理性决策模型

詹姆斯·马奇和赫伯特·西蒙认为,现实世界中的决策者不可能获得最优化决策所需的全部信息。同时,即使能够获取所需的全部决策信息,决策者也缺乏吸收和正确评价这些信息的智能和心理能力。基于这一分析,他们提出了有限理性决策模型,该模型解释了为什么决策通常是一种具有内在不确定性和风险性的过程,以及管理者实际上是如何决策的。这一模型认识到了决策者和环境对决策的约束,而这些约束决定了决策者追求最优化决策过程的程度。

与理性决策模型不同,有限理性决策模型提出了三个重要概念:有限理性、不完备信息和满意原则。

(1) 有限理性。所谓有限理性,是指在某些复杂的决策情境下,备选方案众多、需要处理的信息量巨大,决策者难以在决策前对所有方案和信息进行评估。

(2) 不完备信息。即管理者无法获得决策所需的全部信息。造成信息不完备的原因,一方面是管理者掌握的大量信息都是模糊信息,管理者可以采用多种甚至是相互冲突的方式进行解释,进而做出不同的决策;另一方面,决策者也缺乏时间和资源收集全部可能的备选方案,即使是已知的备选方案,其结果也是不确定的。

(3) 满意原则。在有限理性的约束下,面对未来极大的不确定性,再加上时间限制和昂贵的信息成本,决策者根本不会尝试寻找所有可能的方案。实际上,他们在决策实践中会采用满意原则的策略,即只开发所有潜在方案中的有限样本,在其中寻找和选择较容易确定和达成、较少争议的方案。当面对复杂问题时,决策者的做法是把问题降低到一种易于理解的水平。决策者不是捕捉问题的所有复杂方面,而是抽取其中的重要特点,并在此基础上构建简化的模型,然后在简化的模型范围内进行理性选择。

根据有限理性决策模型,决策制定过程如下:

步骤1:设定希望达成的目标,或界定希望解决的问题。

步骤2:确定一个最低的绩效或标准的水平(根据这一标准,即使一个解决方案不完美,也是可以接受的)。

步骤3:采用试探法,把解决方案的范围缩小到一个有希望解决问题的方案。

步骤4:如果无法找到可行方案,则降低期望水平并寻找一个不同的解决方案(重复步骤2、步骤3)。

步骤5：在确定可行方案后，评价它以确定其可接受程度。

步骤6：如果这个单独的方案不可接受，重新开始一轮不同解决方案的寻找（重复步骤3～5）。

步骤7：如果确定的方案可接受，执行该方案。

步骤8：在执行方案后，评价目标实现（或未实现）的容易程度，并随之提高或降低在以后决策中的绩效标准。

有限理性决策模型中应注意的一个问题是：在确定选择哪一个方案时，备选方案被考虑的顺序非常重要。在最优化决策模型下，所有备选方案按编好的等级由高到低全部列出，由于考虑到所有备选方案，最初的排列顺序无关紧要，每种潜在的解决方案都会得到充分彻底的评估。但满意原则并非如此。假设某个问题有不止一种解决办法，决策者将会选择第一个可接受的方案。由于决策者使用的模型简单而有限，他们一般以明显的、熟悉的、距离现实不远的备选方案为起点。因此，那些最接近于现实并达到标准的解决办法最有可能被选中。从这个意义上说，管理决策过程更多地表现为一种艺术，而不是科学。在不完备信息和有限理性的前提下，管理者往往需要依靠自己的经验、直觉和判断做出一些重要决策，这一决策过程通常是快节奏的。管理者需要意识到，自己的判断并非总是正确的，不应过分依赖过去的实践经验和思维方式来确定问题或解决方案。

三、政治模型

政治模型是指根据强有力的外部和内部利益相关者的利益和目标进行的决策制定过程（见图7-4）。组织中的大量决策会牵涉到多位管理者，他们追求的个人目标不同，这就要求他们通过讨论实现信息共享，并就最终解决方案达成一个统一的意见。政治模型特别适用于非程序性决策，即不确定性情境、信息有限且管理者对达成什么目标和如何达成目标存在意见分歧的情况。

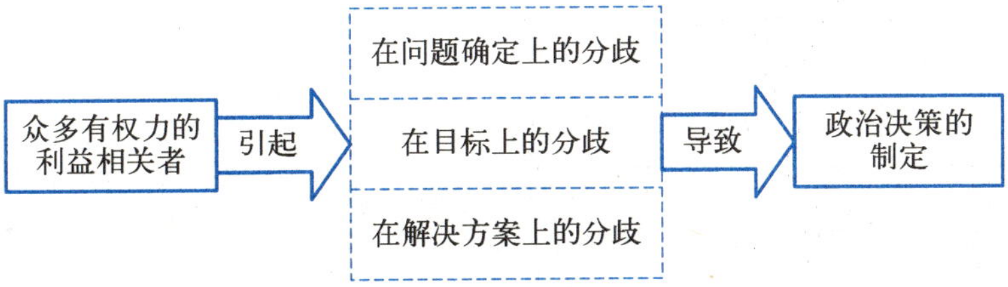

图7-4　政治模型

（一）在问题确定上的分歧

在政治模型中，外部和内部的利益相关者总是试图根据自己的利益来确定问题。

当各种各样的利益相关者基于不同价值观、目标和利益,对于问题的性质、来源及优先顺序的排列存在不同理解时,就会出现冲突。在以政治为基础或以政治为导向的组织中,当情况恶化时,组织很有可能会挑出一个或更多的个体充当替罪羊,而其他可能对问题负有责任的人则逃脱了责任,以维持其权力地位。

(二) 在目标上的分歧

政治模型认识到利益相关者之间存在冲突性目标的可能性,同时也认为利益相关者的相对权力大小强烈影响着目标的选择。所谓权力,是指影响或控制个体、团队、部门或组织决策和目标的能力。如果权力集中于特定的利益相关者手中,则组织的目标有可能反映为这些利益相关者的目标。如果没有一位个人、团体或部门有足够的权力来选择或实施自己偏爱的目标,通常的策略就是形成一个联盟,即由支持某一特定方案的管理者所组成的非正式同盟。在进行复杂的组织决策(特别是决策结果不可预测)时,管理者会加入不同的联盟,通过讨论、协商和讨价还价的过程来争取支持。

(三) 在解决方案上的分歧

某些用来完成目标的手段或方法可以被视为零和方案,即我的收益就是你的损失,你的收益就是我的损失。在这种情况下,利益相关者为了进一步扩大自己的利益,会歪曲信息或有选择性地保留信息。组织内部的利益相关者经常把信息看作一种主要的权力资源加以运用。最优化决策模型要求所有员工公开提供各种决策相关信息,但在政治模型下,这一要求往往难以满足。在政治模型下,信息经常是:(1) 零碎的,建立在非正式沟通基础上的;(2) 主观的,而非建立在严格的事实基础之上的;(3) 根据有权力的利益相关者认为重要的项目来确定。由于信息往往是受操纵的、不完全的,管理者需要通过相互交流和交换意见,以收集信息并降低问题的模糊性,并通过利益集团间不断的争论来决定目标和实现目标的方案。

最优化决策模型、有限理性决策模型和政治模型的特点见表 7-3。对决策程序的研究表明,最优化决策模型在稳定的环境中效果较好,而有限理性决策模型和政治模型在不稳定的环境中更胜一筹。

表 7-3 不同决策模型的方法特点

最优化决策模型	有限理性决策模型	政 治 模 型
明确的问题和目标	模糊的问题和目标	多重的、冲突的目标
确定性的环境	风险性及不确定性的环境	不确定性、模糊性的环境
备选方案及其结果的信息充分	备选方案及其结果的信息有限	不连贯的观点,模糊的信息
个体为获取最优结果而做出理性选择	运用直觉为问题的解决寻找满意选择	同盟成员间的讨论和讨价还价

第四节 决策过程

不论决策者选择最优化决策模型、有限理性决策模型还是政治模型，管理决策的一般程序都始于发现问题，接着是为解决问题而采取行动，并在评价结果之后结束全过程。具体来说，决策程序包括识别决策要求、问题诊断与原因分析、决策目标的确定、提出备选方案、分析比较备选方案、选择方案、执行选定方案、评估和反馈等步骤。

一、识别决策要求

管理者所面临的决策要求通常可分为两类：问题或机遇。当组织没有实现预定目标时，问题出现了；而当管理者发现组织具有超额完成现有目标的潜力时，机遇就产生了。识别决策要求是决策过程的起始点。管理大师德鲁克指出："管理者(此时)要回答以下几个问题：这个决策要实现什么？要达到什么目标？这个决策的最低目标是什么？执行这个决策需要什么条件？"决策目标明确与否，直接关系到决策效果的好坏。管理者可以通过定期组织内部报告、管理信息系统和其他信息来源，对值得关注的内、外部环境事项进行扫描和监控。管理者也可以运用非正式渠道获取信息，通过与其他员工的交谈，了解其他组织成员的看法，及时把握当前组织的问题和机遇。

二、问题诊断与原因分析

当某个问题或机遇进入管理者的视野之后，管理者应当开始问题诊断与原因分析这一阶段。通过诊断，管理者可以对与决策情境相关的各项因素进行分析。越过诊断阶段而直接制定决策方案，很容易导致错误决策。

在企业决策的过程中，问题是指"期望目标"与"实际情况"之间的差距。这种差距的大小及其根源(这一问题与其他组织的关系与影响)才是企业诊断和进行相应决策的目的所在(见图 7-5)。在找出问题的过程中，很容易犯的错误是将问题的表现视为问题本身，或针对某些问题的细枝末节寻找解决办法。在这种情况下，科学的决策技术无补于问题的有效解决。

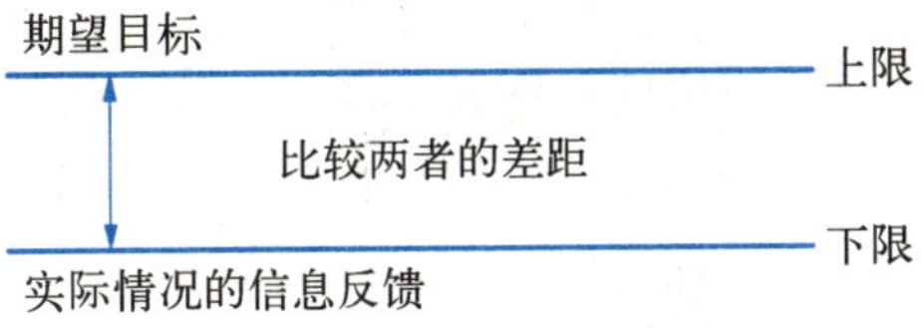

图 7-5 问题诊断与原因分析

一般来说，在企业决策过程中，要想实现有效的问题诊断工作，应从以下三个方面进行深入分析：

(1) 目前实际状况与期望目标之间的差距在哪里？有多大？

(2) 造成这一差距的直接原因和间接原因是什么？

(3) 上一级组织或外部环境是不是产生成本问题的根源？本问题对其他组织目标的影响程度如何？

在这一阶段，追查问题的根源、正确界定待解决的问题是提升决策质量的基础。追查问题的根源可以采用以下两种方法：

(一) 集中注意力于"目标已达成"与"目标未达成"情况之间的不同

集中注意问题在不同地区、不同时间上的分布差异，发现问题出现较为集中的时间段、地区等，进而深入挖掘造成问题的真实原因。一般来说，造成问题的原因大致可分为"内因(人)"和"外因(工作环境)"两类。例如，某企业的销售经理发现总有部分销售人员不能如期完成年终销售报告，为解决这一问题，他对未完成报告的销售人员的情况和所在地区进行分析，发现在负责华东地区的100名销售人员中，有80名销售人员如期上交报告，另有20名未如期上交。经追查后发现，迟交报告者集中于某一个或几个特定城市，则销售经理可以针对这几个城市采取必要的改正或补救措施；反之，如果这些报告上交延期发生于所有地区，则其原因可能不同于集中发生的情况，相应的纠正措施也应有所不同。

(二) 寻找反面证据来击败假想原因

经理人员对某一问题假想出一个原因后，从反面来想，找出可以否定该原因的证据，若逐一反思都无法反击该假想原因时，该假想原因就可以成立，再据以思考对策来加以解决。

在找出问题发生根源的同时，考虑问题的出现对上级目标达成的影响，也是十分有益的。若能从上级的"目标—手段链"反思中，发现修正"手段"的余地，则解决本问题的良方就自然出现。进而，将思考范围扩展到更大的组织环境领域，则寻找解决方案的自由度更大，解决方案也就更多。

三、决策目标的确定

这一阶段的目的在于澄清解决问题的最终目的，明确应达成的目标，并对目标的优先顺序进行排序，从而减少以后决策过程中不必要的麻烦。

决策目标取决于上一阶段确定的待解决问题。在确定目标时，首先应把待解决问题的性质、结构、症结及原因分析清楚，才能有针对性地确定出合理、明确的决策目标。决策目标应有具体量化的成果、明确的完成时间和责任者。例如，在一定的产品数量和价格条件下，确定目标利润；或在一定的人力、财力条件下，确定完成任务的工期等。如果目标过分抽象或模棱两可，决策目标的实现程度将难以衡量。

决策目标往往不止一个，而且多个目标之间有时还存在冲突，这给决策带来了一定困难。要处理好多目标的问题，通常采用三种办法：一是尽量减少目标数量，综合待解决的问题；二是按重要性对目标排序，决策时优先考虑重要目标；三是进行目标的协调，即以总目标为基准进行协调。在协调中往往采用折中的原则，降低甚至放弃某些目标，从而实现全局性目标。

四、提出备选方案

在诊断出问题的根由及澄清解决此问题的真正目标之后，应寻求所有可能用来消除此问题的对策及相关的限制因素。通常来说，一个问题往往可以用一个以上的办法来解决，所以在选择之前，应先把所有可能的备选方案罗列出来。这一阶段提出的可行方案应尽可能详尽无遗，方案的数量越多、质量越好，选择的余地就越大。寻找方案的方法主要可以分为以下两类：

（一）从过去的经验中找对策

最容易的对策寻找方法，是从过去处理类似问题的经验中寻找可行对策，并套用在新问题上，即“援例使用”“模仿使用”。这一做法在情境相似的常规决策中经常使用。企业管理部门应尽力设法制定（及修正）合乎目标效率的政策、作业程序、办事细则、操作标准等行为规范，指导下级员工的思想及行为，使之成为“例内决策”，用于对付大量的企业例行活动；将为数较少的未规定事项的决策，交由上级管理者进行创造性思考，即“例外决策”，或称“例外管理”。

（二）从未来创新中找对策

企业经营要求管理者将主要力量放在以未来为导向的创新过程中，力求突破改进，有效达成目标。管理者在整个决策过程中，都应当充分开拓思路，改变传统做法。但通常我们最需要创造能力的时间，是思考对策及寻找相关因素的阶段，因为对策及相关因素发掘得越多，越能把“系统分析”的范畴扩大与巩固。

五、分析比较备选方案

这一阶段是对所提出的备选方案进行分析，从而发现最优方案的过程。最优方案就是在资源耗费最小的情况下，与公司总体发展目标和价值观相匹配，并能达成组织理想结果的方案。在比较各项备选方案的过程中，应当关注以下几项工作：

(一) 预计可能发生的影响后果

在比较各种备选方案的优劣时，必须先预计各个方案对公司目标的有形与无形的影响、长期与短期的影响、好与坏的影响，必须全盘考虑。

(二) 重视差异之处

重视各方案的彼此差异之处，才能简化比较过程。当然，决策者也不可过于大意，把方案中的太多因素都假设为固定不变。

(三) 以金钱数字表达差异之处

应把各方案相关因素的优劣点转化为以货币表达的收入、支出及投资等数值，以便清楚、客观地了解方案在会计成本收益上的优劣评价。但这种简化的危险在于，它比主观因素更容易掌握，也更“可靠”，极可能导致忽略重要的主观因素。

在以金钱数字表达各备选对策间的差异时，应注意以下三点：(1) 尽量应用会计资料；(2) 使用边际成本及收入观念，而忽略固定成本或沉入成本部分，以免干扰各对策间的真正决策；(3) 调整时间差距，当收入与支出在不同时间发生时，必须通过贴现转换为同一时间基础，才能比较方案的利弊。

(四) 减少替代对策的数量

在寻找备选方案时，应尽可能全面无遗，但在比较方案的优劣后果时，却应减少方案的数量，以利比较。经理人员的精力与时间有限，无法对太多的备选方案进行分析，因此，寻找“有希望”的对策的原则，就是既减少替代对策的数量，又保留有希望获选的方案。常见的做法有两种：一是以限制因素或前提条件进行初选，二是将类似对策归类。

1. 初选

初选的条件，可以在诊断问题阶段加以确定。如一项“增加新产品”的决策，可以设定“必须能以现有生产设备来制造的新产品”才加以考虑，这样就可以剔除许多新产品构思方案。

2. 归类

即从每一类中挑选一个代表性对策，与其他类的代表对策互相比较。再将精神集中于其中最好的对策所属的类别，既大大减少备选方案的数量，又不会漏掉优秀方案。比如，在选择工厂厂址时，先从各地区中选出一个代表城市，经过比较(或与先决条件对试后)确定较佳代表城市所属的地区为工厂所在地；其次，再比较理想地区内的所有城市，选择其中的理想城市；最后，再将理想城市内的所有地段提出比较，确定较佳地段为工厂选址。

在减少备选方案的过程中的一个风险是，决策者可能一开始就剔除了真正的“好”方案。但在实务中，管理者确实无法分析评价所有备选方案，逐一详细计算其成本收益，所以初选及归类便成了不可或缺的有力步骤。

（五）集中于关键因素

在决策过程中，宜运用满意原则和关键原则，减少所考虑的相关因素的数量。满意原则是指对各因素设定“可接受的满意”水平，若所有备选方案在某一因素上均达到了满意水平，即表明该因素是“共同部分”，可以忽略；若有些备选方案未达到这一满意水平，则应予剔除，从而大大简化分析工作。关键原则是在进行烦琐的计算比较前，先找出决定目标实现的关键因素，以减少缺乏吸引力的备选方案的数量。

六、选择方案

在进行详尽的方案分析与比较之后，就应选取一个最合意的（或最优的）方案加以实施。方案的选择主要与决策者的价值观念、决策所面对的不确定性和决策者的数量分析方法相关。为提高决策的准确性，还可以引入大量数量分析方法和模型，协助决策者选定方案。这部分内容将在后面的决策技术中加以介绍。

七、执行选定方案

在实施阶段，管理者需要综合运用管理、行政和说服能力，来保证所选择的方案得以顺利实施。正如德鲁克所说的：“只有当决策变成了具体工作和责任时，决策才会彰显价值。”由于决策过程和执行过程往往分属不同层次的人员，在未能详尽考虑方案可行性的情况下进行的决策，可能会影响未来方案的实施效果。有些方案将无法实现其决策目标，因为制定这些方案的管理者缺乏必要的资源或动力来实施。因此，德鲁克认为，要将决策转化为行动，在决策之初就必须明确回答以下问题：决策必须要让哪些人参与？必须采取什么行动来贯彻落实？应由哪些人来执行？这一行动应该包括哪些内容、经验和标准，以便让执行决策者有所遵循？管理者通过回答以上问题，将能使决策真正被分解为具体行动，从而使决策产生预期的效果。

八、评估和反馈

在决策评估阶段，决策者应收集信息，了解决策的实施状况和进展、决策对组织目标实现状况的影响等方面。决策是一个连续的、周而复始的过程，反馈为决策者提供的信息将加快新的决策循环的运行。如果决策失败了，决策者就必须对问题重新进行分析,对不同的方案进行评估,并最终选择一个新方案。反馈是内部控制的一部分,通过反馈的结果,决策者需要判断是否需要做出新的决策。

九、决策过程中应注意的问题

在决策过程中,应努力避免发生以下三个方面的错误:

(1) 试图为错误的问题寻找正确答案。

(2) 在不适当的时机制定决策。决策延误(这一延误本身也是一种决策)的结果有时是不可挽回的。同样,在需要决策之前过早地决策或行动,也是同样危险的。

(3) 决策与行动脱节。一个没有明确行动规划及充分控制执行的决策是不会有效的。

此外,决策过程中还应注意科学分配用于决策的时间。若寻找答案所用的时间过多,将导致在发现问题上分配的时间太少。在决策过程中,发现问题恰恰是最重要也是最困难的工作。在大部分问题中,一旦问题被明确,答案是十分简单的。

第五节　定量决策技术

决策技术是指决策者在决策过程中所应用的手段、方法和组织程序的总和。本节着重介绍决策者常用的定量决策技术与方法。

一、定量决策模型

(一) 定量决策技术的分类

定量决策技术包括一系列科学的处理过程,即决策模型的运用。决策模型大致可以分为数学模型、闭合模型和开放模型。

1. 数学模型

其目的在于运用数学方式简化问题及分析过程。在不同的决策问题中,数学模型有不同的表现形式,常用的数学模型有线性规划、非线性规划、重置问题模型、等待线问题模型、马尔柯夫过程、存量控制、网络分析和博弈问题模型等。

2. 闭合模型和开放模型

闭合模型的特点主要是:已知重要的可行方案及采用该方案的后果;对各可行方案的选择有一定的准则,并可排定先后序列;决策的目标通常是寻求最佳答案,不是最大就是最小,如生产成本决策、销售利润决策等。

开放模型的特点是:决策者不可能寻找出所有可行方案;决策者也没有能力衡量

所有可行方案；决策者只能找出现阶段满意的行动方案；决策者可根据前一阶段的决策结果，调整其期望水准后，再寻找可行方案，然后选择较为满意的方案，如固定资产投资决策、新产品开发决策等。

（二）决策模型中的有关要素

决策模型中的要素包括自然状态和期望值两项。自然状态是指决策问题中的外生变量，即外部的各种影响因素、竞争者的行动等。每个行动方案与不可控的自然状态的相互影响，都会产生一个特别的结果。这个结果可以用销售量（额）、市场占有率、利润及其他任何可能的结果指标来表示。期望值是指每一方案在各种自然状态下产生的各个结果值与各状态发生的概率相乘的总和。

（三）构建决策模型的原则

（1）决策模型应包括对问题最有影响的各项因素，避免纳入不重要的因素。模型并非是对真实世界的再现，作为一个有效的分析工具，模型并不需要直接体现每个细节。

（2）建立模型的主要目的是要发展各项目标之间的有意义关系，分析达到这些目标的各种可行方案及列出各可行方案的成本和效益。

（3）由于不存在对各种情况都适用的唯一最佳方案，应尽可能详细描述构建决策模型和在备选方案之间进行选择的方法和技术。

（4）模型是现实问题的抽象或概括，必然存在大量假设。重要的是应说明在哪些条件下可以出现模型预期的结果。应确定模型的使用范围，在这些范围以内，运用这种模型所取得的结果是有效的，还要确定在哪些条件下这种模型是不起作用的。

（四）定量决策模型中的方案评价

在定量决策模型中，对各备选方案的评价需要明确方案比较的价值选择及相对重要性标准。通常，结果指标有两种度量方式：与方案相关的“资源成本”及与结果相关的“收益”。资源成本是指为达成某种状态（结果）所使用的资源，如方案实施中所需要的资金、劳动力、土地等。效益乃是由结果而来的报酬，可以用经济、心理和社会及其他的无形价值来表示。决策者根据决策目标的特点，可以采用以下三种不同的评价模式：

（1）变动收益和变动成本的比较。在这一类决策问题中，决策目标是收益与成本之比最大化。此时，决策者对收益与成本的绝对数值均无明确要求，而效益和成本的“差”或“比率”构成衡量方案的重要指标，如利润或投资报酬率指标。

（2）固定收益下的比较。在完成特定效益目标的前提下，成本最小的方案为最佳方案。此时很容易出现决策问题中的偏差，即决策者在选择最优方案时，先确定期望达成的收益值，再寻求成本的最小化，这往往是以系统的整体收益水平下降为代价的。实际上，很少有方案在投入资源水平不同的情况下，能保持完全相同或相近的收益水平。

在这种情况下,就应将收益和成本都视为变量同时考虑。

(3) 固定成本下的比较。在特定预算下,以其中收益最大的方案为最佳方案。

二、定量决策技术与方法

(一) 确定型决策

确定型决策是指决策者确切地知道不可控的环境因素的未来表现,即只有一种自然状态需要加以考虑,每一方案对应一个特定的结果。在确定型决策下,决策方案的选择简化为对每个方案结果值进行直接比较的过程,其主要方法有线性规划和盈亏平衡分析(见本书第五章第三节)。

(二) 风险型决策

风险型决策是指决策者能预知各种自然状态出现的概率,并在此基础上进行方案的比较和分析。由于概率是决策者根据历史统计资料或个人经验推断得出的,带有一定的主观性,所有决策均存在一定的风险。风险型决策主要用于远期目标的战略决策或随机因素较多的非常规决策,如投资决策、筹资决策、组织发展决策等。常见的决策模型和技术主要有决策树、期望值表和成本收益分析等。

1. 决策树

决策树是决策问题的图形表达。在实务上,许多决策涉及一系列步骤,后一步的行动依赖于前一步的决策后果,且每一步骤都面临不确定性,决策树模型最适用于这种多阶段的管理决策问题分析。其优点在于,它把可行方案、所冒风险及结果(各阶段结果、最终结果)展示在一张图上,并将概率引入决策问题,使各备选方案的期望收益一目了然。决策树模型包括四个要素:决策节点,即树状图中最左端的方框,表示决策的结果;方案枝,即决策点引出的枝条,表示备选方案;收益节点,又称状态节点,即方案枝后的圆圈,表示各自然状态所能获得的收益值;概率枝,即收益节点引出的枝条,表示各个自然状态,由同一个收益节点引出的所有概率枝之和为1(如图7-6所示)。

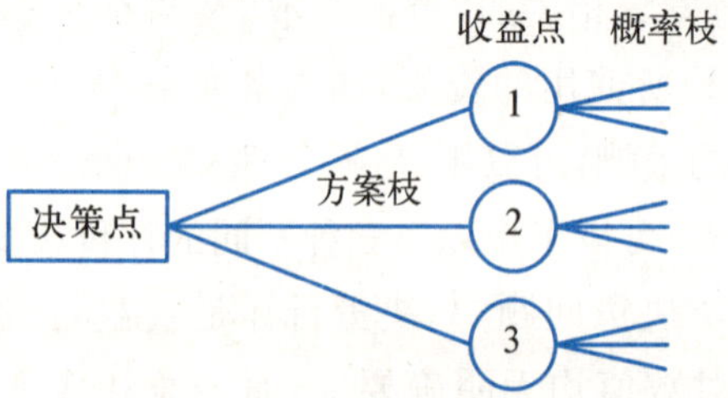

图7-6 决策树的典型结构

下面举例说明。正兴房产公司拥有上海某区现值为1 200万元的土地。对正兴公司而言,存在三个土地处理方案:首先,立即卖出土地,地基完全不予开发;其次,开发之后出售,此时,公司面临进一步选择,一是建造地基基础设施(如道路、下水道等)后出售,使其他开发商能在此地基上进一步营造房屋;二是在整块土地上进行充分的房地产开发并销售。当然,除了有所为的方案之外，正兴公司还有第三种选择，即不出售也不开发该地块，等待观望未来的经济发展前景，并在未来地价上涨时出售。假定正兴公司对该地块的三种处理方案的经济分析如表 7-4 所示。

表 7-4　正兴公司某地块处理方案的成本收益分析表

	经济趋势预测		
	上升	不变	下降
概率	20%	50%	30%
单独地基的价值(千万元)	2.5	1.2	0.5
开发收益(千万元)			
1. 仅有基础设施	3.0	1.5	0.8
2. 充分开发	6.0	4.0	2.0
开发成本(千万元)			
1. 仅有基础设施	1.0	1.0	1.0
2. 充分开发	3.0	3.0	3.0

将表 7-4 中的所有信息归并入决策树，为每个可能的结果计算净经济收益，结果显示在图 7-7 中。在计算时，应将上述数据列于决策树的相应位置，然后从后向前逐步计算，以方案枝的期望值来决定行动方向。

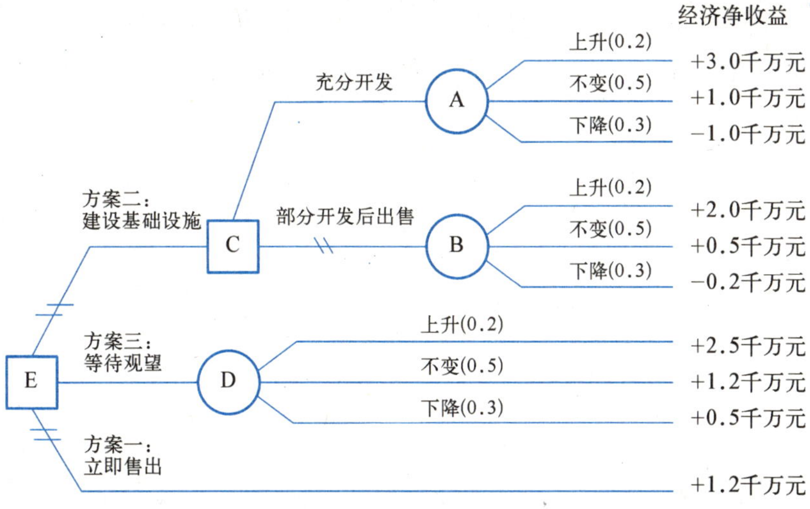

图 7-7　正兴公司的决策树

节点 A 充分开发的选择中，净经济收益(开发收益－开发成本)的期望值为：

$$(3\times0.2)+(1\times0.5)+(-1\times0.3)=0.8(\text{千万元})$$

同理，节点 B 的期望值为 0.59 千万元。

移动到节点C,决策者需要做出选择,即选取唯一的最优结果而排除其他不利的方案。在节点C,充分开发比地基部分开发后售出将产生更高的净经济收益。因此,如果决策方案的选择标准为预期净收益最大化,则开发商应选择投资于该地块,进行充分开发。在图7-7中,我们用一对平行线删除与节点B相对应的方案枝来表示排除部分开发的方案。

在节点E,立即销售、等待观望和充分开发这三个方案的预期净收益分别为1.2千万元、1.25千万元和0.8千万元。最终的决策再次取决于决策采用的准则。使预期收益最大化的准则更倾向于“等待观望”的选择。但另一方面,如果决策者是风险规避型的决策者,就可能选择立即销售,以取得确定的1.2千万元的收益,并将这笔钱投向其他商业活动。类似地,损失1千万元的可能性,意味着充分开发的方案会被风险规避型的决策者所排除。应当注意:决策树本身并没有做出决策,它们仅仅是帮助决策者做出判断的工具而已。

决策树模型可以用来表达更加复杂的情况,如更多的方案、更多层次的风险和概率,并可以用贴现方法来计算现金流出与流入以及投资损失的风险等,只要问题中把这些因素明显标示出来,均可纳入决策树的分析框架中。

2. 期望值表

期望值表主要用于解决单阶段决策问题,其优点是直观简洁。下面举例说明。

一个大型超市服装部的进货员必须决定对秋季服装的订货。虽然有许多不同货品类别,但其中一种新款将构成该批订货的主要部分。服装尺寸的分布根据过去的统计资料决定。然而,服装订货的总量是待决策的问题。假定采购员一年仅能订一批货,而且必须在秋季销售旺季到来的4个月之前订购。服装以200件为一个批发单位,每件服装成本为80元。秋季每件服装的批发价定为180元,秋季未售出的服装按每件20元处理。基于决策者的经验判断,本年度期望的需求在1 000～2 000件之间,各种需求量的概率分布如表7-5所示。

表7-5 各种需求量的概率分布

市场需求(件)	1 000	1 200	1 400	1 600	1 800	2 000
概　　率	0.05	0.1	0.2	0.3	0.3	0.05

期望值表如表7-6所示。

表7-6 期望值表 单位:元

订货数量市场需求概率	1 000	1 200	1 400	1 600	1 800	2 000	方案期望值
	0.05	0.1	0.2	0.3	0.3	0.05	
1 000	100 000	100 000	100 000	100 000	100 000	100 000	100 000
1 200	88 000	120 000	120 000	120 000	120 000	120 000	118 400
1 400	76 000	108 000	140 000	140 000	140 000	140 000	133 600

（续表）

订货数量市场需求概率	1 000	1 200	1 400	1 600	1 800	2 000	方案期望值
	0.05	0.1	0.2	0.3	0.3	0.05	
1 600	64 000	96 000	128 000	160 000	160 000	160 000	142 400
1 800	52 000	84 000	116 000	148 000	180 000	180 000	141 600
2 000	40 000	72 000	104 000	136 000	168 000	200 000	131 200

期望值的计算公式为：

$$R_j = \sum(r_{ij} \times P_i)$$

其中：R_j为方案j的期望收益值；P_i为各种自然状态i的估计概率；r_{ij}为实施某一特定方案j在各种自然状态i下的估计收益值。

以本例中的方案 5 订货量为 1 800 件为例。在市场需求量为 1 000 件时，估计收益值为 52 000 元[(180－80)×1 000＋(20－80)×(1 800－1 000)]。同理，当市场需求量分别为 1 200 件、1 400 件、1 600 件、1 800 件和 2 000 件时，估计收益值分别为 84 000 元、116 000 元、148 000 元、180 000 元和 180 000 元。根据各自然状态下的估计收益值及自然概率，可计算方案 5 的期望收益为：

$$\begin{aligned} R_5 &= (0.05 \times 52\,000) + (0.1 \times 84\,000) + (0.2 \times 116\,000) \\ &\quad + (0.3 \times 148\,000) + (0.3 \times 180\,000) + (0.05 \times 180\,000) \\ &= 141\,600(\text{元}) \end{aligned}$$

根据表 7－6 计算出的各方案的期望值中，方案 4 的期望值最大，故订货量为 1 600 件。

（三）不确定型决策

在不确定型决策问题中，各自然状态出现的概率为未知，不能以客观概率来求得各行动的预期收益，则可由决策者运用主观判断评定概率，并借助上述技术进行分析决策。但由于概率的评定受决策者经验、认识能力的影响较大，风险较大。此外，可依据其他一些决策准则来选择最佳方案。下面以一个例子分别说明。

A 饮料公司计划推出一种养生饮品，但由于缺乏相关的市场数据，它仅能就未来销售情况做出大致估计：市场可能出现高、中、低三种需求。公司提出了三种应对方案：新建生产线，扩建原有生产线，改造原有生产线。5 年内的损益值如表 7－7 所示。

1. 小中取大准则

小中取大准则又称华尔德法，它是悲观保守者偏爱的方法。其做法是：先找出每个决策在各种状态下的目标最小值，再从中选取最大的一个。因为决策者不敢冒险，总是担心未来会出现最不利的状态，采用这一准则可以保证决策者的收益不会低于某一

表 7－7　新型养生饮品的损益值　　单位：万元

	高需求	中需求	低需求
新建(P_1)	120	40	－50
扩建(P_2)	80	50	0
改建(P_3)	40	30	20

特定值,即不论实际情况如何,都不会得到更差的结果。在表 7－7 中,各方案的最小损益值分别为:方案 P_1的最小损益值为－50,方案 P_2的最小损益值为 0,方案 P_3的最小损益值为 20。按照小中取大准则,应选取方案 P_3,即改建原有生产线。

2. 大中取大准则

大中取大准则适用于乐观、勇于冒险的决策者。在这一准则下,决策者比较各方案所产生的最大收益值,选取其中收益值最大的方案。在表 7－5 中,方案 P_1、P_2和 P_3的最大收益依次为 120、80、40,因此,依据大中取大准值,应选取方案 P_1,即新建生产线。

3. 赫威兹准则

赫威兹准则又称乐观系数准则,即决策者给定一个乐观权重系数 α(相应地,悲观系数为 $1-\alpha$),求解每项行动所产生的最大收益和最小收益的加权平均值,并选取加权平均值最大的方案。α 的取值为[0, 1]之间。计算公式如下:

$$\text{乐观期望值} = \text{最大收益} \times \alpha + \text{最小收益} \times (1-\alpha)$$

α 的取值对决策结果影响很大。如果 α 接近于 1,决策结果近于乐观或冒险者;如果 α 接近于零,决策结果近于悲观保守者。在表 7－5 中,若设定 $\alpha=0.7$,则方案 P_1、P_2和 P_3的乐观期望值依次为 69、56、34,最佳方案选择 P_1,即新建生产线。

4. 等可能准则

等可能准则又称拉普拉斯准则,即在无法确知状态发生的概率分布,也无法确定何种状态最有可能出现时,决策者假定各种状态发生的概率是相同的。即当有 n 种有限的自然状态时,假定每种情况发生的概率为 $1/n$,并以此为权数计算各种行动方案的期望收益,选取期望收益最大的方案。在表 7－5 中,根据等可能准则,假定高、中、低需求的发生概率各为 1/3,则方案 P_1、P_2和 P_3的期望值分别为 36.6、43.3 和 30,最佳方案选择 P_2,即扩建原有生产线。

5. 后悔值准则

后悔值准则又称萨凡奇准则,它从后悔(指机会损失或损失)值最小的角度考虑问题。决策者只有在某一自然状态实际出现时,才能明确哪个方案的收益值最大。如果决策者采用了最优方案之外的方案,就会感到遗憾或后悔,最大收益和实际选取方案的收益值之差,就是后悔值。采用后悔值准则,就是首先找出各方案的最大后悔值,再选择其中数值最小的方案作为最优方案。

以表 7－7 的数值计算后悔值，如表 7－8 所示。

表 7－8　新型养生饮品的后悔值计算表　　单位：万元

	高需求	中需求	低需求	最大后悔值
新建(P_1)	0	10	70	70
扩建(P_2)	40	0	20	40
改建(P_3)	80	20	0	80

在各方案的最大后悔值中，方案 P_2 的最大后悔值最小，应选择方案 P_2，即扩建原有生产线。

6．完整情报的期望值准则

在存在不确定性的情况下，如果决策者能借助有效的预测和其他途径获得完整情报，确定哪种状况将要发生，得到完整情报的期望值。当然，这要花费一定的费用和时间，所以，完整情报的期望收益值和非完整情报的期望收益值之差决定了决策者为提高情报完备与准确性而支付的成本的上限。

本章提要

组织的整个管理过程中，都有决策行为存在。所谓决策，就是决策者为了解决组织面临的问题，实现特定目标，在充分收集信息的基础上，提出多种可行方案，依据评定准则和标准，选定方案并加以实施的过程。

人们在制定决策时所面临的情境可以分为确定性、风险性和不确定性三种。在确定性情境下，个体能够识别发展状况和事件，并完全可以预测它们的影响；当信息变得模糊或模棱两可、个体开始将决策建立在概率基础上时，决策制定就会处于风险情境中；当个体对发展状况和相关因素的信息知之甚少，决策仅能基于合理猜想时，就出现了不确定性情境。

决策活动因管理层次、管理部门及决策者风格的不同而不同。因此，可以按不同的原则和标准对决策活动进行分类。按决策的重要程度，可以把决策分为战略决策、管理决策和业务决策。基于确定性、风险和不确定性情境的考虑，可以将决策分为常规决策、适应性决策和创新决策。按决策的时间，可以把决策分为长期决策、中期决策和短期决策。

决策者在制定决策的过程中，往往表现为一定的决策风格，其中隐含着对某一特定决策模型的偏好及选择。决策制定模型反映了影响决策过程的许多假设前提、复杂因素及其存在的不足。典型的决策制定模型包括最优化决策模型、有限理性管理决策模型和政治模型。

管理决策的程序包括观察、假设、分析和验证等几个环节。具体来说，包括识别决策要求、问题的诊断与分析、决策目标的确定、制订备选方案、选择最优方案、执行选定方案、评价和反馈等步骤。

复习思考题

1. 确定性情境、风险性情境和不确定性情境有何区别?在每种情境中,决策活动有何不同?

2. 有人说,经验是决策的陷阱。你对此有何看法?

3. 有限理性管理决策模型和政治模型的主要区别是什么?

4. 满意原则和有限理性的含义是什么?对于许多组织问题,管理者为什么不去寻找经济上最优的解决方案?

5. 按照你的观点,决策过程中哪一个步骤是最容易被管理者忽视的?请加以解释。

第八章　组织工作的基础

全章脉络

学习目的与要求

1. 掌握组织、组织结构的定义；
2. 理解非正式组织的作用；
3. 掌握劳动分工、统一指挥、分权与授权、直线与参谋、层次与幅度以及部门化的相关理论；
4. 理解职责、职权、责任三者的关系；
5. 掌握按部门划分组织的五种主要方式；
6. 了解机械型组织与有机型组织的区别；
7. 了解组织设计的六种基本形式及其优缺点与适用范围；
8. 了解职务设计的四种形式以及常见的工作制选择方式。

管理专业术语

Organizing The process of creating an organization's structure.

Authority The right to take action, to make decisions, and to direct the work of others.

Functional Authority Narrowly limited power to issue orders down the chain of command in a specific functional area such as personal testing.

Delegation The act of passing down authority from supervisor to subordinate.

Centralization The degree to which decision making is concentrated at a single point in the organization.

Decentalization The degree to which lower level employees provide input or actually make decisions.

Span of Control The number of subordinates reporting directly to a supervisor.

Mechanistic Organizational An orgnizational structure characterized by close adherence to the established chain of command, highly specialized jobs, and vertical communications.

Organic Organization An orgnizational structure characterized by flexible lines of authority, less specialized jobs, and decentralized decisions.

Telecommuting The substitution of telecommunications and computers for commute to a central office.

组织是人类社会最常见、最普遍的现象，组织理论是管理科学的重要组成部分。在一个组织中，人们为了一个共同的目标而集合在一起工作，彼此分担权利和义务，并相互协调，以确保目标的实现。

当今社会上有各种各样的组织(包括营利性与非营利性)，但是下列问题是每一个组织都在努力寻求的目标：如何协调好组织内员工之间的关系，如何进行组织结构的设计使之能高效运转，以及如何进行职务设计以使员工发挥最大潜力。诸如此类问题，还可以举出许多例子。虽然每个组织有各自的目标，并处在不同的环境之中，然而，对于组织工作的一些基本概念和理论则是普遍适用的。

第一节 组织的性质

人类要生存、发展，就始终不能离开彼此间的相互协作。为了能有效地协作，人们必须了解各自的任务目标、责任与权限，由此也就形成了一个个具有确定的关系、共同的目标与任务的组织结构。为了使组织具有效率，人们不断总结经验，希望能以最小的投入充分发挥组织中每一位成员的智慧与工作积极性，从而实现组织目标。因此，组织工作就是创建组织结构的过程。

一、组织工作的含义

两个人以上的群体为了一个共同的目标而一起工作，彼此间形成了一定的正式关系，这样一群人所构成的实体即被称为组织。组织与一般群体是有区别的。首先，组织有一个共同的目标，组织成员是为了这个目标而聚集在一起的；其次，组织内部成员之间的关系是正式的、强制确定的。例如，科长与科员的关系是上下级关系，而非自然的，或可有可无的。

组织工作又是管理的一项基本职能，即为了有效实现共同目标，合理地进行组织结构设计与职务设计，并配备人员，确定各自的职责与职权，以及组织内部成员之间的相互关系的过程。

二、组织结构和组织图

(一) 组织结构

组织结构就是一个组织将工作任务加以分工、组合和协调的正式的框架体系。组织结构不存在统一的、标准化的最优形式。组织结构的基本特征可以从以下三个方面来描述：

1. 复杂化

复杂化是指组织内部结构的分化程度。随着劳动分工的扩大，组织纵向的等级数增多，组织单位的地理分布更广泛，人员与活动的协调、控制就更困难，我们称之为组织结构复杂化。

2. 正规化

正规化是指一个组织在多大程度上依靠规章制度来指导员工行为。在一个组织中，规章制度越详细明确，组织结构越显得正规。

3. 集权化

集权化是指组织的决策权在上层管理人员的集中程度。有的组织是高度集权的：决策权集中在最高层，员工发现问题之后，由下至上请示，并由最高层管理者下达命令，由上而下服从。而有的组织将决策权下放，我们称之为分权。

在工业化社会的时代，市场环境相对稳定，组织为了实现规模经济效益，降低成本，纷纷以正规化、集权化为目标。但随着组织规模的不断发展，组织复杂化程度也越来越高。信息社会的到来，使环境不稳定因素越来越多，竞争越来越激烈。管理者意识到传统的组织结构不适应现代环境的多变性。一个有效组织应当能随着环境的变化不断调整自己的结构，使之适应新的环境。根据这一认识，现代组织正不断朝着灵活性、有机性方向发展。组织更重视个人的发展，授权也正被越来越多的组织所采用。

(二) 组织图

组织的结构通常用组织(结构)图来表示。用组织图来勾画出正式组织系统的权、责关系。组织图很直观，它使组织中的每一个员工一看就知道自己所处的位置、向谁汇报、相互间的工作关系、沟通渠道和直线职权等，所以人们也把它称为组织的蓝图。

由于组织图明确规定了各领域的职责和职权，管理人员借助它便于协调各种活动。然而，组织图只反映了组织某一时点上的情况，因此，随着时间的推移，它需定期更新。

组织图由美国人丹尼尔·麦克考伦于1854年首创，当时他作为世界上最大的铁路干线的管理总监，参照树的形状设计了世界上第一张组织图，树根由总裁和董事们组成，经营部和客运部为枝杆，树叶则代表了各代理、乘务员和乘务长等。有关各项职务的权力和责任也是该组织图的一个重要组成部分。早在1856年，麦克考伦就明确指出："假如一位上级越级干预，直接向基层管理人员的下属发布指令，那么基层管理人员就无法使服从和纪律得以实施。"组织图自发明至今，已发展成多种形式，不仅有垂直的，还有水平的及圆形的等。

三、正式组织与非正式组织

为了实现一定的目标，有意形成的职务结构，称为正式组织。前面我们谈到的组织的概念，就是正式组织的概念。这里要指出：正式组织并非一成不变的。管理人员进行组织设计或组织变革，目的是要使未来的组织结构能提供一种环境，使员工们十分有效地为组织目标做出贡献，并从中获得满意。孔茨认为："正式组织必须具有灵活性，应留有酌情处置权的余地，应留用有创造力的人才并承认个人的喜好和能力。但必须把集体情况下的个人努力引向集体和组织的目标。"

切斯特·巴纳德在《总经理的职责》中认为，任何没有自觉的共同目的的个人共同活动，即使有助于共同的结果，也是非正式组织。非正式组织没有自觉的共同目标，没有明确的成员之间的相互关系，他们的共同活动往往是基于共同的信仰、爱好，共同的价值观，或者是相同的生活经历。因此，非正式组织内部蕴藏着友谊与感情因素，他们的活动可以满足组织成员的共同需要，这种需要可能无法从正式组织中获得。比如，一起玩保龄球的伙伴、棋友、喝茶的常客，等等。

非正式组织往往与正式组织形成交错混合关系（见图 8－1），它对正式组织会产生一定的影响。

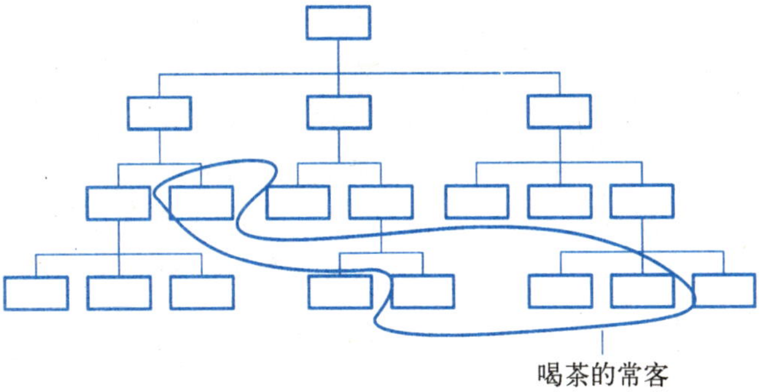

图 8－1　非正式组织

非正式组织的正面影响主要有：

（1）通过非正式组织的活动，满足员工对正式组织的需求，消除员工对工作的抵触情绪，从而有利于正式组织的正常运作。

（2）通过非正式组织成员之间的感情交流，相互了解，相互信任，有利于组织成员间的协调与合作，加强集体凝聚力。

（3）可以促进信息沟通。当一个非正式组织同时包含了不同等级的员工时，上级管理人员可以通过非正式组织的活动了解员工想法、态度、工作情况；下级员工也可以利用非正式组织向上级传递真实信息。这样避免了正式组织僵化所导致的信息沟通不畅的情况,同时也消除了上级和下级之间的等级鸿沟。

(4) 非正式组织有利于利用本身的吸引力来提高员工的稳定性,保持组织的稳定和发展。

当然,如果非正式组织成员形成的习俗、信仰与正式组织的目标、行为规范有差异,甚至背道而驰,它将产生负面效应;各层管理人员没能处理好正式组织与非正式组织的关系,会导致非正式组织成员不愿意听从指挥,甚至故意破坏既定的组织制度。因此,管理人员应重视非正式组织的存在,避免与之对抗,让下属感到这两种组织的存在对双方都有利,尽量利用非正式组织对正式组织的有利影响,避免其不利影响。

管理聚焦

电子商务企业的组织结构

组织应该如何设计结构,以便最有效地达成组织的目标?我们所处的数字时代正重塑这方面的理念。传统的组织设计思想是,首先将工作活动加以分解,然后按照某种预先设定的安排使各项活动协调起来。这一做法在电子商务时代不再有效了。为什么?对电子商务企业来说,其组织结构已不仅仅包含工作安排和员工间的关系问题。其他组织关系,如与顾客、卖主、供应商及其他在任何地方和任何时间与组织有关联的机构之间的关系,也是对电子商务企业非常重要的。让我们列举电子商务企业亚马逊公司的例子来说明这一点。该公司存在以下几种组织关系:① 为该网站写书评和参与网上聊天的作者与读者们;② 为网站提供书刊内容的出版商;③ 为顾客递送所订购书刊的英格拉姆配送公司(Ingram Distribution)、联邦快递公司及 UPS 公司的员工;④ 为该网站提供书评的书评出版工作者;⑤ 在幕后从事该网站商务活动管理工作的员工们。面对如此众多的组织关系,何种组织设计能做出全面的安排呢?对正在设计电子商务企业的管理者们来说,这意味着什么呢?

一般来说,电子商务企业倾向于采取有机式组织特征。为了取得数字时代成功经营所必须具有的灵活性、开放性及速度,组织结构就必须具有高度的纵向、横向和斜向沟通的能力,组建跨层级、跨职能的团队,向员工广泛地授权,降低组织的正规化程度。电子商务企业适合采取我们描述的无边界组织,因为从本质上说,这正是电子商务企业应具有的特征。它正是一个没有边界的组织,信息和工作活动能在各个组织参与者之间自由地流动。对电子商务企业来说,任何有效的组织设计都必须认可、包容和培育这些无边界的组织关系。

[资料来源] 罗宾斯等:《管理学》(第 11 版),中国人民大学出版社 2013 年版。

第二节　组织理论的基石

在有效地进行组织设计之前，我们必须掌握组织设计的基本概念和基本理论，通常我们把这些概念、理论称为组织营造的基石。

一、劳动分工

劳动分工(Labor Division)是指一项完整的任务不再由一个人独立完成，而是将其分割成几个步骤(程序)，一个人单独完成一个步骤(程序)。现代的流水线生产就是高度劳动分工的产物：每个工人做着简单化、标准化的工作，极大地提高了劳动效率。"劳动分工"这一概念的提出归功于亚当·斯密。他在《国民财富的性质和原因的研究》中描述了制针厂的劳动分工：一人绕钢丝，一人切割，一人磨尖等，这样 10 个人一天能生产 48 000 根针。如果制针的所有程序由一人包干完成，那么每个人每天仅能生产 20 枚针。劳动分工使工作效率提高了 240 倍。亨利·福特发展了斯密的劳动分工理论。他将每一项工作再细分，并制定出标准化的操作规范，在汽车制造业率先使用自动流水线生产。自动流水线的发明将劳动分工理论运用到了极限。

对于劳动分工的优点，古典组织理论认为主要是可以提高效率。它能有效利用员工技术方面的差异性。对绝大多数的组织来说，一些工作需要较高的技能，另一些工作则不需要培训即可胜任。如果组织不进行劳动分工，也就是说，所有的员工既从事高技能工作，又从事十分简单的工作，其结果便是资源的浪费。劳动分工就能有效解决这个问题。

随着劳动分工的不断发展，管理学者们发现，劳动分工为组织带来经济效率的同时，由于工作重复、单一，员工感到厌倦、疲劳，导致生产率下降，产品质量下降，员工缺勤率上升，稳定度下降。现代组织理论把这种现象称为人的非经济性(Human Diseconomies)。劳动分工发展到一定程度后，人的非经济性带来的负面效应将会超过专业化分工带来的好处(见图 8－2)。

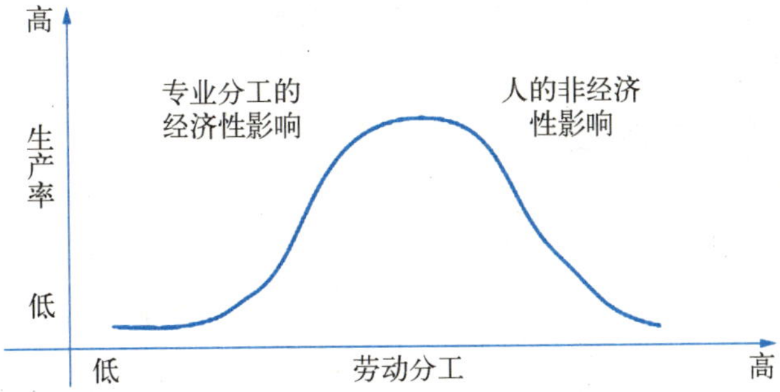

图 8－2　劳动分工的经济性与非经济性

那么,如何克服人的非经济因素呢?现代管理学者主张通过工作丰富化、扩大化,让员工独立完成一项完整的任务,或组成工作小组及进行工作协作,以提高员工的成就感,激发员工的工作热情(这些理论将在后面详细介绍)。尽管如此,劳动分工的概念已广泛应用于现代的企业组织。

二、统一命令

统一命令(Unity of Command)是指一个下属应当且只能接受一个上级的直接领导。不能出现一个下属向两个或更多的上级负责,这样会使下属面对来自多个上级的冲突命令,或者某上级要求优先处理等的尴尬局面。此外,任何一个上级不能越级指挥、命令,但可以越级检查工作;任何一个下级不能越级请示,但可以越级反映情况,提出建议。目前一些企业改革领导班子,减少副职,这就是加强统一命令的措施。副职多会造成多重指挥,使员工在工作中无所适从。

在"统一命令"的原则下,信息沟通渠道主要通过自上而下命令与自下而上服从来完成。随着组织的不断发展,组织层级的不断增加,信息流通的行程加长了,信息传递的时间增加了,信息失真或遭过滤现象愈发严重。同时,企业对环境变化的反应也日益迟钝,造成决策失误。法国古典管理学家法约尔针对这种情况,提出了著名的"法约尔桥"的概念。法约尔认为:自上而下、自下而上的信息沟通模式是贯彻"统一命令"原则所必需的。但是这样做耽误时间,因此法约尔建议,在组织各层的同级之间也建立直接联系,并将之称为"跳板"("法约尔桥")。这样的横向联系有利于组织内部的横向沟通以及迅速反应。现代组织理论在此基础上又提出了斜向联系,即处于不同指挥链上的不同层级部门之间的直接联系,目的也是加强组织内部的有效联系。

这里还要指出,尽管有了"法约尔桥",信息在传递过程中失真和遭过滤仍然不可避免地存在。信息传递的链条越长,信息失真和过滤就越严重。要解决这个问题,必须要求各部门相互协调、相互合作;高层管理部门要将权力下放,让下属部门在一定范围内有决定权,这些都是后面即将介绍的分权模式的特点。

统一命令的优点在相对简单的组织结构中尤为明显,它可以使政策和行为一致,下属员工任务明确,责任清晰,减少信息传递失误造成的损失,有利于管理人员的控制。

三、职责、职权与责任

任何职位既要有职(职责)有权(职权),还要有责(责任)。

1. 职责(Responsibility)是指为完成一项确定的任务所必须履行的义务(也就是"做什么")。

2. 职权(Authority)是指管理层(上级)拥有的发布命令,要求下属遵从执行的权力。

3. 责任(Accountability)是指下级在正确行使权力和履行职责上要对上级负责。职责是上级赋予下级的,责任则是下级对上级承担的义务。

管理聚焦

《我在通用汽车的岁月》:50年后的经典回顾

1964年4月,阿尔弗雷德·斯隆的回忆录《我在通用汽车的岁月》登陆各大书店,并随即登上《纽约时报》非虚构类畅销书榜。直到今天,它仍是管理书迷眼中的经典,至今热度不减。

读者希望从书中发现,斯隆治下的通用汽车如何完成了不可能完成的任务。20世纪20年代初斯隆接手时,通用汽车一片混乱。威廉·杜兰特初创公司时,只是将十几家小型汽车公司和零部件制造厂拼凑起来,商业逻辑很不清晰。通用各类产品在价格和质量上都无法与福特T型车竞争,大部分在赔钱。仅用10年多一点时间,通用汽车所有产品线都实现盈利,公司成为世界首屈一指的汽车制造商和全美最大企业雇主。当时很多内部人士认为,技术突破是挽救通用的唯一希望,但斯隆凭借卓越的管理艺术实现了逆转。尽管福特汽车在性价比方面仍然无可取代,但市面上最佳的产品出自通用,福特受到重创。

《我在通用汽车的岁月》被称为"百年不遇的商业类好书",但要说清楚当代企业管理者能从中学到什么并不容易。50年后,尽管世界已面目全非,书中的思想仍像琥珀中的昆虫一样鲜活。回到1964年,美国最大的企业集中在石油、汽车和钢铁行业,如标准石油、通用汽车、美国钢铁、福特汽车和海湾石油等。美国制造的收音机、电视机等家电行销全球。中产阶级方兴未艾。CEO与工人收入差距和今天比不值一提:当时麦道公司总裁的收入是清洁工的10倍,现在是1 000倍。社会学家、作家威廉·怀特(William Whyte)笔下的"组织人"(Organization Men)填满各个管理层级,准备在公司从一而终。这些大型制造企业有点像美国资本主义精神的"唐顿庄园":绿树掩映的郊外建筑群、严格的等级划分,充满各种明规则和潜规则。特别是它们的规模之大,在当今崇尚"灵活"的商业氛围中不可想象:1960年通用汽车雇员有50万之众。

商业世界今非昔比,但《我在通用汽车的岁月》留下了超越时代的教益。这本书以精彩的细节、流畅的文笔,记述了斯隆怎样将他的竞争战略一步步发挥到极致。

要读懂斯隆的书,应该先去了解他的前辈亨利·福特的光辉业绩。汽车工业的历史是一次次梦想成真的过程。福特年轻时,"无马马车"只是富人的玩物;他的梦想是把整个美国变成“车轮上的国家”。为此福特需要制造物美价廉的汽车,一部能让人“自由往返此处和彼处”的可靠机器。福特并非科班出身,但在机械发明方面才华横溢。他创制T型车,建造庞大的工厂,最终让梦想变为现实。福特的成就怎么说都不为过:他开创了20世纪最大的行业;1914年把工人日薪提高到创纪录的5美元时,他是全世界的英雄。到1920年,美国的确成了“车轮上的国家”。但问题也来了:美国路上跑着100万辆T型车,福特实现了梦想,但只是一味继续生产。

福特因一门心思追求性价比而错失的东西,正是阿尔弗雷德·斯隆梦想的起点:营销。对于美国消费者,汽车并不只是一件器物。斯隆从中发现了T型车难以满足的需求。既然T型车的性价比无法超越,斯隆只得另辟蹊径。他的梦想是“只有想不到,没有买不到”(“car for every purse and purpose”)。

身为MIT工科生的斯隆从“巴黎时尚界”获取灵感,从好莱坞请来设计师,20世纪20年代中期开始每年推出新车型。《我在通用汽车的岁月》中读不到效率提升的情节:《财富》杂志1938年就将汽车行业营销称为“整个美国经济最低效的部分”。“营销费用占新车价格的近1/3,都被转嫁到消费者身上”,其中包括经销商开支、佣金、广告费、手册、宣传片费用等。一片喧嚣中,福特的致命缺陷也暴露无遗:消费者不只需要高性价比的汽车。

本书最具持久价值的内容并非斯隆的梦想,而是他如何用意志和对细节的关注,从梦想中构筑了一个“商业王国”。斯隆构筑组织的能力无与伦比,开创了分权的事业部结构,按价格区间建立雪佛兰(低端)、庞蒂亚克、别克、奥兹莫比尔和凯迪拉克(高端)5个自主经营的品牌,由总部跟踪财务状况、统领资源分配。历史学家阿尔弗雷德·钱德勒(Alfred D. Chandler,本书研究者)称之为“战略”领导“结构”。

福特本人蔑视组织,发誓“废除权力结构,不开会,只保留极少数职位”。福特公司所有决策都来自高层。通用汽车的决策权则分散得多。雪佛兰当时由销售员出身的理查德·格兰特(Richard Grant)负责,他让手下销售员挨家挨户拜访车道里停着T型车的人家,邀请主人试驾新车型,真刀真枪地同福特争夺低端市场,结果雪佛兰销量剧增。通用汽车规模庞大,但在分权制结构下,格兰特这样的部门领导者可以自主为产品制定战略。

斯隆的战略不可能永远风光。正如福特体会到的,过度执迷会把梦想变成坟墓。通用汽车长期忽视质量管理和高效生产的后果开始显现:20世纪60年代末,相比被过分吹捧的凯迪拉克Eldorado,奔驰250在安全性、价格、性能上全面胜出;70年代石油危机后,省油、耐用的日本车涌入,雪佛兰逐渐失势。伴随着产品竞争力下滑,通用的组织“魔力”也不复存在。

《我在通用汽车的岁月》出版仅 4 年后，一伙科学家和风险投资人在加州山景城成立了英特尔。这家半导体芯片公司的出现标志着商业新时代的来临：新兴企业信奉灵活美学，通用汽车式的笨重优势不再，“创业者”取代“组织人”占据了世界的中心。

［资料来源］My Years with General Motors，Fifty Years On. *Harvard Business Review*，April，2014.

四、集权与分权

在现代组织管理中，已经没有绝对意义上的集权与分权了，它们是相对而言的。集权是指组织结构中把决策的权力集中在较高层次的管理部门，分权则是将决策的权力分散到较低层次的各部门。如果一个人大权独揽（绝对的集权），意味着它不需要下属管理人员，也就无组织结构而言；倘若管理人员把所有权力都分散下放，他们的管理职位也就失去了存在的意义，当然也就不存在组织。这里所讲的集权和分权只是两种倾向，它们的关系如图 8－3 所示。

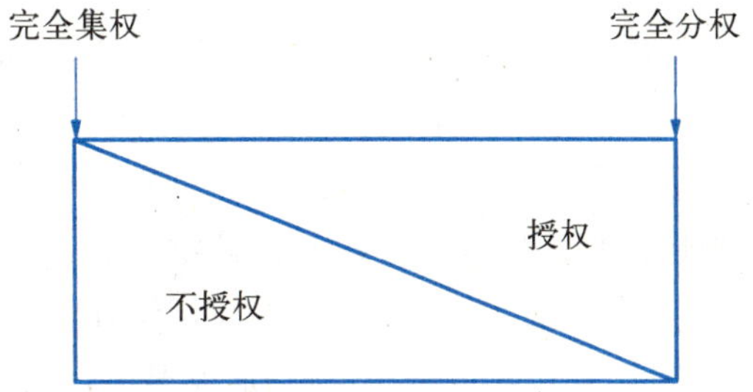

图 8－3 集权与分权

1. 在组织中，权力集中的好处主要在于可以加强统一指挥，提高工作效率。它的优点具体表现为：

（1）使政策和行动保持一致性；

（2）减少因信息传递失误所造成的损失；

（3）充分利用总部有特殊技能的专家；

（4）便于控制。

2. 集权缺点主要包括：

（1）限制了下属单位的主动性、创造性和责任感；

（2）变化多端的市场情况得不到及时反映；

（3）容易使下属管理人员把服从命令作为工作的唯一目标。

3. 研究表明，分权有利于组织的成长发展，它的优点主要有：

（1）下属人员遇到问题不必事事请示，有利于快速的决策和行动；

（2）使决策更符合所在地的实际情况；

（3）更有利于激发下属员工的工作热情；

（4）使高层管理人员有时间集中精力研究本组织的基本目标与总体战略；

（5）有利于培养优秀管理人才。

4. 在集权与分权的问题上,一些国际大企业一般安排如下:

(1) 计划:目标集中决定,而实现目标的具体途径由各部门决定。

(2) 生产:权力分散,因为一般日常生产发生的问题,基层了解得最清楚。

(3) 销售:权力分散,一般只有市场调研和广告等权力集中。

(4) 财务:财务一般都集中,它被认为是最少下放的。

(5) 统计:收集统计资料分散,但汇总、分析工作集中。

(6) 人事:劳资谈判合同及其实施是高度集中的,人事政策、骨干人员的任免、选拔关键管理人员等集中;而招工、升级、开除、调职和实施劳动纪律则分散进行。

(7) 采购:集中的情况为多,占成本很大比例的主要材料的采购几乎总是集中办理的,但是各分厂地区分布较远,或按不同产品系列划分的部门可分散采购。

(8) 法律工作:一般是集中的。

五、组织授权

(一) 授权的概念

授权是指上级把职权委任给下级的组织过程。它和分权是有区别的。分权的含义更广泛,它反映了组织和管理的基本原理。它需要谨慎选择,把哪些决策权赋予组织结构的下层,哪些决策权保留在最高层,如何制定方针以指导决策,选择和培训人员以及适当地监督。授权是分权的一种重要形式,它是各级管理者都应掌握的一门艺术。

职权既可以授出,也可以收回。因此,授权者不必担心因授权而导致自身权力的削弱。管理者应根据不同情况,以实现组织目标、提高工作效率为根本原则进行授权、收权和重新授权。

(二) 授权的优点

授权的优点主要表现为以下几个方面:

(1) 减轻上级工作负担。

(2) 发挥下属的专长。

(3) 培养人才。

(4) 改善关系。授权一方面表明上级对下级的信任,另一方面又得到下级的主动支持,使上下级之间关系更融洽,增强协作能力。

(5) 提高工作效率。上级通过授权,明确责任,调动下属积极性,简化上下级沟通的程序,从而加快了行动的速度。

(三) 授权的过程

授权的过程可分解为以下三个步骤:

(1) 分派职责。这是指上级对下级分配任务和相应的义务。例如，人事部经理将招聘工厂技术人员的任务交给下属员工。

(2) 委任职权。上级授予下级相应的权力，使之可以运用原本不可运用的权力，以完成上级赋予的任务。例如，该经理允许该员工指挥一个小组进行招聘工作，允许他读取有关资料等。

(3) 建立责任。下级在正确行使权力和履行职责上要对上级负责。就拿上一个例子来说，那位被授予职权和职责的下属员工应该按要求完成指派的任务，及时向人事经理汇报任务的执行情况与执行结果。

(四) 有效授权的原则

授权的主要原则有：

(1) 统一指挥原则。授权必须在统一指挥的原则下进行，这有利于管理者的有效控制。

(2) 责权对等原则。在授权过程中，被授权者既要有权有职，又要有责。所授予的权力应与其职责相对等。

(3) 责任不可委任。上级可以下授执行职责，但最终责任不可下放，上级要对该任务负最终责任；下级则应负起与被授职权相等的责任，该责任不可推诿。例如，上级将一项职责与职权分派给中间管理人员，中间管理人员可以把该职责与职权再委任给其下级。但上级应该担负起该项任务的最终责任；同时，中间管理人员应向上级报告任务执行情况和结果，下级应向中间管理人员报告任务执行情况和结果。他们对各自的上级均负有责任。

(4) 授权要明确。授权可以是具体的，也可以是一般的；可以是书面的，也可以是口头的。授权时，必须使下级理解职责性质，所要求达到的结果，明确自己拥有的职权和责任。模糊的授权会使下级无所适从，一旦出现问题便停下来请示上级，使得授权失去意义。一般来说，具体的书面授权，对于接受和授予双方都很有益处。特别是高层管理工作，它可以避免组织机构的摩擦，减少不必要的谈判、协商，以及不必要的互相猜忌。当然，过分具体的授权也会使下级唯恐出现越权行为，不敢放手工作，把工作目标转移到照章办事上。

总之，授权是一门艺术，管理人员要根据任务预期的结果来确定目标、职责；要根据所完成的任务选择合适的人选进行授权；要敢于授权，善于授权；要使下级有信心接受下放的职权；同时要信任下级，允许下级犯错误；要知道如何为确保职权恰当地使用控制方法，防止下级滥用职权；要既会适时授权，又会适时收权。

六、直线与参谋

随着组织的成长和发展，劳动分工与专业分工越加细化，组织规模也日益庞大。由于专业分工的结果,广大管理人员无法通晓所有的专业技能和知识。因此,必须在组织中建立咨询部门与辅助机构,于是就形成直线与参谋相结合的体制。

(一) 直线的概念

管理学中的直线(Line)是指对组织目标的实现直接做出贡献的管理者或单位。

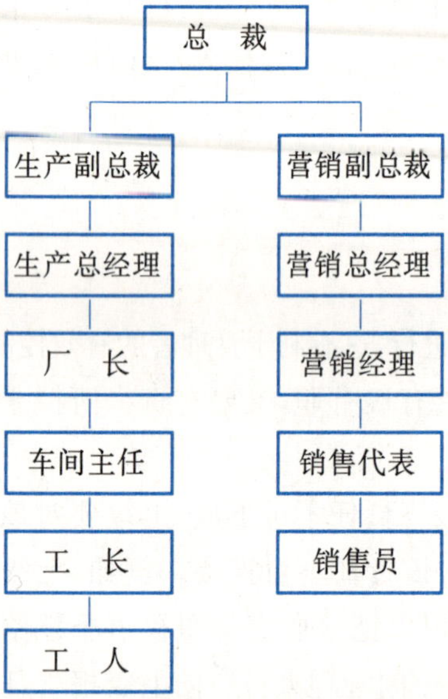

图 8-4 指挥链系统(直线关系)

假设一家制造公司的生产、营销两大部门(见图 8-4)为直线部门,其管理人员通常被认为是直线管理者。

生产部门自上而下分别为:总裁—负责生产制造的副总裁—某制造分部的总经理—厂长—车间主任—工长—工人;营销部门自上而下分别为:总裁—负责营销的副总裁—负责某地区、某产品系列的营销总经理—营销经理—销售代表—销售员。在这个指挥系统中,存在着明确等级原则。生产和营销两大部门各自形成自己的指挥链(Line of Command)。在指挥链上的各级人员被称为直线人员,他们之间的关系就是直线关系。所谓直线关系,就是命令与服从的关系。例如,总裁与副总裁、厂长与车间主任之间的关系就是直线关系。

直线管理人员所拥有的指挥直属下级的权力称为直线职权(Line Authority)。从图 8-4 中可以看出,各直线人员都拥有自己相应的直线职权;相应地,由下而上形成各自的直线责任。

(二) 参谋的概念

参谋(Staff)是帮助直线工作的。随着组织规模的扩张,管理工作日益复杂。处于直线上的管理人员(特别是高层管理人员)无法把所有的工作都承担下来,需要建立一些部门为他提供咨询和服务支持,以减轻压力。这些辅助直线部门的工作人员和单位就被称为参谋。

管理学家孔茨认为,纯粹参谋的职能是进行调查、研究并向直线管理人员提出建议,具体可分为四类:

(1) 顾问性质,如企业聘用的法律、税务咨询专家。

(2) 服务性质,如采购部门。

(3) 协调性质,如计划部门。

(4) 控制性质,如财务部门。

参谋人员所拥有的为直线人员提供支持、协助,提出建议的权力称为参谋职权

(Staff Authority)。参谋职权仅仅限于一种顾问的性质，可以把其观点、意见“推销”给其服务对象，而不能像直线人员那样具有行使命令的权力。

（三）直线与参谋的关系

孔茨认为，虽然某一部门相对于其他部门来说确实有处于直线职位或参谋职位之分，不过区别直线与参谋是用职权关系而非人们干什么的办法。例如，人们可以把采购部门看成参谋部门，因为管理人员认为采购部门是起支持作用的。但是采购部门内部仍有直线关系（采购部经理对于其下属来说仍然是命令与服从的关系）。与此相反，我们可以看出，生产部副总裁与总裁是直线关系，但当总裁向副总裁咨询有关生产方面的问题，副总裁向总裁提出一系列建议和方案时，这种关系就成为参谋关系了。事实上，一个部门在不同企业有不同作用，可以是直线性质，也可以是参谋性质；即使在同一部门，它可以主要起直线作用，但有时，它也可以就某一问题提出建议，起参谋作用。

通常情况下，为了方便起见，人们习惯于根据部门主要活动的性质将其定为直线部门和参谋部门。图 8－5 是一个制造企业的直线与参谋组织图。

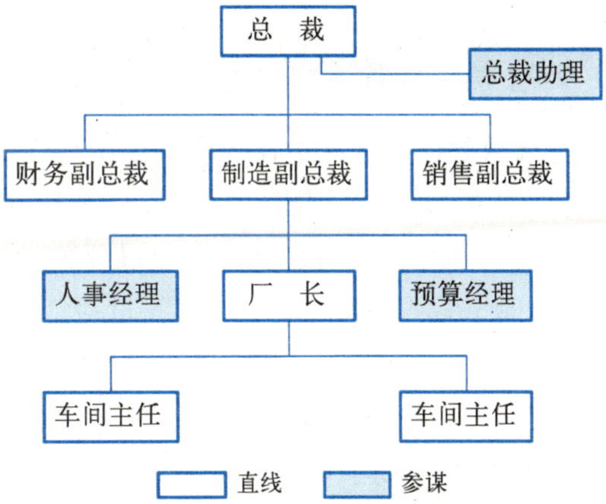

图 8－5　直线与参谋

（四）职能职权

职能职权是指委派给个人或部门的，对特定的过程、做法及其他涉及非本部门人员活动行使的权力。一般来说，职能职权通常由参谋部门负责人来行使，因为这些部门由专业人员组成，它们有获得这项职权的必要。

职能部门的职权通常是有范围限制的。权力一般限于“如何办”的方法问题，很少规定何时办或由谁办等具体问题。例如，人事部经理参加其他部门关于工资与薪金方案的改革、技术部门修改工艺规程等。

职能职权的广泛采用会使职权关系变得复杂。以图 8－6 为例，产品分公司经理除了有一个直线上级之外，可能还有好几个职能主管（销售副总裁、财务副总裁等）。当他收到来自不同方向职能职权的约束时（特别是当这些指令相互矛盾时），他将感到无所适从，或者按照管理的“分贝制”方法来办，即只注意制造噪声最大的那些人。解决这个问题的办法便是维护一定程度的统一指挥，即职能职权仅可由该职权原始拥有者的下一级管理人员行使。在图 8－6 中表现为财务副总裁的职能职权不能超出产品分公司经理这一层次，以利于直线主管人员的统一指挥。

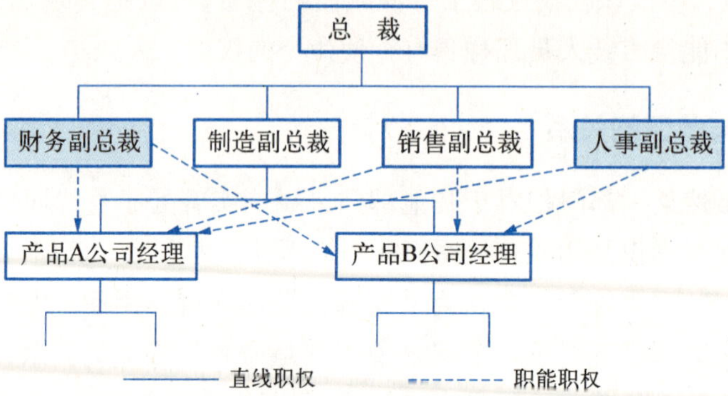

图 8-6 职能职权

(五) 直线与参谋的冲突

直线与参谋的冲突主要表现在以下几个方面:

(1) 年龄、教育等因素。与直线人员比较,参谋人员一般都直接来自学校,年龄较轻,受教育程度高,并对自己的专业过分关注,这些因素常常是产生冲突的可能来源。

(2) 知识、经验等因素。直线人员往往年龄较大而学历并不高,他们依靠的是长期工作所积累的丰富经验;而参谋人员一般都接受过系统教育,知识丰富,但缺乏经验。当两者在知识、经验方面差距很大时,双方都会彼此产生怀疑,或者不满。直线人员认为参谋人员缺乏经验,只会纸上谈兵,或者觉得在知识上与他们的差距太大,听不懂他们的建议,因而产生怀疑;参谋人员则认为直线人员缺乏时代创新精神,仅是凭一贯的经验办事,过于经验主义。

(3) 职权因素。通常,直线人员把参谋管理人员看成是对自身权力的威胁。当组织聘用各类专家时,直线人员会觉得丧失了某些权力,虽然他们也承认专业参谋有知识和专长,但他们不愿让这些专家来告诉自己"做什么"和"如何做",所以直线人员可能决定不去利用参谋人员的专长,而参谋人员也因此常常抱怨没有得到充分发挥作用的空间。

(4) 观念因素。观念不同也是导致直线与参谋冲突的一个因素。直线人员认为参谋的意见脱离实际,太理想主义;而参谋人员又常常认为直线人员过于经验主义,不易接受新思想等。

上述矛盾有以下几种解决方法:

(1) 分清职责。直线人员与参谋人员应该明白各自的职责,避免互相干扰与冲突。直线人员可以做出最后的决定,对基本目标负责;而参谋人员则提供建议与服务。直线人员在做出决定之前应该听从参谋人员的建议,但是如果有适当的理由,可以拒绝采纳;同样,参谋人员不必等待直线人员的咨询请求,可以主动从旁协助。

(2) 建立责任。直线人员和参谋人员对各自的活动都需要负责。如果直线人员由于不能有效利用参谋人员的专长而做出错误决策时，主管部门应提醒直线人员引以为戒；同样，当参谋人员提供了不适当或不正确的建议和信息时，也应被告知所造成的后果。

(3) 应该把直线人员与参谋人员的活动结合起来，双方共同工作组成具有良好协调能力的团队。

七、组织层次与管理幅度

(一) 管理幅度

管理幅度(Span of Control，也译作控制跨度)是指一名管理人员直接有效地指挥下级人员的数量。管理幅度究竟应该多宽才能实现有效管理？事实上，管理幅度的宽窄取决于很多因素。一般而言，高层管理人员由于要处理大量复杂问题，管理幅度应小一些，基层管理人员的管理幅度则可以大一些。

美国著名管理顾问林德尔·厄威克提出"注意力跨度"理论。他认为，一个人的"注意力跨度——能同时给予注意的事项数目——是有限的"。因此，"没有一个管理者能直接有效管理超过五个或者至多六个工作互相连锁下属"。厄威克同时建议："对所有上级主管人员来说，理想的下级人数……是4人，而在组织最底层，赋予他们的责任是完成具体任务而不是管理他人，这个人数可以是8～11人。"

法国早期管理家格兰丘纳斯(V. A. Graicunas)认为，要建立一个适当的管理幅度，必须考虑管理人员与下属间可能存在的复杂人际关系。当管理幅度以数学级数增加时，管理人员与下属间的潜在关系数将以几何级数增加。他把员工之间的关系分为三种类型：

(1) 直接关系：上级直接与下级发生一对一关系。

(2) 交叉关系：下属人员彼此间的关系。

(3) 组合关系：上级与下属群体的各种可能组合关系。

为此，格兰丘纳斯提出了一个公式来计算所有潜在人际关系的数字。公式如下：

$$I = N(2^N/2 + N - 1)$$

式中：I 为各种可能存在的人际关系总数，N 为管理幅度。

根据上述公式，我们可以得到一张关系表，如表8-1所示。

表8-1　管理幅度与可能存在的人际关系总数的比较

N	1	2	3	4	5	6	7	8	9	10	…
I	1	6	18	44	100	222	490	1 080	2 376	5 210	…

由格兰丘纳斯公式,我们可以计算,如果一个管理人员有 10 个下属,那么上下级的所有潜在关系将有 5 210 种之多。尽管这么多的关系影响有大有小,也不可能在同一时段出现,但是,管理人员在确定管理幅度时不得不考虑这种关系的复杂性(见表 8-2)。

表 8-2 决定有效管理幅度的因素

适 合 窄 幅 度	适 合 宽 幅 度
1. 工作复杂,标准化程度低	1. 工作简单,标准化程度高
2. 上下级之间沟通效果差	2. 上下级之间可以进行有效的沟通与联系
3. 计划、目标不明确	3. 计划、目标明确
4. 很少或没有培训	4. 下属获得充分培训
5. 内外部环境急剧变化	5. 内外部环境稳定
6. 下属人员分散各处	6. 下属人员工作地集中
7. 管理人员能力差	7. 管理人员能力强
8. 不善于授权	8. 善于授权

(二) 组织层次

组织层次是指组织内部纵向管理系统所划分的等级数。

层次和幅度是此消彼长的,在组织总人数不变的情况下,管理幅度宽,则组织层次少;反之,管理幅度窄,则组织层次多(见图 8-7)。由于管理幅度的不同,组织层次也相应形成两种类型的结构:高长式(窄幅度)组织结构和扁平式(宽幅度)组织结构,它们的关系以及优缺点如图 8-8 所示。

可见,组织层次与管理幅度的关系是辩证的。一般来说,管理人员总希望发展扁平式组织结构,以减少中间管理层、降低管理费用。但是,管理幅度的增加会使管理人员

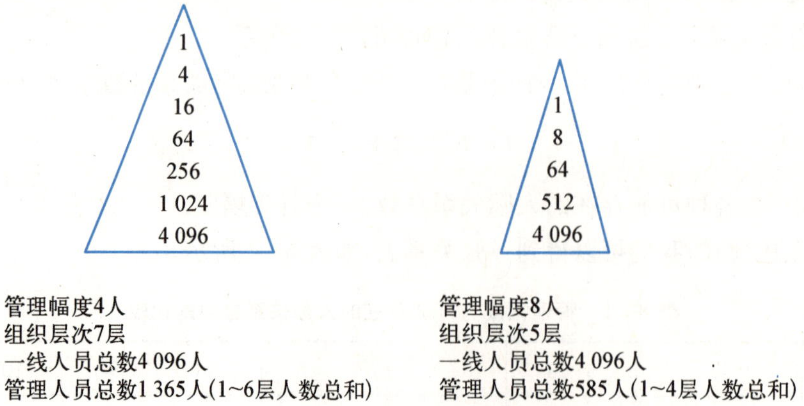

图 8-7 组织层次与管理幅度的关系

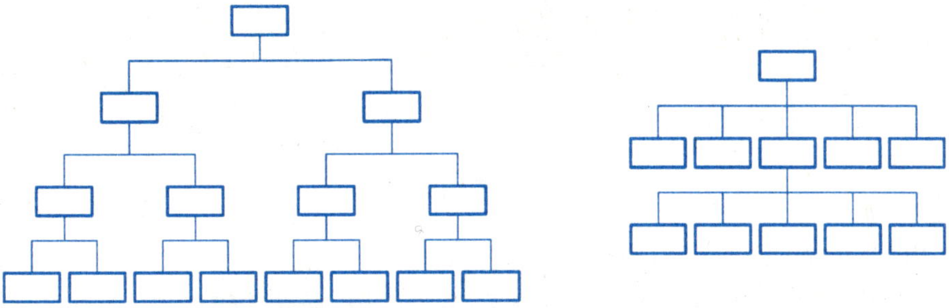

高长式(窄幅度)组织
优点：便于监督
便于控制
上下级迅速沟通
缺点：上司对下级工作时间过多，
组织层次过多，信息传递
缓慢，管理成本高

扁平式(宽幅度)组织
优点：上级采用授权
节约管理费用
组织灵活、决策速度快
有利于培养下属员工
缺点：管理幅度宽，主管人员负担重，
容易出现决策失误

图 8-8　高长式组织与扁平式组织

压力增加，甚至出现失控现象。尽管管理人员可以通过授权对下属人员进行培训，明确计划与目标，并采取有效联系与沟通等手段来扩大管理幅度，但随着企业的发展，管理幅度的限制会迫使企业不得不增加组织层次。

八、部门化

部门化(Departmentalization)是将组织中的工作活动按一定的逻辑安排，归并为若干个管理单位或部门。

古典组织理论学者认为，组织活动应该是通过劳动分工，并分成若干部门进行的。劳动分工使不同技术人员之间需要相互合作，而通过将这些同类技术人员放在一个部门由一个管理人员统一指挥，可以使他们更好地进行协作。这就是部门化产生的原因。部门的划分一般依据工作职能、提供的产品或服务、顾客要求、地区分布，或者生产流程等进行。具体采用何种方式划分部门，总体原则是应有利于组织和个人单位的目标实现。

(一) 按职能划分部门(职能部门化)

按职能划分部门是最常见的一种划分方法，它是将职能类似的活动归在一个部门。例如，一家制造企业的总经理可以把该企业分成工程部、财务部、制造部、人力资源部以及采购部等。一般而言，按职能划分的方法适用于所有组织，而且从部门的功能变化中可以看出组织目标的变化。例如，一家医院可能划分成研究部、护理部、住院部、门诊部等。当该医院决定其目标不仅是救死扶伤，还要起预防疾病、增强体质的作用时，那么很有可能该医院将增设一个部门：保健部(见图 8-9)。

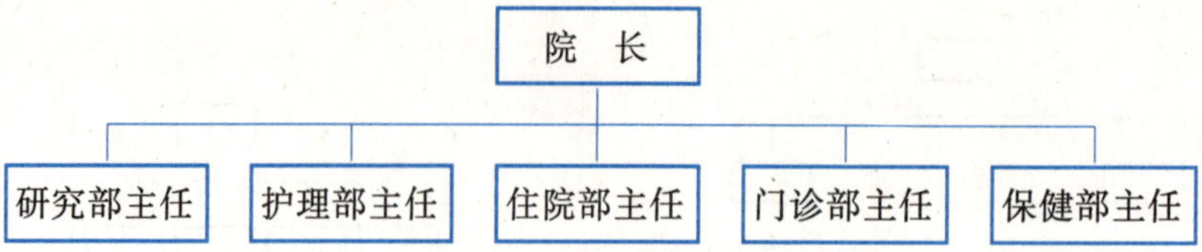

图 8-9 职能部门化组织

1. 按职能划分部门,有下列优点:

(1) 有利于同类技术人员之间的沟通协作,减少摩擦,提高效率;

(2) 部门管理人员只需熟悉相对较窄的技术职能,降低管理难度;

(3) 符合专业化原则,将同类专业人员放在同一部门有利于共享专业资源;

(4) 简化培训;

(5) 确保高层管理者的权力和威望。

2. 当组织规模扩大后,职能部门化又会带来以下不利影响:

(1) 职能部门繁多,决策变得缓慢以及官僚主义严重;

(2) 各部门管理层的本位主义,只考虑局部利益,从而影响企业总体目标的实现;

(3) 不同部门内的类似职能,会造成管理上的混乱;

(4) 对环境变化的适应性差;

(5) 不利于培养综合性管理人才。

职能部门化一般适用于较小规模的组织。

(二) 按产品划分部门(产品部门化)

产品部门化是按产品或产品大类的活动来划分部门的。该部门的所有活动都围绕这个产品类别进行。图 8-10 是某汽车公司按产品划分部门的组织结构图。

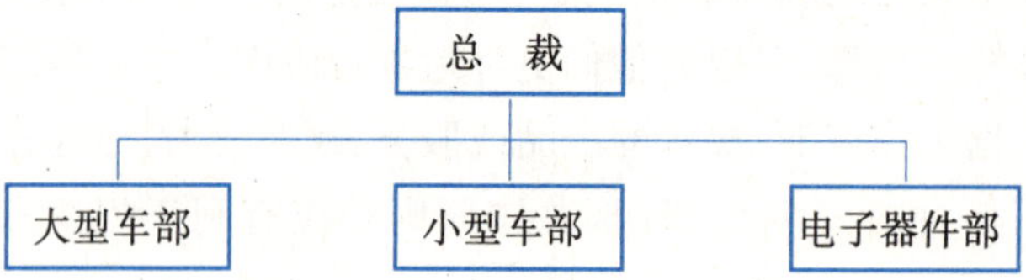

图 8-10 产品部门化组织

1. 产品部门化的优点有:

(1) 有利于提高决策速度和有效性;

(2) 可以使管理人员综合考虑一个产品类别的生产经营;

(3) 责任明确,各类产品的经营管理绩效易于评估。

2. 产品部门化的缺点有:

(1) 部门管理人员只注意本产品类别的眼前发展,忽视其长远的技术发展,也对组织整体的发展欠关心;

(2) 每个部门都有自己的财务、营销、采购、研发等专业人员，造成资源浪费，管理成本上升。

产品部门化多适用于多元化经营的大型企业。

(三) 按地区划分部门(地区部门化)

地区部门化是指按照组织活动的不同地区划分部门，特别是当一个企业朝国际化战略发展或扩大销售区域后，在总部的高层管理人员就不可能对不同地区的分公司、子公司业务都事必躬亲，而必须将权力下放，成立地区部门，由部门管理人员全权负责该地区的事务(见图 8-11)。

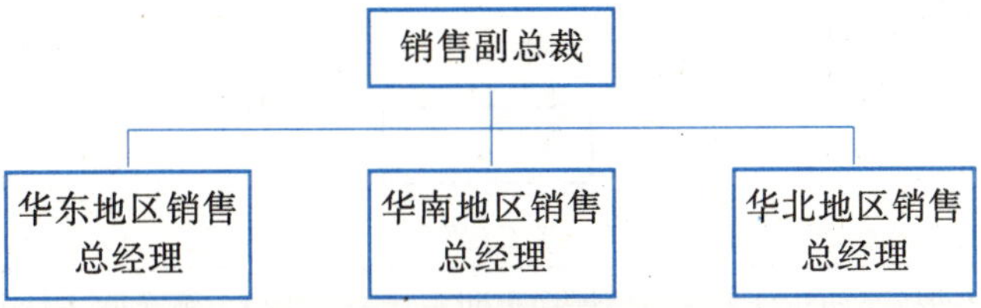

图 8-11 地区部门化组织

1. 地区部门化的优点有：

(1) 高层管理人员将权力下放，使自己可以集中精力研究公司总体战略；

(2) 地区事业部门管理人员更了解当地情况，对本地区环境变化的反应更迅速；

(3) 有利于培养高级管理人才。

2. 地区部门化的缺点有：

(1) 管理成本较高，每个地区部门都是一个完整意义上的公司，资源的利用效率不高；

(2) 地区部门经理只注意本地区发展，发挥空间有限，抑制了开拓精神；

(3) 权力过于分散，不利于总部高层管理的有效协调与控制。

许多跨国公司或全国性的大公司都采用地区部门化的划分方法。

(四) 按用户划分部门(用户部门化)

以用户为对象，根据用户的不同需求(不同类型的用户)设立相应的部门，这就是用户部门化。例如，营销副总裁可将下属人员划分成零售服务部、批发服务部、政府机构服务部(见图 8-12)，服装商厦销售分别设立童装部、男子服装部和女子服装部。

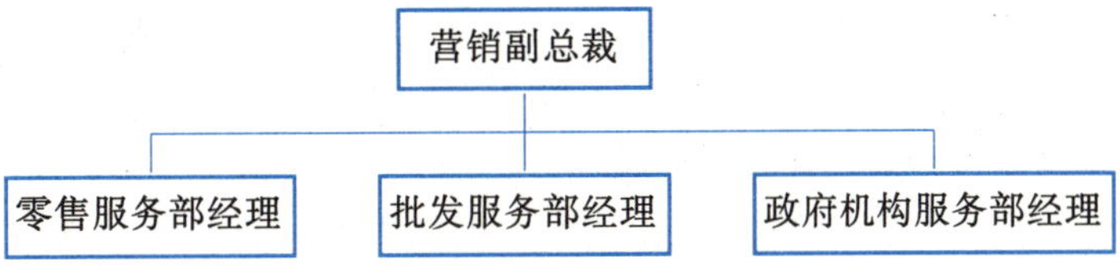

图 8-12 用户部门化组织

1. 在当今竞争环境中，用户部门化受到广泛重视，它的优点是：

(1) 使企业更好地做到以顾客为中心，能更快掌握特定顾客群的需求变化，并提供优质服务；

(2) 有利于顾客对企业产品的了解，使其可以方便地选择产品。

2. 用户部门化的缺点主要是按用户分类有难度，且容易造成忽视或放弃某一部分用户。

(五) 按过程划分部门的方法(过程部门化)

过程部门化是指根据生产或服务的流程划分部门。例如，在制造厂中设立冲压车间、焊接车间、电镀车间等(见图 8-13)。

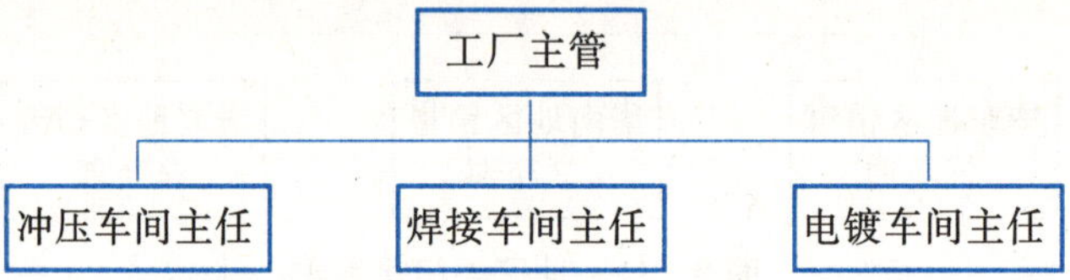

图 8-13　过程部门化组织

1. 过程部门化的优点有：

(1) 充分利用专业技术与技能带来的经济性；

(2) 简化培训，员工只需掌握某一环节的技能。

2. 过程部门化的缺点有：

(1) 部门间协作困难，如果上一步骤未完成或出现问题，下一步骤则难以进行；

(2) 只有最高层管理者对利润负责，各部门忽视整体，只注重某一细节；

(3) 不利于培养综合管理人员。

部门化的类型很多，以上介绍的只是五种常见的类型，除此之外还有按时间、人数、项目等划分部门，这里不再赘述。另外，要指出的是，绝大多数大型组织在不同的组织层次上有不同的部门划分方法。例如，一家大型制造企业按职能划分成若干部门。其中，制造部门按其制造的程序划分子部门；营销部门按地区划分子部门，各个部门再按用户类型划分部门(见图 8-14)。

部门化有以下两个新趋向：

(1) 随着市场竞争的日趋激烈，高层管理人员越发关注消费者的需求，希望自己的产品能及时适应消费者需求的变化。因此，许多组织越来越偏好按用户来划分部门。

(2) 如今的市场环境复杂而多变，一个组织面临的任务也日趋复杂，需要多样的技术协助完成，因此管理人员越来越多地以工作团队取代日益僵化的部门化小组，工作团队可以根据环境的变化灵活组织必需的技术人员，出色地完成每一项任务。有关工作团队的理论将在第五节中详细介绍。

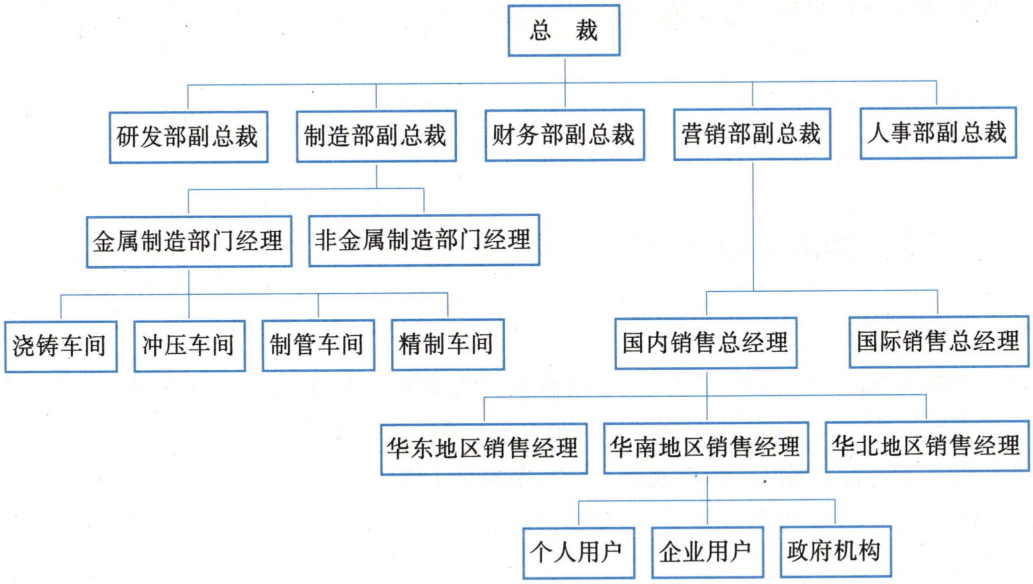

图 8-14　多种形式的部门化

第三节　组织设计的基本形式

目前较为多见的组织设计整体形式有以下六种，它们适用于不同特点的行业。

一、直线制组织结构

直线制组织结构又称简单结构(Simple Structure)，在一个组织中，从最高层领导到基层一线人员，通过一条纵向的直接指挥链连接起来，上下级之间的关系是直线关系，即命令与服从关系。在组织内部不设参谋部门。直线结构的组织方式使得管理人员任务比较繁重，重大决策权都集中于高层管理人员。

1. 直线结构的优点有：

(1) 组织关系简明，便于统一指挥；

(2) 组织中成员的目标明确，责权明晰，易于评价员工的业绩；

(3) 组织灵活，易于适应环境的变化；

(4) 管理成本低。

2. 直线结构的局限有：

(1) 随着组织规模的扩大，高层管理人员管理幅度过宽，易出现决策失误。

(2) 权力过分集中，易造成滥用职权；另外，掌权者突然离去将会给组织造成重大打击。

3. 直线结构适用于以下条件：

(1) 雇员人数较少；

(2) 组织刚刚设立不久，规模较小，且分布集中；

(3) 组织面临的环境简单多变。

二、直线职能制组织结构

直线职能制组织结构即德鲁克所指的职能制结构，又称 U 型结构(Unitary Structure)，就是直线与参谋相结合的组织结构。随着组织规模的扩大，管理工作日益复杂，位于上层的管理人员无法承担一切工作，需要配备一些专业人士充当顾问，协助其管理。这些由专业人士组成的部门称为职能部门(参谋部门)，他们充当参谋的角色。职能部门权力有限，不能直接指挥其他部门，只能提供服务、帮助、提出意见和建议(见图 8－15，其中的阴影部分为职能部门)。

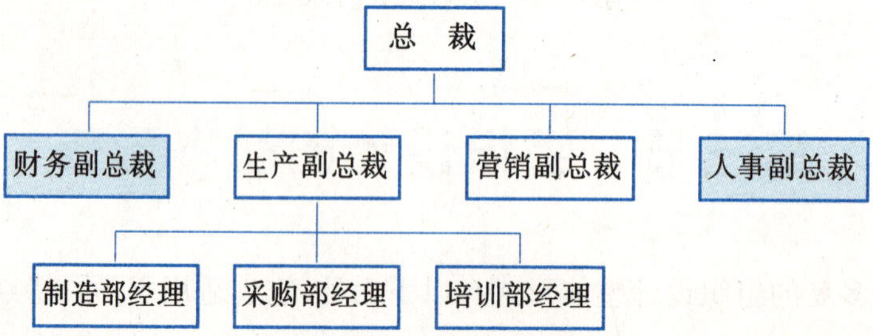

图 8－15　直线职能结构

在直线职能结构中，中层管理人员的作用开始显露，高层管理人员得以集中精力致力于组织总体战略的决策与控制。

直线职能制的主要优点是：可以高效率地从事标准化、专业化活动。由于管理人员配备了专业技术人员的协助，由他们开展生产活动的标准化工作，有助于实现规模效应。

直线职能制的主要缺点是：各部门只关心自己的目标，强调自己部门工作效率的提高，缺乏与其他部门的沟通，并且有时直线与参谋之间也会发生冲突。

绝大多数从事标准化生产的制造企业都采用这种组织结构。在稳定的环境下，该组织结构有利于充分发挥生产的高效率。

三、事业部制组织结构

事业部制组织结构又称分部结构(Divisional Structure)或 M 型结构(Multidivisional Structure)。公司总部只对公司总体战略做出决策，决定资源在各事业部的分配方案；

各事业部则拥有完整的发展战略及运营决策自主权。只要不违反总部的总体战略，分部可以采取任何他们认为有效的方式进行管理。事实上，每一个分部相当于一个较完整意义上的“小公司”，这些“小公司”内部一般采取直线职能制结构（见图 8－16，其中阴影部分表示职能部门）。

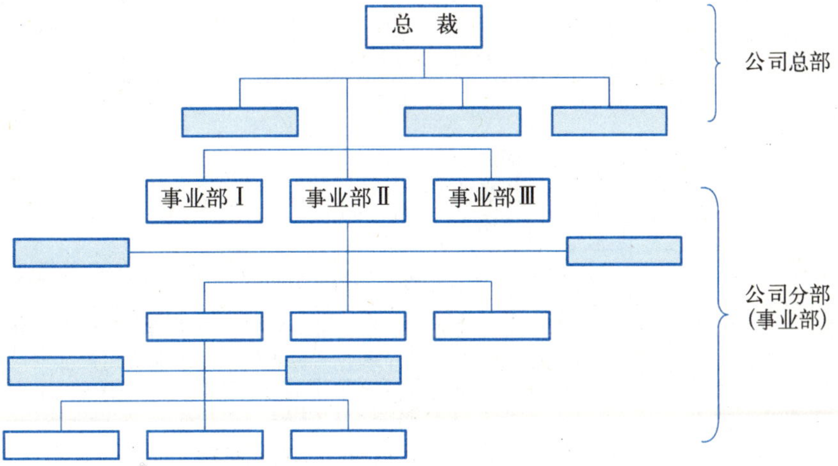

图 8－16　事业部制组织结构

1. 事业部制组织结构的优点有：

（1）某一产品或服务的责任全部明确由分部经理承担；

（2）有利于总部集中精力考虑企业未来长期的发展战略；

（3）培养高级管理人才的有效形式。

2. 事业部制组织结构的缺点有：

（1）管理费用高。每个分部相对独立，各分部的重复功能（例如，每个分部重复设置研发机构、财务部门等）使资源使用上出现浪费。

（2）各分部之间缺乏有效沟通，甚至激发矛盾。

事业部制组织结构适用于采用多样化战略、国际化战略的大型组织，该类组织的产品或服务分散在各个市场，且规模较大。美国通用汽车公司以及日本电气公司（NEC）采用的就是分部结构（见图 8－17）。在环境较为稳定的条件下，事业部制组织结构是可以发挥其特长的。

四、矩阵结构

所谓矩阵结构（Matrix Structure），是指在垂直领导系统基础上，又加上水平横向规划目标领导系统，形成纵横交叉的双重指挥链的一种组织结构形式。

矩阵结构采用双重指挥链，打破了统一指挥这一古典组织原理。一方面，专业分工带来了部门化的发展，出现了部门经理；另一方面，根据项目的具体要求，设置了项目经

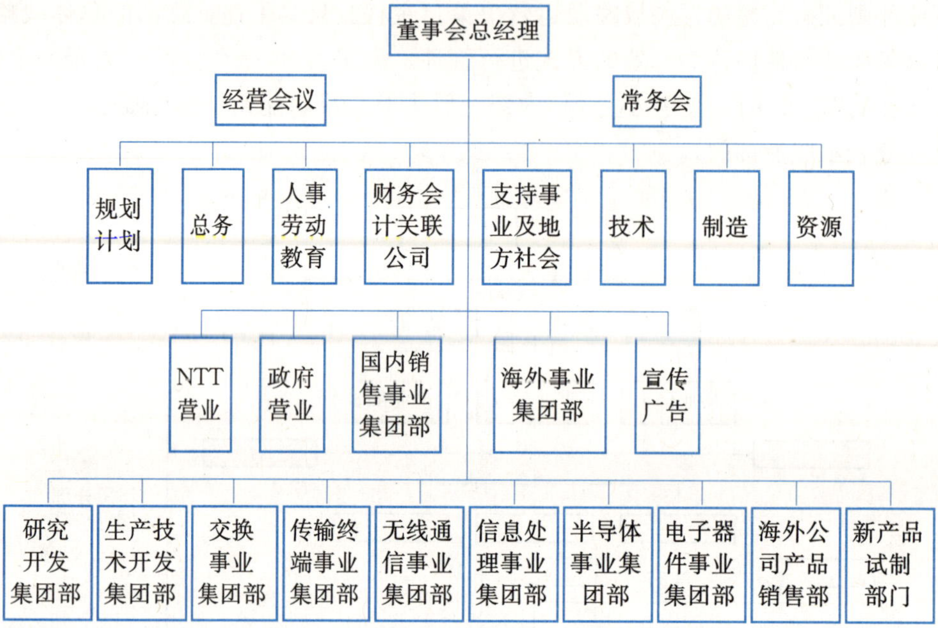

图 8-17　日本电气公司(NEC)的组织结构

理。项目经理对某一特定项目,计划负责。这样,下属员工既接受部门管理人员的领导,又接受项目经理的领导。图 8-18 是一个航空公司简化了的矩阵组织结构图。结构图最上面一行是工程、制造、合同管理、采购、财务、人力资源等职能部门;在这个结构的纵向领域中添加了该公司目前正在进行的各种项目,每一个项目由一名经理负责,他根据该项目的要求从各职能部门中抽调人员组成一个项目小组。因此,这种结构实际上是将职能部门化与项目(产品)部门化两种因素交织在一起的一种组织结构形式。

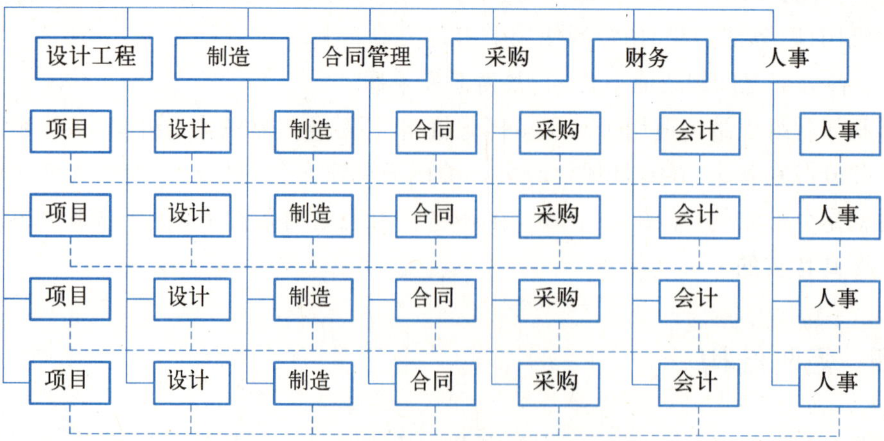

图 8-18　某航空公司的矩阵组织结构

在矩阵结构中一名员工出现了两个上级,它是如何运行的呢?仍以该航空公司为例,在采购部门中,从事项目的采购专业人员既对采购部经理负责,又对项目经理负责。

项目经理拥有指挥项目小组所有成员的权力，而诸如晋升、工资报酬、个人评价等事宜仍由职能部门经理负责。为了使工作更有成效，两位经理必须定期沟通，协调他们对共同属下的指挥。

矩阵结构的主要优点是它发挥了职能部门化与项目部门化两方面的优势，避免了缺陷；它促进专业资源在各项目中的共享；便于一些复杂而独立的项目之间的协调合作，同时又保留了将同类职能专家归并一组的优点。

矩阵结构的最大缺点在于它放弃了统一指挥，造成一定程度上的混乱，又容易产生权力的争斗。由于项目经理和部门经理之间关系及权力分配上难以在制度上明确规定，只能通过协商确定。而事实上，当一个组织放弃统一指挥原则之后，往往会造成管理人员个人野心的膨胀，从而出现了为“谁向谁报告”而彼此争斗的混乱局面。因此，是否采用矩阵结构，要考虑正反两方面的因素。

五、网络结构

网络结构(Network Structure)是一种目前流行的组织设计形式，它可使管理人员灵活应对新技术、新环境。所谓网络结构，是指这样一个小的核心组织，它通过合作关系(以合同形式)依靠其他组织执行制造、营销等经营功能。

网络组织在实践中已十分普通，这主要归功于网络经济性(Economics of Network)这一概念的提出。在工业化时代，人们普遍意识到规模经济给企业组织带来的强大竞争优势。1975 年，美国经济学家约翰·潘泽(John Panzar)和罗伯特·威林(Robert Willing)提出“范围经济”的概念，它是指企业多样化经营(扩大经营范围)带来的经济性。“规模经济性”和“范围经济性”都造成巨型企业组织的出现，这些巨型组织成为行业巨头，垄断了市场。然而进入 20 世纪 90 年代之后，市场环境不确定性大大增强，竞争的激烈程度达到前所未有的地步，消费者需求变得多样化和个性化，这使得巨型组织无力控制环境，其规模本身已不是竞争制胜的重要力量。相反，这些“庞然大物”适应能力差、行动缓慢、效率低下的毛病在新环境下显得越发突出。随着信息技术的发展，工业社会开始向信息社会转变。于是管理学者们提出，必须建立一个与信息社会相适应的经济模式，这就是网络经济。网络经济强调企业之间的联合，进行资源共享，这样，一家企业就不必拥有所有职能，它可以将一部分职能“外包”出去，只保留一些有竞争优势的职能。网络中的企业不会出现功能的重复，在很大程度上将规模经济和范围经济结合在一起。

对于小企业来说，网络结构是合适的选择，比较而言，小企业在资金、技术、规模上无法与大企业相抗衡。然而小企业结构简单、组织灵活，容易形成自身特有优势。将这些小企业组成网络，优势互补，单个小企业保留自身核心功能，其他功能由网络中的其他企业承担，可以创造出很大的网络经济性。小企业同大企业的联合同样也可以起到类似的效果。

网络结构也适用于一些大型组织。耐克公司本身拥有很少甚至没有制造设备，员工也就上百来人，然而每年的销售额可达数十亿美元。这些业绩的取得就是通过建立某一种网络关系，与产品的制造公司、销售代理商建立联系，通过他们的生产经营活动实现公司需要的职能。公司可以通过收购、控股等方式实行对关键领域的控制。菲律宾、马来西亚、韩国、中国、印度尼西亚、泰国等地区的制鞋厂中，都有耐克公司的合作伙伴。一般而言，这类组织自己独立完成研究开发工作，产品的制造和销售则直接从组织外“购买”。如图 8－19 所示，网络组织的核心只是一个小型管理机构，许多重要职能不是由本组织完成的，组织管理者的主要任务之一，就是在各地寻求广泛合作和控制。

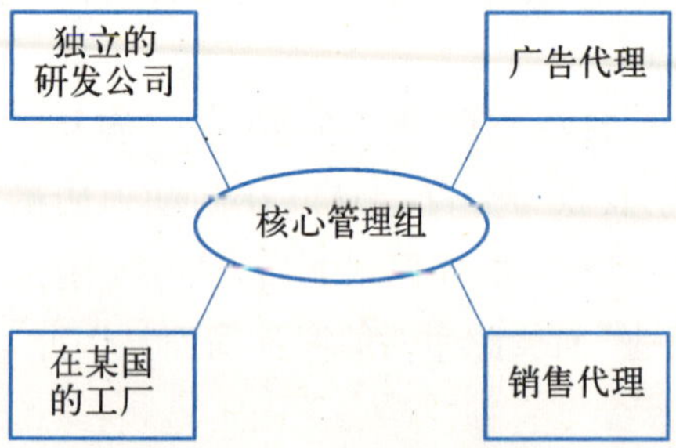

图 8－19　网络组织结构

网络组织的最大优点是获得了高度的灵活性，便于适应动态变化的环境。但是它与传统组织相比，缺乏对一些职能部门的有力控制(特别是制造部门)。随着信息技术在企业的广泛运用，网络结构日益显示出它的生命力。

管理聚焦

企业的跨界经营

工业时代需要专业化来提升效率，但过于清晰的界限需要通过跨界来完成“分久必合”的整合创新。互联经济改变了传统供需模式，驱动企业运营重心从后端向前线转移。

跨界不是简单的业务延伸或扩展，而是将若干行业核心竞争力进行融合，产生新的核心竞争力，在原有业务框架下诞生新的商业模式、新的盈利增长点。其本质是组织能力解冻—颠覆—重塑的过程，这一过程自始至终都是核心能力的强化与重塑。

如果说工业时代使得世界变得越来越“大”，那么，互联网技术则促成了产业间的融合，它让世界变得越来越“小”。这也印证了托马斯·弗里德曼“由垂直的价值创造模式到水平的价值创造模式”的观点。以互联网金融为例，由于互联网所带来的冲击，其商业模式、盈利模式甚至商业逻辑都发生了很大变化，人们心目中“银行”的概念已经发生了颠覆，零售、电信和金融业开始交叉融合，进入互相依赖又彼此竞争的“战国时代”。

跨界为消费者提供了更便利、更价廉物美的产品与服务，彻底颠覆了传统模式下独立行业的盈利模型。所以，对于互联网金融企业来说，谁能更快地从“以产品为中心”转向“以客户为中心”——实现从关注客户群到关注客户个体、从关注交易到重视关系，整合所有与消费者接触的渠道，挖掘消费者变化背后酝酿的新商业模式和机会，谁就能赢得市场先机。

但并非所有的企业都可以跨界，那些跨界失败的公司，无论是在战略决策、资源分配，还是新的角色定位上，显然没有做好准备。这些公司一直在熟悉的市场中寻找最适合自己的结构，但外部环境的变化打破了它们原有的计划，而且这些挑战力量正在加速。

因此，组织应当由上至下、从CEO到员工，都围绕以下几个方面建立成功跨界的基因：

(1) 唯“快”不破。跨界的前提是不破不立，但打破旧有格局之后，如何才能立得住？唯有“快”。“快”是这个时代跨界企业的显著标签，“快”本身也是压力。但“快”不是盲目无边界地扩张，而是迅速抓住商业竞争与市场的本质，快速响应客户需求。

(2) 颠覆式创新。颠覆式创新的威力极大，一般企业难以适应这类创新带来的挑战，但企业如果不具备这样的创新力度，以现有心态与利益机制，又很难在创新方面有所建树，因此必须以另起炉灶的方式来推动创新。这也是区别一般企业核心竞争力的“利器”。

(3) 快速变化和彻底变革。因为跨界本身就是不断打破、不断重建和组织成员不断自我否定的过程，所以组织要有快速变化和彻底变革的决心，而且必须由上至下全员发动。

值得注意的是，企业内部的惯性力量是巨大的，尤其是打破那些使人感到舒服、有利可图的惯例。通常情况下，很多企业宁愿选择循序渐进式创新，也不愿意进行颠覆式变革，原因在于打破以往格局不仅仅需要勇气，还掺杂各种利益纷争，若把控不好，公司会比变革前更加糟糕。

(4) 合作与共享。企业需要打破原有的“信息孤岛”，对外以科技创新满足客户多元化需求，整合渠道与通路，捕捉市场新机会；对内打造灵活高效的业务运营模式，以快速满足新时代的客户需求，同时保障企业的持续获利。

跨界给企业带来巨大挑战，而且无处不在。这种挑战在于跨界是若干行业核心竞争力的融合，并非一个行业覆盖另一个行业的简单重叠，所以既要传承传统行业中的优秀基因，又要结合互联网的便利性。

若将这种挑战分解至企业的管理层，对于高管来说，没有时间一步步将逻辑讲清楚，必须同时提出若干要求，尤其是企业变革领导者的挑战最大，如何将核心竞争力表述清楚,并让信息有效地传递到一线?这是最大的挑战。

对中层管理者而言,需要做两方面的努力——西方企业花了近百年时间打造的传统运营体系,要求他们几年时间就要完成;与此同时,还要兼顾各种各样的新概念,并且需要学习、消化,然后转化为管理手段。

而对于一般员工,则要鼓励他们敢于尝试,勇于试错。在高度集权化的组织中,员工很多时候是脑手分离的——高层负责制定战略,基层执行。但跨界组织是一个传统时代向新时代跨越的过程,新时代的业务模式正在发生变化,企业的领导者有时也会看不清方向;相反,一线员工更清楚市场的反应。在这样的环境下,公司更应该实行分权,放开对员工的束缚。过去几十年,我们用岗位制度对每一个岗位做职责分析,员工也已经很熟悉这样的方式。但是近些年,网络信息全面铺开,信息交流可以是多方面的,员工沿着指挥命令链接收信息的状况发生了改变,信息的变化要求每个员工跳出原来的范畴,不仅要做好被告知的事,还要在完成任务后进行分享,或者和哪些人一起合作才能把任务完成。因此,组织要有宽容度,让员工充分发挥想象力与创造性,给予员工更多试错的机会。

为了实现跨界经营,企业还需要灵活的组织架构。那些希望尝试跨界的企业,通常会有两种可能的做法:一是先在总部层面设置单独的职能部门,之后让分支机构在做好原有业务的同时,尝试兼顾新业务。二是有眼光、有胆识的CEO,愿意拿出破釜沉舟的勇气去做变革——重新建立一个组织、一套人马,专门从事新业务拓展。坦率地讲,前一种跨界方式成功的机会不大,因为新的业务模式仍建立在过去的组织架构下,并未脱离原有体系。所以,组织架构要给予跨界管理充分独立的空间。首先,要有独立的土壤,要能充分发挥员工的独立性,将商业模式表达清晰,适当做一些资源倾斜;其次是成熟后要和传统的商业模式做一些对接;再次,在新的商业模式中,上级要充分授权,扁平化管理,内部层级要少;最后,跨界企业适合项目制管理模式,随时组合、随时打散,不宜有稳定的部门制。

[资料来源] 袁凌梓:《跨界高手5步走》,《哈佛商业评论》2014年第9期。

六、任务小组

任务小组(Task Force Structure)是一种临时性的结构,其设计目的是为了完成某一种特定、明确而又复杂的任务。该小组由许多组织单位的人员介入,可以看作临时矩阵的一种简版。任务小组的成员一直服务到目标达到为止。然后,任务小组解散,其成员根据需要转入其他任务小组以完成新的任务,或者回到原来隶属的部门。

任务小组具有灵活性,特别适用于一些处于动态环境中的企业或者是任务型企业,如一些时尚消费品生产企业或者是某市政建设工程队等。

第四节　机械型组织与有机型组织

在第三节，我们着重阐述了不同的组织结构形式及其优缺点，进行组织设计是实现企业目标的一种手段，它包含两方面的内容：(1) 使组织稳定、高效率、可控制地运行；(2) 确保企业在动态变化的环境中有应变能力，以求得长期生存与发展。由此，我们将组织结构归并成两类：机械型组织和有机型组织（见图 8－20）。

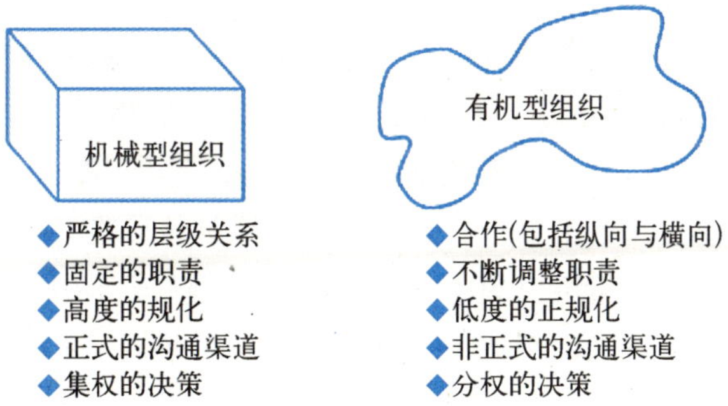

图 8－20　机械型组织与有机型组织

一、机械型组织

机械型组织也称官僚行政组织，是传统组织设计原理的产物，正如第二节所述，随着社会发展，组织向部门化、专业化方向发展，每一项工作变得越来越简单化、标准化。在统一指挥原理的指导下，组织内部等级制度越来越严格，组织层次增加，管理幅度相对缩小，出现了高耸的、非人格化的结构。这种结构使组织的稳定性、高效率达到了相当的水平，但是也导致了组织僵化、反应迟钝的弱点。直线职能制组织结构、事业部制组织结构均属于机械型组织。

二、有机型组织

与机械型组织形成鲜明对照，有机型组织是松散、灵活、具有高度适应性的组织。这种组织结构向低复杂化、非正规化、分权化方向发展。组织没有高度的标准化程序和严格的规章制度，而是可以根据需要随时做出调整的灵活结构。因为现代的员工大多接受过良好的教育，并经过一定的职业培训，可以随时应变，处理突发问题。取代层级控制的是员工之间的纵向、横向协调沟通，更注重人的创造性，以及人的自我价值的实现。例如,对一个电脑工程师来说,他的上级完全不必规定他必须何时上班、何时下班,哪一天做哪一项任务,这项任务通过哪些步骤完成等,他只需告诉这位工程师在这段时期内他要完成哪一些任务。至于如何做、哪里做、何时做等细节问题完全由这位工程师决定,上级可以通过正式以及非正式的沟通途径去了解员工的工作进度及状况。直线结构、矩阵结构、网络结构以及任务小组就属于有机型组织结构。

三、影响组织结构的四大要素

(一) 战略与结构

组织结构是实现组织目标的手段,而目标产生于组织的总体战略。因此,组织结构与组织的总体战略是紧密联系在一起的,结构要服从于战略。如果最高管理层对组织的战略做出重大调整,就必须修改组织结构,以此来适应和支持战略的变革。

一般来说,企业通常起始于单一产品的生产。简单的战略只要求一种简单、松散的结构形式来配合。这样,决策可以集中在一个高层管理人员手中,组织的复杂化和正规化程度很低。例如,企业可采用直线型结构。当企业发展壮大以后,它的战略更宏伟、更富进取心,向纵向一体化、横向一体化方向发展,因而需要重新设计结构,以支持所选择的战略。当企业进一步成长以后,很可能进入多样化战略。这就要求组织结构再一次进行调整,此时,组建事业部制能满足上述要求。由此可见,随着企业战略从单一产品向一体化,再向多样化经营的转变,组织结构将从有机型转变为更为机械的形式。

许多研究证实了上述战略—结构的关系。追求探索者战略的组织要以创新求生存,因此有机型组织更好地适应这一战略,因为它灵活,能保持最大的适应性;相反,防御者战略寻求稳定性和效率性,因此它需要一种机械式的组织与它相配。

(二) 规模与结构

组织的规模对其结构具有明显的影响作用。大规模的组织要比小规模的组织更倾向于高度专业化和横向及纵向的分化,规则条例也更多。但是,这种影响不是线性关系。组织发展到一定程度之后,随着组织的再扩大,规模的影响显得不重要了。例如,已经有 2 000 多名员工的组织,再增加 500 名员工,对它的结构不会产生多大的影响。而只有 300 名员工的组织,若增加 500 名员工,那就可能会转变它的组织结构,使其向机械型方向发展。

(三) 技术与结构

任何一个组织都需要应用某种技术,将投入转化为产出。为了达到这个目标,组织要使用设备、材料、知识和富有技能的成员,并将他们配置安排到一定类型和形式的活动之中。

不列颠大学的琼·伍德沃德(Joan Woodward)在20世纪60年代初期就提出,组织的结构因技术而变化。她对英国南部近100家小型制造企业进行调查,首先按生产进行的规模将这些企业划分为三种类型,反映三种不同的技术,它们在技术复杂程度上渐次提高:(1) 单件生产,即进行定制产品的生产或小批生产;(2) 大量生产,包括大批和大量生产,如冰箱和汽车之类产品的生产;(3) 连续生产,如炼油和化工之类的连续流程的生产。

琼·伍德沃德发现:(1) 技术类型和相应的公司结构之间存在明显的相关性;(2) 组织的效益与技术和结构之间的"适应度"密切相关。表8-3概括了伍德沃德对技术、结构和效能的研究。

表8-3 伍德沃德对技术、结构和效能的研究

工艺技术类型	组织		结构		结构特征	最适合的结构类型
	管理层次	一线管理人员控制跨度	中、高层管理人员控制跨度	直线人员与参谋人员比例		
单件小批生产单位	3	23	4	8∶1	低度的纵向分化、横向分化和正规化	有机型
大批量生产单位	4	48	7	5∶1	中度的纵向分化、高度的横向分化和正规化	机械型
连续性生产过程单位	6	15	10	21∶1	高度的纵向分化、低度的横向分化和正规化	有机型

琼·伍德沃德经过分析,得出结论:这三类企业都有相关的特定结构形式,那些能根据技术的要求确立合适结构的企业才是成功的企业。单件生产或连续生产的企业,采用有机式结构最为有效;而大量生产企业若与机械式结构相配,则为最佳状态。

查尔斯·佩罗认为,上述分类法仅限于制造业组织,没有代表性,要使技术与结构关系适用于所有组织,必须以一种更一般化的方式做研究。他提议从两个方面对技术进行考察:第一个因素称为任务多变性,即成员在工作中遇到的例外情况的数目;第二个因素称为问题可分析性,即为寻找妥善处理例外问题的有效方法,所采用的探索过程的类型。

任务多变性有两种情况:当任务多变性中例外情况较少时,工作是高度常规化的;当工作具有许多变化时,它就会出现大量的例外情况,如高层管理职位、咨询工作等。

问题可分析性是对探索过程的一种评价。对问题的分析探索,如果人们使用逻辑推理方法来分析寻找问题的答案,一般可以找到问题的根源,所以,探索方法是高度确定的。而另一种情况是不确定性的问题,没有任何正规的探索方法可供使用,只得根据先前的经验、直觉和判断来找到答案,或者通过猜测和尝试失误,来找到一个可接受的方案。使用以上两种变量,构成2×2矩阵(见图8-21)。

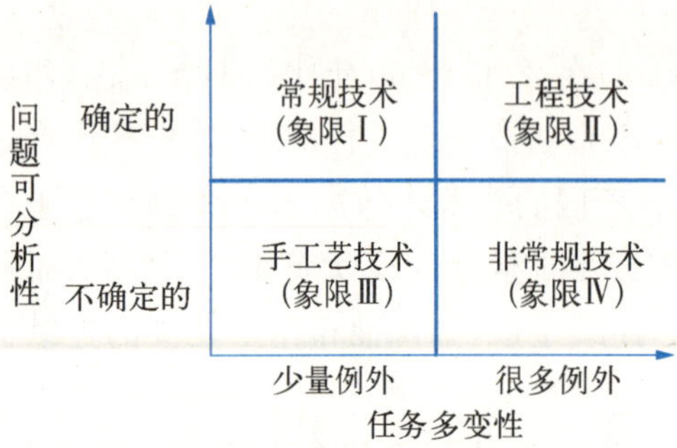

图 8－21　佩罗的技术分类

图 8－21 中,四个象限分别代表四类技术:常规技术(象限Ⅰ)只有少量的例外,问题易于分析,钢铁生产、汽车行业、提炼石油等大量生产过程属于这一类;工程技术(象限Ⅱ)有大量例外情况,但可以用理性的、系统的方法进行处理,桥梁建筑属于这一类;手工艺技术(象限Ⅲ)处理相对复杂,但少量例外的问题,制鞋和家具修补属于这一类;非常规技术(象限Ⅳ)有许多例外问题,难以分析,航天业务属于这一类。

按照技术的四个象限分类,如果问题是可以进行系统分析的,那么适合采用象限Ⅰ和象限Ⅱ的技术。如果问题只能凭直觉猜测,不能以理性分析来处理,那么就需要采用象限Ⅲ和象限Ⅳ的技术。同样情况,如果问题是经常出现的、熟悉的情况,可用象限Ⅰ和象限Ⅲ的技术;反之,出现的问题是新的、不熟悉的情况,只能采用象限Ⅱ和象限Ⅳ的技术。

组织结构必须因技术类型而异。一般而言,技术越常规,结构就越标准化。机械型结构与常规技术相匹配。另一方面,越是非常规的技术,结构就越趋向有机型。这种类型要求具有灵活性,组织应是分权化的,所以成员相互频繁作用,以很低程度的正规化为特征。介于两者之间的手工艺技术,需要丰富的知识和经验解决问题,组织必须分权化。而工程技术,应当分散决策权限,以低正规化来保持组织的灵活性。

(四) 环境与结构

研究表明,环境也是影响组织结构的重要因素。前面提到,机械组织适用于稳定的环境,有机组织适用于动态的、不稳定的环境。

环境与结构的关系解释了为什么那么多高层管理者不断地重塑组织,使之向更软化、更灵活的方向发展,全球竞争加剧了产品的更新换代,消费者对高质量产品以及快速交货的需要增加,这些都是环境动态性的表现。

机械组织不适合对快速变化的环境做出反应。因此,我们可以看到,越来越多的管理者在改组他们的组织,使之更具有机性。关于环境变化作为组织变革的动力的内容,我们将在第九章讨论。

第五节　职务设计

组织作为管理的一项基本职能,它的任务不仅包括组织设计、建立合理的组织结构，还包括：为组织内各层次各单位安排职务；确定职责范围以及相应的职权；为职务配备合适的人员，明确各层次及单位中管理人员的相互关系；建立畅通的信息沟通渠道；根据内外环境变化，适时调整组织等。如果把一个组织进行分解，可以分成成百上千项任务，每一项任务又可以再进一步分成若干项职务。在组织中，人们承担的职务并不是随机确定的，管理人员应对职务进行有意识的设计安排，以反映组织现有技术的要求以及工作人员的技术、能力和偏好。只有这样，才能充分发挥员工的潜力。

一、职务设计的概念及内容

这里"职务设计"一词，是指将任务组合起来构成一项完整职务的方式。有些职务是常规性的，其任务是标准化和经常反复的，另一些职务则是非常规性的；有些职务要求变化和多样的技能，另一些只要求特定专业的技能；有些职务限定员工遵循非常严格的程序，另一些则对员工如何做工作给予充分的自由；有些职务以一组员工按团队的方式进行可取得更好的效果，另一些职务让个人单独做可能更好。

职务因任务组合的方式不同而各异，而这些不同的组合则创造了多种职务设计选择。

（一）职务专业化

在 20 世纪上半叶，职务设计是与劳动分工或职务专业化(Specialization)同一意义的。

管理者都在设法将其组织中的职务设计得尽可能简单。这意味着将职务划分为细小的、专业化的任务。然而，职务可能变得过于专业化。一旦出现这种情况，员工们就开始表现出反感。他们可以通过多种方式表示其沮丧和厌烦，如在工作场所与朋友或家人电话聊天而不是埋头工作，忽视工作质量等。这样的效率必然降低。

目前，职务专业化原则继续指导着许多职务的设计。例如，生产工人仍然在装配线上从事简单、重复的工作；办公室职员坐在计算机终端前执行标准化的任务；甚至护士、会计人员及其他职业人员也发现，他们的许多任务都只是从事狭窄的专业化活动。

（二）职务轮换

避免职务专业化及其缺陷的一种早期努力，是进行职务轮换(Job Rotation)。这一职务设计方法使工人的活动得以多样化，从而避免产生厌倦。

在实践中，有两种类型的职务轮换：纵向的和横向的。纵向轮换指的是升职或降职。但我们一般谈及职务轮换，都意味着水平方向上的多样变化。横向的职务轮换可以有计划地予以实施，如制订培训规划，让员工在一个岗位上从事两三个月的工作，然后再换到另一个岗位,以此作为培训手段(见图 8-22)。

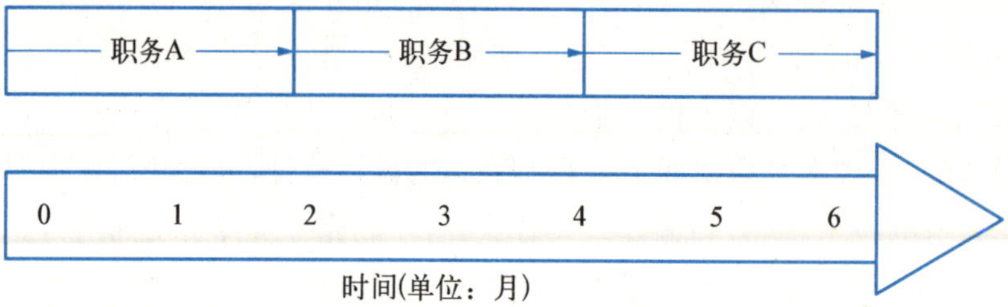

图 8-22　职务轮换

1. 职务轮换具有下列明显的有利之处:

(1) 它拓宽了员工的工作领域,给予他们更多的工作体验。一个人在取得有效完成其任务所需的技能以后通常容易产生的厌倦和单调感,会随着职务轮换而得到缓解。

(2) 更广泛的工作体验也使得人们对组织中的其他活动有了更多的了解,从而为人们担任更大责任的职务尤其是高层职务更快做好准备。因为随着一个人组织职位的提高,他需要全面了解错综复杂的、相互关联的活动,而这些技能通过组织内的职务轮换可以更为迅速地取得。

2. 职务轮换的缺点包括:

(1) 将一个工人从先前的岗位转入一个新的岗位,需要增加培训成本,还会导致生产效率下降,因为工人在先前岗位上的效率性正创造着组织的经济性。范围广泛的轮换规划,可能造成大量的工人被安置在他们经验很有限的工作岗位上。尽管这样的规划有可能带来显著的长期效益,但组织需要有良好的对策处理日常出现的问题,这些问题可能产生于让缺乏经验的员工去完成新的任务,也可能产生于轮换后的经理人员对手头的工作缺乏经验就做出决策。

(2) 职务轮换还可能使那些聪明而富有进取心的员工积极性受到影响,因为这些人喜欢在他们所选定的专业中寻找更大的、更具体的责任。有一些研究表明,非自愿地对员工进行职务轮换,可能导致旷工和事故的增加。

(三) 职务扩大化

在推行职务的横向多样化的同时,另一种早期努力是职务扩大化(Job Enlargement)。这一方案使职务范围(Job Scope)增大,也就是增加了一项职务所完成的不同任务数目,并减少了职务循环重复频率(见图 8-23)。

通过增加一个工人所执行任务的数目,职务扩大化也就提高了工作多样性。以邮件分类职务为例,它不是局限于按单位分发收到的邮件,而可以扩大到包括将邮件运到各个单位或者用邮资总付计数器在寄出邮件上打戳。

职务扩大化的优点有:在避免职务专业化带来的效率低下的同时,增加员工的工作成就感。但职务扩大化努力与取得的结果不尽如人意。如果员工本来就对自己的工作不满意,那么职务扩大化将使其感到更加厌倦。

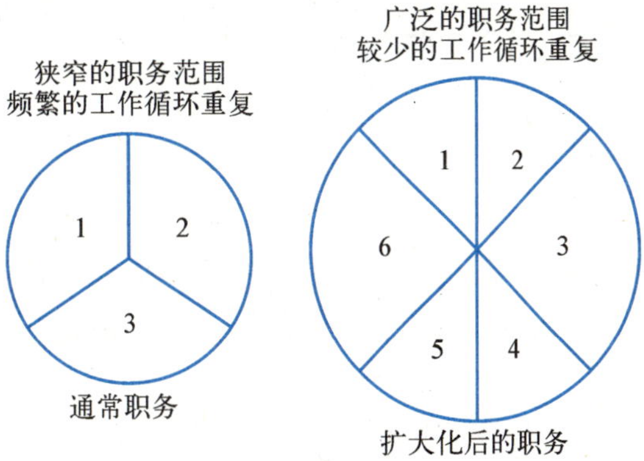

图 8-23 职务扩大化

(四) 职务丰富化

职务丰富化(Job Enrichment)是增加职务的深度(Job Depth),这意味着职务丰富化允许员工对他们自己的工作有更大的控制力。他们可以做一些以前只能由上司完成的事务,如制订计划和评价自己的工作。在一个职务丰富化的组织中,员工可以更加感受到自由、独立以及责任感。

一般来说,职务丰富化使员工对工作更感兴趣,降低缺勤率。从生产率角度来看,在某些场合,职务丰富化可以提高劳动生产率;但在另一些情况下,职务丰富化却使生产率下降。

(五) 工作团队

当合作对于完成一项任务是重要时,围绕小组设计工作(而不是围绕个人)就是职务设计的很好选择。这种设计结果就形成了工作团队(Work Team)。约翰·R. 肯特仁巴斯(Jone R. Katzenbach)和道格拉斯·K. 史密斯(Donglas K. Smith)将团队定义为“由一小群技能互补的成员组成的人群结构,团队成员致力于共同的宗旨,绩效目标和通用方法,并且共同承担责任”。团队理论是 20 世纪 90 年代管理学的热点课题之一,它是组织变革的一大方向。

与传统职能部门相比,工作团队具有以下几点特征:

(1) 每一个工作团队有明确的目标。

(2) 团队成员具有相互合作、相互沟通的文化氛围,并在交流过程中获得信息和知识。它具有促进成员学习的功能。

(3) 工作团队跨职能性。工作团队由来自不同部门、具有不同技能与背景且能力互补的成员组成,它不是同一职能承担者的简单集合。

(4) 组织结构上的不同。传统组织采用金字塔式结构,信息沟通是纵向的。工作团队组织结构则成网状,它强调沟通和协调,不仅有纵向联系,还包括组织成员间的横向联系和斜向联系,在这样的团队结构中,任何成员发现问题都可以提出合理建议,管理者不独占这些信息。所有的信息在各成员之间交换,发挥了每个成员的积极性和创新性。

二、职务特征模型

以上我们讨论了不同的职务设计类型。那么我们如何对一项职务进行分析，如何进行合理的职务设计呢？职务特征模型(Job Characteristics Model，JCM)提供了这样一个方法。该模型确定了五种主要的职务特征，分析了它们之间的关系以及对员工生产率、工作动力和满足感的影响，主要包括：

(1) 技能多样性(Skill Variety)，是指一项职务要求员工使用多种技术和才能的程度。

(2) 任务同一性(Task Identify)，是指一项职务要求员工完成完整的、可明确界定的任务的程度。

(3) 任务重要性(Task Significance)，是指一项职务对其他人工作和生活具有实质性影响的程度。

(4) 自主性(Autonomy)，是指一项职务给予员工在安排工作进度和决定从事工作所使用的方法上提供的实质性自由、独立和自主的程度。

(5) 反馈(Feedback)，是指员工从事某项职务所获得的有关绩效信息的直接和清晰程度。

在这五个职务特征中，前三个特征共同创造出有意义的工作，一项职务如果具备这三个特征，我们可以预期员工会将他的该项职务视为重要的、有价值的和值得做的；"自主性"则使员工可以根据自身特点与需要合理安排工作、安排时间，也使员工对工作结果产生责任感；"反馈"可以使员工知道他所进行的工作效果如何，有利于今后的改善。具体如图 8－24 所示。

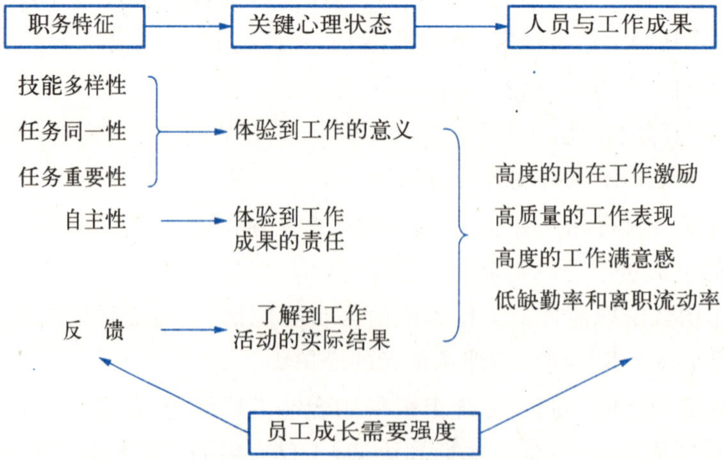

图 8－24 职务特征模型

职务特征与所形成的结果之间的联系受到个人成长需要强度(即员工对自尊和自我实现的需要强度)的影响。具有高度成长需要的员工，面对职务特征明显的职务，在心理状态上要比只有低度成长需要的员工有更高程度的体验，当这种心理状态存在时，高成长需要的员工也比低成长需要的员工能做出更为积极的反应。

第六节　工作制的选择

目前，绝大多数人早上八九点钟上班，在单位工作 8 小时后下班，每周 5 天如此反复。这种传统工作制的特点就是刚性的、没有伸缩调节余地的。随着社会的不断发展，越来越多的人发觉这种固定不变的工作制度使人感到厌倦，缺乏自己可控制的闲暇时间。

人们渴望有更多的可以自己安排的时间进行学习、工作和娱乐，一些新的工作制度的诞生正是基于这种需要而产生的。

一、压缩工作周

所谓压缩工作周(Compressed Work Week)，是指将 5 个 8 小时组成的工作周压缩为 4 个 10 小时组成的工作周。也就是说，每周 40 小时工作时间不变，每天多工作 2 小时，实行 4 天工作、3 天休息的办法(简称 4－40 方案)。

4－40 方案的赞同者认为，该方案能给员工提供更多的闲暇时间，减少了上下班往返时间的消耗，降低了员工请事假的可能性，对员工的缺勤率、满意度以及生产率都会产生有益的作用。

然而实践研究也发现，4－40 方案在刚推行时，确实能起到上述赞同者所说的作用，但是大约一年以后，这些优点中的许多就开始逐渐消失。员工往往抱怨工作日太疲劳(每天 10 小时)，难以处理好工作与个人生活的关系。同时，这种工作制仍然是刚性的：管理人员仍然规定下属员工上下班时间，因此，该方案并未给员工增加多少自由感。

压缩工作制的具体方法还有很多。例如，有些公司采取每周工作 6 天，每天 8 小时，而在炎热的 8 月则放假一个月。该方案有效地提高了员工的工作效率。

二、弹性工作制

弹性工作制(Flexible Work Time)通常又称弹性工作时间，是指给定员工每周工作一定的时数，在这个限定范围内员工可以自由安排工作时间。

绝对的弹性工作制是极其罕见的。一般来说，管理人员都采用由共同工作时间和弹性工作时间组成的方案。例如，某一工作日的共同工作时间是 9:00～15:00(去除 1

小时的午餐时间),而办公室开放时间是6:00～18:00。在共同工作的核心时间段,所有员工都要在工作岗位上,而在这一核心时间段前后剩余的各3个小时供员工灵活、自由安排(见图8-25)。有些弹性工作制方案还允许员工累积额外工作时间,从而可以在未来腾出一段自己自由控制的时间。

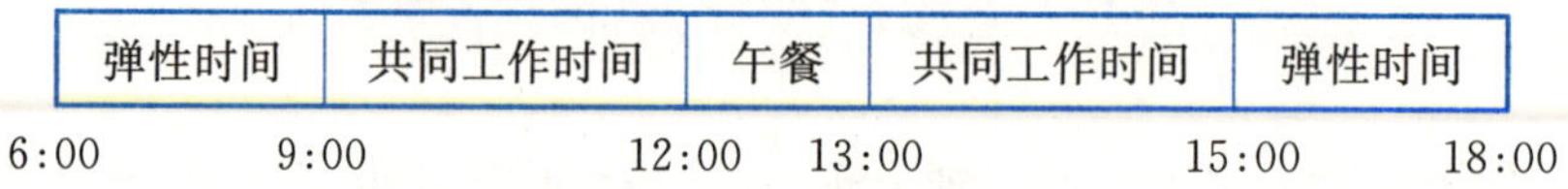

图8-25　某弹性工作时间表

显然,弹性工作制改变了传统工作制刚性化的一面,使员工可以根据自己的情况合理安排时间。研究表明,采用弹性工作制使拖拉现象减低42%,士气提高39%,生产率增加33%。这是因为,该制度使员工在“希望自己干得更出色以获得物质、精神上回报”以及“努力使自己拥有更多的闲暇时间”的双重利益的驱动下,将工作活动调整到最具生产率的时间进行,同时又根据自身情况更好地将工作时间与个人生活协调好。

弹性工作制的主要缺陷在于它影响了管理者的工作效率与效果。具体表现为:

(1) 管理人员的计划、控制、协调工作变得困难;

(2) 管理人员难以对处于核心的共同工作时间以外的下属员工进行指导监督;

(3) 当出现问题时,由于一些具备特殊技能或知识的关键性人物不在场而使问题无法得到及时解决。

一般来说,弹性工作制适用于与组织内外其他部门人员关联性较少的员工,如专家教授、设计人员、编程人员等,而营业员、接待员、操作工等就不适用于弹性工作制方案。

三、工作分享

工作分享(Job Sharing)是工作制度的一大创新。它允许原来一周40小时的工作由两个或更多员工共同分担。例如,一个人从8:00干到12:00,另一个人从13:00干到17:00。

工作分享有以下几点好处:

(1) 对于一些招不到全日制员工的工作岗位,采用工作分享方案可以吸收更多符合条件的员工。

(2) 能促进生产率提高。一方面,工作分享者通常比全日制员工有更好的出勤率;另一方面,全日制员工很少整天全力以赴工作。而工作分享者可以提供各自4小时的“满负荷工作”。

工作分享方案更适合于一些重复性的枯燥工作以及重体力活。

四、应急工

应急工(Contingent Worker)就是平时我们所说的临时工,一个组织面临的是一个不断变化的动态环境,而组织成员是相对稳定的——任何公司不能随便裁减员工,同时,对员工进行工作调换也需要一个再培训的过程。要适应这个变化的环境,应急工起了重要作用。对于一些易受环境影响,又是劳动密集型的部门(如商业部门、交通运输部门、旅游部门等),在业务繁忙时所需员工数量往往成倍于业务清淡时的数量。通过使用应急工,这些部门得以在业务忙季增加生产与服务,并在业务淡季避免大量裁员这一棘手问题,同时又保持了其核心队伍的稳定与精干。

应急工使管理人员的应变能力大大提高。但是,应急工并不是该公司的正式员工。这种较低的工作地位对于应急工的士气是有影响的。

五、远程办公

计算机与网络技术的发展为管理人员安排工作开辟了又一个可行途径,这就是让员工通过电子通信在家里工作,即远程办公(Telecommuting)。从技术角度上来讲,员工在家里通过一台计算机和一根电话线就可以将自己与同事、上司与下属联结在一起。这种工作制度较弹性工作制更富有弹性与自由。它也使得管理人员有了控制、协调的途径——管理人员可以随时与他所希望得到的人取得联系,同时远程办公减少了员工共同工作的心理压力以及上下班的时间耗费。

远程办公作为一种全新的工作制度,将会给社会生活带来深刻的变化。它会产生什么样的结果,以及这些结果对员工的工作效率、工作满意度的影响,目前还不得而知。比较关注的焦点是:这种工作制度是否会因为员工失去日常面对面的社会交往而感到孤寂与遗憾?员工担心是否会受到上司的重视?计算机网络的安全可靠性又如何?管理人员是否真正意义上的有效指挥与控制了他们的下属?

本章提要

人类社会事实上是由一个个组织构成的。没有组织,人们的活动只能是各自为战,这样将缺乏效率。本章从组织的基本概念出发,对组织定义做了完整的描述,并论述了劳动分工、统一指挥、职权与职责、集权与分权等重要的组织设计的基本理论与基本原则。根据这些理论与原则,一代又一代管理理论家与实践家们结合各自的时代环境特点,对组织的整体结构做了重新设计。这些组织设计有的对当代管理思想仍然产生很大影响,有的则是当今组织设计的思想代表。根据它们对环境变化的适应程度,分为机械型组织与有机型组织。

当今世界经济环境变化多端,技术革新的速度越来越快。僵化的组织结构将难以适应动态变化的环境。人们期望未来的组织能做到低成本、高效率、重人性、讲团队,精干、灵活而机动,组织的方式将不再固定不变。这些新的观点将构成组织理论的重要组成部分。

复习思考题

1. 总体而言,你认为专业化分工在未来是呈增强还是减少的趋势?为什么?

2. 试想当一个集权型组织收购另一实行分权的组织会产生怎样的问题?

3. 从效率角度看,你认为管理人员的管理幅度是宽些好还是窄些好?为什么?

4. 简述机械型组织与有机型组织的区别,在组织设计中影响你决定的因素有哪些?

5. 网络结构组织需要具备哪些基础条件?

第九章　组织变革

全章脉络

学习目的与要求

1. 了解组织变革的重要性；
2. 比较两种变革的观点；
3. 了解变革过程中应考虑的五大因素；
4. 掌握结构变革的主要方式；
5. 了解组织发展的五种常见方法；
6. 理解变革阻力的来源以及降低阻力的措施；
7. 辩证对待员工压力；
8. 了解企业再造的基本观点及其主要特征。

管理专业术语

Organizational Change Any alterations in people, structure, or technology.

Unfreezing A step in psychologist Kurt Lewin's model of change that involves reducing the forces for the status quo, usually by presenting a provocative problem or event to get people to recognize the need for change and to search for new solutions.

Moving A step in psychologist Kurt Lewin's model of change aimed at using techniques and actually altering the behaviors, values and attitudes of the individuals in an organization.

Refreezing A step in psychologist Kurt Lewin's model of change aimed at presenting a return to old ways of doing things by instituting new systems and procedures that reinforce the new organizational changes.

Change Agents People who act as catalysts and assume the responsibility for managing the change process.

Organizational Development (OD) Techniques or programs to change people and the nature and quality of interpersonal work relationships.

Stress A dynamic condition a person faces when confronted with an opportunity, constraint, or demand related to what he or she desires and for which the outcome is perceived to be both uncertain and important.

Business Reengineering The radical redesign of business processes to cut waste; to improve cost, quality, and service; and to maximize the benefits of information technology, generally by questioning how and why things are being done as they are.

如果不存在环境变化，管理者的工作会相对容易得多，因为今天与明天没有什么两样。事实上，当今世界变化发展太快了。一个组织在今天的环境下成长得很好，但是过了一段时间，在新的环境下，它可能就不适应了。而且，保持一个组织相对稳定所持续的时间越来越短，管理者必须做到"能在汽车行驶过程中更换轮胎"，这样才能持续保持一个组织的活力。

随着信息技术的迅猛发展，信息社会取代工业社会，整个环境发生了翻天覆地的变化。以迈克尔·哈默和杰姆斯·钱皮为代表的管理学者开创性地提出要对传统组织进行一次彻底的改革，抛弃适用了两百多年的古典组织理论，建立一个适应信息社会环境下的全新的组织制度，此项改革的核心内容便是建立"流程观念"。

第一节 变革的基础

任何企业都是处于一定的环境之中的，而环境总是不断变化的，当环境的变化对企业生存发展的威胁增强，甚至超过企业原有的优势特长时，企业必须进行适当的管理变革，使之适应新的环境。因此，管理者的组织设计并非一劳永逸的事情，在当今世界上，针对变化的环境进行相应的组织变革已成为管理者工作中的一个重要组成部分。

一、变革的界定

在了解整个变革过程之前，我们有必要先理解究竟什么是变革？为什么我们要进行变革？变革与稳定之间的关系又是怎么样的？这些问题的解决有助于我们更好地把握变革，并使我们能够在适当的时机、合适的环境下进行变革，以取得变革预期的效果。

（一）变革的重要性

组织变革（Organizational Change）是指为了提高组织成效而对现有组织进行改造的过程。这种改造涉及组织的方方面面，它将影响组织成员的职权、职责以及组织内部的信息沟通。由于新技术的不断发展、全球机会的增加以及组织精简的趋势，几乎所有的现代组织都在以某种方式进行着变革。

多数管理者认为，一个组织若要保持旺盛的发展势头，它必须持续地做出变革行动以适应环境的显著变化。这些环境变化包括消费者需求的改变、技术的突破、新的政策法规等。学习组织变革的有关理论是十分重要的，因为各行各业的管理者们在他们的组织生活中始终面临着组织变革的任务。变革已成为管理者日常生活的一部分。那些做出正确的变革决策，并成功实施变革的管理者能使他们的组织变得灵活机动而富有革新精神，这类管理者是组织最为宝贵的财富。

(二) 变革与稳定

一个组织要保持长期成功,除了要善于变革外,维持一定程度的稳定性也是十分重要的。图 9-1 说明了变革(Change)与稳定性(Stability)之间的关系。当稳定性与适应性均很高时[方格(3)],它对组织的生存与发展最有利;当组织稳定性降低后,组织生存与发展均受限制。因此,若管理者只注重一味变革而忽视稳定性的重要地位,它将导致一系列的管理混乱与员工的精神压力。在图中,虽然使用了"适应性"(Adaption)一词,但它与变革所表达的内涵是基本一致的。

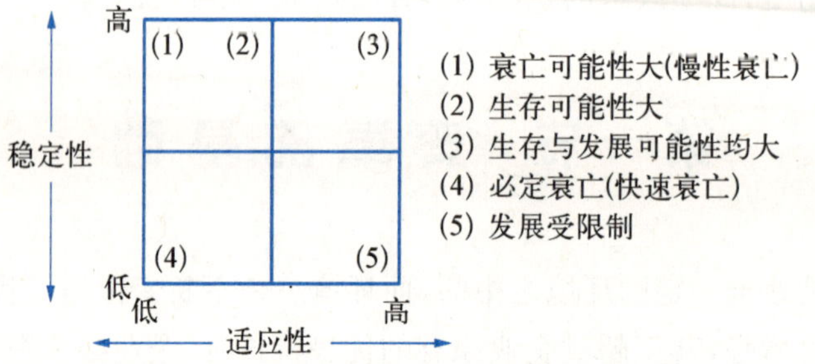

图 9-1 适应性、稳定性与组织生存发展

可见,当一个成熟组织比较适应当前环境时,管理者有必要保持其一定程度的稳定;当组织适应的环境条件发生或即将发生重大变化时,管理者应审时度势,变革旧体制,建立新体制。系统管理学派代表人物弗里蒙特·卡斯特和詹姆斯·罗森茨韦克在《组织与管理——系统方法与权变方法》一书中对组织动态平衡的观点有如下表述:

管理部门负有通过诊断情况和计划出最适宜于当前条件的调整以取得动态平衡的责任,一个组织的动态平衡将包括下列方面:

(1) 足够的稳定性,以利于达到当前的目标;

(2) 足够的持续性,以保证在目标或方法上进行有秩序的变革;

(3) 足够的适应性,对外部环境的机会和要求以及内部环境的变化做出反应;

(4) 足够的革新性,以使组织在条件适宜时采取主动性的变革。

二、两种不同的变革观

在变革理论中,管理学界存在两大基本观点——渐进观与激进观。渐进观认为变革应当以组织保持一定程度的稳定性为前提,激进观则认为变革是不断的、持续的行为。

(一) 渐进观

在 20 世纪的绝大部分时间里,渐进观一直统治着管理人员的思维。库尔特·卢因

(Kurt Lewin)提出了渐进观的三步骤变革过程(见图 9-2)。

图 9-2 渐进观的三步骤变革过程

持渐进观的管理者对环境变化基于如下认识：环境有时是处于相对稳定状态的。这个相对稳定的状态使得企业可以在较长的一段时间内保持一种平衡状态，在该状态下企业总体上是适应环境的。当环境变化到组织不相适应的程度之后，企业必须对组织现状进行“解冻”，以打破原有平衡状态，建立新的平衡状态，使之适应变化了的环境。

打破企业平衡状态(“解冻”)有三种途径：

(1) 驱动力——使行为脱离现有状态的力量——增强；

(2) 制约力——妨碍脱离现有平衡状态的力量——减弱；

(3) 混合使用以上两种方法。

从某种角度上讲，“解冻”过程就是促使组织全体员工统一思想，克服组织惯性与变革阻力的过程。“解冻”一旦完成，就可以顺利进行变革。但是，变革不是渐进观的最终目的，它的最终目的是“再冻结”，即将新的状态稳定下来，保持一段相当长的时间。要成功地进行“再冻结”，就要平衡驱动力和制约力两种力量，使之达到新的平衡状态。

渐进观对于处于相对平衡环境的组织来说，可能是适合的。然而，目前的企业日益处于不确定与动态的环境之中，这种观点的适用面已变小了。

(二) 激进观

以信息技术和生物技术为标志的新技术革命将使整个世界在人类生活的各个方面出现深刻的变化。因此，企业经营环境的不确定性将大大增强。越来越多的人认为环境的相对平衡状态所持续的时间越来越短且不可预测，渐进观对环境因素相对稳定的假设已不复存在。管理者面临的是不断变化的环境，他必须对环境的变化迅速、及时地做出有效反应，而不是按原定计划照章执行。

现在越来越多的管理者意识到，今天你还因拥有一项专利技术而沾沾自喜时，明天你就会吃惊地发现你的竞争对手已经研制出性能更高、质量更好的产品；今天你还在为自己遍布世界的销售渠道而自豪时，明天你就会发现对手已经将产品通过网络渠道传送到千家万户。因此，成功的企业应是能不断把握环境及发现机会、发挥优势的企业。

当然，也不是所有行业都面临这种无序变化的环境。例如，汽车制造、石油勘探行业等仍有着相对稳定的环境。但是，处于这种环境状态下的行业数量正在急剧地减少。特别是像时装行业、计算机行业、信息行业等，它们将长久地处于无法预料的环境变化之中，企业产品的生命周期将变得很短。

第二节　变革应考虑的因素

当组织变革进行时,管理者应考虑一些影响变革的主要因素。针对不同因素采取的不同方法将决定变革是否获得成功。这些因素包括:(1)变革推动者;(2)决定应做哪些方面的变革;(3)个人对变革的影响;(4)评价变革。

如图9-3所示,正是这四种因素的共同影响最终决定了变革成功与否。

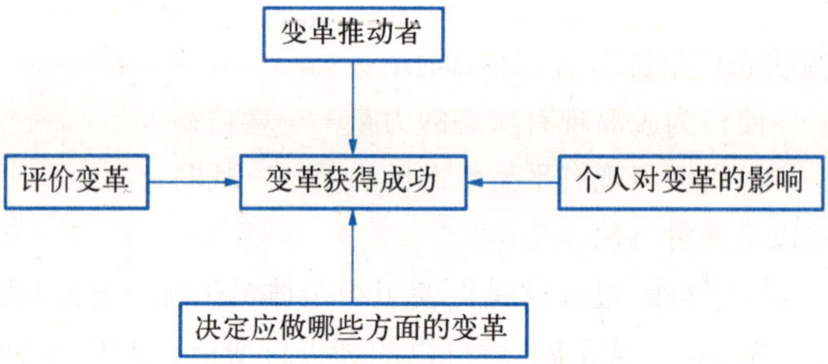

图9-3　影响变革成功的四大因素

一、变革推动者

当一个组织要进行变革时,管理者要考虑的一个最重要的问题之一便是谁充当此次变革的推动者——此人来自组织内部还是组织外部。变革推动者可能是高层管理者本身,也可能是受聘的顾问(他往往是某一领域的专家);他可能进行一些较为宽泛意义的变革(如改变整个组织的文化理念),也可能实施较窄范围的变革(如设计并实施一个项目)。尽管在某些情况下,变革推动者可能不是管理者,但在本章,我们将两者看作同一含义。

作为一个成功的变革推动者,他必须具备专门的技能,这些技能包括:决定一项变革该如何展开,解决变革带来的相关问题,熟练使用行为科学的工具去适当影响员工,能准确估计有多少员工能承受此项变革等。其中,估计员工承受力是最为重要的一项技能。

一般来说,管理者应选择一位在管理的各方面都有着高超技能以及丰富经验的人作为变革推动者。让一个没有足够技能及经验的人去推动变革是不会取得理想效果的。

二、决定应做哪些方面的变革

一般而言,管理者推动变革的目的是提高组织成效(Organizational Effectiveness)。因此,他必须分析是哪些因素导致了组织成效的下降,然后采取相应的改革措施去改变现状。多年来，人们普遍认为组织成效主要取决于以下三个方面：

(1) 技术因素：帮助组织成员有效完成工作的各种装备以及设计的程序。

(2) 结构因素：组织控制系统，包括组织结构、职务设计、责权分配、制定规章程序等方面的内容。

(3) 人员因素：组织内部与人力资源方面有关的因素，包括工作态度、领导技能、沟通技能等。

一个组织要想最大限度地提高效率，合适的人员应与合适的技术、合适的结构相匹配。因此，人员因素、技术因素与结构因素不能独立决定组织成效。相反，组织成效是由上述三方面相互作用的结果(见图 9-4)。

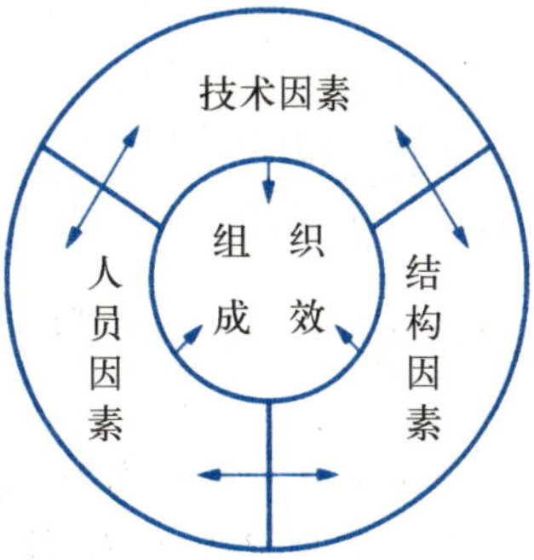

图 9-4 决定组织成效的三大因素

根据上述三方面因素实施变革计划，变革也可以分为技术变革、结构变革和人员变革三种类型。当然，三者之间是相互牵制的，一种变革常常会要求另一种变革来配合。

(一) 技术变革

技术变革强调改变管理系统的技术水平，它包括技术装备、工作流程、工作程序、信息处理系统以及自动化方面的变革。技术变革的直接结果是生产效率的提高。技术变革往往需要外部技术专家的共同参与，而且具有相当的技术内涵，它不作为本章的重点介绍对象。

(二) 结构变革

结构变革则通过改变现有组织的结构来进一步明确工作内容与工作目标，使信息传递更畅通，并减少沟通成本，增加部门之间的协作能力，提高员工工作积极性以及更大的组织柔性。表 9-1 列出了结构变革所涉及的领域。

表 9-1 结构变革的涉及领域

Ⅰ. 组织结构的变革 (1) 分权程度变革——提高分析化程度，加快决策制定过程； (2) 管理幅度变革——拓宽管理幅度，精简组织层次，组织扁平化； (3) 协作方式变革——加强协作； (4) 职务设计变革——职务轮换、职务扩大化、职务丰富化、工作团队； (5) 工作进度变革——更合理的计划与安排。
Ⅱ. 组织整体设计变革 (1) 机械型组织与有机型组织的选择； (2) 直线型、矩阵型、网络型、任务小组等组织形式的选择。

(续表)

Ⅲ. 其他变革 (1) 薪酬制度变革——关于工资、福利、认可表彰等制度的变革; (2) 考绩制度变革——对工作业绩做出更正确的评价; (3) 控制系统变革——财务、投资、消费、预算等控制指挥系统方面的变革。

一般来说,当管理者收集到足够的信息表明现有结构的不合理已成为组织低效的主要原因时,他就要考虑选择结构变革了。在进行结构变革过程中,管理者应该经常考察此次变革是否取得预期的目的,并据此做调整。

(三) 人员变革

人员变革是从改革组织成员的角度出发的,但它经常包括一些结构与技术变革的内容。人员变革的焦点是员工态度与领导技能的改变。一般而言,当人力资源成为制约组织成效发挥的主要因素时,管理者应考虑人员变革的措施。

人员变革的过程就是组织发展的过程。组织发展(Organization Development,OD)就是一种侧重于对人的变革,以改变人的行为、组织成员间的工作关系、促进组织成员的发展、提高组织成效为目标。常见的组织发展的方法有敏感性训练、调查反馈、过程咨询、团队建设和组间发展等。

1. 敏感性训练

敏感性训练(Sensitivity Training)是通过非结构化群体(Unstructured Group)的相互作用、相互影响来改变人的行为的一种方法。该群体由一位职业行为学家和若干参与者共同组成,不规定群体的议事日程,职业行为学家不担当领导角色,仅仅为参与者提供表达自己思想与感情的机会。群体活动形式多样,自由公开。参与者可以探讨他们喜欢的任何话题。活动所注重的是个人的积极参与及其与其他成员互动的过程。

实证研究表明,敏感性训练能迅速改善参与者的沟通技能,提高成员认识的准确性以及个人参与的积极性。

2. 调查反馈

调查反馈(Survey Feedback)是指通过问卷调查等形式分析组织的各项工作,对组织成员的态度进行评价,确定其态度与认识的差距,并将整理好的调查信息反馈给有关组织成员,帮助其消除差距的一种方法。

调查问卷的问题包括成员对决策制定、沟通效果、小组间协调、组织满意度、工作、同事及直接上司等广泛议题的认识与看法。将这些调查信息经统计处理后制作成图表形式分发给有关员工,帮助他们确定工作的现状与目标的差距,从而激发变革的力量以及确定变革的方向。

该方法能准确发现组织成员存在的问题,找到解决问题的有效方法,并能促进组织成员间的相互理解,改善人际关系,改进工作态度。

3. 过程咨询

过程咨询(Process Consultation)是通过外部咨询专家帮助管理者对其必须处理的过程事件形成正确的认识、理解和行动的能力的一种方法。这些过程事件包括工作流程、组织成员间的非正式关系、领导与下属的关系、正式的沟通渠道等。咨询专家通过问卷、观察、交谈等方式帮助管理者更好地认识其周围、其自身或其他人员之间正在发生的事情,并初步诊断哪些过程需要改进。咨询专家只起咨询帮助作用,不做决策,也不能领导组织成员,它不像前几种组织发展方法那样有组织成员的广泛参与,但有利于管理者从一个旁观者的角度了解问题。

4. 团队建设

与过程咨询不同,团队建设(Team Building)是依靠组织成员自己来实现组织发展。通过互动(Interaction),团队成员了解他人是怎么想和怎么做的;通过高强度的互动(如通过小组讨论、角色分析、过程分析等方式),团队成员学会相互信任和开诚布公,加强成员间的合作。团队建设方案的活动包括团队目标的确定,团队成员之间人际关系的开展,明确各成员任务和职责的角色分析以及团队过程分析等。例如,采用角色分析法,由团队成员各自扮演某一角色,谈谈该角色的主要职责,在团队中的地位以及作用,全队成员对此展开讨论,每人提出对该成员所承担角色的期望。通过这样的活动,使团队成员对每一角色在群体中应起的作用有所了解。

5. 组间发展

组间发展(Intergroup Development)试图改变不同小组成员之间的相互看法、认识和成见。例如,两个小组间一直存在不良的工作关系,可以让它们分别开列出一份清单,谈谈有关方面的认识:我们如何看待自己?我们如何看待对方?我们认为对方小组如何看待我方小组?然后交换两个小组的清单,讨论有何相似的认识及不同之处。特别需要注意两个小组清单的不同点,由两个小组考察存在差异的原因,并制定解决办法,改善小组间的关系。

三、个人对变革的影响

这里我们主要讨论个人对组织变革的一些不利影响。一个组织系统总是会有一个相对稳定的状态。在这个状态下,各层人员形成既定的关系及利益,组织内部的价值观也就逐渐形成。历史越长的企业,其内部文化理念、价值观越稳定,组织员工越不愿意破坏这种既定的状态。因此,变革势必会遇到阻力。作为管理人员,为了获得员工对变革的支持,他必须考虑以下一些因素:(1) 常见的变革阻力有哪些?(2) 如何降低变革阻力?

(一) 变革的阻力

可能使员工反对变革的原因一般有以下五个:

1. 关注个人得失

现有稳定状态下的组织体制总是符合大多数员工利益的,一旦组织结构要进行变革,必定会牺牲一部分人的既得利益。这部分人反对变革的阻力最大,他们担心由此而失去现有的地位、权力、收入以及福利。在这方面,老员工往往比新员工更加反对变革。

例如,一个企业要进行“组织扁平化”的战略构想,以适应日益变化的环境,增强迅速反应的能力。这时,中间管理人员将成为变革阻力的主要来源,他们担心“扁平化”会使他们失业或者被迫转到基层工作,因为只有很少一部分人会成为高层管理人员。

2. 不确定性

组织员工无法预测变革后的组织结构会给员工带来什么样的结果。研究表明,这种不确定性是组织员工所厌恶的,他们担心有朝一日会失去工作,或者不适应新的组织。

3. 认为变革不符合组织目标和最佳利益

例如,员工认为变革将导致产品质量下降,产品失去市场,他们就很有可能反对这项变革。

4. 企业文化、员工价值观的影响

企业的历史越长,它长期沉淀下来的文化、观念越深,变革的阻力就越大。当变革目标与企业长久形成的文化理念及员工价值观产生冲突时,会遭到多数员工的反对。例如,一个企业长期以来一直致力于关心员工生活与健康,关注员工的成长,管理者一直将工作环境、福利水平置于较高位置。员工也一直认为他们来这家企业并非由于该企业出色的业绩,而是因为企业能给他们提供稳定、可靠的工作与保障。如果有一天董事长宣布企业实行“竞争上岗”“员工待遇与工作表现直接挂钩”等制度,相信绝大多数员工将极力反对此项改革,辞职率必将大幅上升。

5. 过去的成功经验

一个曾经取得成功的企业,往往容易陶醉于昔日的荣耀之中,并将过去的成功经验作为企业未来制胜的“法宝”。事实上,由于环境的急剧变化,过去的经验可能不再适用于今天。然而,管理人员往往忽视这一点,坚信成功经验是万能的。著名管理大师德鲁克在《有效管理者》一书中写道:“一个组织如果只保持今天的眼光、今天的优点和成就,必然会丧失对未来的适应力。因为一切事情都在变化,维持现状,就不能在变化了的明天生存。”

(二)降低阻力的措施

任何问题都要具体情况具体分析,管理人员应根据本企业的实际情况,分析本企业变革的阻力主要来自何处,再采取相应的措施降低阻力。这里我们提供六种常见的方法,以供参考。

1. 教育与沟通

这一措施假定,变革阻力的根源在于信息失真或者沟通不力。员工不了解全部的事实，不清楚自己未来的情况，误认为变革对自己不利，或者不符合组织的最佳利益。这些都会引起员工对变革的反对。可以采取个别会谈、小组讨论、报告会等形式帮助员工进行沟通，使劳工和管理部门双方建立相互信任的关系。这样就消除了员工的担忧与误解，转变态度，支持变革。这种措施需要投入较多的时间与精力，特别是当变革触及许多员工利益时。

2. 参与

一个人要是参与了变革的决策，他就不容易成为变革的阻力，因此，在实施变革之前，可以考虑让持反对意见的人参与决策。然而，这样做也有负面效应：一方面，决策人员增多，造成意见难以统一，浪费大量时间；另一方面，持反对意见的人总是倾向于做出符合自己利益的决策，这样使决策出现偏差，甚至造成决策失误。

3. 帮助与支持

管理人员可以提供一系列支持性、便利性措施，以减少因员工对变革的恐惧和忧虑而产生的阻力。例如，向员工提供心理咨询，新技能、新岗位培训，提供短期带薪休假以促进其心理调整等。这种措施的缺陷是消耗时间，且花费较大，往往结合其他措施进行。

4. 谈判

这种措施较多地应用于一些有影响力的反对者身上。方法就是以某种有价值的东西换取他对变革的支持(或不反对)，谈判相对于前几种措施而言是有一定危险的，它取决于变革的推动者为克服阻力而做出让步的程度，而且这种谈判有可能成为反对者们勒索权力的途径。

5. 强制与威胁

所谓强制，就是管理人员运用手中的合法权力直接控制自己的下属，命令其服从，如调换工作、不升职等。管理者还可以威胁使用某种强制措施要求下属员工服从安排。它们的共同优点是容易收效，且成本不高；明显的缺点是有损管理者的威信与形象，因此，该项措施是在前几项措施均不成功的前提下使用的。

6. 进行人事调整

这是迫不得已的一种措施。即将反对者(特别是持反对意见的高层管理人员)撤职，由支持者取而代之。一些具有悠久历史的世界著名企业在进行战略变革时都不可避免地进行大幅度人事调整，目的就是统一认识、减少变革阻力。

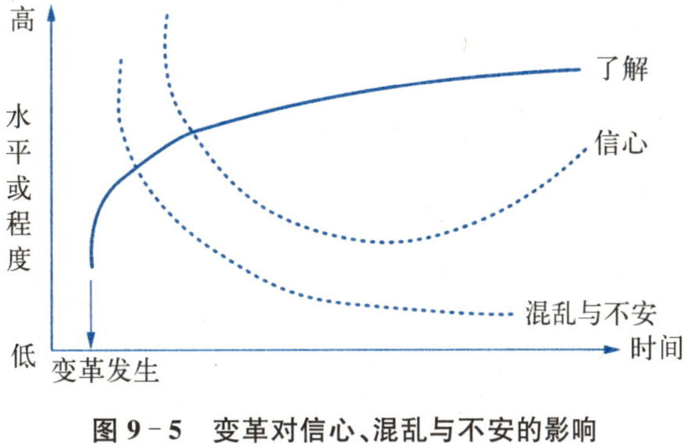

图 9－5 变革对信心、混乱与不安的影响

图 9－5 说明了变革对组织成员可能产生的心理影响。变革结果的不确定性是导致组织成员产生混乱和不安、信心下降的主要原

因,这也就产生了变革的阻力。但是,随着变革的不断深入,组织成员在参与中进一步得到了解,特别是组织的某些方面出现某种改进时,信心将会回升,混乱与不安将减少。这个模型表明通过组织成员的参与,在与他们沟通交往中将组织变革的性质、目的、潜在结果向他们说清楚的重要性。变革的不确定性清除了,变革阻力也就消除大半了。

四、评价变革

与其他管理行为一样,管理者应该对变革做出评价。评价变革的目的不仅是要对变革做出适当的修正以更好地提高组织成效,而且也是为下一次变革打好基础并提供经验。

评价变革通常要观察一些表示有进一步变革必要的征兆。例如,组织员工仍然墨守成规、不思进取;员工只在形式上履行义务而不接受现实问题的挑战;员工只考虑本部门目标而忽视公司整体战略目标……当上述这些征兆出现时,组织有必要进行进一步变革。

在进一步变革的问题上,管理者必须谨慎考虑,不能把进一步变革的决定仅仅以上述征兆为依据。因为这些征兆并不总是意味着有进一步变革的必要,管理者应从更多的客观因素上寻找原因。一般来说,如果它能实现以下目标,则管理者可以考虑进一步变革:

(1) 进一步提高部分员工收入,以满足其经济需求;

(2) 增加利润;

(3) 改进工作;

(4) 提高个人满意度与社会满意度。

第三节　变革与压力

当管理者实施变革时,他应该考虑到由此可能会使员工产生压力。如果员工压力上升到一定程度,这种副作用会抵消变革带来的预期成效,甚至比变革前的情况还要糟糕。这一部分我们主要讨论研究压力的意义以及驾驭压力的能力。

一、研究压力的意义

在一个组织中,适当的压力是必需的,它使员工保持一定程度的紧张度与兴奋感,促使员工更努力地去完成工作。然而压力过大,会产生许多负效应,导致员工工作效率的下降。特别是在变革期间,员工对未来的不确定性以及对自己不利的预期使得他们产生比过去更大的压力，这些压力可能来自周围环境，但更多地源于自己本身。过重的压力造成员工巨大的精神负担，它将对组织产生以下一些不利影响：

（1）不利于员工的身心健康，使员工无法全身心投入工作，决策制定缓慢，从而影响组织成效。

（2）导致员工在工作中经常走神。

（3）有着巨大压力的员工会影响周围正常员工的工作。

（4）导致组织额外费用支出的大幅度上升。例如，一些企业不得不花大量时间和金钱用于对有精神压力的员工进行药物与心理治疗，他们甚至还要应付大量与精神压力有关的官司。

因此，管理者有必要对员工的压力进行正确评估，尤其在变革阶段，员工容易造成过大的心理压力。要获得变革成功，管理者必须注意及时消除员工不必要的担心与顾虑，降低他们的压力。

管理聚焦

安捷伦：如何分拆能成功？

在业绩不振、条块难以平衡之际，业务剥离或分拆会成为众多企业的被迫选择。2014 年下半年，惠普、eBay 等跨国企业纷纷宣布了各自的分拆计划。目前，我们尚无法确知这些分拆进程能否顺利进行，最终能否促使企业涅槃重生。作为业务分拆的经典案例之一，惠普早期的一次分拆——安捷伦科技公司（Agilent Technologies），却给我们研究大企业业务调整提供了鲜活案例。

自 1999 年从惠普分拆出来之后，安捷伦在短短十余年的时间内即取得了不俗的业绩，2014 年，位列《财富》杂志美国 500 强第 384 名，在电子测量领域堪称“全球电子测量之王”。目前，安捷伦拥有 2 万多名员工，业务遍及全球 100 多个国家和地区。

但与此同时，安捷伦的成功也伴随着频繁的业务线调整，分拆与并购屡屡发生。粗略统计，自成立至今的 15 年内，安捷伦已先后进行逾 30 次不同程度的业务并购或拆分。2013 年，安捷伦继续根据业务线的不同特点进行垂直化、专业化聚焦。目前，一分为二的两家企业中，一家沿袭“安捷伦”之名，主营化学分析与生命科学、医疗诊断业务；另一家分拆出来的“是德科技”（Keysight Technologies）则从事电子测量业务。电子测量、生物分析诊断两个领域身处两个迥然不同的市场。前者属于周期性行业，受半导体和 PC 行业的影响很大；后者市场较为稳定，数十年来均保持稳定增长。

安捷伦可以成功实施业务变革与分拆的一个秘诀在于，强调做一家成功且专注的公司。安捷伦的变革并不是在核心价值方面的,而是集中于业务开展方式上。所有的变革都是被创新产品、挖掘商机所驱动的。安捷伦相信,一旦业务达到一定规模后,只有在客户和投资上更加专注于业务,才能拥有更多领先优势。在业务分拆前,公司拥有40亿美元规模的生命科学业务和40亿美元规模的电子测量业务,它们面向不同的市场、不同的客户,业务模式也不尽相同,因此,最好是将这两块业务分拆开来,让每个公司都能专注于各自的核心市场,所有的投资和精力都集中在各自的业务发展上。

安捷伦的企业文化沿袭了“惠普之道”,并且针对自身做出了拓展:追求创新、互相信任和尊重、不可妥协的正直准则,再加上速度、专注和责任。以这一文化为基础,安捷伦在变革过程中,强调在沟通上做到透明。公司管理层花了大量时间与员工沟通,解释目前在做的事情是什么、为什么要这么做,以及这么做会有什么益处。也许不是每个人都赞同,但是需要尽可能做到决策的透明和公开。

为了赢得市场竞争,同一领域的许多公司通常会进行一系列企业收购,买下一家又一家的公司。安捷伦的战略是,把要收购的公司纳入公司的系统当中,将公司的有机成长模式应用到新收购公司的业务上,以确保并购最终转化为核心竞争力。认清市场的长期走势,根据市场走向做长期规划,这就是变革中最关键的因素。

[资料来源]《大企业如何分拆不失败?》,《哈佛商业评论》2015年1月。

二、驾驭压力

几乎所有组织的所有成员或多或少会有压力感受,如何将他们的压力控制在一个恰当的水平是管理者的一项重要管理艺术。本小节将就以下三个问题展开讨论:(1) 辩证看待压力;(2) 如何发现不健康的压力;(3) 减轻过重压力。

(一) 辩证看待压力

要正确处理好员工的压力问题,管理者首先应理解员工压力与员工工作业绩之间的关系。图9-6较好地显示了这种关系。在图中,我们可以看到,过大或过小的压力对工作业绩都有较大的负面影响。当员工压力较小时,适当增加压力会使员工工作业绩上升;但这种正比关系在压力增加

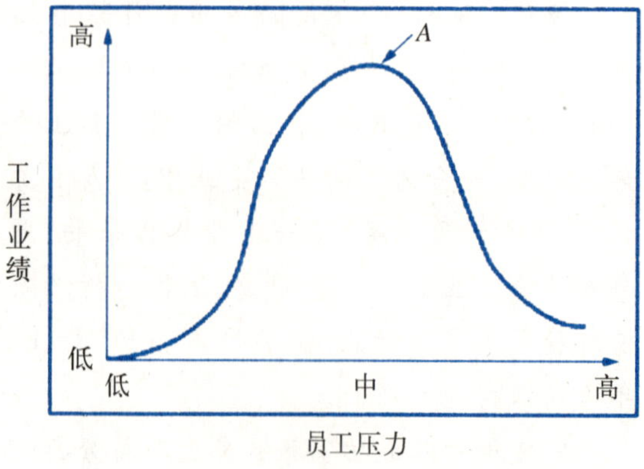

图9-6 员工压力与员工工作业绩关系

到一定程度(图中 A 点)之后将不复存在,员工工作业绩将会下降。

一般认为,保持适中的压力对组织是有好处的,它可以提高工作效率。因此,管理者应采取措施把员工的压力维持在 A 点附近,以取得最大的工作业绩。在变革过程中,员工有可能承受过重的压力,管理者应将重点放在如何降低过重的压力上。

(二) 如何发现不健康的压力

要理解压力的辩证作用是不难的,然而要发现是哪些员工承受着过重压力却是不容易的,因为员工对过重压力的行为反应是多种多样的,而且部分心理反应是管理者难以(甚至是不可能)观察到的。尽管如此,人们在实践中还是总结出一些管理者可以观察到的在过重压力下表现出来的征兆:(1) 持续的疲劳状态;(2) 精力不充沛;(3) 情绪低落;(4) 容易激动;(5) 过度饮酒;(6) 脾气急躁;(7) 不思饮食;(8) 过度焦虑;(9) 持续烦恼。

当管理者发现员工有上述某项(某几项)征兆出现时,他应判断这些征兆是否因为过重压力所造成。如果确实如此,管理者应帮助他们减轻压力,或改善导致压力增加的相关环境。

(三) 减轻过重压力

变革使员工面临一个新的组织环境,在这个新环境下,员工会发现:以往的行为变得不再合适甚至是多余的,一系列的挫折带来了许多负面效果,不断出现的临时解雇与辞退现象……这些新的环境都是员工压力的来源。管理者帮助员工减轻过重压力的方法是多种多样的,这里列举几种有代表性的方法:(1) 给予他们更多的培训,以适应未来新的工作安排;(2) 通过暂停进一步变革来缓解过重压力带来的负面效应;(3) 创造一个支持员工的组织气氛,如减少组织的行政官僚性、支持员工的需求等;(4) 使工作更丰富而有趣味性;(5) 开展工作咨询,告诉员工下一步要做什么以及将在什么时候做。

第四节 企业再造

企业再造又称流程再造(Reengineering)。1993 年,美国学者詹姆斯·钱皮(J. Champy)和迈克尔·哈默(M. Hammer)合著的《再造企业》一书出版,正式提出现代企业要进行一次彻底的革命。该书立刻引起了广泛的关注,被美国传媒誉为“企业改革的圣经”。《再造企业》的英文原书名是 *Reengineering Corporation*,汉语将“Reengineering”翻译为“重组”“重新设计”“改革”“再造”等。在这里,我们采用“再造”一词以说明此项改革的彻底性。

一、推动环境变化的三种力量

环境条件的急剧变化是企业再造运动的动力。任何管理者都希望他的组织简单精干、行动灵活、反应快速、竞争力强、富于创新、效率高并能盈利。然而,目前有许多公司庞大臃肿、行动迟缓、反应迟钝、竞争力弱、因循守旧、效率低下并屡屡亏损。这是什么原因呢?哈默和钱皮指出,这是因为传统组织是为工业化社会的环境条件而设计的。在工业化社会中,生产环境稳定,需求持续增长,企业可以依靠批量生产的规模效应取胜。然而进入20世纪90年代后,环境发生了深刻的变化,归纳起来有三种力量:顾客(Consumers)、竞争(Competition)和变化(Change)。我们称之为"3C"。

(一)顾客因素

在20世纪大部分时间内,产品制造商和服务供应商是基于这样一种理念开展生产经营活动的:顾客是大同小异的。因此,公司希望提供一种标准化产品或者标准化服务来满足大多数顾客的需要。一些对此并不满意的买主也会由于缺乏挑选的余地而有什么就买什么。

然而,如今的顾客有了更多的挑选余地,他们追求的是多样化、个性化的产品与服务。每一位顾客都希望生产的产品符合自己的需要,交货的时间能配合自己的生产计划或工作时间,支付方式能使自己感到方便。可以说,试图以一种标准化产品或服务来满足一个消费群体的需要已经变得越来越难了,现在的情况是:企业要争取每一位顾客,满足每一位潜在顾客的需求。在买方市场条件下,今天你失去一位顾客,不会马上出现另一位顾客来填补。

顾客占上风的另一个原因是买方现在容易获得大量可靠信息。随着信息技术的发展,顾客不必跑到市场上去收集信息。在家里,他就可以通过报纸、电视、网络、通信等手段了解全国各地供应商的信息。货比三家,他势必会挑选最符合自己需要的产品与服务。

(二)竞争因素

世界经济一体化趋势正在加速,随着贸易壁垒的逐步取消,企业与公司将不再能获得地方的保护,它面临的是全球的竞争。规模已不再是竞争制胜的唯一"法宝",在竞争中,可以价格、质量、服务、差别化等任何一个方面取胜。激烈的竞争使企业产品的寿命周期大大缩短,只有能对现代市场环境的变化做出迅速灵活反应的企业才能赢得生存发展的机会。

(三)变化因素

这里的"变化"不仅包括顾客行为的变化、竞争的变化,还包括一切其他因素的变化，而且变化的步伐在加速。

在知识经济时代，产品和服务的创新越来越迅速。一个经营业绩良好的企业可以因竞争对手推出的全新产品而从此一蹶不振。要适应当前变化多端的环境，公司必须对各方面因素保持高度的敏感性，坚持不懈地做跟踪调查，并激励每一个员工的变革和创新意识，不断开拓，不然就会落后。

二、传统组织对新环境的不适应性

上述“3C”的新环境特征归纳起来就是告诉我们要使企业具有灵活应变的能力，然而，传统组织是按照亚当·斯密的劳动分工理论组织自己的工作，这种组织结构随着组织规模的扩大，越发显露出对新环境的不适应性。具体表现为以下几点：

（一）只见树木，不见森林

今天的公司由各职能部门或分支机构组成。这些部门是根据专业分工原理设置的，它们将一个完整的流程分割得支离破碎，参与某一工作流程的不同工作人员都只对自己的部门负责，眼睛向内看，注意自己的小单位；向上看，只注意其上司，而没有人把目光向外看，关注顾客。

（二）官僚主义

传统组织的金字塔结构使得员工的创造性受到抑制，企业内部的革新精神也凝固化了。如果公司内部某职能部门的工作人员有一个非常好的想法，他（她）在将这一想法上报时必须先报告给其顶头上司，再由后者上报给其上一级，如此逐级上报，直至公司最高领导。而这个想法要被公司接受，需要得到逐级点头。在这个由下而上、再由上而下的过程中，只要某一级领导持否定态度，新想法将被扼杀。况且在如今的动态环境下，要等到这一想法被逐级认可之后再付诸实施的话，也许实施的条件已经发生了变化。更可怕的是，这种“逐级审批”制度容易成为各级管理者权力的象征。本来很好的建议被上司否定掉了，可能这位上司想以此展示自己的权力。

（三）反应迟钝

传统组织将业务流程分解成各项任务，各部门实行专业化，这种设计反映了这样一种假设：企业外部环境变化是不大的，且可以预见。只要每个专业化部门按设计要求正常运行，整个业务流程将像预计的那样达到最高效率。因此，企业内部没有一个人能认识外部环境中出现的重大变化，即使企业内有某个个人认识到这种变化，他（她）也对此无能为力。

(四) 机构臃肿

随着现代化企业规模的不断扩展,亚当·斯密的劳动分工理论已达到了规模不经济的地步。劳动分工理论使公司把一个流程分割成许多简单而重复的任务,并分配不同部门的不同人员去完成。同时,公司不得不配备管理控制人员去监督上述任务的完成。随着组织规模的扩大,管理人员数量也急剧上升,管理费用的支出也大大增加。事实上,许多管理人员(尤其是中层管理人员)的工作简单轻松,但是出于专业分工和监督沟通的要求,又不得不安排这些职位,这就使组织陷入规模不经济的困境。

三、企业再造的基本概念

迈克尔·哈默和詹姆斯·钱皮给再造(Reengineering)下了这样的定义:再造是指"针对企业业务流程的基本问题进行反思,并对它进行彻底的重新设计,以便在成本、质量、服务和速度等当前衡量企业业绩的这些重要尺度上取得显著的进展"。在这个定义中,最重要的关键问题是"流程"二字,它是企业再造的核心内容。

根据哈默的流程定义,所谓业务流程,是指企业以输入各种原料和顾客需求为起点,到企业创造出对顾客有价值的产品或服务为终点的一系列活动。流程有大有小,对于一个制造企业而言,从原材料投入到产品产出,这个过程可以看作一个大流程。该流程又可以细分为若干子流程,如购货订单执行流程(即从接受购货订单到把货物送到顾客手中这一全过程)就是一个子流程。公司管理者不能把改革的眼光放在业务流程中各项任务的效率提高上,而应该把眼光放在整个业务流程上。他要考虑流程中的每一项任务对于整个流程来说能发挥什么样的作用,要做出哪些相应的改革。

仍以购货订单流程为例,我们看一下按流程组织工作与按任务组织工作的巨大差异。

购货订单流程包括以下几个程序:(1) 接受客户购货信息;(2) 办理客户购货订单;(3) 由工厂把制成品发往"中央分销中心";(4) 由"中央分销中心"把制成品再运往"地区分销中心";(5) 按客户订单组织供货(见图 9-7)。"地区分销中心"接受客户购货订单并组织供货。如果按任务来组织供货的话,很有可能出现一批货物来回周转却迟迟不能送到用户手中的情况。

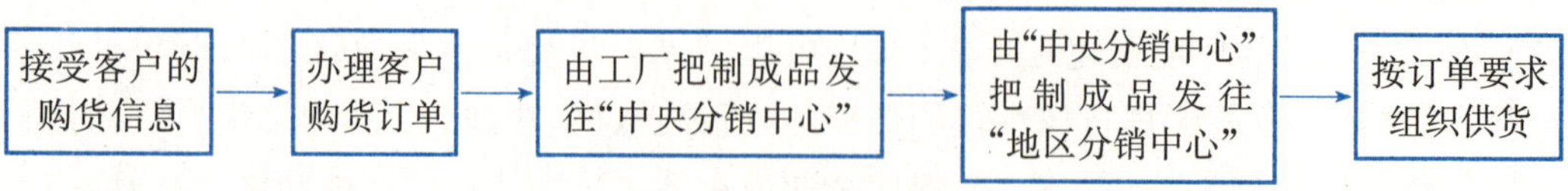

图 9-7 购货订单流程

如图 9-8 所示,某一"地区分销中心"A 接到用户迅速订货的要求,那么,按照既定的工作流程,“地区分销中心”A将向“中央分销中心”发出购货指令(1天);“中央分销中心”再通知厂区将货物运出(5天);货物运到“中央分销中心”后验收、入库、上架(3天);然后再按“地区分销中心”要求将货物发装运往“地区分销中心”(1天);“地区分销中心”验收、入库、上架(3天);“地区分销中心”按顾客要求将货物发装运到顾客手中(1天)。这样总共14天时间,而且是最快速度了。然而客户最多只能等12天,于是这笔交易就泡汤了。事实上,“地区分销中心”A与“中央分销中心”只是一街之隔。如果工作人员不是只考虑本工作程序的完成情况,而是从整个流程的角度、从顾客角度考虑的话,他们完全可以将货物直接从厂区运往“地区分销中心”(总共需10天);或者向剩余存货的地区分销中心调货,甚至直接向“中央分销中心”急调所需货物。这些办法都可以在10天之内完成供货任务,满足用户的需求。

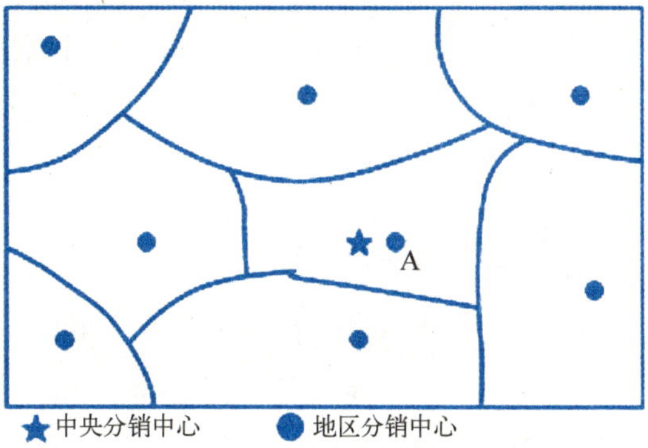

图9-8 公司在某地区的分销点

为什么管理人员不会想到那些更快的供货方式呢?因为管理者在劳动分工观点的影响下,把工作重点放在了工作流程的每一项任务上。他们要求这个流程的每一个环节都要做到最高效率,却忽视了这样一个问题:这个环节(任务)对于整个流程而言究竟有何重要性?如果整个流程不能发挥作用,也就是说,如果它未能把货物发送到顾客的手中,那么,对顾客来说,上述任何一个环节(任务)都是白搭。因此,哈默等人所说的对业务流程的“重新设计”是抛弃两百年来人们普遍接受的专业分工等级管理理论,“一切从头做起,一切从零开始”,是一场彻底的革命。

企业再造不是简单地改变组织结构。哈默等人认为,现代企业面临的问题究其根源,并不在于组织结构,而在于流程结构。对流程结构的重新设计会导致出现一个全新的组织结构形式,但是企业再造不等于对一个组织进行重组或精简。“如果不改变原有的流程,而只是在原有流程上建立新的组织,这无异于新瓶装旧酒”。

四、再造企业的基本特征

(一) 流程观念取代职能观念

传统组织提倡按职能进行组织结构设计,每一职能又细分为许多项简单重复的任务。要把种种简单的任务都联结起来,就需要有复杂的流程。这种做法造成了组织内部各部门之间信息堵塞,每个部门只考虑本部门的工作效率,却忽视了整个流程的效率提高。

流程观念认为,业务流程必须简单化,这是适应当前时代对质量、服务、灵活性和低成本的需要。整个组织的活动是通过一个流程满足顾客需求,而非一个个部门的单独活动。因此,我们考虑的是"这个流程能创造多少价值""我们可否重新设计此流程使之能创造更大的价值"。

(二) 业务流程柔性化

传统的生产流程是为市场提供大批量产品而满足市场的需要,因此一个流程的所有产出都是标准化的、单一品种的。如今的市场是多样化的、动态变化的市场,它要求同一流程具有多种变化形式,每一种变化形式要满足不同市场、形势或输入的需要。此外,这种全新的流程还必须具备批量生产的规模经济效益。我们把这种同一流程的多变形式称为流程的柔性化。例如,IBM 信贷公司对客户信用的审核程序做了分类,有三种变化形式:第一种是简单明确的(完全由计算机来完成),第二种是比较难办的(由综合交易员来完成),第三种是棘手的(由综合交易员在专门的顾问帮助下完成)。

(三) 职位合并

在传统组织中,一个业务流程有若干个工作步骤,每一个步骤分别由不同部门的专业人员完成。这些专业人员的工作往往十分简单而重复,他们各自的工作情况与进度互不知晓,各步骤之间的转变与衔接也容易出差错;同时整个业务流程没有任何一个人、一个小组或部门负责,当顾客有问题而来电询问时,没有一个人能给予满意答复。

现在对这种工作流程进行改革,将各步骤的职责合在一起,由一个人全权执行,并由他一人代表公司与这个流程的客户打交道。如果一项流程比较长或复杂,可以交由一个工作小组执行,他们互相协作,处理种种问题。

采取合并职位的办法可以消除步骤衔接上的可能差错,减少信息传递的失误,同时能更好地为顾客服务。

(四) 打破组织机构的界限安排工作

在传统组织中,工作是围绕专业人员设计的。会计师知道怎样记账,采购员知道怎样订货,他们两个人属于不同的部门。于是,当会计部门需要新的铅笔时,由采购部门去采购,采购员找供货商,谈价格,签订单,看货色,根据发票付款,最后是会计部门得到了铅笔。这笔采购费用也许高达几百元。然而,这些铅笔的价格只有几十元。

如果我们打破组织机构的传统界限,公司将采购权下放给各流程的客户,即由会计人员自己采购自己需要的铅笔,所花费的采购费用可能只是十几元,因为会计人员执行了采购流程的一部分或全部职能之后,消除了中间转手和多余管理机构,也就削减了费用支出。

(五) 减少检查和控制

传统的业务流程是由许多项简单的任务构成的,前一步骤的任务执行有误会影响后一步骤的任务执行,因此,它充满了检查和控制的步骤。随着组织的发展,管理人员发觉检查控制工作所花的时间和精力可能比实际业务流程还要多,管理费用也节节上升。重新设计流程之后,可以采取总检查或者推迟检查的办法。这种检查容忍了不严重的、有限的滥用流程的情况。虽然滥用情况可能比以前有所滋长,但是与检查控制有关的管理费用却大幅度减少,因此总体上是得大于失。

就拿上一个例子来说,采购部门使用信用卡进行采购,有可能利用信用卡乱花钱。但是审计人员不必担心:当使用信用卡付款超过该部门的日常预算时,部门管理人员可以事后审查费用支出情况,未经批准的采购行为将会被发现。这个例子说明:尽管检查工作大大减少,但并不会出现大量企业资产流失的情况,而且采购人员在工作时的心情比以前在多道检查程序监控下工作要愉快得多。

五、企业再造对组织结构的影响

(一) 职能部门变为流程执行小组

前面我们已经谈到,传统的分工理论把一项工作分割成一个个简单的操作,企业再造的目标就是以流程观念,将工作恢复到原先的模样,也就是说,由几个人合在一起,组成流程执行小组(Process Team),去完成整个业务流程,取代以往的职能部门。

仍以购货订单流程为例,由好几名在不同职能部门工作的员工处理这项工作,他们分散在公司各部门、各地区,分别执行各自职能。这样,一份订单就要在不同部门、不同地区的各有关工作人员之间来回周转。这些工作人员只关注自己那部分操作(例如,“中央分销中心”的一名工作人员只关注库存周转,“地区分销中心”的工作人员则关心发货时间等)。

现在换一种办法,将整个订单流程由一个小组集中在一起干。这个小组的成员来自不同部门,他们不改变他们的原来工作,只是不像过去那样分散在各自部门去干。或者说,我们只是“将一群被公司人为分割开来的工作人员予以还原,合在一起”,组成一个小组,哈默与钱皮称之为流程执行小组。

流程执行小组减少了部门之间信息堵塞的情况,更有利于小组成员的合作,从而以流程为导向,真正做到为顾客服务。

(二) 小组成员由受控制转变为授权

公司管理层将完成整个流程的责任交予流程执行小组,也就必然授权给该小组。

这样小组成员可以独立思考,相互沟通,独立判断,做出决定。这种管理方式对公司员工的整体素质提出了很高的要求。

(三) 组织层次精简

传统组织的基本单位是职能部门,是执行相同任务的一群人。企业就是由这些职能部门结合在一起的,它需要管理"黏合剂"把各项工作黏合在一起。同时,组织结构还要在机构内建立起上情下达、下情上报的沟通路线,由此确定了等级制度。

以业务流程组成工作小组之后,许多工作问题可以在小组的正常工作进程中得以解决,不再像过去那样各部门管理人员频频集中会晤、开会,把各项工作"重合"起来。由于负责流程工作的是流程执行小组,上下级之间的信息传递就显得毫无必要。一个流程执行小组的各成员是平等的。有问题需要与谁交流就与谁交流,小组具有自治权。这样,组织结构的层次大大减少,不需要起信息中介作用的中层管理人员。

本章提要

当今世界已进入了信息时代,它给传统组织提出了全新的要求。规模不再是企业取胜的唯一"法宝",如何面对瞬息万变的世界做出灵活的应对是当今组织面临的新课题。未来的新型组织将是适应信息社会特点的,高效率、重人性、讲团队,精干、灵活、机动的组织。

本章首先阐述了变革的重要性,并辩证分析了变革与稳定之间的关系,使读者能较好地把握变革。在变革过程中,我们要掌握好影响变革成功的四大因素:变革推动者、决定应做哪些方面的变革、个人对变革的影响以及评价变革。在变革类型中,主要有技术变革、结构变革与人员变革。这三种变革类型是互相连动的,而非孤立的。处于不同环境的组织有着自己的特点,一个组织所采取的变革手段并不一定适用于其他组织。

变革一定会产生阻力,如何克服阻力是管理人员面临的一大课题。同时,变革也会使员工产生过重的压力。它将抵消变革带来的好处,甚至比变革前还要糟糕。因此,管理者应辩证看待压力问题,并找出合适的办法以减轻员工的压力。

企业再造是20世纪90年代以来十分流行的管理理论。它的核心观点便是一切以顾客为出发点,按照顾客的"指令"生产顾客需要的产品,企业的生产流程、服务方式等一切行为都以顾客为最终目标,由此造成了企业十分彻底的改革运动。

复习思考题

1. 当何种事件发生时说明组织需要变革了?你主张渐进变革还是激进变革?为什么?

2. 在组织中通常由谁来充当变革推动者?
3. 什么是组织发展(OD)? 常用的 OD 技术有哪几种?
4. 组织变革中会产生哪些阻力? 如何克服之?
5. 什么是企业再造? 它与组织结构调整有何关系?

第十章　人力资源管理

全章脉络

学习目的与要求

1. 理解人力资源管理在组织中的战略意义；
2. 了解人力资源管理系统的五个基本要素；
3. 掌握人力资源规划、职位分析、人员招聘、甄选的基本程序及方法；
4. 掌握员工培训与发展的程序及主要方法；
5. 掌握绩效评估的类型、责任者和反馈的基本原则；
6. 了解薪酬与福利制定的依据和原则。

管理专业术语

Human Resource Management The systematic management process and practices to influence the competency, attitude, behavior, and performance of the individuals to achieve the organizational objectives.

Job Analysis The process of assimilating all of the information about a particular job, including job description and job specification.

Human Resource Planning The process of determining future human resource needs relative to an organization's strategic plan and taking the actions necessary to meet those needs in a timely manner.

Recruiting The process of finding and attracting job candidates who are qualified to fill job vacancies.

Selection The process of evaluating and choosing the best qualified candidates from the pool of applicant recruited for the position.

Human Resource Development The process to ensure that organizational members have the knowledge and skills needed to perform job effectively, take on new responsibilities, and adapt to changing conditions. HRD activities could be divided into two categories: training and development.

Performance Appraisal A systematic process of evaluating employee job-related achievements, strengths, and weaknesses, as well as determining ways to improve performance.

Compensation The package of quantifiable rewards an employee receives for his or her labors. Includes three components: base compensation, pay incentives, and indirect compensation/benefits.

在任何企业中，管理者几乎都不会否定人力资源在企业经营成败中的关键作用。人们在各种场合下听到高管人员声称“员工是本企业最重要的资产”，并将大量金钱用于员工招聘、甄选、培训和激励，以期提高员工队伍的整体素质和激励水平。企业中所有这些管理活动，都应被视为人力资源管理的一部分。具体来看，人力资源管理是组织用于影响员工能力、素质、态度、行为和绩效的各项理念、政策和实践的总称。

人力资源管理包括三个重要思想：第一，人力资源管理不是由人力资源管理部门独立完成的，它的成功需要直线管理者、人力资源管理者和全体员工的共同参与。第二，员工被视为公司最重要的财富。为公司带来竞争优势的是员工，而不是机器设备或技术文档。第三，人力资源管理的核心在于员工—岗位—组织间的有效匹配，即员工价值观与组织文化的匹配、员工能力与岗位要求的匹配，以及员工工作动机与组织激励机制的匹配。为了有效管理和激励员工，管理者需要在了解和熟练运用行为科学知识的基础上，通过有效运用人力资源管理制度和技术，充分发挥其领导力。

第一节 战略性人力资源管理

一、人力资源管理的战略角色

无论组织的规模大小，人力资源管理都是至关重要的。今天的人力资源管理活动已经远远超越了简单的考勤、发工资、招工录用等日常行政事务性活动。作为公司战略的一部分，越来越多的公司通过人力资源战略的规划和实施来寻求可持续的竞争优势。尽管战略往往被看作宏观领域的概念，组织中实际的战略执行取决于组织所有层面上的个人在微观上做出的大量决策，以及他们执行这些决策的能力。为此，组织的人力资源战略必须诱导出每一组织层次上的支持性选择，并通过吸引、开发、保留和使用核心人才来获得和保持企业的长期竞争优势。

通过人力资源管理获得持续的竞争优势，要求人力资源构成企业核心能力要素。为此，企业的人力资源需要满足五个条件：(1) 价值性，即企业拥有的人力资源有助于其充分利用外部机会和缓解外部威胁，对企业核心能力有明显的贡献。(2) 独特性，即员工所拥有的智力资本由本企业独占，而其他企业不拥有(或暂时无法拥有)。这决定了企业间的异质性和效率差异性。(3) 难以模仿性，即竞争对手短时间内无法通过准确识别、模仿或学习，很快实现在特定领域的赶超。否则，基于价值性和独特性而形成的竞争优势将在短期内为竞争者学习掌握。(4) 不可替代性，即竞争者无法绕过改善人力资源质量或能力来实施与本企业相同的战略。(5) 组织化，即公司的核心能力不是源于公司拥有的少数关键员工、资源或能力，而是多种人力资源、能力相互整合形成的系统能力。

管理聚焦

重塑人才经济

100 多年前,最珍贵的资产是自然资源。标准石油公司需要碳氢化合物,美国钢铁公司需要铁矿石和煤,大西洋和太平洋食品公司需要房地产。20 世纪以来,美国龙头企业不断发展壮大,用于开采和获取石油、矿藏、森林、水和土地资源的资本投入越来越高。仅在 50 年前,总市值排名前 50 位的美国企业中,72%的企业都还认为它们名列前茅的原因是掌控和开采自然资源。毋庸置疑,公司越成长,越需要劳动力。但这一时期,工作大多仍高度常规化,换谁都能胜任,工人几乎没有议价能力。因此在经济中,劳动者的地位居于第三,远在自然资源和资本之下,直到劳方被允许、被动员成立工会,情况才有所好转。

从 1960 年起,形势开始转变。需要创造力的工作岗位大量涌现,独立判断和决策能力被纳入工作要求。1960 年创造力型岗位占所有工作岗位的 16%,1960 年之前的 50 年间这一比例仅增长了 3 个百分点。而在 1960 年后的 50 年,这一比例增加了一倍之多,在 2010 年达到 33%。

1963 年的市值 50 强中,出现了一批"新兴公司",排名第四的 IBM 就是其一。IBM 的成功几乎与自然资源无关,尽管资本的作用不容忽视,但公司的成功主要来自充满创造力的员工。正是这些科学家、工程师、市场营销和销售人员打造了 IBM 的核心竞争力。同样依靠人才取得成功的公司还有柯达、宝洁和美国无线电公司(RCA)。

到了 2013 年,50 强中超过一半的公司均由人才主导,包括前 4 强中的 3 家公司:苹果、微软和谷歌(第 4 家是埃克森美孚)。只有 10 家公司将其排名归功于拥有资源。过去 50 年来,美国经济发生了从利用自然资源到利用人才的质变。

[资料来源] 罗杰·马丁:《重塑人才经济》,《哈佛商业评论》2014 年 10 月。

二、人力资源管理系统的构成要素

为了充分发挥人力资源在组织管理中的战略作用,管理者必须设计人力资源管理系统中的各构成要素,并使这些构成要素之间、与组织架构的其他要素之间以及与组织的战略和目标之间保持匹配关系。完整的人力资源管理系统应包括招聘与甄选、培训与发展、绩效评价与反馈、薪酬与福利以及劳动关系五个要素(见图 10-1)。

人力资源管理的重要任务,在于实现员工与岗位(组织)间的最佳匹配。为了实现这一匹配,人力资源管理的首个要素是员工**招聘与甄选**。管理者以此吸引和录用那些

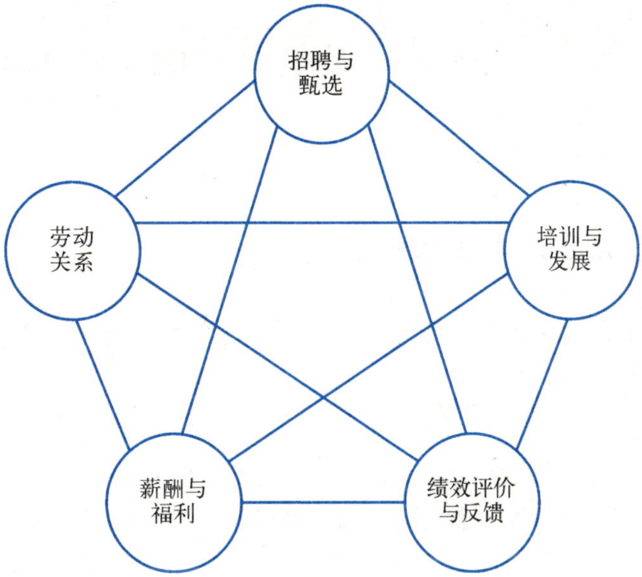

图 10－1 人力资源管理系统的构成要素

具备帮助实现组织目标的能力、技能和经验的新员工。例如，微软的目标是保持顶尖软件公司的地位，因此，微软在雇用软件设计人员时，会对为数众多的高素质应聘者进行严格的面试和考核，只有最优秀的应聘者才会入选。与此同时，应聘者都知道，如果能为微软工作，自己必然能使用最先进的技术，同最优秀的人才共事，从而使自己长期居于行业的最前沿。微软吸引高端人才的能力构成了其经营成功的重要来源。

在员工的招聘与甄选结束后，管理者可以开始着手员工的**培训与发展**，以确保组织成员掌握必要的技能和能力，使他们能在现在和将来有效地完成工作。由于技术进步、环境变化及组织目标和战略的改变，都要求组织成员不断学习新的技术和工作方法。在微软，新雇用的程序员都要接受上岗培训，他们组成团队，由经验丰富的老员工充当导师或顾问。这样，新员工可以直接向团队成员学习如何开发程序，以满足客户要求。

人力资源管理的第三个构成要素是**绩效评价与反馈**，它发挥着两方面的作用：第一，绩效评价为管理者提供了做出各项人力资源管理决策所需的信息。第二，从绩效评价得到的信息可用于组织成员发展的目的。管理者基于绩效评价信息，与下属共同确定其优点、不足和待改进的领域，对于员工的职业成长极有价值。

人力资源管理系统的第四个部分是**薪酬与福利**。通过奖励高绩效的组织成员，给他们加薪、发奖金，或者提供非物质奖励，管理者可以激励组织中最有价值的人力资源，使他们持续对组织做出高水平的贡献。此外，通过将薪酬与绩效挂钩，组织更有可能吸引和留住高素质员工。

人力资源管理系统的第五个部分是**劳动关系**。劳动关系是指管理者为了与员工群体建立并保持良好的工作关系而采取的措施。

人力资源管理系统中的每一个构成要素，都会对其他要素产生影响。例如，组织通过招聘与甄选所吸引并雇用的人员类型,将会决定:(1)所需的培训与发展类型;(2)绩效评价的结果;(3)合理的薪酬与福利水平。管理者必须确保人力资源管理的五个要素相互协调和匹配,以达成整个系统的最优化。下面将分别对上述要素进行阐述,其中劳动关系部分从略。

三、人力资源管理的参与者

人力资源管理活动不应仅仅局限于人力资源管理部门的工作范围,企业的人力资源管理需要人力资源管理者的专业知识技能,也需要直线管理者及其他员工的共同参与,他们构成了人力资源管理的"铁三角",缺一不可。直线管埋者做出的战略性决策,如兼并收购、重大投资项目等,都会涉及企业人力资源供求状况的重大变化。直线管理者的日常工作更是包含有大量的人力资源管理活动,如工作任务安排、下属的绩效评价与反馈、建议加薪、举荐下属以及人员开发等。但出于职能专业化的考虑,在中等以上规模的组织中,都会设立人力资源管理部门,为管理者和员工提供专门的人力资源管理服务。

虽然并不存在一个直线管理者、人力资源管理者和员工的通用分工模式,但常见的做法是,直线管理者就人力资源管理活动做出决策,通过引导员工行为、活动来完成组织的战略目标,并在各项管理活动中关注其决策对人员管理的可能影响;人力资源管理人员获得授权,在这一过程中以协助和建议的方式支持直线人员通过人员管理去实现战略目标;企业员工则通过自我管理、自我发展以配合组织的人员管理活动,并在有限范围内参与企业的人员管理活动。

第二节 招聘与甄选

招聘是管理者为吸引满足空缺职位要求的合格应聘者前来申请工作而进行的全部活动。甄选是管理者判断应聘者的相对资格及在特定岗位上取得良好绩效的潜力的过程。为了提高招聘与甄选的有效性,管理者需要结合组织的人力资源战略与职位体系的特点来开展工作。这就要求在实际开展招聘与甄选之前,先完成两项基本工作,即人力资源规划和职位分析。

一、人力资源规划

人力资源规划是用来预测一个组织在目前和将来对人力资源的需要,以及如何满足这些需要所采取的步骤。它包括对组织未来人员需求和内部供给的预测,并在此基础上明确组织拟采取的行动，以确保在一定的时间和地点，组织均能获得合适数量、结构和质量的员工（如图 10－2 所示）。人力资源规划将企业的人力资源政策、实践与企业的长期战略联系起来，使企业保持对短期环境变化、企业经营调整等重大事件的灵活应对，并在快速变革的过程中保持相对稳定性，并将变革的范围、速度控制在企业及员工可以承受的范围内。

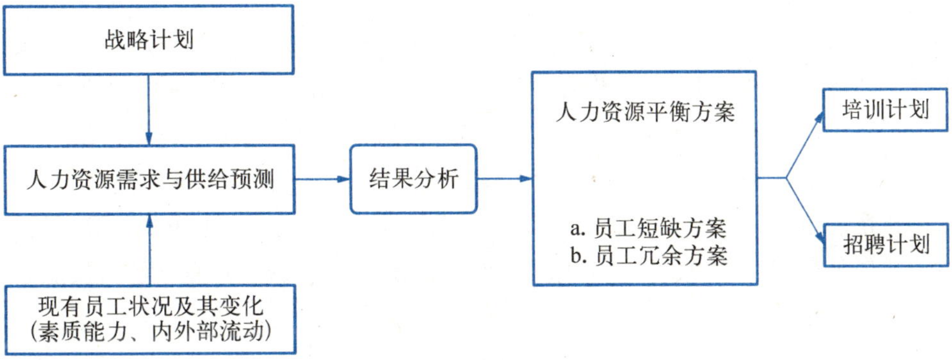

图 10－2　人力资源规划过程

作为人力资源规划的一部分，管理者必须对组织的人员需求和供给进行预测。需求预测是在既定的组织目标和战略下，估计组织所需员工的资格和数量。预测过程的繁简将取决于组织的性质、规模以及预测期的长短。在预测时，应先考虑组织的战略计划以及通常情况下的员工流动率。战略规划确定了组织的方向和所需的人员数量、质量、结构方面的变化；在计划工作中，各类决策会对组织中的人力资源产生不同的影响。例如，决定开发一项新产品或建立一个新部门，就意味着需要增加新的员工和岗位；如计划紧缩业务，则会削减工人。如果战略上需要维持现状，则只有在岗人员离开企业时，才雇用新雇员。

组织还需要进行供给预测，即评估组织现有员工在目前和将来的有效供给（包括质量和数量），以及外部劳动力市场上合格员工的供应状况，其中重点是预测组织内部的员工和技能供给。企业通常会进行人力资源储备分析或运用能力档案，以确定组织现有人员的优势与不足，并使其适应未来的需要。比较需求预测结果和人员储备情况，可以了解企业人力资源供求在数量、质量和结构之间的匹配程度。基于这一信息，管理者可以针对员工短缺或冗余，设计不同的方案来弥合人力资源供需之间的缺口。

作为人力资源规划的结果，管理者有时会决定采用外包或其他弹性雇用方式来满足组织对某些人力资源的需要。此时，管理者不是通过雇用正式员工来提供产品或服务，而是与组织外部人员签订合同，或者将工作交给临时工、实习生、兼职工等来完成。这一做法有助于增加管理的灵活性，同时帮助企业节约成本。但其潜在风险是企业对产品和服务质量的控制力下降，同时工作者的组织承诺也低于正式员工。因此，组织应慎重判断在哪些岗位和工作中使用外包。

二、职位分析

职位分析是管理者在进行正式的招聘和甄选工作之前,必须完成的另一项活动。职位分析通过系统收集和分析与职位有关的各种信息,明确职位的定位、目标、工作内容、职责权限、工作关系等项目,进而确定任职者所需具备的资格条件。职位分析包括一系列有系统的步骤:仔细地观察工作任务与工作行为,汇集和查证组织中有关岗位和人员的资料与工作环境条件,并对各类相关要素进行客观、准确的描述。职位分析的成果是职位说明书和职位规范,这些资料应被视为企业劳动合同的有效补充,规定员工在工作过程中应承担的责任、义务及应表现出的工作行为。具体来看,职位说明书具体描述了特定岗位的工作职责、权限、工作标准与要求、工作地点及工作条件等项目;职位规范说明了任职者应具备的智能、知识与技能要求。职位分析为企业吸引、发展和保持员工提供了必需的信息。

三、招聘

在人力资源规划和职位分析的基础上,管理者能清楚地了解组织的人力资源缺口及需要填补的空缺岗位,此时往往就需要开展招聘工作。招聘可以分为内部招聘和外部招聘两种。

(一) 内部招聘

内部招聘,是企业在出现职位空缺后,通过多种信息渠道向内部员工发布相关职位信息,吸引员工表达工作申请意愿的过程。企业对内部员工的能力、素质、工作业绩及工作兴趣均有较充分的了解,往往发现内部招聘能使内部晋升机会增加、员工士气提高、补充职位的成本较低、员工配置决策失误率较低。在一些人才充裕的大企业,外部招聘仅限于入门级职位,其他职位完全通过内部提升的方法来补充。而对于内部人才供给不足的企业,在出现空缺职位时,也应优先考虑从内部渠道补充。从内部招聘的员工可能是寻求平级调动,也可能是寻求晋升。企业可以使用多种方法向内部员工告知空缺职位信息,包括工作公告与投标、人才储备库等方法。

(二) 外部招聘

外部招聘是指管理者在组织外部寻找潜在员工,包括到大学、人才交流会、专业协会或通过职业介绍所去物色对象,也可通过报纸、专业杂志刊登广告公开招聘。一般来说,下列人员需求应通过外部招聘来满足:(1) 补充初级岗位;(2) 获取现有员工不具备的技术;(3) 获得能够提供新思想并具有不同背景的员工。即使是坚持执行内部晋升制度的企业，也必须从外部补充初级岗位。而处于快速成长期、需要大量专业技术人员的企业，或者业务出现重大调整的企业，都会面临无法完全依赖内部培养人才的问题。根据所需人员素质和工作特性的不同，企业可能使用多种不同的外部招聘渠道，包括广告、职业中介机构、猎头公司、大专院校、求职者自荐和员工引荐等。表 10－1 是对内部招聘与外部招聘的优劣势比较。

表 10－1　内部招聘与外部招聘的优劣势比较

招聘来源	优　　势	劣　　势
内部	奖励高绩效，有利于鼓舞员工士气 组织对候选人的能力有清晰的认识 会产生后续的多个晋升机会 较低的人员获取成本 组织仅从外部招聘入门级员工	会导致"近亲繁殖" 对未获得晋升的人员会产生不利的心理影响 会引发晋升过程中的组织政治行为 需要引入管理开发项目
外部	"新鲜血液"会带来新视角 比起自行培养专业人士，成本低且效率高 降低徇私的可能性 激励老员工保持竞争力，发展技能	录用的员工可能与职位或组织不相匹配 可能影响内部候选人的士气 需要更长的适应期或入职培训 决策失败的风险较大

四、甄选过程

组织通过招聘吸引来的求职者，在知识、技能、经验等方面参差不齐，需要运用一定的甄别手段，选中其中最适合的人选。通过员工甄选程序，管理者可以判断求职者是否符合空缺岗位的资格要求，以及是否具备成为一名高绩效员工的潜力。甄选是企业人力资源活动中的重要一环，因为错误的雇用决策会使企业面对高昂的经营成本和潜在的法律风险。研究估计，员工甄选录用决策的错误，(从录用到解雇的整个期间)产生的成本将是该员工工资的 3～5 倍。

在企业中，不存在适用于所有职位的甄选程序，对于不同的职位，企业采用的甄选方法略有差异。但甄选程序通常包括以下步骤：(1) 审查简历材料和求职申请表；(2) 面试；(3) 测试；(4) 核实材料；(5) 体检等。

(一) 审查简历材料和求职申请表

管理者通常会从应聘者提交的简历和求职申请表中获取相关的背景信息，以便进行面试前的初次筛选。背景信息可能包括：应聘者的最高教育水平、主修专业、工作经历的年限和类型、外语能力、其他的工作技能和资质、个人工作兴趣和未来的事业目标等。背景信息有助于管理者淘汰缺乏关键资格(如学历、专业、职业资质)的应聘者，确定在合格的应聘者中，哪个人在组织中可能最有发展前途。由于简历材料很容易伪造，管理者可以要求应聘者出具相关的证明,以备后期进行证明核查。

(二)面试

面试是组织最常用的甄选方法之一。一般来说,面试不仅是管理者获得资料的方法,也是求职者了解有关公司的情况,同时公司向求职者提供建议并吸引求职者的过程。有效的面试应被视为应聘者和组织间的双向沟通过程。

面试通常分为两种:结构化面试和非结构化面试。在结构化面试中,管理者向每一位应聘者提出相同的标准化问题。最有价值的问题,应能使应聘者在回答问题的过程中显示出其是否具备胜任工作所需的技能和能力。结构化面试有时会以情景面试的方式表现。这种面试通常是向应聘者描述一种他们在工作中可能遇到的情景,然后要求他们说明自己如何处理这一情景。例如,应聘项目经理的求职者,可能被要求说明在出现突发性事故、工期延迟的情况下如何处理压力的问题。

非结构化面试的过程更像是一次日常谈话。面试者不是用事先准备好的问题提纲,而可能会针对应聘者的资料询问一些试探性的问题,以判断应聘者是否具备特定的能力。一般来说,结构化面试的甄选效果要优于非结构化面试,因为前者获取的信息可用于应聘者间的比较,受管理者偏见影响的可能性较小,在此基础上做出的甄选决策更有效。

管理者可以在甄选过程的各个阶段进行面试。然而,不管什么阶段使用面试,通常都需要结合其他一些甄选工具同时使用。因为面试者可能受到第一印象、成见和其他偏见的影响,做出错误的判断。

(三)测试

测试被用于预测求职者能否胜任某项工作。测试的种类很多,常见的有能力测试、个性测试、知识测试、绩效模拟测试等。这些甄选测试都有一个共同点,即它们关注与特定职位、绩效表现相关的能力或技能。

能力测试评估应聘者是否具备实现工作绩效所必需的技能,如文字理解能力或计算能力。个性测试被用于测评与工作绩效相关的个性特点和特征。例如,一些企业对应聘者进行心理测试,评价他们的个性是否与特定岗位的要求相匹配。

绩效模拟测试衡量应聘者在实际工作中的绩效水平。常见的形式有两种:针对特定技能要求进行的工作样本测试和针对管理职位的评估中心。

工作样本测试,即实地操作应聘岗位的某一部分工作,以事实说明其工作能力,如司机的执照考试、打字员的打字测验等。在技术性的职业领域内,采用这种测验的方法相当普遍。如果设计得当,并有合理的评估,这是一种很有实效的方法。

评估中心是一种更为复杂的绩效模拟测试,它通过一系列的测试、面谈和情境案例来判断求职者是否具有管理潜能。一个典型的测评中心一般包括 10～15 名管理职位候选人,这些人在几天的时间内参与包括无领导小组讨论、公文筐处理、管理竞赛等活动。在这段时间内，测评专家评估他们是否具备作为管理者所需的各种能力——问题解决能力、组织能力、沟通能力及冲突解决能力等。基于上述活动得出的概括性评价，就可用于做出管理者的甄选决策。

（四）核实材料

许多组织会对求职者的履历和背景资料进行审查核实，目的是更全面地了解求职者的情况。通过侧面核实有关求职者的信息，可确保求职者的学历、工作经验及其他信息真实无误。通常从求职者的前雇主处了解其经验、表现和人际关系等信息较为有效。

（五）体检

检查身体是甄选程序的最后一关。对患有传染病或体能上不适合某类工作的求职者应预做筛选，以减少企业未来的管理成本。

关于人员甄选，应当注意的是，最后录取与否的决定权属于直线管理者（或空缺岗位的上级管理者），人事部门只应提供功能性的建议及技术层面的服务。

第三节　培训与发展

大部分员工在工作过程中，都需要经常接受某种培训与发展来适应新的工作方法、保持较高的绩效水平。培训是获得从事某项工作所必需的技能的过程，其目的在于保持和改进员工在当前职位上的工作业绩；而发展则是为提高员工目前和未来从事某项工作技能的持续教育，更强调素质的提升。管理人员和非管理人员在培训与发展上的侧重有所不同。对非管理人员的培训侧重于他们目前工作中所需的技术技能，而对管理人员的培训则侧重于为将来的工作发展技能，尤其是观念和人际关系方面的技能。

一、培训与发展的一般程序

为确保培训与发展支持组织目标的实现，有必要将系统的观点纳入这一过程。具体来看，系统性的培训与发展包括四个阶段：(1) 需求评估阶段；(2) 项目设计阶段；(3) 项目实施阶段；(4) 项目评价阶段（如图 10-3 所示）。

（一）阶段 1：需求评估

企业在一定时间内能用于培训和发展的资源必定是有限的。如何有效地分配资源，有赖于对组织的培训发展需求进行系统、准确的分析。管理者可以运用以下方法来确定组织中每个员工的培训发展需求：

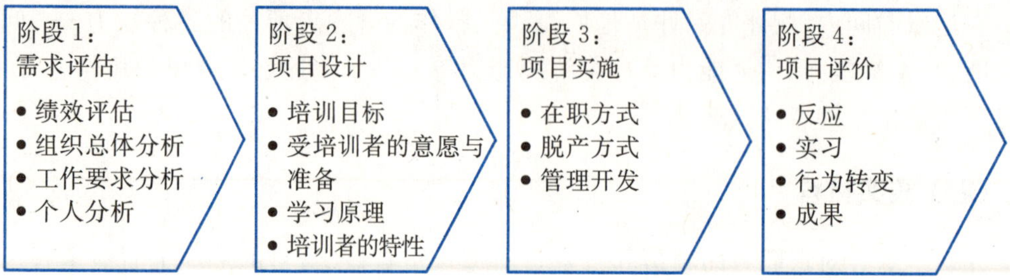

图 10-3 培训与发展的一般程序

(1) 绩效评估。以既定的工作标准或目标为尺度,来衡量每个员工的工作。

(2) 组织总体分析。考察企业环境、战略及所拥有的资源,来决定培训与发展的重点。例如,在发生企业购并之后,员工的工作职责、角色和工作方式都将发生变化,此时就需要组织提供相关的培训发展项目以支持员工顺利过渡。

(3) 工作要求分析。基于工作规范中规定的知识和技能要求,对在职员工进行测评,将员工的技能和知识缺口列入培训计划。

(4) 个人分析。分析员工当前工作业绩与期望的工作业绩之间的差距,要求其说明他们在工作中遇到的问题并提出相应的解决措施。个人分析的核心是要找出导致业绩不良的具体原因,从而确定哪些绩效问题是可以通过培训发展来解决的。

(二) 阶段 2: 项目设计

一旦确定了培训和发展需求,企业就应着手设计培训发展项目。培训和发展的成功不仅取决于组织发现、识别培训需求的能力,更取决于企业在此基础上设计和实施一流的培训发展项目。培训设计需要考虑四个方面的内容:(1) 培训目标;(2) 受训者的意愿与准备;(3) 学习原理;(4) 培训者的特性。

基于企业需求分析的信息,企业应建立较为正式的、具体的、可度量的培训目标。培训发展项目的目标往往是多重的,培训者需要考虑培训的短期和长期影响、影响的方式和影响的强度。确定培训目标,为接受培训和实施培训者提供了共同的努力方向,也为评价培训计划是否成功提供了基准。

培训设计中应考虑受训者的意愿与准备。受训者的准备是指受训者以往的教育、工作背景因素。拟订的受训者应当接受筛选,以确保其拥有吸收相关知识的背景知识和技能。企业可以根据员工的不同学习能力(如测试成绩)来分组,并给予相应水平的指导。了解员工参加培训的原因和期望达到的目标,也可以提高项目设计的针对性。

在培训项目的设计阶段,合理运用学习原理是提高培训实施效果的关键。为确保培训效果,培训发展项目的设计应做到:

(1) 注意在行为培训中有效使用模型。在很多时候,行为的改变是通过模仿范例、设身处地地扮演他人的角色来完成的。

(2) 注意个体在行为习惯、学习方式和学习能力等方面的差异。培训设计应能包容各种不同个体的差异，实现有效的学习。

(3) 练习和重复。学了要用，要常用，才能学好。就现代企业的生产、服务、管理等方面的技术技巧，一学就会的例子是个别的，反复学、反复使用才能掌握的情况则是普遍的。

(4) 学习内容的组织方式会影响学习效果。当工作任务可以被细分、学员需要时间逐步消化和实践其所学技能/知识时，应考虑部分学习。

(5) 培训时间的安排也会影响学习效果。简单的行为学习可采用集中、强化的培训；但如果学习的行为较复杂，如领导能力的培养，则适合采用"细水长流"式的时间安排。

(三) 阶段 3：项目实施

培训项目实施最主要的考虑是选择与受训人员、培训内容相匹配的方法。培训的方式方法很多，针对非管理类工作，我们可以进行各类在职培训、课堂讲授、模拟等；而针对管理类工作，也有教练法、案例分析和评价中心等方法可供选择。

(四) 阶段 4：项目评价

如果我们将培训发展活动视为人力资本投资活动，其有效与否将影响组织长期的目标实现，就有必要对这一活动的效果进行评估和控制。对培训发展项目的有效性评价，可以从受训者对培训项目的态度评价、通过培训增加的知识技能、受训后的行为改变以及工作绩效的改善这四个层次分别进行。

二、培训与发展项目的类型

员工培训大多发生在三种情况下：(1) 刚入职的新员工；(2) 准备接受新工作任务的在职员工；(3) 工作中的问题可以通过培训来解决。实际上，培训项目往往会和一个人的职业轨迹相结合。当一个人成为某个组织的新成员时，一般要参加该组织举办的新员工入职培训项目；随着职业生涯的推进，为了完成特定的工作任务，专业培训、技术培训、操作培训等随之而来；为了顺利实现员工在组织层次和重要性上的提高，个人的知识、技艺、能力需要发展，个人技能和思维训练是少不了的；员工因工作努力获得提升，成为管理者时，经营管理培训、领导艺术培训都是必要的。

(一) 入职培训

入职培训是员工进入新企业所接受的最初培训，它是对新员工进行的针对企业、工作和工作组的指导性调整。在入职培训中，新员工将了解到一系列基本信息，包括：工资如何发放，怎样获得工作卡，工作时间为每周多少小时，新员工将与谁一起工作等。

事实上,入职培训是企业新员工社会化的一个基本组成部分。如果处理得当,对员工最初的入职培训定位过程,有助于减少新员工上岗初期的紧张不安,使其快速调整到新的工作角色上来。

(二) 非管理类工作的培训

培训组织内非管理类岗位的员工,有大量方法可供选择。其中的一些方法历史悠久,而另一些方法则来自新的关于人类行为的研究成果(如学习、激励、人际关系等)的应用。而技术的发展,包括计算机技术和网络的应用,也使培训本身变得更为有效和经济。

1. 在职培训

在职培训是指员工通过实际做某项工作来掌握工作中所需的技术、技能。例如,让受训者通过观察老员工来掌握机械操作技能。这一方法对企业中任何一种岗位的培训都适用,而对非管理类工作而言,这一方法尤为重要。在许多企业中,在职培训是员工们唯一能得到的培训。在职培训的优点很明显:它比较经济,受训者边干边学,不需要教室及其他教学手段。此外,这种方法也能促进学习,因为受训者通过实干来学习,能迅速得到其工作行为正确与否的反馈。但在实践中,由于缺乏良好组织的培训环境、管理者缺乏培训经验,在职培训往往达不到预期的目标。

2. 课堂讲授

课堂讲授是一种迅速、快捷地同时向多名受训人传授知识的方式。授课方法如能有效运用,不失为一种有组织、有系统的培训材料展示方法。例如,当销售人员必须了解某种新产品的特点时,就可采用讲座的方式。但是,由于这种方法的信息交流主要是单向的,受训者被动接受,授课方法本身可能成为效率最低的培训方法。简明、清楚、易于理解,并运用各种方法调动受训者的参与欲望,是授课方法达到预期效果的基本要求。此外,授课者也应向受训者明确讲授的目的,并应在讲授中突出重点。

3. 互联网指导

随着互联网的普及,网络也成为基于计算机的培训方法的延伸。网页可以随时更新,这使公司提供不断更新的培训材料、培训课程成为可能。此外,利用互联网进行培训,可以大大节约差旅费和租用课堂的成本。互联网的特性还决定了员工必须不断提高其寻找、比较和利用有效信息的能力。在这个学习的过程中,员工能在多大程度中受益,取决于员工自我发展的动力和具备的学习能力。但是,互联网的局限性也很明显:对受训者的管理和控制更难了,受训者之间的交互作用也下降了。

4. 模拟方法

真实工作模拟,能够提供接近真实的工作条件,又不失对培训过程的有效控制,从而为受训者提供了一种最佳的学习条件。模拟培训环境与真实工作环境的条件越接近,学用转化过程就越有效。模拟培训能适应那些需要在实干中学习技能、积累经验,但让员工在实际工作岗位上接受培训太危险或成本太高的情况。这种方法对培训飞行员、流水线工人都很有效。有时,模拟培训可能直接采用未来工作中将使用的设备,也可能使用模拟设备。在飞行员培训中,模拟飞行器就被大量使用。当然,模拟培训也有其局限性。一般来说,模拟培训环境与真实工作环境越接近,培训项目的花费也就越大,对培训硬件设施的要求也就越高。模拟培训的另一个局限是:投入模拟培训项目中的资源会形成沉淀,不易挪作他用,这是由模拟培训的特点所决定的。

(三) 管理发展

企业的未来主要掌握在管理者手中,组织生存和发展取决于管理职能完成的水平。管理者要能跟上各自领域的最新发展,同时实现在动态环境中的管理,管理发展是必不可少的。据估计,在美国有90%以上的企业提供管理发展项目。这些项目大致包括以下类型:

1. 教练法

教练法由有经验的管理者来执行,它强调所有管理者都有协助其下属员工发展的责任。在这一方法中,管理者在解决管理问题的过程中对受训者提供建议和指导。教练法的基本理念,是在资深管理者的建议下,允许受训者去发展自己的管理方法。教练法的优点在于,受训者能获得实际的经验,并看到自己决策的结果。但它也存在缺陷:很多管理者不能或不愿训练其下属;管理者可能向下属传授不适当的管理手段。因此,身为教练的管理者的专业知识、经验、培养下属发展的意愿,都是教练法成功的关键。

2. 会议与研讨

会议与研讨的方法,是将兴趣相同的人聚集在一起讨论并解决问题的一种广泛使用的发展方法。通常,讨论小组的负责人是管理人员。小组负责人的作用是使讨论正常进行并避免某些人的观点偏离主题。讨论问题时,负责人倾听并允许小组成员解决他们自己的问题。参与会议的人虽然身处培训中,但是可以解决日常工作中面临的实际问题。

3. 案例分析

案例教学是培训中高级管理人员常用的方法。案例分析通过提出真实或假设的情景问题,迫使管理者透过问题去思考,进而提出并选择解决方案。这一分析过程能使受训者尽快熟悉业务环境和管理实践,提高解决问题和决策的能力,并展现受训者的价值观。有效的案例分析,应当做到:(1) 尽量运用组织的实际问题;(2) 尽量让受训者陈述自己的看法,征求他人意见,正视不同看法并做出决策;(3) 训练讲师富于技巧,不断提出有挑战性的问题,并引导每位受训者在案例讨论中贡献个人意见。

此外,常见的管理开发方法还有评价中心、正规学历教育、工作轮换等。应当注意的是,对管理者而言,推动受训者提高其学以致用的能力,是提高培训效果的一项至关重要的工作。

第四节 绩效评价与反馈

人力资源管理系统中的招聘与甄选、培训与发展这两大部分，主要是确保员工掌握现在和未来有效工作所需的知识和技能。而绩效评价与反馈则是对招聘、甄选、培训与发展的有效补充。绩效评价就是对员工工作绩效及组织贡献度的评价。绩效反馈是管理者与自己的下属分享绩效评价信息，使下属对自己的绩效进行反思，并和下属一起制定其未来发展计划的过程。

绩效评价与反馈通过两种方式改进人力资源管理的效果。绩效评价能够为管理者提供一些重要信息，而这些信息将为加薪、奖金、晋升和职位调动等人力资源管理决策提供依据。绩效评价还可以帮助管理者确定组织需要就哪些项目对员工进行培训和发展。绩效反馈则有助于强化员工的工作动机，提高他们的工作绩效。对于优秀的员工，反馈使他们知道自己的努力是有价值的；对于表现不佳的员工，反馈则提醒他们需要改进自己糟糕的绩效。不论员工的表现如何，绩效反馈都有助于他们透彻认识自己的优缺点，明确未来的努力方向。

一、绩效评价的类型

绩效评价主要包括特性评价、行为评价和结果评价三种。这三种类型对应于不同的绩效评价工具、不同的绩效评价指标，以及详尽程度各异的绩效信息。很显然，对绩效评价类型的选择将直接影响绩效反馈的有效性。

(一) 特性评价

当使用特性评价时，管理者对下属与工作绩效相关的个性特征(如技能、能力、个性等)进行评价。常见的个性特征包括个人品德、工作知识水平、领导能力、首创精神、工作质量、工作数量、合作精神、判断力等项目。

特性评价在组织绩效评价中极为常见。它的优点十分突出，形式简单、易于使用、维护成本低，但它的有效性不断受到质疑。它主要有三个方面的缺陷：第一，特性评价使用的指标往往是一些没有被确切定义的维度，由于与具体的工作行为无关，评价者在解释这些维度及评价等级时有相当大的主观随意性。第二，即使不考虑评价者偏见的影响，拥有特定个性特征的员工未必能在实际工作中产生高绩效。例如，一名工厂的基层管理者可能拥有良好的人际关系和正直诚实的个性，但由于能力有限，其绩效表现仍然可能相当平庸。第三，特性评价往往不能帮助管理者为员工提供可以提高绩效的反馈。特性评价的指标是一些相对持久的个性特征，而这些个性特征在短期内是无法改变的。因此，对于来自特性评价的绩效反馈，员工往往认为缺乏指导意义。特性评价的缺陷表明，只有在特性评价被证明是正确的且确实是工作绩效的重要指标时，管理者才应当使用它。

（二）行为评价

在进行行为评价时，管理者评价员工是如何完成工作的，即员工在工作中表现出来的实际活动和行为。特性评价分析员工是什么样的人，而行为评价分析员工都做些什么。行为评价所评价的是员工在工作中的实际行为表现，一般都是具体明确、可观察、可测量的工作行为。例如，应用行为评价时，管理者可以评价一位销售人员如何应对苛刻难缠的客户。当员工如何完成工作对组织十分重要时，行为评价尤为适用。

行为评价的优点是，它能够为员工提供一些清楚的信息，使员工了解自己做的哪些事情是正确的，哪些又是错误的，以及如何改进自己的绩效。此外，对员工而言，改变行为比改变个性要容易得多，因此，来自行为评价的绩效反馈更有可能带来绩效的改善。

（三）结果评价

对有些工作来说，员工如何完成工作不是最重要的，更重要的是他们完成了什么或获得了什么样的结果，这时就会应用结果评价。在进行结果评估时，管理者根据结果或实际工作产出评价员工的绩效。比如，以汽车销售公司的业务代表为例。其中一位业务代表努力发展与客户的个人关系，花费大量时间与客户交谈，经常给客户打电话，了解其购车决策的进展情况。另一位业务代表则采用一种不干涉的办法，通过积累产品知识，认真回答客户提出的问题，然后向自己上门的客户提供优质服务。从平均数量来看，这两位业务代表卖出了相同价值的汽车，并且他们的客户都对各自的服务表示满意。汽车销售公司的管理者使用结果评价（销售额和顾客满意度）来评价销售人员的绩效就是恰当的，因为公司不在乎业务代表以何种行为销售汽车，只要他们能达到公司要求的销售额，同时令顾客感到满意。

无论管理者是根据特性、行为还是结果来评价绩效，他们评价的信息或者是客观的，或者是主观的。客观评价以事实为基础，以数字为标准。在对结果进行评价时，管理者往往使用客观评价法，因为结果往往是量化目标或可衡量的指标。但是，当员工完成工作的方式很重要时，主观的行为评价要比结果评价更合适。相对而言，主观评价更依赖于管理者的个人认知，因此，研究者和管理者设计了大量绩效评价方法来提高评价的有效性和可靠性，其中常见的有图尺度法、行为锚定法、行为观察法等。此外，很多组织还使用强制排序法或强制分布法，来减少管理者偏见或认知偏差对评价结果的影响。

二、绩效评价的责任者

无论你使用何种绩效评价，都必须做出一项决策：应当由谁来提供绩效信息，即

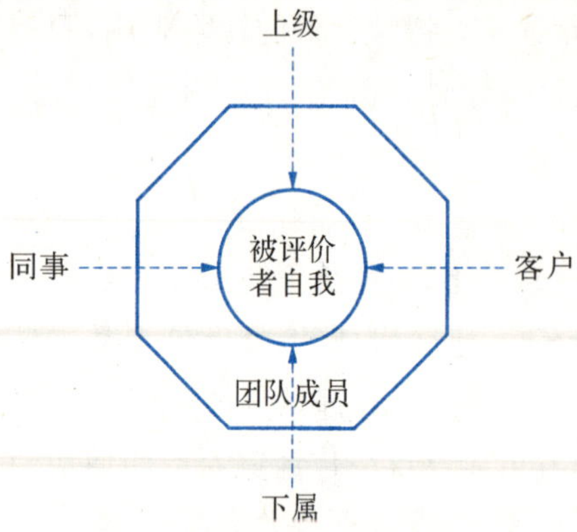

图 10-4 评价信息的不同来源

信息来源的选择问题。需要注意的是，由于人力资源管理部门仅负责绩效评价程序方法的设计开发，评价的实际责任者传统上是直线经理。随着工作的复杂性提高，要求某一位直线经理全面观察、掌握和评价其下属的工作是不现实的。因此，随着评价方法的发展和改进，绩效信息的来源也扩大到同事、团队成员、下属和客户等人群(见图 10-4)。这些评价者从不同视角做出的评价，能为企业提供多方面的反馈信息。

(一) 经理/直接主管评价

经理/直接主管评价是最常见的员工绩效评价方式。选用这一评价来源有几个原因：第一，直接领导通常处于最佳的位置来观察员工的工作绩效。第二，直接领导对特定的单位负有管理责任。当评价下属的任务被移交给其他人时，直接领导者的威信就可能受到削弱。第三，下属的培训和开发是管理者工作的一个重要组成部分，而培训与开发往往是基于评价基础之上的。

然而，经理/直接主管评价也有其消极方面。直接主管可能会强调员工业绩的某一方面，而忽视其他方面。此外，管理者也可能操纵评价(特别是当指标体系不完善、方法过于主观时)，并据此做出员工加薪和提升决策。为减少直接主管评价中因个人偏见等原因而带来的信息扭曲，一些企业要求在直接主管评价后，由主管的上级确认其评价结果。通常主管的上级能更为客观地评估，并能在评估中运用更为宽阔的视角，使评价的指标体系更全面。

(二) 自我评价

在“以人为本”这一管理理念的冲击下，许多企业都在尝试让员工进行“自我评价”，以此来提高员工的自我管理意识。研究表明，与经理评价相比，参与自我评价的员工更能坦然地接受对自己的批评意见。如果员工了解自己的期望工作目标以及将来的评价标准，则员工实际上处在评价自身业绩的最佳位置。许多人都了解自己在工作中哪些做得好、哪些是需要改进的，如果给他们机会，他们就会客观地评价自己的工作表现，并采取必要的措施加以改进。

但自我评价这一做法的批评者也指出：员工对自己的工作绩效的评价，往往会比主管人员或同事对他们的绩效评价等级要高。上级评价与自我评价可能出现的分歧，有可能激化管理者与员工的矛盾。特别是当评价结果被用于管理决策(如加薪方面)时，这一问题尤为突出。此外，社会心理学文献中有大量研究证明，人们总有一种把个人的不良绩效归咎于外部因素的倾向，他们会认为自己的同事没有及时向自己提供所需的信息。因此，专家建议自我评价不应被用于决定加薪、晋升等管理性目的，而是应用于绩效反馈阶段的前期，其主要目的在于帮助员工思考自己的行为与绩效，从而将绩效面谈集中在上级与下级之间存在分歧的方面。

（三）下属评价

越来越多的企业让下属以不署名的方式参与到企业对他们的主管人员所进行的绩效评价过程中，这种过程通常被称为自下而上的反馈。下属评价常见的指标包括领导能力、口头表达能力、授权、协调团队努力的能力以及对下属的兴趣等，而管理者的特定工作职责，如计划、组织、预算、创造力、分析能力等，则很少在下属评价指标体系中出现。下属评价可以使企业的高层管理者对企业的管理风格进行诊断，认识到企业中存在的人事问题。采用下属评价所产生的问题是：这种评价角度赋予了下属超过上级管理者的权力，因而会使管理者陷入困境。这会导致管理者更为重视员工的满意度而不是工作的生产率。不过，上述情况仅会在将下属评价的结果用于管理决策方面时才会出现。因此，明智的做法是：由下属进行的绩效评价仅用于管理人员技能开发的目的。

（四）同事评价

同事评价的支持者认为，如果在一个合理的长时期内工作小组比较稳定，并且完成需要协作的任务，这种办法是可靠的。由同事实施评价的优点包括：小组成员对彼此的工作要求和日常工作行为了解全面，能准确进行评价；同事的压力对小组成员有促进作用；同事的评价中包括众多的观点，而这种多元视角对于全方位评价一个人的绩效是很有价值的。此外，同事评价还有助于有效预测被评估者在未来能否在管理方面获得成功。同事评价也存在问题，这包括：同事评价有时只能反映被评价者受欢迎的程度；实施评价所需要的时间较长；区别个人与群体的贡献可能遇到困难；得到较低同事评价的员工可能对同事心怀不满；同事评价中可能存在“共谋”，即所有的同事串通起来，相互将对方的工作绩效评价为较高等级。

当同事之间存在竞争关系时，如销售代表，同事评价的结果不应作为人事管理决策（如薪资、奖金发放）的依据。为了防止同事评价对同事间人际关系产生不利影响，应确保评价过程的保密性。

（五）客户评价

服务业的快速增长以及客户满意度对企业发展的重要性是企业将客户纳入评价体系的重要原因。由于服务所具有的特殊性质——服务的生产和消费往往是在同一时点上发生的，上级、同事和下属都没有机会去观察员工的行为。相反，顾客经常是唯一能在工作现场观察员工绩效的人，在这种情况下，顾客就成了最好的绩效信息来源。客户评价最适合在以下两种情况下采用：第一种情况是，员工所从事的工作需要其直接为客户提供服务，或者需要为客户联系在公司内部所需要的其他服务。第二种情况是，公司希望通过搜集信息来了解客户希望得到什么样的产品或服务。此时，客户评价成了将公司的市场营销战略与人力资源活动、政策联系在一起这一战略目标的服务工具。从这种目的出发让客户进行评价，不仅有助于评价员工的绩效，而且有助于确定企业是否应当为改善服务质量而改进其他人力资源活动(如培训、薪酬制度等)。

内部客户也是客户评价的责任者。内部客户包括企业内部所有需要被评估者提供产品、服务、信息等的员工。比如，直线经理需要人力资源部门为其补充空缺岗位(招聘、选择)、提高员工工作能力(培训)等，对人力资源部经理的客户评价应包括直线部门经理的评价。内部客户评价能较为准确地提供员工、团队的工作所带来的价值增值，这种评价既可服务于开发目的，也可用于日常管理的目的。

(六) 360 度反馈

上面所提到的评价方法并不是相互孤立、相互排斥的。实际上，组织为了不同的目的，往往会使用多种评价方法来尽可能客观全面地收集信息。许多企业综合运用各种评估信息来源来评价员工的工作，这种方法被称为"360 度反馈"(360-degree Feedback)。正如这一名称所揭示的，360 度反馈试图全方位(包括上级、同事、下属、客户、被评估者本人)收集员工的工作信息，以便尽可能准确地进行绩效评价。360 度反馈最初主要被用于管理开发和职业发展的目的，其后这种做法逐渐被引入绩效评估领域。值得注意的是，大量公司将 360 度反馈用于开发目的，而在做出日常人事决策(如提薪、晋升)时，则辅以其他评价方式。

三、有效的绩效反馈

一旦预期的绩效已经被界定清楚，并且对员工的实际绩效也进行了评价，接下来就需要将绩效信息反馈给员工，帮助他们纠正自己的错误。但是，绩效反馈过程是非常复杂的，对于管理者和员工双方来说都不会很舒服。如果说向别人发出负面反馈信息是令人痛苦的，那么得到这种信息的人更痛苦，即使如此，反馈这一过程仍是必不可少的。

有效的管理者应当以一种能够诱发积极的行为反应的方式来向员工提供明确的绩效反馈。下面的原则将有助于增强绩效反馈过程的效果。

(一) 反馈应是经常性的，而不应是一年一次

管理者一旦认识到员工的绩效中存在缺陷，就应当及时纠正，否则企业将在行为发生后和绩效评价时点之间蒙受损失。绩效反馈过程的有效性也要求及时反馈，否则年初的错误在年底得到反馈，员工将很难接受这一评价结果。

（二）为绩效讨论提供一种好的环境

管理者应选择一个中立的地点进行绩效面谈。管理者本人的办公室并不是进行建设性绩效反馈的最佳地点。管理者还应当确保双方都了解：绩效会谈是一种开诚布公的对话。

（三）在评价面谈之前让员工本人先对绩效进行自我评价

让员工在参加绩效评价面谈之前，先完成自我评价是很有必要的。它要求员工认真思考自己在本次评价期间的绩效表现，并鼓励他们寻找自己的不足。研究发现，用于管理目的的自我评价往往会被员工夸大，而用于开发目的的自我评价则往往比监督者的评价为低。自我评价通过将面谈的重点放在上下级之间存在分歧的问题上，而使反馈过程得以有效地进行。

（四）通过赞扬肯定员工的有效业绩

人们通常认为，绩效反馈的焦点应当集中在找出员工绩效的不足上。但这种看法过于片面，有效的绩效反馈应能提供准确的绩效信息，这其中既包括查找不良绩效，也包括对有效业绩的认可。赞扬员工的有效绩效有助于强化员工的有效行为。另一方面，它也能清楚地表明管理者并不仅仅是在挑刺，从而增加了绩效反馈的可信度。

（五）把重点放在解决问题上

管理者在绩效反馈中常犯的一个错误是，把绩效反馈看成是一个对低绩效员工进行惩罚的机会，但告诉员工他们的工作很糟无助于问题的改善。因此，管理者要做的应是努力找出造成不良绩效的原因及其解决办法。造成不良绩效的不同原因要求采取不同的解决办法。如果不采用这种务实的方式来反馈，则可能永远都找不到纠正不良绩效的方法。

将绩效反馈集中在行为或结果上，而不是员工本人身上。在进行负面反馈时应当注意，反馈是对事不对人的。特别要避免对员工的个人价值提出疑问。管理者不应当说："事情现在一团糟，这都是你整天做事不用心造成的！"相反，应当说："你没能按进度完成工作，这跟你的工作时间分配不当有关。"

（六）制定具体的绩效改善目标，然后确定检查改进的进度安排

制定目标的重要性不能被过分夸大。研究表明，目标的制定有利于提高员工的满意度、激发员工改善绩效的动力并实现绩效的真正改善。但是，除了确定目标以外，管理者还应当确定员工改进绩效的具体时间表。这就提供了一种使员工严肃地看待目标的措施，并为达到这一目标而努力。

第五节 薪酬与福利

薪酬与福利是组织人力资源管理系统的第四个重要组成部分。大量的调查与研究显示,各种与工作相关的变量可以增加员工的满意度,这些因素包括具有挑战性的工作、有意义的工作任务安排、公平的报酬、有能力的上司以及良好的未来发展前景等。但是,如果拿不到与工作努力对应的薪酬,大概很少有人会因上述激励因素的存在而去工作。对员工而言,与薪酬相关的人事政策对于他们的总收入和生活水平有重大影响。无论是绝对的工资水平还是相对的工资公平性,对于员工都是十分重要的。此外,薪酬常常被看成是地位和职业成功的标志。员工在评价他们与企业的关系紧密程度时,会把工资决策作为一个非常重要的考虑因素。

从企业角度来看,对薪酬问题的重视,还因为工资是推动企业战略目标实现的一个重要工具。首先,薪资水平和结构对于员工的态度和行为有着重要的影响。它不仅会影响某些种类的员工会被企业吸引进来并被企业留住,而且还能够成为一种使当前员工的个人利益与企业利益保持一致的有力工具。其次,员工的薪酬是一个典型企业的重要成本项目,因此需要对其给予特别的关注。

一、确定薪酬制度的依据

由于企业精简机构、重组、业务外包以及流程再造等重大战略性调整的持续进行,企业结构日益扁平化,以适应竞争环境对组织灵活性和市场快速反应能力的要求。伴随着这一过程,企业用更少的员工来完成同样甚至更多的工作。在现实压力下,企业经理人必须考虑如何激励留下的较少的员工、保持员工对企业的归属感等,而企业薪酬制度是完成这一管理哲学变化的重要工具。越来越多的企业着手将企业目标与薪酬计划联系起来。与此同时,薪酬管理的制度与实践都必须围绕企业目标做出相应的调整。常见的战略性薪酬政策目标包括:(1) 对员工过去的业绩付酬;(2) 在劳动力市场中保持竞争力;(3) 确保员工间的工资公平性;(4) 协调员工未来绩效与组织目标的关系;(5) 控制劳动工资预算;(6) 增加对新员工的吸引力;(7) 减少不必要的员工流失。

在现实生活中,组织决定薪酬的分配依据至少有以下四种:在大多数情况下,组织中那些权力最大的人得到的支付最高。很多公司总裁的收入远高于一般员工,有时两者的差距可能在百倍以上,然而,他们的贡献差异真有这么大吗?第二种可行的分配方式是平均分配。在这种情况下,在同一工作等级上的所有人,将得到同样的或近似的报酬。最普通的例子是某些企业使用传统的职位定工资,员工基本工资水平的确定、定级与其实际的工作水准无关。这些系统通常把资历当作决定调升工资和升迁的关键因素。第三种情况是按需要决定分配。当员工是家中唯一的经济支柱时，对员工的辞退决策就可能受制于此。第四种发放薪资的方法是公平分配。根据这种方法，员工得到的奖励（至少一部分）体现了他们对组织的贡献水平（绩效）。贡献越大，奖励越高，这种方法以绩效为基础，薪资和红利由业绩大小来决定。

在上述四种分配方式中，与企业目标联系最紧密的无疑是第四种——按绩效付酬。它将员工的工作成果和贡献直接与他所获得的工资挂钩，有助于员工提高生产率和降低劳动成本。人们已普遍认同：在企业薪酬制度安排中，至少应有一种报酬形式与员工努力和业绩挂钩。有研究表明，当企业引入按绩效付酬的体系时，员工的产出将增加15％～35％。

然而，设计一个有效的按绩效付酬的体系并不容易。经理人必须考虑到员工业绩的度量与测评是否可行、工资预算增加是否有充足的资金来源、哪些员工将从这一调整中受益、支付的方式和支付期间如何确定等问题。此外，货币工资增加的程度以及员工对此的心理感受，也会决定按绩效付酬体系是否能有效运转。如果按绩效付酬导致的加薪水平较低，或基本与年度的生活费用增加（用通货膨胀率表示）同步，那么这一体系对员工的激励作用将是微乎其微的。

二、薪酬水平和结构决策

（一）薪酬的激励作用

薪酬是不是一个主要的激励因素，这一问题在不同的管理者中往往会有不同的答案。有些人认为，绝大多数组织环境下的行为是由金钱（至少金钱性因素）激励的。但其他人也认为，金钱只是众多激励行为的因素之一。到底哪一种观点正确呢？我们认识到，金钱在很多情况下都是一个重要的激励因素。金钱在工作环境中担任了几项重要功能：(1) 作为一种目标或行为的动机；(2) 作为个人成就与满足的源泉；(3) 作为获得其他欲望满足的工具；(4) 作为价值的比较标准；(5) 作为约束下的强化因素。这时，它对某一特定水准的行为有影响。然而，经验却告诉我们，将报酬作为激励因素的有效性是很难保证的。劳勒对这一问题进行了分析，并指出，只有在满足特定条件的情况下，报酬才会成为较强的激励因素。他认为，这些条件包括：

(1) 管理者与下属之间的信任度必须很高；

(2) 个人的工作成绩必须能准确地测量；

(3) 付给高业绩员工的报酬必须比低业绩员工的报酬高出很多；

(4) 如果在优秀工作成绩中可能出现负面后果时，应给予充分注意。

在满足这些条件的情况下，企业文化将推动员工形成一种预期，即确实存在着获得对应于高工作业绩的高报酬的可能性。有了这种看法（同时假定人们认可这种奖酬形式),我们就可以期待提高员工的工作表现和努力。

(二) 公平理论

亚当斯的公平理论则从另一个角度对理解薪酬的激励作用提供了一个全面的理论框架。公平理论指出这样一个道理:人们往往通过与他人报酬的比较来评价自己所获报酬的公平程度。基于这一理论,管理者在进行工资水平和结构决策时,需要考虑员工从以下三个层次进行的公平性比较(见表 10-2)。

表 10-2 工资结构的决策及其后果

工资结构的决策	管理工具	员工工资比较的层次	公平性感受所产生的后果
工资水平	市场薪酬调查	外部公平性	员工向外流动(高质量员工的吸引和保持问题);劳动力成本;员工的态度
工作结构	工作评价	内部公平性	员工的内部流动(晋升、调配、工作轮换);员工间的合作;员工的态度
激励工资	绩效评价	员工公平性	员工向外流动(吸引和保留高绩效员工);员工的态度

第一,工资比较的外部公平性。外部公平性主要集中在对其他企业中从事同样工作的员工所获得的工资水平的考察。这种比较的结果常常会影响一位求职者是否会接受某家企业提供的工作,也会对在职员工产生影响,他们会经常考虑是继续留在企业,还是到其他地方另谋高就更有利。市场薪酬调查是一家企业在选择工资水平时常用的管理工具。外部公平性(即企业工资率不会大幅度偏离市场工资率)对吸引、保留员工是一项起码的要求,但这并不等于企业在确定工资水平方面就全无发言权。有时,企业可以支付较低的工资,但通过合理设计工资制度、综合使用多种激励手段来增加对员工的吸引力。

第二,工资比较的内部公平性。内部公平性关注一家企业内部的不同岗位之间的工资对比问题。员工常常把自己的工资与比自己级别低的工作、级别相同的工作(但属于不同的技能类别或不同的部门)以及比自己级别高的工作所获得的工资进行比较。对员工而言,所谓内部公平,即同工同酬,不同工不同酬。同工的意思,不仅指一样的工作,而且指虽然表面上看起来不同,但从劳动强度、技术复杂程度和工作条件来说都相当的工作。科学全面的工作评价能够较为准确地界定各项工作、岗位的相对价值,通常被用于在工资结构决策中确保岗位间内部公平性的管理工具。

第三,员工还会与那些在企业内部与他们干同样工作的其他人进行工资的公平性比较,我们称之为员工公平性。如果企业仅依据员工的业绩水平和资历等个人因素,对企业中完成相同工作的员工进行支付,即达到了员工公平。组织通过绩效评价并在个人工资设计中体现个人贡献上的差异,来满足员工公平性的要求。

（三）薪酬的组成部分

员工从企业获取的薪酬，包括基本工资、激励工资和福利三大部分（见表 10-3）。其中，基本工资是指员工按公司要求，完成工作任务和活动应得到的固定数额的报酬。基本工资的数额取决于员工在组织中的地位、所从事的工作性质以及个人所具备的完成工作所需的技能或能力，企业主要通过职位评价和薪酬调查来确定基本工资水平。基本工资为员工提供了稳定的、有保障的收入来源，满足了员工的基本生活需要。

表 10-3　薪酬的构成、功能及特征

薪酬构成	功　　能	决 定 因 素	变动性	特　点
基本工资	·保障 ·体现职位的相对价值	职位价值、资历、能力	较小	·稳定性 ·保障性
激励工资	·对员工良好绩效的回报	个人、团队和组织的绩效	较大	·激励性 ·持续性
福利	·保障 ·提高员工满意度	组织成员身份、法律因素、组织地位	较小	·强制性 ·保障性

激励工资是工资中随着员工工作努力程度和劳动成果的变化而变化的部分。激励工资通常被用来激发、引导或控制员工的工作行为，使员工增加个人努力，并做出有利于企业长短期经营绩效的工作行为。以员工的劳动产出和劳动成果为对象的激励工资，种类多种多样。个人奖金、销售提成、利润分享、绩效工资等，都是能将员工的劳动成果与收入相联系的形式。

福利是员工总薪酬的重要组成部分，被用于给员工提供长期保障津贴。福利通常具有以下特点：（1）福利是一种普惠制的员工报酬形式，福利数额与工作时间、工作绩效关联度较小，个体差异不大；（2）福利通常采用非货币性支付方式（如服务或实物），也可能采用延期支付形式。福利对于多项人力资源目标的实现存在正面影响：协助吸引员工；协助保持员工；提高企业在员工心目中及劳动力市场中的形象；提高员工对工作的满意度。由于福利一般不需要纳税，相对于等量的现金支付，它对员工具有更大的价值。从这个意义上说，合理的福利设计有助于企业节约劳动力成本，吸引和留住高素质人才。

三、个人和群体的薪酬与激励

组织通常在可以相互替代的薪酬安排中进行选择，它们必须决定哪种安排对特定组织和员工队伍最有效。组织的薪酬通常可以按接受奖励的单位是个人还是群体分为两大类：个人薪酬计划和群体/团队薪酬计划。在个人的薪酬激励计划中，可以采用几种方法：按投入计酬、按件计酬、佣金等。在每一方案中，报酬在很大程度上都直接与个人工作水平和努力相联系。虽然针对个人的奖励往往能提高工作水平，但也有一些情况会影响激励作用的发挥。特别是有些方案可能引起员工间的竞争，产生不良后果。例如，如果企业质检工作不严格，个人激励(如计件工资)就会造成员工牺牲品质来增加产量。

为了克服这些缺点，许多企业转向了群体/团队的薪酬激励计划。群体激励计划将员工的部分奖励与群体的工作成绩联系在一起，常见的有各种利润分享计划，计划实施的结果往往是大大提高了员工对企业发展的认同和努力，并能有效加强同事间的合作。

四、福利及其构成

根据法律要求，企业应为员工提供一定的福利，如失业保险、养老保险、医疗保险等。其他的福利，如补充医疗保险、休假、补充养老金、弹性工作时间等，则是企业自愿选择提供的项目。

由于福利成本在企业劳动力成本中占有相当大的比重，要想在不控制福利成本的情况下控制劳动力成本，几乎是不可能的。同时，虽然法律对于企业的福利决策施加了重要的约束，企业在非法定福利部分仍有相当大的决策自主权。企业在制定福利政策时，一方面需要考虑其竞争对手提供的福利项目，另一方面需要考虑企业员工的期望，即企业和员工间形成的"心理契约"。如果企业无法满足员工的期望，就很难指望员工会对企业的成功表现出很强的献身精神。

管理聚焦

迪士尼的人力资源管理"神话"

迪士尼主题乐园给全世界千百万游客带来了欢乐。游园者会立刻对那些化妆的、站在门口检票并帮他们上、下楼梯的男女主人留下深刻的印象。这些小时工大部分是学生和兼职员工。但他们不是普通的学生，他们是被精心选拔、培训和作为奖励送到"迪士尼王国"的学生精英领袖。

因为大部分潜在员工头脑中已经有了由"迪士尼国度"和"迪士尼世界"的员工塑造的简洁、传统的形象，公司发现，大部分不适合这个形象的工作申请者主动放弃了申请。为了保证每一位求职者知道公司期望的内容是什么，雇用程序的第一步就是让求职者观看录像，这个简短的片子告诉求职者公司严格的着装规范和修饰的规则、要求(如每只手只允许戴一枚戒指、不许文身)，以及工作的严格性。接下来是45分钟的面试。面试者提出标准问题，注意申请者的倾听技巧和他们的微笑及反应。通过面试,公司判断申请者将怎样对待“客人”,以及将如何与其他员工相处。迪士尼注重的是沟通与协作能力,而不是技术技能。

一旦被雇用,新员工会参加一个8小时的熟悉环境项目。在这个环节中,他们学习公司的历史、理念及对顾客的服务标准。这里,他们还被引导扮演创造快乐的角色——这是最重要的、也是最难触及的迪士尼的成功经验。他们被告知,自己不仅仅是公司的雇员,更是某种“表演”中的主要角色。从街道清洁工到单轨铁路的驾驶员,每个人都必须尽力抛弃自己身上所具有的可能使这个旅游胜地看上去不真实的东西。无论员工们有多么疲惫,也无论游客们可能会怎样去试探他们的耐心,他们都不能失去沉着镇静。员工了解到,失去耐心将意味着失去游客、破坏环境、损害迪士尼在娱乐业和美国文化中的地位。这种信息是由散发着迪士尼精神的培训者传递的。培训者不像是公司的雇员,而更像是一些最好的老演员,身着盛装做着迪士尼工作的范例。熟悉环境之后,新成员接受16～48小时的“搭档培训”。这个培训项目基本上是由老成员指导的一对一的训练。在新演员被允许单独与顾客互动之前,成功地完成培训是必需的。

当学会了一个角色时,这个角色会日复一日地表演。监督者和管理者努力保证演员的新鲜感,并注重创造魔幻的感觉。例如,某一天举行一个比赛,选出最遥远的地方来的客人,并对获胜者颁奖。迪士尼还努力寻找告诉员工他们有多大价值的方法。例如,公司设立了服务意识奖、参与奖,宴请年度长时间工作的员工。每年有一个晚上,公园只对员工及其家人开放。管理者身着盛装致谢,亲自在公园内服务。

[资料来源] 康·黑尔里格尔等:《管理学:能力培养取向》,中信出版社2005年版。

本章提要

无论组织的规模大小,人力资源管理都是至关重要的。人力资源管理是组织用于影响员工能力素质、态度、行为和绩效的各项理念、政策和实践的总称。

作为公司战略的一部分,越来越多的公司通过人力资源战略的规划和实施来寻求可持续的竞争优势。为了充分发挥人力资源在组织管理中的战略作用,管理必须设计建立完整有效的人力资源管理系统。这一系统应包括招聘与甄选、培训与发展、绩效评价与反馈、薪酬与福利以及劳动关系五个要素。

招聘包括管理者为吸引满足空缺职位要求的合格应聘者前来申请工作而进行的全部活动。甄选是管理者判断应聘者的相对资格及在特定岗位上取得良好绩效的潜力的过程。为了提高招聘和甄选的质量,企业需要首先做好人力资源规划和职位分析。

培训是获得从事某项工作所必需的技能的过程，其目的在于保持和改进目前的工作业绩。发展则是为提高员工目前和未来从事某项工作技能的持续教育，更强调素质的提升。系统性的培训与发展包括四个阶段，即需求评估、项目设计、项目实施和项目评价。

绩效评价就是对员工工作绩效及其对组织所做贡献的评价。绩效反馈是管理者与自己的下属分享绩效评估信息，使下属对自己的绩效进行反思，并和下属一起制定其未来发展计划的过程。绩效评价与反馈有助于员工透彻认识自己的优、缺点，明确未来的努力方向。

员工从企业获取的薪酬，包括基本工资、激励工资和福利三大部分。基本工资是指员工按公司要求，完成工作任务和活动应得到的固定数额的报酬。激励工资是工资中随着员工工作努力程度和劳动成果的变化而变化的部分。福利被用于给员工提供长期保障津贴。

复习思考题

1. 为什么说人力资源管理系统与组织战略目标相配合，对于形成组织的竞争优势是极端重要的？

2. 什么是工作分析？它与组织的人员选择有什么关系？

3. 针对新入职的员工、非管理职位的员工及管理者，企业会分别使用哪些培训与发展技术？为什么？

4. 评价360度反馈的优点和不足。如果你是被评价者，你希望用这种方式来评价自己的绩效吗？为什么？

5. 有人说，薪酬的绝对数值并不重要，重要的是你拿的薪酬与他人相比是高还是低。你认为这句话有道理吗？在这一比较中，员工将如何选择薪酬比较的参照物？

第十一章　领　　导

全章脉络

学习目的与要求

管理专业术语

- 第一节　领导者和管理者
- 第二节　领导特质理论
- 第三节　关于人性的理论及有关新学说
- 第四节　领导行为理论
- 第五节　领导权变理论
- 第六节　领导理论的新观点

本章提要

复习思考题

学习目的与要求

1. 了解什么是领导；
2. 解释领导者与管理者的区别；
3. 描述领导特性理论；
4. 概述有关人性的理论；
5. 掌握主要的领导行为理论；
6. 掌握主要的领导权变理论；
7. 了解领导理论的新发展。

管理专业术语

Leadership	One person influencing other people to willingly work toward a predetermined objective.
Leading	The process of influencing a group toward the achievement of goals.
Traits	The characteristics of a person that predisposes someone to act in a particular way.
Vision	A mental image of a possible and desirable future state of the organization.
Personality	The characteristics and distinctive traits of an individual, and the way these traits interact to help or hinder the adjustment of the person to other people and situations.
Conflict	Perceived incompatible differences that result in interference or opposition.
Transactional Leaders	Leaders who guide or motivate their followers in the direction of established goals by clarifying role and task requirements.
Transformational Leaders	Leaders who provide individualized consideration, intellectual simulation, and has great personal charisma.
Empowerment	Increasing the decision-making discretion of subordinates.

领导是管理工作中的一项重要职能。无数的企业实践表明，成功的管理者同时也是组织群体中的领导者，他们对企业生存和顺利成长具有深远的影响。既然领导在管理工作中有如此重要的作用，那么如何才能成为一个好的领导者？他们是如何开展领导工作的？假如领导工作确实有其规律性或特点，那么，它们又是什么呢？本章将对领导这一职能展开论述。

第一节　领导者和管理者

领导者与管理者是两个既相关又有区别的概念。他们的活动有不同的特征且各有各的功能，但经营活动既需要管理者，也需要领导者，两者对组织的成功都是必需的。

提出领导者和管理者区别的问题，是为了使读者更易于掌握领导的概念，但要说明领导者与管理者的区别，还得先研究领导的概念。

一、领导与领导者的定义

首先应指出，管理学研究的领导是一种行为过程。这里我们采用美国管理学家孔茨、奥唐奈和韦里奇给领导下的定义："领导是一种影响力；是引导人们行为，从而使人们情愿地、热心地实现组织或群体目标的艺术过程。"对这个定义要分三个层次理解：首先，它揭示了领导的本质，即影响力。这种影响力能够引导人们的行为。这里的引导，是指使人们以某种方式或跟随一个特定的过程行动。理想情况下，这一过程由以下因素组成：第一，创立的组织政策、程序、工作章程。第二，这个定义明确指出了领导是一个过程，是引导人们行为的过程，不仅如此，它还是一个艺术过程。领导者面临千变万化的组织或群体的内外环境，特别是面对着各种各样的人，他们的身份不同，有着各种不同的教育、文化和经历背景，他们进入组织或群体的目标和需要各不相同，而且人们的需要、目的等都处在动态的变化之中。越是高层的领导行为，因其面对因素的复杂性和不确定性越高，所以艺术的成分就越多。第三，这个定义指出了领导的目的。领导是一项目的性非常强的行为过程，它的目的在于使人们心甘情愿地、热心地为实现组织或群体的目标而努力，让人们情愿地而非无奈地、热情地而非勉强地为组织或群体的目标而努力，这体现了领导工作的水平。

德鲁克认为："领导者的唯一定义就是其后面有追随者。"在领导工作中，领导是领导行为的主体，但千万不要把领导者与被领导者对立起来。实际上，领导者与被领导者是相互依存的关系，没有被领导者当然也就无所谓领导了。在领导行为过程中，领导者当然会影响被领导者，但此时被领导者也同样会影响领导者。领导工作的完成，离不开与他人的交流和沟通。因此，领导并不仅仅是单向的，它是一种双向的动态过程，即除了领导者通过指导、激励等影响被领导者外，被领导者也给领导者以信息来修正领导者的现在和未来行动。人们的感受、能力与心态是在不断变化的，领导者与被领导者的关系也必须不断修正，行动必须持续调整，因此，领导是一种动态过程。

二、领导与管理的区别

在较平稳的时期，管理者的核心任务是维持现行的活动，他们可以依靠制度、政策、规章来规范员工的活动；但在加速变革的时代和动荡的环境中，领导的作用更显重要，有效的领导能指明前景，并引导组织成员共同努力去实现它。

管理强调的是计划和预算、组织各项资源（人力资源和原材料等）与控制和解决问题。领导强调的是提供方向、影响人和增强组织成员的凝聚力，以及激励和鼓舞人。

我们的社会是一个组织构成的社会。组织依赖管理者，并为管理者所建造，由管理者指挥并结合成整体。管理者能使组织取得成就。所以管理者是对组织做出贡献并负有责任的人。

领导和管理密切相关，但又有明显的区别。优秀的管理者一定是一个好的领导者，然而一个领导者不一定是一个有成效的管理者。管理者可以利用其职权迫使人们去从事一项工作，但不等于就是一个合格的领导者。有人虽有经理的头衔，但是很少能影响他人的行为和工作；也有人并无正式职权或经理之名，却能以个人的身份和感染力去影响他人的行为。后者虽非管理者，但却是一个领导者，也许是一个至关重要的非正式领导。典型的管理者采用有组织、有条理的方法和严格控制的办法，给组织带来正常的秩序和一致性。典型的领导者采取灵活、创造性的方式，在组织中倡导变革和提供前景。

领导并不等同于管理。许多管理者搞不清两者的区别，因而在错误的理解下，履行他们在组织中的职责。领导是管理的一个方面，属于管理活动的范畴，但除了领导，管理还包括其他内容，如计划、组织、控制等。领导从根本上来讲是一种影响力，是一种追随关系。人们往往追随那些他们认为可以提供满足自身需要的人，正是人们愿意追随他，才使他成为领导者。因此，领导者既存在于一定的组织中，也存在于一定的群体中；既存在于正式组织中，也存在于非正式组织中。

为了使组织更有成效，我们希望每个管理者都能成为一个好领导。管理理论界和实务部门之所以重视对领导的研究，说明组织需要理解领导，以便使更多的人成为领袖式的管理者。

管理聚焦

七步之遥，从管理者到领导者

大量的管理者访谈和研究显示：优秀的管理者要成为称职的领导者，必须在领导重心与核心技能方面做出一系列调整，必须经过重重风暴，涉过条条险滩，最终才能实现质变。

迈克尔·沃特金斯将这一过程总结为“7种质变”：从专才到通才、从分析者到整合者、从战术家到战略家、从泥瓦匠到建筑师、从被动者到主动者、从急先锋到外交家、从践行者到倡导者。

1. 从专才到通才

要想具备领导整个企业的能力，他们需要从专才变成通才，即要对各个职能部门都有足够的了解，有能力做出战略性决策，并分门别类地评估人才。高层管理者需要认识到，各个业务部门都有其独特的管理子文化，有各自的思维模式和语言。管理者要了解财务、营销、运营、人力和研发等部门解决业务问题的不同方式，通晓各个部门的语言，并在必要时为他们翻译。关键是，领导者必须懂得提正确的问题，了解正确的人才评估和招聘方法，知道如何管理自己不擅长的领域。

2. 从分析者到整合者

部门领导的主要职责是招聘、培养和管理，是专注于具体业务的分析型人才。而公司领导者的职责是管理和统筹职能部门中的各种知识，解决重要的组织问题。企业领导者光有分析能力远远不够，他们还要知道如何做取舍，就自己的决定给出合理解释，以及如何解决相互冲突的问题。

3. 从战术家到战略家

新角色的一个核心职能是公司的总战略师。要做到这点，他需要忽略那些细枝末节，把思想和时间都解放出来，用于关注更高级别的事物。更笼统地说，他需要具备一种战略性思维。他们需要培养三种技能：水平切换能力、模式识别能力以及思维模拟能力。水平切换能力是能从容地在不同分析层面之间来回切换的能力，即知道何时关注细节、何时关注大局，以及两者间的关系。模式识别能力是在一项复杂业务中，能区分出偶然联系和重要模式，即把有用信号和无用噪声区分开来。思维模拟能力是能够预料到外部各方（竞争对手、监管者、媒体、公众）对你的行为做何反应，通过预测他们的行动和反应，找到最佳应对办法。

4. 从泥瓦匠到建筑师

当领导者晋升至公司管理层时，他们将负责设计和改变组织架构——战略、结构、流程和基础技能。要成为出色的组织设计师，他们需要具备系统性思维，明白核心要素之间的关系。公司领导者需要了解组织变革和组织管理的原则,包括组织设计机制、业务流程改进以及过渡性管理。

5. 从被动者到主动者

高层管理者不应满足于仅仅扮演被动"救火者"的角色,而要把更多的精力放在组织应该解决的问题上,即主动发现"火情"。管理者对业务面临的全部机会和威胁都要做到洞若观火,然后将团队注意力聚焦到最重要的事情上。他还要能发现"空白地带",即那些无法清晰地归入任何一个部门,但对业务至关重要的事情,诸如多元化。

6. 从急先锋到外交家

称职的企业外交家利用外交手段——谈判、说服、冲突管理和建立联盟——去塑造外部业务环境,以支持战略目标。与此同时,他们还要学会与竞争对手合作。为此,企业领导者需要一种全新的思维模式,找到共同利益,了解不同组织的决策模式,以及设计出有效的战略去影响他人。

7. 从践行者到倡导者

成为一位企业领导者意味着要站在聚光灯下。从某种程度上说,各级管理者都扮演着榜样的角色。但是,在企业领导层面,他们的影响被放大了,因为无数双眼睛紧盯着,希望从他们那里寻找愿景、灵感和关于正确行为及做事态度的线索。不论好坏,领导者的个人风格甚至怪癖均具有感染力(不论是员工们直接观察到的,还是通过领导者发布指令传递出去的)。这种感染力不可避免。但是,企业领导者可以通过控制言行,有意识地管理其个人影响力。

上述7种质变是从左脑、分析性思维方式向右脑、形象化思维方式的转变。但是,这并不意味着企业领导者可以把策略性或部门事务抛到脑后。只是说,相比之前的角色,花在这上面的时间要少得多。事实上,企业领导者如果能让其他人——董秘、首席运营官或者项目经理——专注于执行,往往会大有裨益,这能让他们更专注于新角色。

[资料来源] 迈克尔·沃特金斯:《从管理者到领导者》,《哈佛商业评论》2013年2月。

第二节　领导特质理论

早期领导理论的研究重点放在领导者的个人特质上。一些人认为,有人生来就具备领导者的特质。然而,这些特质究竟是什么?许多著名领袖人物的特质究竟有多少共同点,又有哪些区别?这些问题使不少管理者和研究人员困惑了一个多世纪。

一开始,人们试图找出伟人身上的特质,许多专家假设领导者的素质是天生的。他们做了成千上万次研究探求领导的特质，有身体方面的、有能力方面的，更多的是个性和社会方面的特质，但这些特质研究被证实是很难捉摸的。其中较经典的研究有以下几个方面：

一、斯托格迪尔的领导个人因素论

斯托格迪尔(R. M. Stogdill)在全面研究了关于有效领导应具备的特质方面的文献后，总结了与领导有关的个人因素如下：

(1) 5 种身体特征，如精力、外貌、身高、年龄、体重等；

(2) 2 种社会性特征，如社会经济地位、学历等；

(3) 4 种智力特征，如果断性、说话流利、知识渊博、判断分析能力强等；

(4) 16 种个性特征，如适应性、进取心、热心、自信、独立性、外向、机警、支配力、有主见、性急、性慢、见解独到、情绪稳定、作风民主、不随波逐流、智慧等；

(5) 6 种与工作有关的特征，如责任感、事业心、毅力、首创性、坚持、对人的关心等；

(6) 9 种社交特征，如能力、合作、声誉、人际关系、老练程度、正直、诚实、权力的需要、与人共事的技巧等。

二、鲍莫尔的领导特质论

美国普林斯顿大学的鲍莫尔(W. J. Baumol)提出了作为一个领导应具备的 10 个条件：合作精神、决策能力、组织能力、精于授权、善于应变、敢于求新、勇于负责、敢担风险、尊重他人和品德高尚。

三、吉赛利的领导特质论

吉赛利(E. Ghiselli)对个人性格与管理成功的关系，按重要性进行了分类。他重点研究了 13 种特质，以及这些特质在领导才能中体现的价值，其研究结果如表 11－1 所

表 11－1 领导个性特征价值表

重要特征	重要性价值	个 性 特 征
非常重要	100	督察能力(A)
	76	事业心，成就欲(M)
	64	才智(A)
	63	自我实现欲(M)
	62	自信(P)
	61	决断能力(P)
	54	对安全保障的需要少(M)
	47	与下属关系亲近(P)

(续表)

重要特征	重要性价值	个 性 特 征
次重要	34 20 10 5	首创精神(A) 不要高额金钱报酬(M) 权力需求高(M) 成熟程度(P)
最不重要	0	性别(男性或女性)(P)

说明：重要性价值：100＝最重要，0＝没有作用。

示。括号中的A表示能力特征，P表示个性特征，M表示激励特征。

四、皮奥特维斯基和罗克的领导特质论

在皮奥特维斯基(Poitwisky)和罗克(Roke)两位管理学家1963年出版的一本名为《经理标尺：一种选择高层管理人员的工具》的著作中，将成功经理的个人特质列举如下：

(1) 能与各种人士就广泛的题目进行交谈的能力；

(2) 在工作中既能"动若脱兔"地行动，又能"静若处子"地思考问题；

(3) 关心世界局势，对周围生活中发生的事情感兴趣；

(4) 在处于孤立环境和局势时充满自信；

(5) 待人处事机巧灵敏，而在必要时也能强迫人们拼命工作；

(6) 在不同的情况下根据需要，有时幽默灵活，有时庄重威严；

(7) 既能处理具体问题，也能处理抽象问题；

(8) 既有创造力，又愿意遵循管理惯例；

(9) 能顺应形势，知道什么时候该冒险，什么时候谋求安全；

(10) 做决策时有信心，征求意见时谦虚。

令人遗憾的是，总的来说，并非所有成功的领导者都具备上述特质理论所描述的个人特质，而且许多非领导者可能具备上述大部分甚至全部特质，几乎没有一种个人特质是所有领导者所共有的。领导特质理论无法指出哪些特质是领导者必需的，也无法对各种特质的相对重要程度做出客观的评价，因而并不存在一套能将领导者和非领导者区分开来的领导者特质。

现在人们知道领导者的某种特质的重要与否取决于情景要素，如形势、下属和追随者，以及许多其他事情，甚至有些新的研究表明特质与有效领导并不相关。但在大量的研究中确实也出现了一些"有用的"模式，如谢利·克里克帕特里德(Shelley Krikpatrick)与埃德温·洛克(Edwin Locke)提出了7种"核心"特征，被认为是有效领导(过程)的基本条件。它们是：

(1) 内在驱动力。领导者表现出很高的努力程度。他们具有较高的成就欲望，进

取心强，精力充沛，对自己所从事的活动坚持不懈、永不放弃，并表现出积极主动性。

(2) 领导欲。成功的领导者有强烈的愿望去影响和领导他人，而不是被动地接受领导。他们愿意承担责任。

(3) 诚实与正直。领导者诚实可靠、言行一致，这是领导者与追随者之间互相信任的基础。人们不会追随一个不值得信赖的人。

(4) 自信。领导者需要表现出强烈的自信。这一点对于领导者能否克服挫折、直面竞争以及承担风险很关键。如果你的追随者感到你缺乏信心，那么他们也不会对你制定的目标和决策的正确性有信心。

(5) 智力。领导者需要具备足够的智力能力来收集、整理和解读大量信息，并将其用于制定战略、解决问题或做出艰难的抉择。如果下属认为他们的领导者是高度智慧的，也会在无形中增加领导的威信。

(6) 业务知识。有效的领导应该熟悉自己的公司、行业和技术等事务。这不仅需要高超的智力，更需要善于学习来获得渊博的工作相关知识。

(7) 外向性。领导者是精力充沛、充满活力的人。他们善于交际、坚定果断，很少沉默内向或孤僻离群。

五、情商论

一个颇有争议的领导特质理论取向，是一个被称为“情商”的观点。它是指关注自身或他人感情和情绪的能力，辨别它们，并利用这些信息来指导自己的思考与行动。1995年10月，美国《纽约时报》的专栏作家和顾问丹尼尔·戈尔曼出版了《情感智商》一书，把“情商”这一研究新成果介绍给公众，“情商”这一概念在全世界得到了迅速的传播。

丹尼尔·戈尔曼认为，情商是一系列相关的能力，这些能力在许多优秀领导人的身上都能体现出来。他指出情商主要有以下5个组成部分：

(1) 自知——了解自己情绪的能力，包括察觉自己的心态、情感和动机，以及它们对他人的影响。

(2) 自律——控制自己情绪的能力，能控制或调整自己的一时冲动和被扰乱的情绪，做到三思而行。

(3) 激励——激励自己的能力，能精力充沛地专注于一定的目标，对工作充满热忱，而超越金钱、地位等考虑。

(4) 移情——能理解下属的感受和看法，并在做决策时充分考虑这些因素，通俗地讲，移情也即同情心。

(5) 社交——社会技能，掌握社交方面的技能，能适当地友善待人。

拥有这些特质的领导(展现了高度的情商)往往在工作中更具有效性。自知、自律能提高下属的信心和信任。根据戈尔曼的看法，自知的领导，人们尊敬他是因为他们知道自己的局限性。自律的领导,人们尊敬他是因为他们做决策时很谨慎。戈尔曼还认为,自知、自律的人往往更自信,所以能更好地应对模糊性或不确定性,对变革更开放。高度激励的人对工作充满热忱,也会感染、帮助、说服他人共同追寻组织的目标和使命。最后,强大的同情心和社交技能能帮助领导人获取下属的忠诚心。富有同情心和社交技能的人往往更懂得如何处理争端;能在各种人之间找到共同的立场和目的,并能引导人们朝着预期的方向努力;他们也更善于建立许多同盟。

研究表明,情商与各级管理者的业绩成正相关。例如,贝尔实验室中被同伴评为"工作明星"的工程师,在与人相处方面都做得更好。高成就的人的典型特点是情商,而非智商。那些需要高度社会交往的工作,其成功与否,与人的情商密切相关。

上述这些特质不像人的肤色、种族或性别都是与生俱来的,有效领导所需的品质通过自身的学习和努力是可以培养的。德鲁克指出,有效性是一种后天的习惯,是一系列实践的综合。实践总是可以学会的。

管理聚焦

网络时代的领导者

过去,员工只知道你的名字、长相和你的商业地位。现在,他们知道你的薪水、你的籍贯。关于你,他们知道的事情比过去多得多,与此同时,你还面临着比过去分享更多信息的压力。除了这些日益增加的信息透明化外,你也要了解你以前陌生的领域,如新兴技术、新市场,以及代表新利益相关者的新文化和新地理区域。难怪CEO的任期越来越短。

优秀的领导者总是会走出自己的舒适区,但逐渐汇合全球趋势正给管理者更多的压力,必须探究一个更复杂、整合度更高的、更透明的商业世界。未来的领导者将会在个人方面和企业层面感到不舒适。领导者将不得不去应对日趋模糊的个人生活和公开生活的界限。并且,企业领导者们也必须与竞争者和员工建立新的关系。这些都需要新技能和心态。自我意识不能太强。

单是科技就在很多方面让领导者不自在。从数字自动化的成本效益分析,到平衡消费者顾虑和数据挖掘机会,再到衡量比特币的商业价值和其他新的概念——领导者将越来越多地被要求评估和使用那些他们不太理解,也无法控制的新技术。随着连接技术和虚拟工作场所改变人们的互动方式,企业领导者必须通过新媒介,与不同文化和职位的员工建立联系。即便企业领导者们缺乏数据体系的知识,他们也需要知道如何运用数据,产生智慧。

数字化和全球化结合,以及消费者对个性化的产品的需求,都会让流程与消费关系变得更加复杂。相互竞争的企业需要一起合作,以实现更复杂的技术创新,因此竞争关系将变为盟友关系。这类竞合关系需要领导者保持一种困难的双重视角——把竞争对手同时视为重要的合作伙伴和市场威胁。

但是，当今领导者必须做的最大调整可能是“权力转移”，这需要大幅改变思考与工作方式。许多领导者已经习惯“命令与控制”，运用恐惧而非关爱，以及“我领导，你跟随，要不就滚开”等方式。但是，随着权力从内部高管转移到员工和外部利益相关者，组织结构趋向扁平化。企业必须不断拓展全球市场，每一个市场都具有独特的态度和需求。

以权力控制他人的领导人，将无法在这样的新环境下取得成功。我们将会看见更多的“以他人为重心”的领导者，他们明白领导力其实是一种关系，因此首先会关注其他人而不是自己。领导者更多地是参与而不是下命令，认为自己是整体中的一个部分。“以他人为重心”的领导者应能从长远审视全球和本地市场。从本质上讲，“以他人为重心”的领导者是受到社会性权力的激励，他们从教导他人、建立团队、授权他人中得到满足与能量，他们能够处理未来商业环境里日益增加的压力。他们知道自己并不需要“知道所有的答案”，这样的心态让他们更愿意向他人寻求帮助，让他们更能处理领导岗位上的压力。

未来，所有的领导者都会发现生活变得更加混乱、令人不知所措，而且他们的努力和管理也会比过去更明显可见。以自我为中心的领导者很难改变，他们很难在这种不自在的环境下成功。组织需要培养的是那些“以他人为重心”的领导者，因为在二三十年后，他们更可能成功。

［资料来源］Georg Vielmetter，Yvonne Sell. Leadership is About to Get More Uncomfortable. *Harvard Business Review*.

第三节 关于人性的理论及有关新学说

有关领导的另一种理论是关于人性的理论。该理论认为，领导的行为与他们如何看待员工有关。现代管理思想的发展，实际上也体现了组织中管理人员对人性及其行为的看法在发展变化。

一、从“经济人”到“复杂人”

麻省理工学院心理学教授薛恩(E. Schein)就各种管理思想对人性的假设做了如下

分析：他把科学管理的人性观称为理性的“经济人”，人际关系学派的人性观称为“社会人”，人力资源学派的人性观称为“自我实现人”，而组织行为学的形成，又把权变观点引入管理领域，提出了“复杂人”的观点。人是复杂而有差异的，不能用一个固定的模式进行管理，针对人们不同的特点，应采取不同的方法。

（一）“经济人”的假设

这种观点认为，人主要是为经济利益而生存的。古典经济学家亚当·斯密最早提出了这一假设，指出人主要追求的是经济上的目标，因而可通过经济刺激促使人们努力工作。企业家是追求最大利润的“经济人”，工人是追求高工资的“经济人”。古典管理学者也是从“经济人”这个基本假设出发的。他们认为，追求高利润的企业家和追求高工资的工人经常发生矛盾。为了解决这一矛盾，就应用科学的管理、科学的组织等手段来鼓励工人同雇主合作，共同为提高生产率而努力。生产率的提高可把“蛋糕做大”，这样雇主可以得到高利润，工人可以得到高工资。所以，他们强调工作条件、工资报酬等物质和技术方面的条件。

（二）“社会人”的假设

这种观点认为，人不只是为经济利益而生存，而且有社会方面的需求。一些行为科学家认为，古典经济学和古典管理学派把人只看成“经济人”并不正确。工作条件和工资报酬等并不是影响劳动生产率的第一位原因。人不单纯为了追求经济利益，而且还有社会方面、心理方面的需求，即追求人与人之间的友情、安全感、归属感和受人尊重等。人是独特的社会动物，只有把自己完全投入集体之中才能实现彻底的“自由”。他们还指出，工业化造成了“社会解体”和“不愉快的个人”。为了解决这一矛盾，就要考虑人的社会和心理方面的需求，以便合理地组织与管理，保持社会的“稳定”，并提高劳动生产率。

（三）“自动人”的假设

这种观点认为，人除了社会需求外，还有一种想充分运用自己的能力、发挥自己才智的欲望。所以，人是自动、自发而且能自我克制的，外在的命令、控制有时反而会引起反感，使人感到是一种“威胁”而难以适应。人力资源学派的人性观认为，人不仅希望为组织做出贡献，而且也能够做出真正的贡献。如何使工作变得有意义、富有吸引力，足以引起自豪感，就不需要其他外来的激励，人可以自我激励，所以，“自动人”也就是“自我实现的人”。管理者的任务是鼓励员工参与决策并创造一个工作环境，使组织中的人力资源得到充分的利用。

（四）“复杂人”的假设

薛恩又提出了“复杂人”的概念，该假设认为，人是复杂的而且是高度可变的；人的动机模式很复杂,不仅人与人之间有差异,而且同一个人在不同的组织或同一组织的不同部门中,其动机也可能是不同的;人们通过他们的组织经验还可能学到新的动机,以及人能对各种不同的管理策略做出反应。因此,一个成功的管理者必须是一个好的诊断师,他必须对不同的人具有敏感的洞察力,针对各人不同的特点,对症下药。

二、从 X、Y 理论到 K 理论

关于对人性不同的看法和假设,引出了各种管理理论和方法。著名的 X、Y 理论是关于人的本性的另一种观点,即从考察管理者和其他人关系这一基本问题着手,来探讨领导行为。后人又对这一理论做了检验和修正,并发展出一些新理论。

(一) X 理论和 Y 理论

心理学家道格拉斯·麦格雷戈是马斯洛的学生,他认为管理人员对工人的行为有不同的假设,主要可分为两类,他分别用中性词 X、Y 来代表两种不同的理论。

X 理论的假设要点如下:

(1) 一般人天性厌恶工作,并尽可能逃避工作;

(2) 对大多数人必须用强制、控制、指令,甚至用惩罚相威胁的办法,才能使他们达成组织的目标;

(3) 一般人宁可被指使,怕负责任,没有很大的抱负,并首先要确保安全。

Y 理论提供了一种新的管理解释:

(1) 人并不天生厌恶工作;

(2) 员工并不需要严厉的控制和惩罚的威胁;

(3) 一般人在适当的条件下,不仅接受而且实际上寻求责任;

(4) 员工除了安全需要外,还应满足他们社会、自尊和自我实现的需求。

这两种假设显然有根本上的差别。X 理论是悲观的、静止的和僵硬的,认为控制主要来自外部,由上级强加给下属。相反,Y 理论是乐观的、动态的和灵活的,强调自我控制、自我指挥,并把个人需要和组织要求结合起来。毫无疑问,不同的假设将影响管理人员在执行管理职能和活动中的方法。X 理论代表了传统的管理哲学,即依靠外部控制和不断的监督管理。Y 理论强调人不是被动的,人有动机,会主动设法满足自己的需求。满足了自我需求,就能充分发挥人的潜在能力。

(二) 超 Y 理论

根据麦格雷戈的研究,显然 Y 理论较 X 理论更为优越,但有人对麦格雷戈的理论进行了验证,结果发现 Y 理论不一定处处比 X 理论优越,采用 X 理论或 Y 理论的单位,有效率高的,也有效率低的。到底在什么情况下采取何种理论或方式为好?组织中有效的领导方式似应以成员的素质而定。管理学家莫尔斯(John J. Morse)和洛希(Jay W. Lorsch)试图以“超Y理论”回答这个问题,其要点如下:

(1) 人们加入组织有着不同的需要和目的。有人需要明确的规章制度,不喜欢参与决定和承担责任;有人却需要更多的自治,承担更多的责任,有更多发挥个人创造性的机会。

(2) 要使工作性质与从事工作的人们的需要相适合,应采取适当的组织形式和领导方式。

(3) 组织的目标、工作性质、员工的素质等对于组织结构和管理方式有很大的影响。所以,组织结构和管理层次的划分、员工的培训和工作分配、工资报酬和控制程度等,应采取权变的方式,使之与工作性质和员工素质相适应。

(4) 当一个目标达到以后,可以激起员工的胜任感和满足感,使之为达到新的更高的目标而努力。

(三) Z理论

1981年,日裔美籍教授大内(William Ouchi)把美国型的企业组织和日本型的企业组织做了对比,并结合美、日企业的长处,设计了所谓的Z型企业组织模型,并相应地提出了“Z理论”。其基本出发点是,以前的理论都假设管理部门和员工相分离甚至对立,而Z理论则认为企业管理当局同员工的利益是一致的,所以能把两者的积极性融为一体。其理论要点包括:

(1) 采取长期雇佣制度。虽无正式规定,但基本上是终身雇用(约占企业员工的35%),或至少是长期的。即使营业不景气时,一般也不解雇员工,而是通过减少员工工作时间、削减奖金津贴等来渡过难关,保障员工工作,使员工更关心企业利益,并降低员工流动率。

(2) 缓慢地评价和提升。不仓促地对员工的工作表现及业务能力做出评价,而是经过长时间的考察,对员工做出全面的评价,再予以提升。

(3) 适度的专业化职业发展途径。培养员工“一专多能”,既掌握必要的专业知识和技能,又注意多方面的能力培养。

(4) 含蓄的控制机制。利用集体的压力等非正式控制,但检测手段明确而又正规。

(5) 集体参与决策。在做重大决策前,鼓励一线员工提出建议和不同意见。经过反复协商、统一思想后,才由上级做出决定。

(6) 分工负责制。每人都有明确的职责分工。

(7) 对员工全面关心,上下级间建立融洽的关系。

“Z理论”强调通过员工参与管理来提高生产率及改善工作生活品质。

(四) S理论

1982年,美国管理学家理查德·帕斯卡尔和安东尼·阿索斯撰写了《日本的管理

艺术》一书,书中提出了所谓的"S理论",主张在"Z理论"基础上进行改组,通过7个"S"求得协调一致。它们分别是:

(1) 主动灵活的战略(Strategy);

(2) 既集中又分散的组织结构(Structure);

(3) 务实的管理制度(System);

(4) 实事求是的企业风格(Style);

(5) 同心同德的全体成员(Staff);

(6) 全面发展的才能(Skill);

(7) 作为精神价值准则的崇高目标(Spirituality)。

以上7个方面的因素中,战略、结构和制度被称为"硬"因素,而风格、成员、才能和崇高目标则为"软"因素。企业主管应抓好这7个方面的因素,使之调配融合,形成一个强有力的网络。

(五) K理论

汤姆·彼得斯和鲍勃·沃特曼的管理畅销书《追求卓越》于1982年问世,在企业界引起了轰动。该书对美国杰出公司的成功经验做了探讨和总结,使一些传统的管理观念受到了强大的冲击。传统的看法认为,管理的过程是绝对理性和机械的,而该书再次强调了管理中人的因素,尤其是非正式的人际关系具有重要意义。《追求卓越》一书在世界上也引起了广泛的反响,并由此派生出许多"卓越"理论。K理论即是从该书中派生出的一种新理论。

K理论是新西兰的四位学者——克尔·英克森(Kerr Inkson)、布赖恩·亨谢尔(Brian Henshall)、尼克·马奇(Nick Marsh)和吉尔·埃莉丝(Gill Ellis)共同提出的。K理论的"K"字取义于Kiwi(新西兰的国鸟)。《追求卓越》一书的作者曾把成功企业的特征归结为8大特征,如"注重行动""接近顾客"等。但K理论的作者则用更为形象、更为概念化的图解方式表达了该理论的主旨。他们通过对新西兰的一些优秀公司的调查,浓缩出一些具有普遍意义的、导致企业成功的8个"K因素",以两个背靠背的大"K"(即黑线和白线构成两个反向的大的"K"字)及外围加上一个圈的模型表示(见图11-1)。

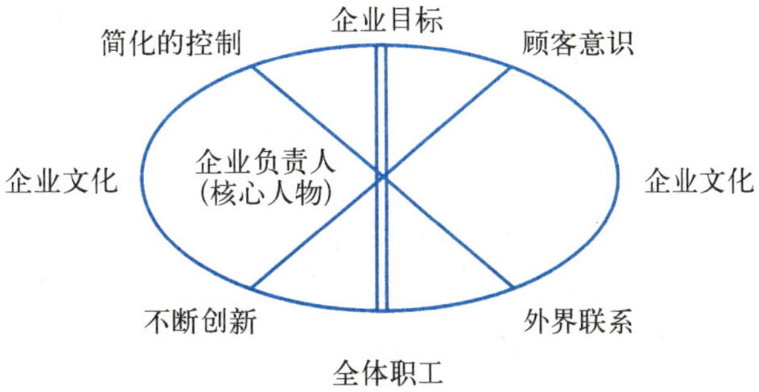

图11-1 K理论示意

图11-1中,8个因素所选用词语的首字母都发K音,以便于记忆,并使复杂的材料得以简化。中心的K因素主要是指企业中的核心人物(Keyholder),即指企业中的主

管人员，如公司的 CEO 等。在成功的企业中，核心人物或主要负责人都具有领导人的个人特性，并实践企业家精神。他们往往成为企业的有形象征，影响他人自觉地为实现企业的目标而努力。核心人物的战略眼光或公司的发展方向应转化为明确的目标。企业的目标，作者用“风筝”(Kite)一词来代表，以示众目注视的中心。在核心人物之下是企业的全体员工，他们必须团结一致，热情地支持核心人物去实现目标，成功的日常活动和工作是靠他们来执行和实施的。在有效的组织中，这些人往往亲密无间，因此这里用了“Kith and Kin”一词，原为亲戚朋友之意。目标、核心人物和全体员工组成了 K 理论模型的轴心，并构成了两个背对背大“K”字的主干，而其他因素在它们周围分为两类：一为公司的外部环境，二为内部机制。外部环境又有两大要素：一是外界的联系交往(Contact)；二是顾客意识(Customer Consciousness)，即用户至上的观念。这两个因素和核心人物相连，即与主干组成了一个大的“K”字。另两个由内部机制引出的因素，是企业全体成员用以对外部威胁和机会做出反应的必要手段。对于外部环境的关注之所以有价值，就在于通过不断创新(Continous Innovation)的过程，使之转化为新的产品和新的战略。此外，控制系统也是必不可少的，但它们不应成为抑制主动性和创造发明的阻力。在有效的组织中，这些系统特别简明，所以用简化的控制(Keep It Simple Conrtol)来表示这一因素。这样，内部机制的两个因素又和主干组成了一个反向的大“K”字。由于杰出而成功的企业往往都隐含一个强有力的企业文化，如价值观、模范人物、处事方式、有效的沟通网络等，并贯穿于其他各因素，所以，模型外围对内外因素用一线相连，它代表了企业文化(Culture)。

K 理论的作者声称，所有的公司都能学习 K 理论的思想，这是一种行之有效、简明易懂的常识。K 理论并非产生于管理理论创新之乡的美国，而是来自新西兰。虽然它没有冗长的论证，但由于高度概括了前人的各种管理思想，并做了清晰和强有力的说理，因此有人认为该理论更为新颖，更使人信服。

第四节　领导行为理论

领导涉及在组织中行使权力。在引导人的过程中，领导人对所获得的权力的运用方式称作领导方式或领导风格(Leadership Style)。在人类历史上，记载了领导人各种不同的领导风格，从强制、威胁和要求到花言巧语、恳求、贿赂和乞讨，从彻底的独裁至完全的民主，各种领导方式形成了一个连续统一体(Continuum)。

一、领导行为的连续统一体理论

坦宁鲍姆(Robert Tannenbaum)和施密特(Warren Schmidt)在 1958 年 3～4 月号的

《哈佛商业评论》上发表了《怎样选择领导模式》一文，提出了“领导行为连续统一体”理论。他们指出，领导行为是包含各种领导方式的连续统一体。在独裁式的领导行为和民主式的领导行为这两种极端的领导方式中间，还有多种领导方式。在其模型中列举了 7 种有代表性的领导风格，模型见图 11－2。

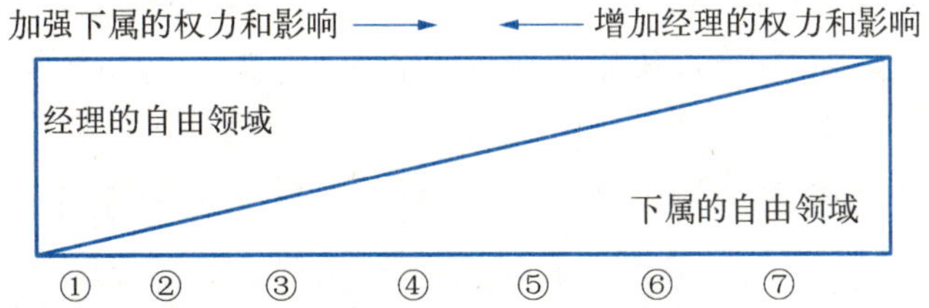

注：① 经理做决策，由下属执行
② 经理做决策，但在下属接受决定前做适当解释
③ 经理提出决定，但对下属的问题必须回答解释
④ 经理提出决定的设想，交下属讨论修改
⑤ 经理提出问题，并征求下属的意见和建议，然后做出决定
⑥ 经理规定界限，再征求下属的意见和建议，然后做出决定
⑦ 经理和下属在组织限定的范围内共同做出决定

图 11－2 领导风格序贯（连续统一体）

在组织中，有的管理人员运用职权做出各项决定，然后由下属接受这些决定；也有的管理人员相反，他们和下属在规定的范围内和下属共同做出决定。但是，在连续统一体的两端之间都不是绝对的。领导的方式往往取决于三个主要因素，包括管理者（如他们的价值观系统以及对下属的信心）、下属成员（如他们对管理人员行为的期望）和他们所处的情境（如组织的价值观和传统）。用等式概括如下：

领导风格 ＝ f（领导者，下属，处境）

管理人员和非管理人员的权力和影响力都受他们所处的组织和社会环境的影响。

二、四类典型的领导方式

美国密歇根大学社会研究所前所长伦西斯·利克特（Rensis Likert）提出了一种领导理论，他认为在所有管理工作中，对人的领导是最重要的。典型的领导方式可分为四类，在连续统一体上分别定名为系统Ⅰ、系统Ⅱ、系统Ⅲ与系统Ⅳ。

系统Ⅰ（即第一类领导方式）是所谓的“专权命令式”。所有决策由管理者自己制定，他决定做什么、由谁去做、如何做以及何时完成。在这种系统中，管理者对下属很少信任，下属的意见也很难与上级沟通。下属如不能按指令完成任务，将会受到威胁及惩罚。利克特认为系统Ⅰ反映了传统的管理概念。

系统Ⅱ（即第二类领导方式）被称为“温和的命令式”。在这种系统下，管理者以家长式的恩赐态度对待下属,双方的信任程度呈主仆间的信赖关系。决策由上级制定,但下属在执行中有不同程度的自由和灵活性,有时也允许下属参与决策,并根据任务完成的情况给予奖惩。

系统Ⅲ(即第三类领导方式)属"协商型"。那些管理人员对下属有很大的信心,但又不完全放心。通常能积极采纳下属的意见和想法。在激励问题上管理当局以奖励为主,惩罚则偶尔用之。实际上系统Ⅲ和系统Ⅱ的本质还是权力型的管理制度,只是在程度上有所差别。

系统Ⅳ(即第四类领导方式)被称作"参与式管理"。在这种系统中,管理者对下属充分信任,上下级处于平等地位,共同协商讨论问题,下级广泛参与重大决策过程。鼓励群体参与制定既具挑战性又切合实际的目标,控制过程分散在整个组织之中,强调自我控制和解决问题。所谓"参与管理",包含三个基本概念:(1) 管理人员要创造条件让员工体验到上级和各方面对自己的支持,感觉到自己的价值。换言之,即领导必须拿出行动和事实来,使员工体会并感受到领导的支持和重视。这也就是利克特论及的"支持关系理论"。(2) 应用集体决策和集体监督。一个完整的组织,应由一系列群体交叉重叠组成,以各群体为单位开展工作。各群体单位的领导是上一级群体单位的成员,即由各级管理人员担任各群体间的联系。此概念即所谓的"连针理论"(Linking Pin Theory)。(3) 给组织树立高标准的目标。一个组织的领导及其成员都要有高标准的志向,确立高标准的目标,并通过目标的实现过程来满足个人的需要。利克特认为参与管理制度效率最高。

根据利克特的调查研究发现:(1) 一个部门领导在管理工作中如果以员工为中心,即不仅关心员工的工作,而且关心其需要和愿望等,则该部门的生产率越高;如以工作为中心,即领导主要关心员工的工作,而较少考虑员工的需要和愿望等,则该部门生产率越低。(2) 一部门领导与员工接触时间越多,则生产率越高;与员工接触时间越少,则生产率越低。(3) 一部门领导注意向下授权,听取下属意见,让他们参与决策,该部门的生产效率就高;反之,越是专权独裁,则生产效率就越低。

三、管理方格理论

(一) 领导行为四分图

1945 年起,美国俄亥俄州立大学工商企业研究所在斯多格迪尔和沙特尔两位教授的领导下,对大型组织的领导行为做了一系列深入研究。他们用高度概括的方法,通过对一千多种描述领导行为的因素进行筛选,最后归并为两类主要领导行为:一类称为主导型结构(Initiating Structure),由领导确立组织目标和抓好组织,严格要求下属,确保其努力达到目标;另一类称为关心型(Consideration),领导和下属的相互关系体现为互相信任、互相尊重,上级关心并考虑下属的意见和感情,通过参与管理来调动人的积极性。

主导型结构和关心型领导行为是两种不同的领导方式，互相结合可形成四种基本领导风格，见四分图（图 11－3）。

一位管理者可能是高主导兼高关心，也可能是低主导兼低关心，或此高彼低。领导行为是这两类行为的具体结合。一个两方面都高的领导人，其工作效率及领导有效性必然较高。用四分图研究领导行为是从两个角度考察领导方式的首次尝试，为研究领导行为指出了一个新的途径。

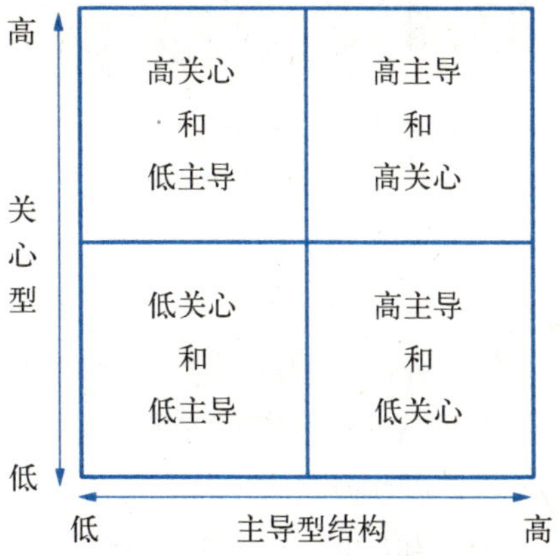

图 11－3　领导行为四分图

（二）管理方格理论

在领导行为四分图的基础上，布莱克和莫顿于 1964 年提出了管理方格理论。他们用一张九等分的方格图组成一个两维矩阵。横坐标表示管理者对生产的关心程度，纵坐标表示对人的关心程度。纵横共组成 81 个小方格，每一小方格代表一种领导方式。其中有 5 种典型的领导风格（见图 11－4）。

如图 11－4 所示，横轴代表了对生产关心的程度，纵轴代表了对人关心的程度，纵

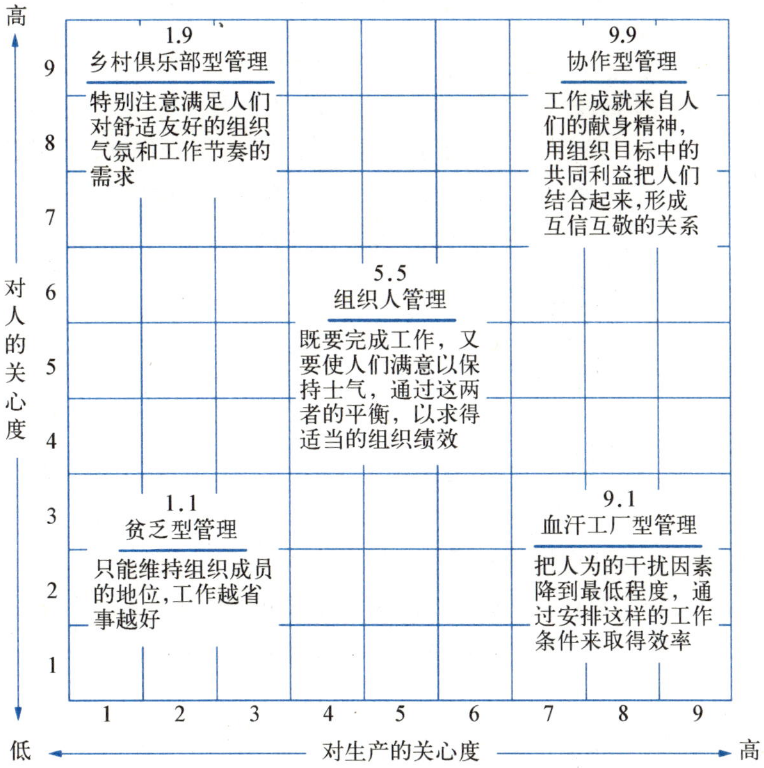

图 11－4　管理新方格

横交叉组成各种不同的领导风格,5 种基本典型分别是:

(1) 贫乏型管理 1.1:管理者对生产和对人都很少关心。

(2) 血汗工厂型管理 9.1:管理者对生产高度关心,但对人则很少关心。

(3) 乡村俱乐部型管理 1.9:与 9.1 型正好相反,管理者友好待人、态度轻松,但对生产则很少关心。

(4) 组织人管理 5.5:管理者折中地在关心人和关心生产两者间取得平衡。

(5) 协作型管理 9.9:管理者对生产和人的关心都有高标准的要求。通过与员工的互敬互信,依靠群体的协作来取得成果。

前四种领导方式,无论是依从关系的 9.1 定向,带折中的 5.5 妥协平衡,还是 1.9 的安全感和舒适,或 1.1 的无为放任,都不是最理想的领导方式,从长远看都有弊端。与 9.9 定向的领导行为相比,其他方式就显得远为不足了。实现 9.9 定向对加强现代化企业制度、贯彻员工参与的民主管理都有很现实的意义。

《管理方格》一书出版后长期畅销,对管理界的理论和实践产生了很大的影响,并为管理者正确评价自己的领导行为,以及培训发展管理人员学习方格理论,掌握最佳领导方式,提供了有效的指南。

第五节　领导权变理论

本章前面所讨论的有些领导理论,其性质也属于审时度势的权变理论。早在 20 世纪 40 年代,一些管理学家们已经开始了这方面的研究,至今仍在继续探索这一课题。领导权变理论认为,某种领导方式在实际工作中是否有效将取决于具体的情景和场合,领导是一种动态的过程,其有效性将随着领导者的特点及环境的变化而异。下面将介绍当代几种主要的领导权变理论。

一、菲德勒的权变领导模型

菲德勒提出的权变领导模型被视为较完整的领导权变理论,并受到许多人的肯定和认同。菲德勒认为,并不存在一种普遍适用于各种情景的领导模式,然而在不同的情况下都可以找到一种与特定情景相适应的有效领导模式。他指出了一个"有效领导的权变模型",其中包含了两种基本领导风格和三种情景因素,三种情景因素又分别可组成八个明显不同的环境。领导方式只有与环境类型相适应,才能获得有效的领导。

(一) 两种领导风格

菲德勒确认了两种领导风格:一种为任务导向型(类似于以工作为中心和主导型

结构行为)，另一种为关系导向型(与以员工为中心及关心型的行为相似)。他还认为，领导行为的方式是领导人个性的反映，基本上不会改变。所以，一个领导人的领导风格究竟是任务导向还是关系导向是可以确定的。

菲德勒设计和使用了一种名叫 LPC 的问卷表来测定一个人的领导风格。所谓 LPC，即你最难与之共事的人。每个管理人员和领导通过对 LPC 的描述可判断出其领导风格。被测试者如能以相对积极的词汇描述最难与之共事的人(LPC 得分高)，说明其乐于与同事形成友好的人际关系，属关系导向型；反之，LPC 得分低，其领导风格则可能以关心生产为主，属任务导向型。LPC 问卷表的具体格式如表 11－2 所示。

表 11－2　LPC 问卷格式

设想一个最不能与之共事的人，此人是你现在的同事或是过去的同事。这人不一定是你最不喜欢的人，而是你认为最难共事的人，请描述你对这人的印象。

令人舒服	—:—:—:—:—:—:—:—: 8 7 6 5 4 3 2 1	令人不舒服
友好	—:—:—:—:—:—:—:—: 8 7 6 5 4 3 2 1	不友好
拒绝	—:—:—:—:—:—:—:—: 1 2 3 4 5 6 7 8	接受
对人有帮助	—:—:—:—:—:—:—:—: 8 7 6 5 4 3 2 1	令人垂头丧气
不热心	—:—:—:—:—:—:—:—: 1 2 3 4 5 6 7 8	热心
紧张	—:—:—:—:—:—:—:—: 1 2 3 4 5 6 7 8	轻松
疏远	—:—:—:—:—:—:—:—: 1 2 3 4 5 6 7 8	接近
冷漠	—:—:—:—:—:—:—:—: 1 2 3 4 5 6 7 8	热情
合作	—:—:—:—:—:—:—:—: 8 7 6 5 4 3 2 1	不合作
支持	—:—:—:—:—:—:—:—: 8 7 6 5 4 3 2 1	敌对
讨厌	—:—:—:—:—:—:—:—: 1 2 3 4 5 6 7 8	有趣味
喜欢争吵	—:—:—:—:—:—:—:—: 1 2 3 4 5 6 7 8	幽默
自信	—:—:—:—:—:—:—:—: 8 7 6 5 4 3 2 1	犹豫
有效率	—:—:—:—:—:—:—:—: 8 7 6 5 4 3 2 1	无效率
低沉	—:—:—:—:—:—:—:—: 1 2 3 4 5 6 7 8	愉快
开诚	—:—:—:—:—:—:—:—: 8 7 6 5 4 3 2 1	设防

(二) 三种情景因素

影响领导效果的情景因素有三个,即领导者与被领导者的关系、工作任务的结构与领导人所处职位的固有权力。

(1) 上下关系,是指领导人和其工作群体间关系的性质。假如双方是高度信任、互相尊重、互相支持和友好的,则相互关系是好的;反之,则关系是差的。

(2) 任务结构,是指群体工作任务规定的明确程度。如果任务是例行性的、明确和容易理解以及有章可循的,则属于明确的或高的任务结构;反之,如果任务结构是复杂而又无先例以及没有标准程序或含糊不清的,则属于不明确的或低的任务结构。

(3) 职位权力,是指赋予领导人的与职位相关联的权力。如果该领导对下属员工的工作分配、奖惩及职务升降有决定权,其职位权力就是强的;反之,职位权力则弱。

(三) 理论模型

菲德勒及其助手在做了大量调研的基础上,根据三种情景条件的不同组合,形成八种不同的环境类型(见图 11-5),从三个条件齐备的最有利的情景,到三者都缺的最不利情景。他们发现,对于各种情景,只要领导风格与之相适应,都能取得良好的领导效果。对处于有利的情景(1、2、3)及最为不利的情景(8),采用"任务导向型"的领导方式效果较好;对处于中间状态的情景(4、5、6、7),则采用"关系导向型"的领导方式效果较好。

上下级关系	好				差			
任务结构	明确		不明确		明确		不明确	
职位权力	强	弱	强	弱	强	弱	强	弱
情景类型	1	2	3	4	5	6	7	8
领导所处的环境	有利			中间状态				不利
有效的领导方式	任务型			关系型				任务型

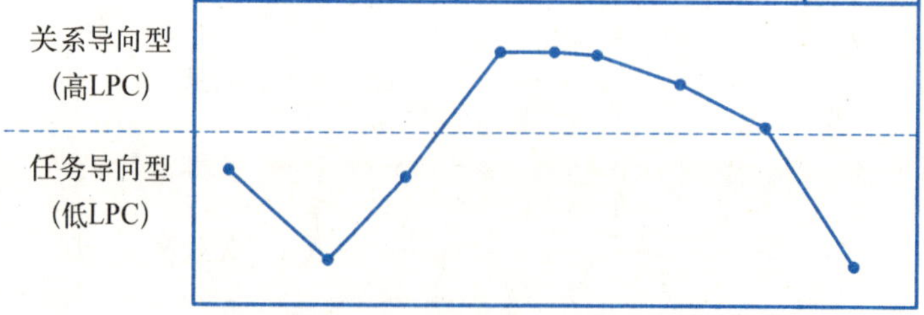

图 11-5 菲德勒权变领导模型

根据菲德勒的观点,由于领导行为是与该领导的个性相联系的,所以领导人的风格或领导方式基本上是固定不变的。当一个领导人的领导风格与情景不相适应时,菲德勒认为解决的办法是应改变情景，使之与领导的风格相适应。例如，当一领导人所处的环境属情景类型 4 的时候，有效的领导方式应是关系型的；如果该领导的风格属任务型，此领导应改变其情景条件，或者要求适当增强其职权及其他一些手段。总之，此模型有助于管理者认识情景因素的重要性，并需努力使之适应自己的领导风格。

二、途径—目标理论

途径—目标理论是由加拿大多伦多大学教授埃文斯及其同事豪斯等提出和发展的。此理论以期望理论及领导行为四分图为依据，提出领导的主要职能是为下属提供在工作中获得满足需要的机会，并为下属搞清哪些行为能导致目标的实现并获得有价值的奖励。简言之，即领导应指明达成目标的途径。

(一) 领导行为

豪斯认为"高工作"和"高关心"的组合不一定是最有效的领导方式，还需考虑环境因素。在 1974 年他与米切尔发表的论文中提出了四种领导行为：

(1) 指示型领导行为。让下属明确任务的具体要求，怎么做及如何安排工作日程，这些决策都由领导做出(此方式类似于主导型结构和任务导向型行为)。

(2) 支持型领导行为。与下属友善相处，关心下属的福利，公平待人(与关心型及关系导向型相似)。

(3) 参与型领导行为。与下属商量，征询下属的建议，允许参与决策。

(4) 成就导向型领导行为。提出有挑战性的目标，要求下属有高水平的表现，鼓励下属并对下属的能力表示出充分的信心。

与菲德勒理论不同的是，途径—目标理论认为领导人的风格和行为是能改变的，并使之适应特定的情景。有时，一个领导人根据不同的情况可分别采用不同的领导方式。

(二) 情景因素

与其他领导权变理论一样，途径—目标理论提出领导方式要适应不同的情景因素。该理论特别关注两类情景因素：一类是下属的个人特点，另一类为工作场所的环境特点。

1. 个人特点

个人特点主要包括下属对自身能力的认识及其控制轨迹①这两个重要特点。假如下属认为自己能力不强，则他们会更喜欢指示型领导；反之，有的人自视甚高，则可能对指示型领导行为表示愤懑。控制轨迹也属个性特征，持受内因控制认识的个人相信一切结果都是通过自身的努力和行为所产生的；而持受外因控制认识的个人则往往把发

① 心理学用语，是指人们对自己行为所造成的结果究竟主要是受外因还是受内因控制的一种认识。

生的结果归因于运气、命运或制度。相信内因决定论的人喜欢参与型领导,相信外因决定论的人则喜欢指示型领导。管理者对下属的个人特点是难以影响并改变的,但是管理人员对于环境的塑造及针对不同的个性采取不同的领导方式是完全可能的。

2. 环境特点

环境因素非下属所能控制,它包括任务结构、职权制度和工作群体的情况。当任务结构很明确时,采用指示型领导行为效果就差,对于一些很平常的工作,人们并不需要上司老是喋喋不休地吩咐如何去做;正式职权制度是另一个重要的环境特点,如果正式职权都规定得很明确,则下属会更欢迎非指示型领导行为;工作群体的性质会影响领导行为,如果工作群体为个人提供了社会上的支持和满足,支持型领导行为就显得多余了;反之,个人则会从领导人那里寻求这类支持。

基本的途径—目标模型如图 11-6 所示。

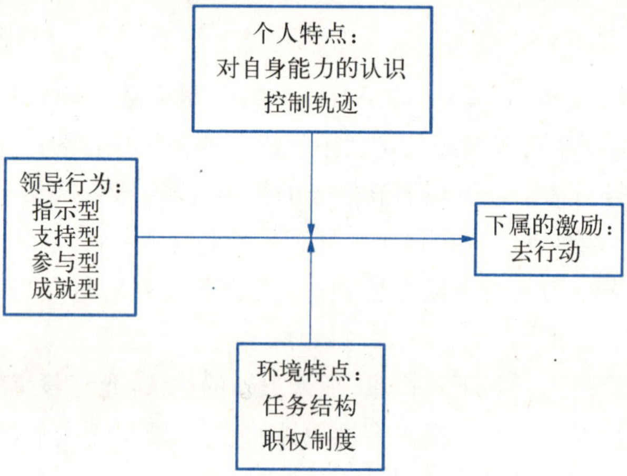

图 11-6 途径—目标模型

图 11-6 表明,领导人的行为会影响下属的工作动机,而个人和环境特点也会影响这种关系的性质。途径—目标领导理论是一种动态的理论,就目前来看尚不够完善。此理论的原意是以一般术语来表达的一种理论框架,以便能更进一步探索其相互间的各种关系。随着将来研究中的新发现,该理论也将得到修正。途径—目标理论对领导过程做了合理良好的描述,沿着这一研究方向,我们将会发现更多有关领导与激励之间的关系。

三、情境领导理论

情境领导理论由科曼(A. K. Korman)于 1996 年首先提出,后由赫西(Hersey)和布兰查德(K. Blanchard)进一步予以发展。该理论认为,有效的领导应根据下属的成熟程度以及情景的需要采取不同的领导风格。

此理论模型与俄亥俄州立大学的领导行为四分图相类似，把领导行为分为工作行为和关系行为两类，但又加上了第三个因素，即下属的成熟程度。这里所谓的“成熟程度”不能用年龄或生理状态来衡量，而是指心理和工作的成熟度，它符合以下各点：(1) 有取得成就的向往（目标定得较高，但又能达到）；(2) 乐于承担责任，并有独立工作的能力；(3) 有教育背景和经验，以及相应的技术技能，能适合具体的工作。

根据这一理论，“高工作、高关系”的领导不一定有效，“低工作、低关系”的领导也不一定经常无效。领导的有效性应按照下属的成熟程度具体情况具体分析。图 11－7 为赫西和布兰查德设计的模型图。

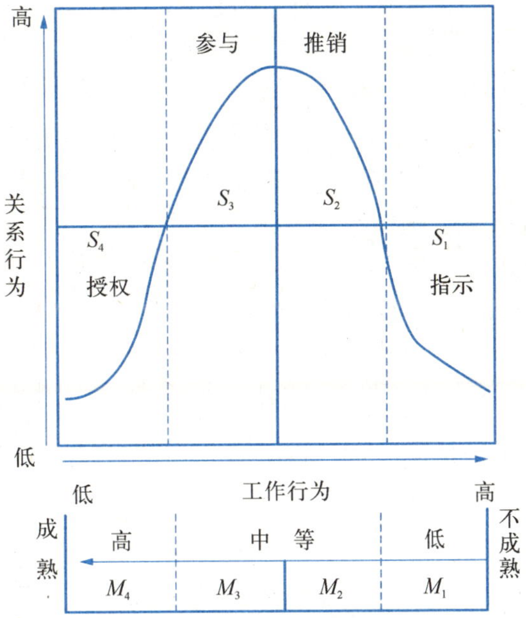

图 11－7 情境领导模型

图 11－7 中，横坐标表示以任务为主的工作行为，纵坐标代表关心人的支持性行为，第三个坐标则为成熟度。根据下属的成熟度量（从 M_1 到 M_4），有四种不同的情况，这样成熟度、工作行为及关系行为间有一种曲线关系，随着下属成熟度的提高，领导风格（从 S_1、S_2、S_3 至 S_4）就按顺序逐步转移。四种不同的领导方式为：

S_1——高工作、低关系（指示型领导风格）；

S_2——高工作、高关系（推销型领导风格）；

S_3——高关系、低工作（参与型领导风格）；

S_4——低关系、低工作（授权型领导风格）。

对于低成熟度（M_1）的员工，他们通常缺少工作经验，因此不能也不会对工作自觉承担责任，这时就使用 S_1 领导风格，领导可以采取单向沟通的方式，明确规定其工作目标和工作规程，告诉他们做什么，如何做，在何地、何时去完成。

对于较不成熟（M_2）的下属，虽然他们已经熟悉工作，并愿担负起工作责任，但他们尚缺乏工作技能，不能完全胜任工作，这时，S_2 领导方式更为有效，领导人应以双向沟通的方式给予直接的指导，并在感情上对他们的意愿和热情加以支持。在这种领导方式下，通常仍由领导者做出绝大多数工作的决定，但领导需要把这些决定推销给下属，通过解释和说服以获得下属心理上的支持。此时的管理者应对其下属充分信任，并不断给予鼓励。

当下属比较成熟（M_3）时，他们不仅具备了工作所需的技术和经验，而且也有完成任务的主动性并乐于承担责任。由于他们已能胜任工作，因此不希望领导者对他们有过多的控制与约束,此时领导者应减少过多的工作行为,以双向沟通和耐心倾听的方式,加强交流,鼓励下属共同参与决策,继续提高对下属感情上的支持,不必再去具体指导下属的工作。因此,高关系、低工作的领导方式(S_3)是恰当的。

授权型领导风格(S_4),即低工作、低关系,适用于高度成熟(M_4)的下属。下属不仅具备了独立工作的能力,而且也愿意并具有充分的自信来主动完成任务并承担责任。此时,领导人应充分授权下属,放手让下属"自行其是",由下属自己决定何时、何地和如何做的问题。

总之,情境领导理论为领导权变理论提供了又一个有用且易于理解的模型,该理论再次说明了并不存在一种万能的领导方式能适合各种不同的情景,管理的技巧需要配合下属目前的成熟度,并帮助他们发展,加强自我控制。因此,各种领导风格必须因势利导、灵活运用。

四、领导与决策模式

领导与决策模式又称弗鲁姆—耶顿模式,是由弗鲁姆(V. H. Vroom)和耶顿(P. H. Yetton)两位教授于 1973 年提出的。这一模式强调在各种决策活动中应允许下属参与。具体而言,该模式可预示在何种情景下需要何种程度的群体参与。所以,此模型为决策(包括下属参与决策)确定了标准与准则。

该理论认为,决策的有效性可用决策的质量和决策的被接受程度来衡量。决策的质量客观上影响了下属的绩效,而下属对决策的接受程度又将影响他们对此决策的执行和负责程度。为了提高决策效果,此模式建议管理者根据不同的处境,可在五种决策方式中选择一种。具体如表 11-3 所示。

表 11-3 弗鲁姆—耶顿模式的决策方式

决策方式	定义
独裁方式Ⅰ(A_1)	管理者独自做决定
独裁方式Ⅱ(A_2)	管理者向下属取得资料,然后独自做决定,下属不一定被告知决策情况
协商方式Ⅰ(C_1)	管理者以个别接触的方式,让下属了解情况,征求下属的意见并获取信息,再由管理者自行决定
协商方式Ⅱ(C_2)	管理者和下属一起讨论问题,征求集体的意见和建议,但决定仍由管理者做出
集体决策方式(G)	管理者和下属共同讨论问题,一起提出并评估各备择方案,最后由集体来做决定

领导者在决定采取哪一种领导决策方式时,可根据七种不同的情景因素,对下述七个问题进行回答:

(1) 在此决策形式中是否有质量上的要求?如果有此要求,则管理者就寻求一个能提供所需质量的方案。

(2) 管理者是否有足够的信息来做出高质量的决策？如果没有，那么在一定程度上让下属参与显然是合适的。

(3) 决策形式结构是否明确？即管理者是否明确需要哪些信息，以及决定如何来获得这些信息。

(4) 下属是否接受决策对有效地贯彻执行此决策很重要吗？如果回答是肯定的，则下属应参与决策。

(5) 如果管理者单独做出决定，下属会接受吗？如果答案是否定的，则应让下属更多地参与决策。

(6) 下属是否知道此决策与达成组织目标的联系？

(7) 如果采用所选的方案，在下属中是否会引起矛盾？

上述(1)、(2)、(3)三个问题主要针对如何确保决策的质量，而(4)、(5)、(6)、(7)四个问题则强调增强下属对决策的接受程度。弗鲁姆和耶顿认为，通过对上述七个问题不同的回答将组合成各种情景，运用"决策树"的办法，管理人员可相应地选择各种领导决策方式(见图 11-8)。其中 A_1、A_2 为集权方式(或称独裁方式)，C_1、C_2 为协商方式，G 为集体决策方式。

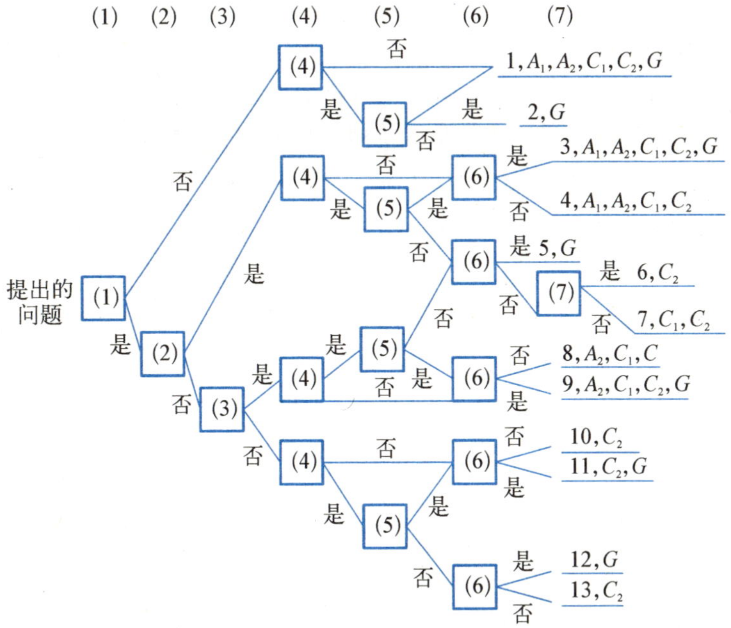

图 11-8　弗鲁姆—耶顿模型

管理人员通过顺次回答(1)至(7)个问题的"是"与"否"，每种回答按下面的"决策树"建议的特定路径(其中有些问题的答案会排除提出另一些问题的可能性，从而导向不同的路径)，最终形成 13 种不同的情景，每种情景都列出了各自相适的领导决策风格,有些路径的终点有不止一种风格可采用,在这种情况下,管理人员可选择最省资金、用时最少的那种风格。在实践中,此模型已取得了很好的效果,虽然有关人类行为的规范模型不可能是十全十美的,但是,此模型给管理人员提供了一个改进决策过程的有用方法。

第六节　领导理论的新观点

有关领导的新观点可谓层出不穷,本节列举了五种新的领导理论观点:性别与领导、冲突管理、交易型领导与变革型领导、赋权以及创造愿景的理论。

一、性别与领导

女性在领导方式上与男性有差异吗?这始终是一个有争议的课题。一种观点认为,成功的女性领导往往以女强人形象展现于世,尤其在传统的以男性为主导的社会中,一些女性领导也不得不抑制先天的本性,在层级组织中模仿"大男子"命令与控制的领导风格,所以,她们的成功所付出的代价要比男性领导多。

也有一种观点认为,女性采取的领导风格与男性有所不同。女性更善于展现人性慈爱、细腻、包容以及分享信息与权力的一面。她们通常被认为更适合扁平型的组织。她们乐于劝说、鼓励和激励他人,在人文技能上女性往往更胜男性一筹。有一本名为《21世纪的管理模式——海豚式管理》(Connie Gloser, Barbara S. Smalley,1995)的书中认为,传统的"鲨鱼式"管理(指严厉、缺乏同情心、极少授权、强调竞争、苛刻和居高临下的领导)将彻底结束,"海豚式"管理正蓬勃兴起,其主要特征是尊重下属、宽容仁慈、强调合作、必要时授权、培养员工的独立性、坦率公平、赏罚分明及慎重对待下属要求等。显然,女性领导是"海豚式"管理的较佳诠释者。21世纪的公司与企业会有更多的优秀女性走上领导岗位。她们的智慧与才华将证明女性的魅力同样可在管理世界大放异彩。

二、冲突管理

正如管理学家玛丽·派克·芙莱特所说:"小提琴的美妙音乐是通过摩擦产生的,管理的基本任务便是化冲突为动力。"

只要有人的地方,冲突总是难免的,即使是一个健全的组织,冲突也可能在任何时间和任何地点发生。如何处理冲突?现代领导理论认为,这也是承担管理责任的领导者所必须掌握的技能之一。管理人员大约有1/5的时间都花费在处理冲突上。

对冲突的看法，历来有多种不同的观点。第一种是传统的冲突观。它认为，冲突对管理总是不利的，有时小冲突也可能引发出严重的后果，它会影响工作和人的士气，使大家彼此猜疑，团队精神受挫，处理不当还会留下后遗症。因此，有人把冲突视同洪水猛兽，应尽可能避免，而领导的责任是引导群众同心同德，朝着共同的目标奋进，并在冲突尚处于萌芽状态时就予以清除。

第二种是人际关系冲突观。这种观点认为，既然冲突不可避免，就应该接纳冲突。它为冲突的合理性提供了理论依据，组织中的冲突既有正面性也有负面性。如果处理得当，冲突也可能带来建设性的效果。

第三种是当今的新型观点，即相互作用的观点，它比人际关系观点又进了一层，不仅接纳冲突，甚至鼓励冲突。此观点认为，组织没有冲突就如死水一潭，并可能对创新反应迟钝、冷漠，甚至成为变革的障碍。冲突与绩效的一般关系见图 11－9。

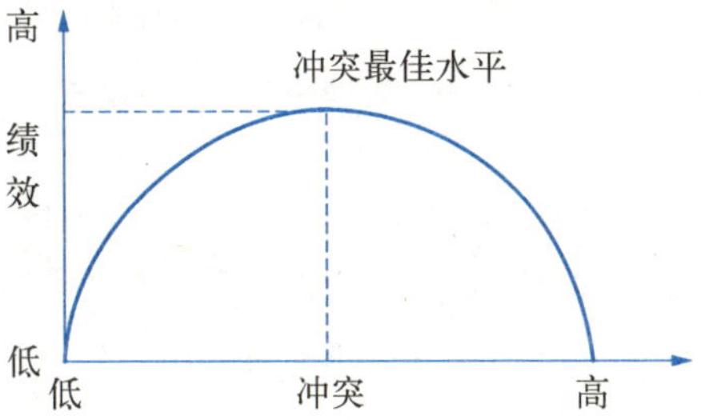

图 11－9　冲突与组织绩效

图 11－9 表明，如果没有冲突，就容易产生自满、迟钝和组织绩效低下。适当程度的冲突能激发动机、创造性和主动性，但冲突过分也将产生负面效果，诸如敌对、相互不合作、混乱、分裂等。关键是保持最佳冲突水平，以促进绩效的提高。

有效领导管理冲突的基本策略见表 11－4。

表 11－4　管理冲突的基本策略

鼓励冲突	减少冲突	解决冲突
1. 鼓励竞争	1. 扩大资源	1. 强制
2. 引进外界人才	2. 协调好相互间的关系	2. 回避
3. 变革现行的程序和做法	3. 指向崇高的目标	3. 妥协
	4. 处理好个人间的人际关系	4. 迁就
		5. 协作

领导在处理冲突时究竟应采取何种策略，往往取决于想要满足自己关切的事，还是满足他人关切的事。图 11－10 的模型表示了一个领导在处理冲突时在肯定性与合作性两个主要方面的倾向程度。有效领导在选择解决冲突的方法时，应根据特定的情景采取不同的风格。各种方式都有其优缺点，各有各的适用面。

（1）强制。当遇到重大的、紧迫的问题时，领导以自己的方式，采取迅速的、决定性的行动或运用职权解决争端。

（2）回避。当问题很琐碎，或没有赢的机会，或需要更多的时间了解情况，或解决

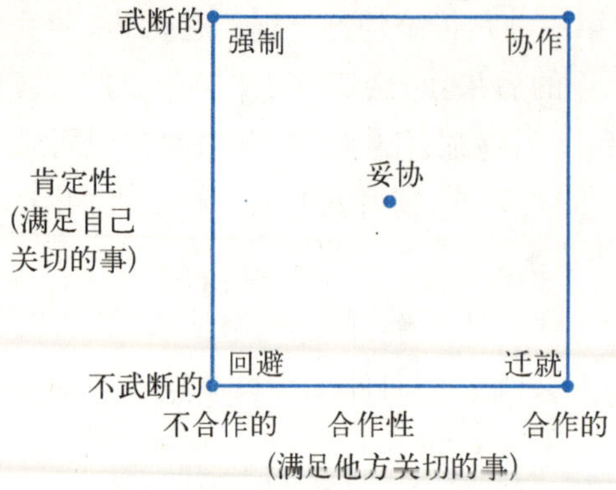

图 11-10 处理冲突的各种模式

需付出很高的代价时,应采取回避的办法,表现为既不肯定也不合作的态度。

(3) 妥协。当冲突双方势均力敌,或双方的目标同样重要,要求互相让步,或因时间压力人们需要达成暂时的或权宜的解决办法时,应采取折中的、妥协的办法。

(4) 迁就。维持和谐十分重要,当人们认识到自己的错误,或希望建立一定的社会信誉时,顺从对方的观点往往是最适当的办法。

(5) 协作。即双方直面问题,争取双赢,这需要大量的协商和谈判。当问题对双方都十分重要、无法妥协时,就需要发挥创造性,至少在一些重大问题上找出合乎双方需要的解决办法,以取得要求的成果。

三、交易型领导与变革型领导

对交易型领导和变革型领导的研究也拓展了领导新理论。人们通常认为,交易型领导更适合市场在持续扩大和较少竞争的年代。这些管理人员基本上管理他们自己创办的企业,并很少做出改变。在计划经济体制下,我国多数管理人员可以归入交易型领导这一类。变革型领导往往出现在动荡、困难重重和快速变革的时代。但是,变革型领导并非是交易型领导的替代物,而是交易型领导的进一步发展,他们通常更能激励员工做出超出预期的绩效。

变革型领导注重变革、创新和开创新事业。其领导过程是有系统、有目的、有组织地寻求变革和系统分析,以把资源投入生产率更高的领域。他们试图通过行动来实现他们为组织未来设计的前景,以激发出组织的活力。通常他们必须直面应对冷漠、对变革的抵制以及雇员间因各种原因导致的紧张关系;同时,他们还需承受外界环境对组织构成的巨大压力,诸如市场份额的丧失、财务拮据等。因此,这些领导应具备的某些特殊素质(Tichy,1986)主要表现为以下几个方面:

(1) 倡导变革。他们把变革组织视为己任并经常思考:我在组织中做些什么才能与众不同并成为别人学习的楷模?

(2) 有胆有识。他们是"谨慎的风险承担者",为了组织更大的利益,他们不满足于现状,并甘冒一定的风险。在采取行动中智勇双全,一方面能面对现实,另一方面敢于揭露事实的真相。

(3) 信任他人。这些领导对他人的需要很敏感,在处理人的问题上有一整套准则,他们信任别人,同时也为他人所信任并得到他人的承诺。这些领导更像团队中的一名教练、指挥或顾问，鼓励他人创造佳绩。

(4) 追求价值。变革型领导有一整套明确的价值观，更重要的是他们能以身作则。他们知道奋斗的目标，并清楚如何采取行动来实现。

(5) 终身学习。变革型领导知道学无止境。他们善于从错误中学习和吸取教训，并愿意变革。

(6) 缜密思考。他们有能力处理复杂的事务和不确定性，能用缜密的思维构建模型、理论，提出原理，检验假设和预计可能发生的后果。

(7) 创造前景。变革型领导有远见、有理想，并能把他们的理想具体化、形象化，从而使他人也能接受这些理想。他们也能设身处地地为他人着想，所以能理解他人的感受以及知道怎样打动他人的心。他们关心下属的日常生活和发展的需要，引入新观念、新机制，激励和鼓舞下属为实现群体目标而努力。

四、赋权

传统的“管、卡、压”的领导模式或所谓的严格管理正遇到许多新的挑战。一种观点认为，组织加在人们身上的“锁链”尽管是无形的，但却是客观存在的，其形式如僵化的规章制度、令人窒息的严密监管、与业绩无关联的奖励、无意义的工作等。员工处在这种使人压抑、灰心丧气的工作环境中会产生不满，丧失积极性，创造性受到抑制，于是就愤愤不平、心灰意冷或消极怠工，甚至缺勤、跳槽等行为随之发生。管理当局一旦看到这种情形，典型的反应是进一步强化规章制度，监督更严，工作更不自在，员工的逆反心理也更严重，从而加速了恶性循环。

赋权(Empowerment)或赋予员工一定的权力，就是想通过给员工实实在在的自主权以打破这种循环。赋权意味着给员工权力、自由、知识和技能去做决策以及有效地做好工作。领导应把员工看成是有能力和成熟的个人，相信员工能成功地完成交给他们的任务，让下属参与决策，控制自己的工作过程。只有当员工被赋予权力和责任时，他们才能集中精力去取得更大的成就。简言之，就是使员工自己成为领导者。

赋权之所以受到推崇，是受了两种推动力的影响。首先，20 世纪 80、90 年代，随着组织结构的精简，管理人员的控制跨度明显扩大。因此，事无巨细、一手包揽的管理已不再行得通。放手让员工去做，尽管他人可能并不完全按领导希望的方式去做，但系统论告诉我们，同一结果是可以由不同的方式和途径来实现的，并非只有领导才能把事情做好。领导者不仅要自信，还要信任他人。其次，当今市场正在发生迅速的变化，要求管理者快速反应并做出决策。在一线基层工作的人往往对所发生的问题最清楚，所以，有必要把决策下放到较低的层次去做，以适应变革的需要。解放你的员工，为他们创造条件去出色完成任务，还权于员工，已经成为管理中的又一股新潮。

五、创造愿景

愿景是由组织领导者或其高层领导班子为其组织创造的。它是用简明的文字描述的组织未来的图画。愿景强调价值,强调最终想要的结果,所以它是成果导向的,但它并不强调达到结果的具体手段。有效的领导者通过对组织愿景的描绘来鼓舞士气,并为组织成员指明前进的方向。

因此,愿景的表述通常需要一种方向感(即我们要创造些什么)以及提供一种激励因素,由于它向人提出挑战而令人振奋,所以能产生一种鼓动人的精神力量。

制定愿景是一项创造性活动,然而,它也并非高级管理人员的专利。各部门、各单位的领导都可为他们的领域提出一个愿景,但必须不偏离组织的总方向,以及支持组织最高领导提出的愿景。

一个有远见的领导往往能以自身对愿景的热情感染周围的人。通过愿景来充实组织使命的表达,并且把各人的价值观、信仰与组织的使命相联系来动员整个组织为更好的未来而行动起来。

管理学家斯托纳—泽曼尔(J. Stoner-Zemel,1990)提出了一个简明公式:

愿景=宗旨+价值+信仰+形象

愿景共有四个基本组成部分,每一部分都有其重要性,而四部分的结合,因协同作用而产生强大的推动力。

宗旨阐明了组织存在的理由。我们活动所围绕的中心,正是愿景中所强调的宗旨。联系宗旨越紧密,组织的目标就越清晰。

价值揭示了对我们真正有意义或重要的事物。在愿景中阐明我们珍视的价值,使人们在面对困难时能保持热情,勇往直前。

信仰是人们对自己及世界的可能性的一种认识,一个领导人创立的愿景源于他个人的信仰。

形象是领导者在愿景中把人们向往的最终成果用生动的语言描述出来。

优秀的领导通过描述美好的愿景来阐明经营理念、组织目标和计划。他们能抓住时机,打破旧的习俗,创立新的愿景,并对愿景反复强调,以显示自身的投入和强化人们对愿景的印象。

表述良好的愿景通常具备以下基本特征:

(1) 提供激情,指明方向;

(2) 简明扼要,容易记忆;

(3) 应对现状有所改善;

(4) 与组织战略相联系;

(5) 与人们的需要相结合；

(6) 反映群体价值观和向往。

管理聚焦

全球最佳领导力培养：实践启示

跨入21世纪，全球经济与政治环境更加复杂，对领导力的理解变得更加多元，对领导力的素质要求也在不断更新。2014年，合益集团的"全球最佳领导力培养公司"研究，对来自全球115个国家、2 100家企业、18 000名企业管理者进行调研，得出了一些对中国企业有益的结论。

该研究表明，在未来的10～15年，领导者必须拥有更强的客户导向意识、全球化的领导力、管理复杂事物的能力、推动创新的能力以及与他人建立合作的能力；同时，这些领导者还应对企业发展机遇保持最敏锐的嗅觉、拥有灵活性或好奇心、对新事物保持开放心态，以及具有很强的执行力和社会责任心等。这与目前大多数企业期望领导者侧重于管理日常的战略执行、决策和团队精神有显著不同。

在2014年的研究中，排名前20的领先企业包括来自零售消费品、科技、工业与制造业等多个不同领域的企业，其中，宝洁公司和通用电气又一次占据了前两名的位置。这些领先企业在培养领导力方面具备了许多相似的特征。

(1) 最佳领导力培养公司会更好地定位当今和未来的人才。公司能够创建激发员工最大潜能的工作氛围、积极地管理关键岗位的候选人；每个岗位的员工均有发展和提升领导力的机会，拥有足够数量的合格内部候选人，随时准备着担任不同层级的领导岗位。公司以更严谨、专业的方法来识别组织现在和将来所需的重要岗位，然后对其领导人未来所需的基本职业发展经历进行盘点。

(2) 最佳领导力培养公司会采取更加积极的、系统化及结构化的方法来开发员工的领导力。在这些公司中，员工会拥有明确适合发展的职业规划，公司会给重要岗位的候选人建立职业发展规划，并出于对员工个人发展的目的，进行晋升或调动，而当员工获得晋升或调动时，他们很清楚如何与自己的职业发展规划联系起来。

(3) 最佳领导力培养公司刻意培养多元化领导者。这些公司会为女性员工提供专属的领导力培养计划。另外，全球最佳领导力培养公司还注重领导力培养的多样性；同时，积极招募不同文化背景的员工，并根据公司未来发展的需要进行不同的领导力培养方式。

(4) 最佳领导力培养公司积极管理顶尖人才储备。"管理顶尖人才储备"包括三个关键点：使用正式、全面的流程进行人才盘点和人才规划，以满足未来领导岗位要求；企业通过辨析员工领导力潜质来识别未来的领导者；企业较高或较重要的领导岗位通常由内部员工晋升而来。为了保证未来10～15年内有最佳接班人，最佳领导力培养公司采取了多种方法培养员工，其中采用最多的方式是360度反馈评估并提供领导力的维度、技能和特质的反馈，这个方法被80%领先企业采用；另一个较多使用的方法是“室内领导力培训项目”，如主题讲座、模拟、角色扮演等实践方法，领先企业对此方法的认可度为74%。

(5) 最佳领导力培养公司持续关注在全球化环境中进行领导力培养。领先企业认为，全球化视野不仅体现在执行能力方面，还表现在对跨文化沟通和管理方面所展示的才能；领导者需要具有较强的文化敏感度且能够与不同团队一起高效的工作；企业会提供相应的支持和培训以帮助员工更好地进行跨区域协作；当涉及与公司外部的合作时，企业将为员工提供相应的支持和培训。

[资料来源]《用未来领导力应对未来挑战》,《哈佛商业评论》2015年3月。

本章提要

领导是管理的一项重要职能，它起源于权力，虽然行使领导是管理者的职责，但从严格的意义上讲，管理者和领导者是有区别的。

有关领导的理论很多，最早研究领导的方法是系统研究领导的个性特征，并提出了领导特质理论。这一学派的较新的发展有“情商”理论等。根据领导者如何看待其员工，又产生了有关人性假设的理论。

领导行为理论是领导理论的又一发展。通过对多种领导行为的高度概括，产生了领导行为四分图；在四分图的基础上，有人又提出了管理方格理论，并抽象出五种典型的领导风格。

领导权变理论是当今人们广为接受的一种观点，有效的领导应能考虑特定情景下的各种变量，如工作的性质、个人的特点等，然后有针对性地采取适当的领导行为。

研究表明，男性领导往往更倾向于指令加控制的领导风格，而女性则更倾向于民主与参与的风格。从某种意义上讲，女性领导也许更技高一筹。

组织中有冲突不一定是坏事，当然冲突过度也会产生负面影响。处理冲突的能力是领导者需掌握的重要技能。

交易型领导通过指导下属明确任务和角色来达成组织的目标，变革型领导则更倾向于鼓励下属为实现群体目标而付出更大努力。

通过赋权下放权力来实施领导，让下属更加充实地参与到决策之中，是组织在全球竞争中获胜的又一“法宝”。

优秀的领导通过描绘组织的愿景来鼓舞士气，为追随者指明前进的方向。

复习思考题

1. 简述领导与管理的区别。你认为领导者是天生的吗？
2. 如何认识领导的有效性？卓有成效的领导者应具备哪些基本特质？
3. 从领导的有效性角度讲，为什么“情商”比“智商”更重要？
4. 企业管理人员能否同时做到既关心生产又关心人？如果可能的话，该怎么做？
5. 你认为哪种领导权变理论最有效？为什么？
6. 领导人如何为组织创设愿景？

第十二章　激　　励

全章脉络

学习目的与要求

管理专业术语

- 第一节　激励的性质
- 第二节　激励与行为理论
- 第三节　激励技巧

本章提要

复习思考题

学习目的与要求

1. 认识激励的性质；
2. 了解激励过程；
3. 掌握各种需要理论；
4. 了解激励与行为理论；
5. 区分强化的种类与强化安排的方式；
6. 掌握激励的技巧与方法。

管理专业术语

Motivation	The intensity of a person's desire to engage in some activity.
Hierarchy of Needs Theory	Maslow's theory that there is a hierarchy of five human needs: physiological, safety, social, esteem and self-actualization. As each need is substantially satisfied, the next becomes dominant.
Hygiene Factors	Factors that eliminate dissatisfaction.
Motivators	Factors that increase job satisfaction.
Need for Achievement	The drive to excel, to achieve in relation to a set of standards, to strive to succeed.
Goal-setting Theory	Specific goals increase performance and difficult goals, when accepted, result in higher performance than easy goals.
Reinforcement Theory	Behaviour is a function of its consequences.
Equity Theory	The theory that an employee compares his or her job's inputs-outcomes ratio with that of relevant others and then corrects any inequity.
Self-efficacy	Being able to influence important aspects of one's world; the belief that one can accomplish what one sets out to do.
Expectancy	In motivation, the probability that a person's efforts will lead to performance.

每个管理人员都面临一个问题。他们对某项任务的完成负有责任，但个人无法把一切工作都承担下来并做好，他必须依靠下属人员，借助于别人的努力来完成任务。下属员工需要做些什么才能负起责任呢？员工需要什么工具、什么刺激、什么安全保障才能真正承担起责任的重负？怎样才能期望员工对这一要求做出响应？管理者需要做的是引导员工为完成各自的任务而努力，这就是激励的挑战。

第一节　激励的性质

如何激励雇员是绝大多数管理人员颇为关切的事，因为激励的水平关系到组织的绩效。要引导员工把组织的目标视为他们自身制定目标的一部分，并努力工作去达到目标，这就需要认识激励的性质。

一、激励的含义

激励一般被解释为导向满足某些需要或动机的行为。所谓需要，是指人们对某种目标的渴求和欲望，包括由基本的需要（诸如各种生理需求：衣、食、住、空气等），到各种高层次的需要（如社交、自尊、地位、成就、自我肯定等）。所谓动机，是指诱发、活跃、推动并指导和引导行为指向目标的一种内在状态。因此，激励可定义为影响人们的内在需要或动机，从而加强、引导和维持行为的一个反复的过程。

“激励”是一个通用词汇，可应用于诸多方面，泛指动力、愿望、需要、希望及其他类似的力量。当我们讲到一个管理者激励了他的下属，实际上是指他满足了下属的动机和愿望，并引导他们按所要求的方法去行动。用通俗一点的话来说，激励就是调动人的积极性。诚如李·艾科卡所说：“经营管理实际上就是调动人的积极性。”

二、激励的过程

人的激励过程如图 12－1 所示。开始从需要或动机出发，由此产生了要求，这种要求一时不能得到满足时，心理上会产生一种不安和紧张状态，这种不安和紧张状态会成为一种内在的驱动力，导致某种行为或行动，进而去实现目标，一旦达到目标就会带来

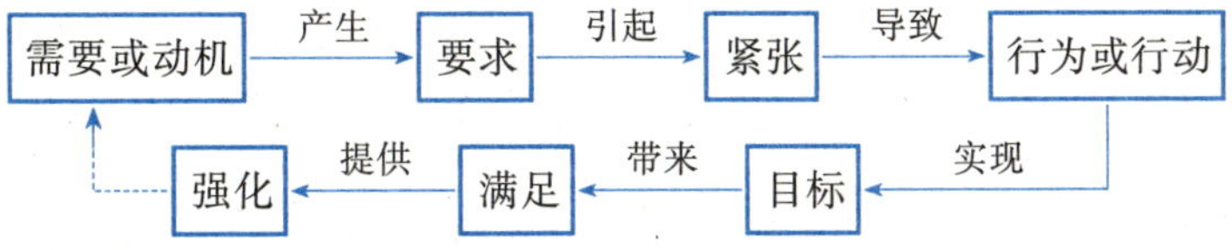

图 12－1　激励过程

满足,这种满足又会为新的需要提供强化。实际上,激励过程是一个复杂的连锁过程。

首先,需要并不是单纯的,除了饥饿等生理需要外,需要还受环境的影响。即使是生理需要,其中也有许多会对环境因素的刺激有所反应。

环境对于人的较高层次的需要则影响更大。同事的晋升会激起我们对更高地位的向往;一个有挑战性的问题会增强我们去解决它以取得成就的愿望;一个志趣相投的群体可能会引发我们加入该群体的动机;当一个人过分孤独时,会产生一种想与人交往的强烈冲动。

其次,不仅需要会导致一定的行为,而且需要也可能成为行动的结果。一个需要满足了,可能会引起满足更多需要的愿望。当一个人达成了所追求的目标,其成就需要会更强烈,但一个人也可能因受挫而备感消沉。

再则,人的需要或动机不仅复杂,有时还互相矛盾。人们可能受到各种经济上需要的激励,诸如更新型的手机、一台可无线上网的品牌电脑、一辆新的轿车、一套更宽敞的住房等。尽管这些愿望的成因相当复杂,有时还相互冲突,如先买房还是先买车。此外,一个人还有自尊、地位、成就感或休闲娱乐等需要。

激励人的动因是多种多样的,它们可以是较高的报酬、一项荣誉头衔、领导人的一番鼓励、同伴的欢呼或喝彩、老师的肯定和表扬,以及其他许多使人情愿做事的因素。当激励反映了要求,如一些看得见的奖励或诱因,则会加强满足这些要求的愿望。这时,各种冲突的需要会得到调和,或重点强调一种需要,使其优先得到满足。

此外,人们还可以通过各种方式来满足自身的需要。譬如,一个人可以通过积极参加社会上的联谊活动,而不必一定在自己的单位中来满足归属的需要。所以,在任何一个组织中,管理人员一定要关注各种激励人的因素并创造性地运用它们。主管人员不能期望去支配他人的全部活动,个人都有与单位无关的动机和愿望,但是,不管什么组织,要卓有成效,则必须在每个员工身上激发起足够的动机,并设法满足他们。

三、激励的作用

员工的激励和组织的绩效密切相关,在组织行为学中有这样一个函数式:

$$绩效 = f(能力,激励,环境)$$

也就是说,组织的绩效本质上取决于组织成员的能力、被激励情形和工作环境条件。人们要有效地工作,先得明白如何做该项工作(能力),并要有工作的意愿,即要做该工作(激励),还必须有从事该工作所需的材料、工具、适当的环境。如果缺少这些要素,或这些要素不充分,就不可能使员工取得卓有成效的业绩。一个管理者如果拥有了高素质的下属,并为他们提供了最好的工具和设备,但是对这些下属如不加以激励的话,也无法使他们有出色的表现。

第二节 激励与行为理论

有关激励的理论很多，一些管理学家和心理学家通过大量的研究，从不同的角度提出了一系列激发动机的理论（研究激励内容如何满足人的需要；研究人的动机到行为的心理过程，即过程型激励理论；以及其他注重行为改造、着眼于行为结果的理论）。

一、“胡萝卜加大棒”激励法

“胡萝卜”与“大棒”可以说是两种最传统的激励手段和管理工具。前者指的是物质和精神上的奖励等，后者通常是指惩罚的威胁、饥饿的恐惧或其他类似的力量。

几乎在所有的激励理论中，都承认某种形式的“胡萝卜”可以激发一个人的动机。在西方一些发达国家中，“赚钱”在人们的常识中是上“光荣榜”的；我国自改革开放以来，人们的价值观念也开始发生了一些变化，不少人（尤其是年轻人）已变得越来越急功近利了，有人甚至公然声称“每个人干活都是为了钱”。这是值得管理者注意的一个动向。应该看到，“胡萝卜”一直是并将继续成为一个重要的激励因素，但它并不是唯一的激励因素。

令人望而生畏的“大棒”也一直并将继续是一个强有力的激励因素，但它不是公认的一种最好的激励因素，因为它会引起防卫心理和报复行为。例如，进行对抗、消极怠工、生产劣质产品、对工作漠不关心，使主管人员在决策时不敢冒任何风险、弄虚作假等。

第二次世界大战后，随着人们价值观念的变化，管理人员发现，不仅在管理中用“大棒”方式，连“胡萝卜”方式也不再像过去那样行得通。对于利益问题，人们有了新的认识，既不像过去那样害怕“惩罚”，也不像过去那样羡慕“奖励”。正如德鲁克所说，“大棒”已丧失其威慑力量，而“胡萝卜”方式却变得越来越嚣张。

由于整个“胡萝卜”理论植根于增加少量收入能对人产生巨大的激励这一事实，过去这对物质匮乏的人行之有效，如今随着人们生活水平的提高，要使“胡萝卜”有实质影响，太少的奖励完全行不通，而收入必须得越多越好。但是，过量或滥用物质奖励作为激励力量，其后果将是严重的。由于员工收入的增长速度过快，会使人们对提高物质奖励的期望更大，最后导致高通货膨胀的压力和对经济的全面冲击。在现代社会中，物质主义仍有很大的市场，但有许多迹象表明，管理者必须慎用物质激励，否则将会导致严重的经济混乱。因此，在现代管理中出现了一些新的理论，研究对某些群体、个别团体及新一代工作者的有效激励力量有哪些。纯粹以一种理论来指导管理经营已不再现实。

二、需要层次理论

人类的需要是多种多样的,不同的个人其需求模式或结构也不尽相同。心理学家亚伯拉罕·马斯洛设计了一个为多数人所公认的需要层次模型(见图12-2)。

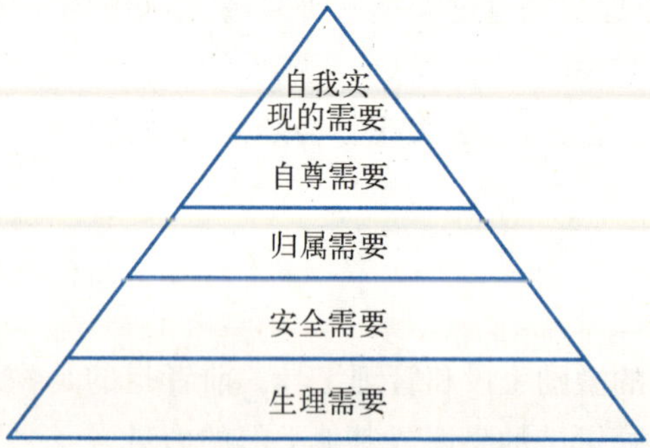

图12-2 人类需要层次模型

如图12-2所示,马斯洛认为人类有五种最基本的需要,它们分别为生理需要、安全需要、归属需要(也称社会需要或爱的需要)、自尊需要和自我实现的需要。这些需要互相联系,并按重要性和先后次序排列成一个需要层次体系。人类因需要未满足而被激发动机或影响行为。当个人较低层次的需要被相对满足后,其激发动机的作用也随之减弱或消失,而更高层次的需要就成为新的激励因素。

生理需要与人们的衣、食、住等有关,在组织环境中包括向员工提供合适的工资、良好的工作环境(诸如提供休息室、适当的灯光、舒适的室温和良好的通风条件等)。

安全需要对大多数人来讲是指工作要有保障(不会失业)、有一个申诉制度(遇到专横的上司能使自己得到保护)、有一个合适的养老保险措施和医疗保险制度。

归属的需要是指和他人保持良好的关系,得到友情,接受他人以及被他人所接受,能向他人诉说自己的情感,或成为某个群体、小团体的一分子。

自尊的需要包括个人的自尊心得到满足,受他人的尊重及成就得到承认,对个人名誉、地位等的需要。管理人员可以通过给予若干外在的成就象征,如职称、晋级、加薪等,也可用提供工作的挑战性、责任和机会等较为内在的激励来满足员工这方面的需要。

自我实现的需要是最高层次的需要。它涉及个人的不断发展,充分发挥自己的潜质,对现实有透彻的了解,富于创造性和独立精神等。这类需要的满足完全在于个人自身,但是管理人员可以帮助创造一种氛围,使个人能够自我实现。

马斯洛认为,任何人对各需要层次都无法完全满足,需要的满足是相对的。依次而进的需要只有在前一层次需要被基本满足后,才能变为激励的动力。

马斯洛还认为,人的需要可按等级层次向上或向下移动,当某个层次的需要未被满足时,更高层次的需要会受到抑制。例如,当安全需要不能得到满足时,个人对原先高一级的需要——自尊的需要——的兴趣就会变小。在发生灾荒时,人们也可能牺牲安全上的需要去追求食物。

马斯洛的理论之所以广为传播,并为许多管理者引用,是因为他清楚地揭示并提出了以下四点基本假设:(1) 已被满足的需要,不再具有激励行为的能力。(2) 人类的需要会随经济条件的变化而改变，且大多数人的需要是很复杂的，在任何时刻都有许多需要影响着每个人的行为。(3) 一般情况下，只有在低层次的需要得到满足后，才能有足够的动力使高层次的需要获得响应。(4) 满足高层次需要比满足低层次需要的途径更多。

但是，研究表明，马斯洛的理论也存在某些不足：(1) 对需要的五个层次的划分似乎过于机械。(2) 需要并不一定依循等级层次递增。(3) 许多行为的后果可能与满足一种以上的需要有关（如适当的薪酬不仅能满足生理和安全的需要，也能满足自尊的需要）。(4) 一个人的自我概念（Self Concept）①会影响需要层次体系对个人动机的激励力，有人满足了低层次的需要后，不一定就会对高层次的需要有所渴求。有不少人对马斯洛的理论提出了质疑、补充和修正。

三、双因素理论

双因素理论是由心理学家赫茨伯格提出的。20 世纪 50 年代，他通过对 200 名工程师和会计师的访谈，深入研究了人们希望从工作中得到些什么。他要求受访者详细描述哪些因素使他们在工作中感到特别满意及受到高度激励，又有哪些使他们感到不满和消沉。他惊讶地发现，与满意和不满意相关的因素是两类完全不同的因素。例如，“低收入”通常被认为会导致不满，但“高收入”却不一定被归结为满意的原因。

这个发现使赫茨伯格对传统的“满意—不满意”相对立的观点提出了修正。传统的看法认为，满意和不满意是一个单独连续体相对的两端（见图 12－3）；但是，赫茨伯格认为，满意的对立面是没有满意，不满的对立面是没有不满。

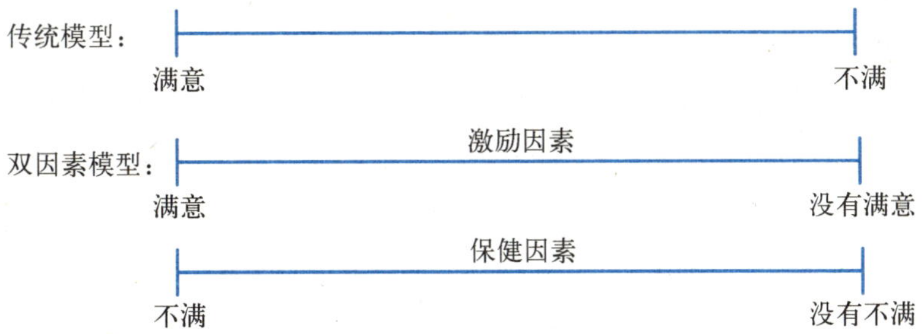

图 12－3 传统模型与双因素模型的区别

赫茨伯格把从不满到没有不满的这类因素称为保健因素，它们是和工作环境相关联的外在因素，如监督、工作条件、人际关系、薪金、安全、公司的政策和行政管理等。在满意和没有满意这个连续体间的那类因素则称为激励因素，包括成就、认可、工作自身、

① “自我概念”为心理学术语，是指一个人对自我形象的认识，这种认识的形成源于许多外部力量（如父母、教师、朋友、同事等）的长期影响。

责任、进步和成长等。它们是和工作内容相关联的内在因素。

赫茨伯格认为,激励一个员工的过程分为两个步骤。首先,管理人员要确保保健因素是适当的,即有适当的工资和收入保障、工作条件要安全、技术监督应被员工所接受等。通过适当地提供这些因素,能消除员工的不满,但并不能激励他们。然后,管理人员应创造机会为员工提供激励因素,诸如能取得成就和认可等。他们提倡用工作丰富化和重新设计职务来达到这一目的。

双因素理论虽然为广大管理者所接受,但也受到一些人的批判,主要有以下几点:(1) 对赫茨伯格最初访谈的发现可以有多种不同的解释,且对人们回答的分析带有极大的主观性;(2) 他的调查对象多为知识工作者,不一定带有普遍性;(3) 该理论注重于满意和不满因素的研究,忽视了个人的工作绩效,工作满意与否不一定与工作绩效有直接的联系。但不管研究人员对此理论怎样评价,该理论对管理人员的影响还是很大的,它使管理者认识了在工作场所激励的重要性。

四、ERG 理论

在马斯洛提出需要层次理论后,耶鲁大学的著名学者奥尔德弗又提出了另一种需要层次论,称为 ERG 激励理论。字母 E、R 和 G 分别代表生存(Existence)、关系(Relatedness)和成长(Growth)。该理论把马斯洛的需要层次压缩为三个层次。生存的需要包括一切物质和生理上的欲望,它和马斯洛层系中的生理和安全需要相对应;关系需要主要强调了人们和社会环境的联系,包括对感兴趣的人发展关系,它包含了马斯洛理论中的归属需要和赢得他人尊重的需要;最高层次的成长主要指所有努力改善自身及环境的需要,它包括了自尊的需要和自我实现的需要。这些需要,不仅有先天因素,也有后天因素。

ERG 理论假设激励行为是遵循一定的等级层次的,在这点上虽然和马斯洛提出的观点相类似,但它又有两个重要的区别:第一,ERG 理论认为在任何时间里,多种层次的需要会同时发生激励作用。所以它承认人们可能同时受赚钱的欲望(生存的需要)、友谊(关系的需要)和学习新的技能的机会(成长的需要)等多种需要的激励。第二,ERG 理论明确提出了“气馁型回归”的概念。马斯洛理论认为人的低层次的需要得到满足后,就会上升为更高层次的需要,受高层次需要的激励。可是奥尔德弗认为,如果上一层次的需要一直得不到满足的话,个人就会感到沮丧,然后回归到对低层次需要更强的追求。

ERG 理论比马斯洛理论更有效地解释了组织中的激励问题。当然,管理人员不应只局限于用一两个理论来指导他们对员工的激励工作,但通过对需要层次论的了解,应看到各人的需要重点是不同的,当某种需要得到满足后,人们可能会改变他们的行为。

五、成就需要理论

这是由美国心理学家麦克莱兰研究提出的激励需要理论，认为个人与环境之间存在某种关系，从而产生需要。人类在环境因素的影响下形成三种基本需要，即成就需要、权力需要和社交需要。通过大量研究，麦克莱兰对这三种基本需要做了如下描述：

（一）对成就的需要

有高度成就需要的人具有以下主要特征：(1) 有承担责任、解决问题、寻求答案的需要；(2) 寻求挑战，趋向于寻求适度困难的目标，即既有风险，但又是现实的、能达到的目标；(3) 需要具体的、即时的反馈；(4) 对工作热诚，执着于所从事的工作。

麦克莱兰对企业家的成就激励做了广泛的调查。所谓成就激励，即想按高标准行事的愿望，或要在竞争环境中取胜的愿望。麦克莱兰发现，尽管许多人都觉得自己有“做出成就的动机”，但在美国总人口中只有 1/10 的人有强烈的事业心和成就欲。人们事业心的强弱取决于个人的童年生活、个人和职业上的经历，以及工作单位的类型。

（二）对权力的需要

对权力的需要主要是指对影响力的向往或对个人与群体有影响的愿望。麦克莱兰发现，具有高度权力欲的人对施加影响和控制他人表现出极大的关切。这类人的主要行为特征有：(1) 寻求领导者的地位，要求取得、行使并保持权力，或影响他人；(2) 好争辩，直率，很健谈，头脑冷静并善于提出要求；(3) 乐于同他人竞争，使其服从自己的支配，喜欢演讲，爱教训人。

（三）对社交的需要

对社交的需要是指希望与他人建立亲近和睦的关系的愿望。有高度社交需要的人，其特征如下：(1) 寻求建立并保持与他人的友谊和亲密的情感关系；(2) 希望获得他人对自己的好感；(3) 乐于参加各种社交活动，以寻求知心朋友；(4) 乐于帮助和安慰危难中的伙伴。

实际上，人们在不同程度上都有以上三种动机，但各种需要的强弱程度则因人而异。麦克莱兰早期的许多著作都强调了成就需要对工商界人士的重要性。他认为，具有高度成就需要的人，对企业和国家都有重要作用。企业中这类人越多，其发展就越快，获利也越多。他还发现，成就激励在小企业中更普遍。此外，人的成就激励是可以通过学习逐步发展的，甚至对于身处不同文化环境的人们也可同样传授。

怎样才能增进个人的成就需要呢？麦克莱兰提出了四个办法：(1) 以成功人士为

楷模,有意识地宣传取得高成就的人的形象。如果某人周围的人都取得了成功,就会刺激起他也想取得成功的动机。(2) 有意识地安排一些成功反馈,每过一个阶段,对已取得的成绩和进步应加以肯定,对每次成功都给予一定的奖励。(3) 改变自我概念。通过增强人的自信,促使人们相信每个人通过努力都能取得成功,从而改变自身的形象,成为一个有高度事业心和责任感的人。(4) 控制遐想。经常用正面的思想鼓励自己,当人处于紧张状态时,可采用不断和自己对话的方式来克服消极的意识。

麦克莱兰以后的研究又发现,权力需要对管理人员来说是最为重要的。最有效的管理者通常是那些有高度权力需要、适度成就需要和低度社交需要的人。

六、期望理论

期望理论是另一种解释激励的重要观点,由耶鲁大学弗鲁姆教授提出。这一理论的基本观点是:人们预期其行动如果有助于达到某个目标,在此情况下才会被激励去做某事来达到此目标。弗鲁姆的这一理论于 1964 年在《工作与激励》一书中提出。

弗鲁姆认为,人们能够决定自己所喜爱的成果,并能现实地估计取得成果的机会。期望理论的用意是解释人们的激励力量和个人的目标选择以及达到目标的期望之间的关系。期望理论可用下述公式表示:

动力(激励力量)=效价×期望值

这里的动力表示激励力量,指的是一个人受激励的程度。效价(Valence)是个人对于某一成果的价值估计,或指一个人对某一成果的偏好程度及达到目标对满足个人需要的价值。期望值(Expectancy)指的是通过某种行为会导致一个预期成果的概率和可能性,或是指一定行为能满足需要的概率,它是一种感性认识。在上述公式中,当个人对某目标的达成毫无兴趣时,其效价为零;当他不希望此目标实现时,则效价为负数,这样不仅没有动力,还有反作用;当期望值很小或为零时,人们对目标的达成同样不会有积极性。高度的激励取决于高的效价和高的期望值这两个因素。

在学术领域中,期望理论已成为解释工作激励过程广为传播的理论,并引起了大量的调查研究。一般认为,此模型避免了马斯洛和赫茨伯格研究方法中某些简单化的缺陷,更切合现实情况和激励过程。它有助于管理者理解和分析员工的激励状况,并识别有关的变量因素。

七、波特—劳勒模型

莱曼·W. 波特和埃德华·E. 劳勒以期望理论为基础引申出了一个实质上更为完善的激励模型,并把它应用于对管理人员的研究上。模型如图 12-4 所示。

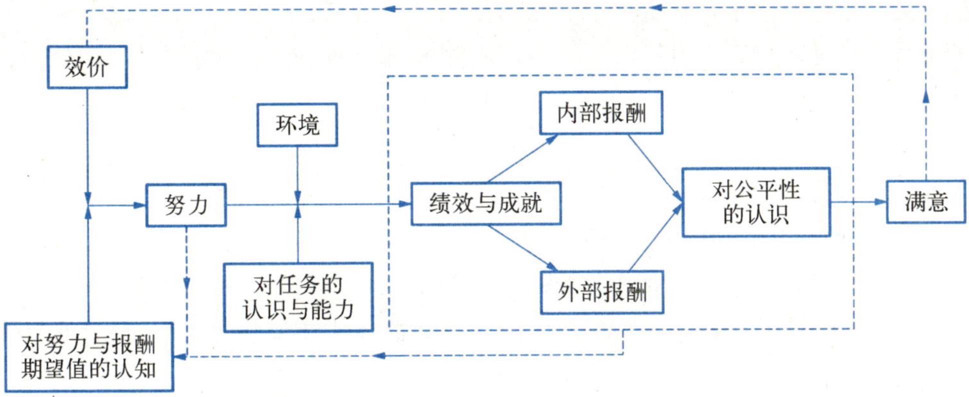

图 12－4 波特—劳勒激励模型

如图 12－4 所示，一个人的努力程度（激励的强度和发挥的能量）取决于效价（报酬的价值）和期望值（通过努力达到高绩效的可能性及该绩效导致特定结果的可能性）。

工作的实际绩效又主要取决于个人所做的努力，但它也受到个人从事该项工作的能力（知识和技能）和他对所做工作的理解（对目标、所需的活动及有关任务的其他因素的理解程度），以及环境因素的影响。工作绩效又会带来各种结果和报酬，其中有些报酬是内在报酬（如成就感或自我实现感），也有的属于外部报酬（如工作条件和地位的提高）。这些报酬再加上个人对这些报酬是否公平合理的评估，如认为报酬是公平的，将导致个人的满足。反过来，实际的绩效和得到的成果报酬又会影响一个人对期望值的认识；同样效价也受满足与否的影响。此模型表明，要取得一个满足的结果，可能需要采取一系列相互联系的行动。

管理人员可应用期望理论来改进他们对下属的激励工作，内德勒和劳勒提出了以下几个步骤：

（1）判断出每个员工可能想要得到的成果。

（2）确定实现组织目标需要怎样的业绩表现。

（3）确保所要求的业绩表现是可以达到的。

（4）把员工想要的结果和所需的工作表现相联系。

（5）对各种冲突、矛盾的期望情形做全面的分析。

（6）确保报酬要优厚。

（7）确保整个制度的公平（对所有人一视同仁）。

当然，期望理论也有其局限性，尽管该理论言之有理，并为一些实证性研究所支持，但它在实际应用中尚有不少困难。

八、公平理论

公平理论是与期望理论同时期的工作激励理论，由其代表人亚当斯于 1963 年正式提出。公平理论描述了日常生活中常见的现象,即人们通常都有一种要求受到公平对待的感觉。员工不仅会把自己的努力与所得报酬做比较,而且还会把自己和其他人或群体做比较,并通过增减自己付出的努力或投入的代价,来取得他们所认为的公平与平衡。

亚当斯认为,人们是通过寻求人与人之间的社会公平(即他们获得的报酬与其绩效是否相称合理)而被激励的。这里所谓的公平是指人们相信相对于他人的待遇,自己也受到了公正的对待。在这评估中,参照对象(Reference Groups)起了十分关键的作用。这里的参照对象通常是指个人所在单位中的某些群体或单位外的人们,通过对个人认为的参照对象所发生的事情的认识,我们通常可以预测个人的行为方式。

根据公平理论,从工作中得到的结果包括薪酬、领导的赏识、晋升、人际社会关系的变化,以及内在心理上的报酬。得到这些报酬个人所付出的代价将是对工作的各种投入,诸如贡献出自己的时间、经验、努力、知识和负责精神等。人们往往把自己的结果与投入之比与他人(参照对象)的情形相比较。比较过程见下式:

$$\frac{\text{结果}}{\text{投入}}(\text{自己}) \overset{?}{=\!=} \frac{\text{结果}}{\text{投入}}(\text{他人})$$

上述公式中的比可能是非定量的和主观的,等式两边的比率是不精确的,但是个人的态度却受其影响。在比较中有三种可能的情况:(1) 感到报酬公平;(2) 感到报酬不足;(3) 感到报酬多了。

如果个人感受到等式两边的比率相等,其心态就容易平衡。有时尽管他人的结果超过了自己的结果,但只要对方的投入相应也大,就不会有太大的不满。

在比较中,当人们发现自己的报酬相对低了(不足),就会设法去消除不公,并有可能采取以下措施来求得平衡:(1) 通过减少努力来降低投入;(2) 要求加薪来增加报酬;(3) 理性地曲解原先的比率;(4) 使他人改变产出的结果或投入;(5) 离开或调走;(6) 变换比较目标。

当个人感到自己相对他人报酬高于合理水平时,对多数人而言不会构成什么大问题,但研究表明,处于这种不公平的情况下,有些人也会努力减少这种不公。包括:(1) 通过付出更多的努力来增加自己的投入;(2) 假如是计件制的话,员工会减少自己的单位产量;(3) 有意无意地曲解原先的比率;(4) 设法使他人减少投入或增加产出。

公平理论对管理者而言显然是有教益的。首先,管理者用报酬或奖励来激励员工时,一定要使员工感到公平合理。个人的内部或外部报酬如果是和成绩相称的,且他也认为这些报酬是公平的,则会导致满意的结果。其次,作为管理者应注意横向比较。有些高校师资流失率很高,理由很简单,与外单位相比,待遇差距太大。因此,必须提高教师的工资待遇,否则就难以激励教师专心于教育事业,原有的教师留不住,且更无法招聘到称职合格的教师。公平理论表明,金钱是相对的东西,当然员工对工资的绝对数是关注的,但是否满意则部分取决于他们比较的参照对象。再次,公平理论表明公平与否是源于个人的感觉。人们在心理上通常会低估他人的工作成绩，高估别人的得益，由于感觉上的错误，就会产生心态不平衡。这种心态对组织和个人都很不利。所以，管理人员应有敏锐的洞察力来体察员工的心情，如确有不公，则应尽快解决；如纯属个人主观上的认识偏差，也有必要进行说明解释，做好思想工作。

九、归因理论与轨迹控制

归因理论与人类知觉的轨迹控制（也称控制轨迹）近年来日益受到重视，并成为工作激励问题的重要依据。麦克尔·罗斯于 1985 年在《社会心理学手册》中对归因理论做了这样的解释：个人会观察行为，并随之归结该行为的原因。

归因（Attribution）是心理学术语，是指根据人的外表来对其心理状态做出解释和推论。归因理论的主要研究对象有以下三个方面：

（1）对人们心理活动的归因，即研究人们产生某种心理活动的原因是什么。

（2）对人们的行为归因，即根据人们外在的行为和表现，对其心理活动做推论。

（3）对人们未来行动的归因，即根据人们过去的行为表现，来预测他们在以后有关的情景中将会产生什么行为。

归因理论的主要特点在于强调一个人的知觉与其行为之间的关系。人们的动机和行为，尽管有许多起因无法被直接观察到，但人们的行为是和他的认知（Cognition），尤其是知觉（Perception）密切相关的，通过分析人们的认识过程，来说明内在力量和外在力量（内因与外因）与人们所产生行为之间的关系，这就是归因理论主要想解决的问题。

控制点（Locus of Control）是指人们对自己行为所造成的结果究竟主要是受外因还是受内因控制的一种认识。

当员工感到主要受内因控制，他们会觉得可以通过自己的努力、能力或技巧来影响行为的结果；当员工感到主要受外因控制，他们会觉得行为的结果非自己所能控制，而是受到外力的摆布，正是这种被感知的控制点会对人们的满足和绩效带来不同的影响。

归因理论也提出，个人的知觉是可以改变的。由于它们可能会导致意外或不想要的变化，所以管理者应懂得其效应。一个靠内在激励的人，如果分派给他的工作的报酬和奖励是外部的，将可能使他更多地依靠外部激励，而内在激励力将减少。在激励过程中，归因过程起很大作用。

十、强化理论

强化理论是基于一个很简单的假设，若一个行为的结果是得到奖励，该行为就会趋向于重复；反之，若一个行为招致惩罚的后果，该行为就会减少重复。此方法原先是在训练动物时采用的，但是以斯金纳为代表的一些学者发现，它也同样适用于人类的行为。强化理论认为，人类的行为可以用过去的经验来解释，人们过去的行为结果对其行为有反作用。当行为的结果有利于个体时，行为就可能重复出现；反之，则会消退并终止。这种情形在心理学中被称为“强化”，该理论也因此被称为强化理论。

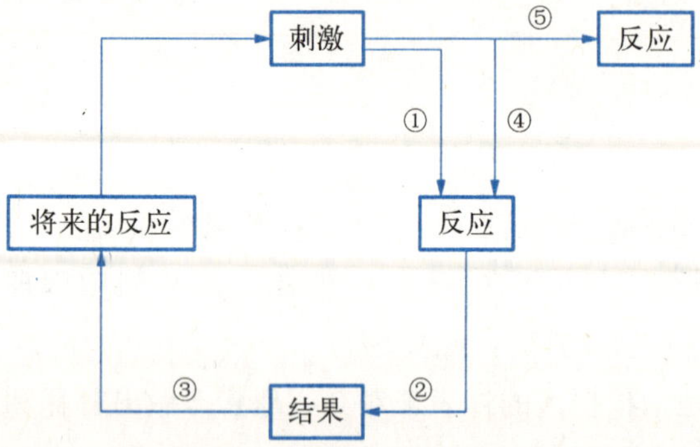

图 12－5　激励的强化理论

强化理论模型如图 12－5 所示，它从一个新的角度揭示了激励过程。

图 12－5 表明起点从刺激开始，这种刺激可理解为激发行为的需要或动机。顺着路径①，个人对刺激产生反应，选择所遵循路径的过程和我们前面讨论的期望理论相一致，这反应将使个人经历各种后果（路径②），那些结果的价值又会影响未来的反应（路径③），如果结果是愉快的或是所希望的，个人下次遇到同样的刺激就会选择相同的反应（路径④），但是，如果原先的结果是不愉快的，或是不想得到的，则很可能会产生一种不同的反应（路径⑤）。例如，一个员工假如想增加工资，他就会努力工作，随后工资如得到增加，他的行为就得到了强化；反之，如果他的格外努力没能导致工资增加，也许他就会尝试其他行为，如提出离职或以其他方式讨好他的上司等。

(一) 强化的类型

导致强化的因素主要分为四类：正强化、负强化（也称规避）、惩罚和自然消退。前两类可以增强或保持一种行为，后两类则会削弱或减少某种行为。

1. 正强化

正强化是一种增强行为的方法。在一个要求的行为出现后，随即加以奖酬或提供正面的结果。例如，如果管理人员看到一个员工工作表现出色就加以表扬，这一表扬就是对工作出色的行为做了正强化。正强化的手段还包括提薪、晋升、奖励等。

2. 负强化

负强化也是一种增强行为的方法。它是指预先告知某种不符合要求的行为或不良绩效可能引起的后果，允许员工按要求的方式行事来避免令人不快的后果。比如在工厂中，事先以规章制度的建立使员工知道迟到要扣工资，这样员工为避免扣工资这一不愉快的结果，而被激励要准时上班。

3. 惩罚

惩罚是指用某种令人不快的结果，来减弱某种行为。例如，当有的员工上班迟到、工作出错或影响他人的工作时，管理人员可用批评、纪律处分、罚款等措施，以制止该行为的再次发生。但是，惩罚也有副作用，如激发员工的愤怒、敌意等。因此，最好尽可能采用其他强化手段。

4. 自然消退

自然消退是指通过不提供个人所希望的结果来减弱一个人的行为。特别是撤销原先的奖酬,来减少某种行为的发生。例如,对员工的某种行为不予理睬,以表示对该行为的蔑视,从而使这种行为得以消除。

(二)强化的间隔安排

在运用强化手段时,不仅要考虑采用何种方式,也要认真考虑在何时采用以及它发生的间隔次数问题。在强化次数的间隔安排上,也有多种策略可以选择。

1. 固定间隔

固定间隔的安排是指不考虑具体行为如何,总是以一个固定的时间间隔提供强化。如按周、按月付给的薪金即属此类型。这类强化安排提供的刺激强度最小,因为职工知道,不管他们努力与否,到时都能拿到薪酬。

2. 可变间隔

可变间隔也是以时间为基础安排的强化,但每次强化的时间间隔是变动的。管理人员在运用表扬或在察访时给些其他形式的奖酬等,都更适合采用这类安排。由于员工们并不知道什么时候上级会来检查,所以通常都能较为认真地工作。

3. 固定比率

固定比率是指不考虑行为的时间间隔,在行为达到一个固定数字后即给予强化。这种强化方式通常刺激性更大,如计件工资制等就属于这类强化。

4. 变动比率

变动比率不考虑时间因素,通常需多种行为发生后才给予一次强化。这类安排在维持要求的行为上是最有力的。由于每次取得绩效都会有增加所得奖酬的可能,因此,员工较易激发起增加所要求行为的次数。

十一、目标设置理论

德鲁克提出的目标管理理论是迄今为止管理学中最重要的方法之一。此后,心理学家埃德温·洛克(Edwin Locke)又提出了目标设置理论,认为设置目标是一种简单、有效的激励人的方法。具体的目标能提高工作绩效,而有难度的目标一旦为人们所接受,它将比容易的目标导致更高的业绩。目标提供了这样一种机制,未被满足的需要将通过这一机制转化为行动。换言之,未被满足的需要促使人们设法去满足那些需要,于是就确定了即刻行动的目标。

目标设置理论中是否存在一些权变因素?人们发现,以下因素显然会影响目标—绩效的关系:

(一) 反馈

人们如果了解在实现目标过程中自己的工作进展，人们会干得更好。

(二) 策略

如果任务是复杂的，那么使用适当的任务策略，即明确如何去做该项任务是有益的。

(三) 能力

个人自觉有胜任的能力。这里涉及一个概念，自我效能感(Self-efficacy)，指的是个人对自己能否完成任务的信念。自我效能感越高，个人对成功完成任务就越自信。所以面对困难情景，低自我效能感的人可能减少他的努力或干脆彻底放弃之。

(四) 承诺

对目标要有承诺。如果目标是个体参与设定的而非强制分派而来的，且是公开的，而个体又是内控型的，则这种承诺最易发生。承诺实现目标是目标设定理论的前提条件。

(五) 文化

民族文化或个人的文化取向也会影响目标设定理论的有效性。不同国家文化特点的差异都会限制该理论的应用，如北美文化较易接受该理论。因为该文化假设其人员具备合理的独立性，人们喜欢寻求有挑战性的目标，重视绩效等。有些拉丁文化的国家，情况正好相反。

总之，有一点是显而易见的，即激励雇员最直截了当的办法很简单：确信你的下属已理解有挑战性的目标，并有能力去实现它。

第三节 激励技巧

管理者以科学的方法激励人内在的潜力，发展人的能力，充分发挥人的积极性与创造性，从而使组织成员为有效地实现组织目标而努力工作。这里不仅需要了解和研究激励理论，在运用这些理论时，还需要掌握激励人的技巧。

一、了解人们的真实需要，预见和引导人的行为

要识别一个人，并不需要你成为一位心理学家，但必须对人的基本行为方式有一个全面的了解，这样才能真正知道一个人想要什么，什么使他不停地工作，什么使他行动

起来。只有这样，你才能从公司人员中获得最大效益。

作为一名管理者，应该知道没有两个人会对你的指令做出完全相同的反应。你必须确定怎样最好地鼓励每个人尽其所能。如果你了解了每个人的行为，你就会塑造出一个更加有效率的整体。现在我们已经知道，人们之所以做他们所要做的事，是因为他们有一定的需求和愿望。作为一名管理人员，你可利用人们的需要和愿望来激励其行为。

管理聚焦

激 励 之 道

查理·斯瓦伯担任卡耐基钢铁公司第一任总裁时，发现自己管辖下的一家钢铁厂的产量很落后，便问厂长："这是怎么一回事？为什么产量总是落后呢？"

厂长回答："说来惭愧，我好话丑话都说尽了，甚至拿免职来恐吓他们，可他们软硬不吃，总是懒懒散散的。"

那时正是日班工人即将下班、夜班工人就要接班的时候。斯瓦伯向厂长要了一支粉笔，问日班的领班："今天炼了几吨钢？"

领班回答："6 吨。"

斯瓦伯用粉笔在地上写了一个很大的"6"字后，默不作声地离开了。

夜班工人接班时，看到地上的"6"字，好奇地问是什么意思。日班工人说："总裁今天过来了，问我们炼了几吨钢。领班告诉他 6 吨，他就在地上写了一个'6'字。"

次日早上，日班工人前来上班，发现地上的"6"已被夜班工人改写为"7"；知道输给了夜班工人，日班工人内心很不是滋味，他们决心给夜班工人一点颜色看看。那一天，大伙加倍努力，结果他们炼出了 10 吨钢。于是，地上的"7"顺理成章地变成了"10"。

在日、夜班工人你追我赶的竞争之下，工厂的情况很快得到改善。不久，该厂产量竟然跃居公司所有钢铁厂之首。

只用一支粉笔，斯瓦伯便扭转了乾坤；他所采用的，是多么高明的激励之道啊。

(一) 一般人常有的基本需要和愿望

美国高级管理咨询顾问詹姆斯·K. 冯弗利特对普通人通常具有的基本需要和愿望归纳如下：

(1) 足够的财富：钱和钱所买到的东西；

(2) 所做的努力被赏识;

(3) 社会和集体的承认,同辈人的接纳;

(4) 自我满足感、被重视感;

(5) 获胜、拔尖、成为优秀者的愿望;

(6) 归属感;

(7) 发表创见的机会;

(8) 取得有价值的成就;

(9) 新鲜、新奇的经历;

(10) 个人力量感;

(11) 健康的体魄、对疾病的免疫力、身体上的舒适感;

(12) 精神上和行动上的自主权;

(13) 自尊自重的意识;

(14) 各种形式的情感关系;

(15) 精神上的安全感。

上述这些需要并非按重要性排序,从某种意义上讲,这些愿望是一般人都有的基本愿望。作为一名管理者应牢记,一个人所做的一切都是为了实现这些愿望,他的每个想法、每一句话、每一个行为都是以此为目的的。帮助他们达到目的,他们就会帮你做事。

(二) 掌握人真实的需要

要确切知道一个人需要什么,也需掌握一定的技巧。你可通过访谈提问来了解人们的真实需要,然而你得问得巧妙,在办公室、工作场所,甚至通过闲聊来发现问题。一般非正式的随访往往比正式召见更易获得有价值的信息。在正式的召见中,人们可能心存戒心,在办公室里他更可能投上级所好来回答问题;在很自然的闲聊中,人们会更坦率些。但不管采用何种方式,管理者时时处处都得做个有心人,只有这样,才能获得成效。

在访谈中,下列准则也许能帮助你叩开人们的心扉:

(1) 真诚地对他们的问题表示兴趣;

(2) 耐心地倾听他们所说和想说的话;

(3) 提问、启发、鼓励他们说出心里话;

(4) 讨论别人的兴趣,从中发现他的兴趣;

(5) 诚恳地帮助他树立自信心。

任何一个正常的人都想知道怎样受到爱戴,怎样取得成就,怎样创业赚钱,怎样赢得名声和运气,怎样获得权力,怎样保持健康。弄清楚人们想要什么,并帮助人们去达到他们的目的,那么管理者自身也会取得巨大的成功。

二、激发人们积极性的管理技巧

怎样才能更好地满足人们的基本要求和愿望？请记住，人们的愿望和需求是不断变化的，昨天他最需要的，今天不一定还需要。管理者的责任就是帮助人们找出特定时候，哪些需要或愿望对他们来说最为重要，搞清楚人们需要什么，并帮助他们去获得。这里可选择运用多种管理技巧，坚持正面鼓励，用奖励和表扬的方法来提高组织成员的士气。

（一）成功的激励管理技巧

有许多管理技巧在成功地激发人们的积极性上，已被证明是行之有效的。以下将举例说明那些成功的集团或公司中的主管人员是怎样做的。

（1）创造条件，增加员工收入。例如，福特汽车公司搞了流水线和生产标准化后，生产效率和经济效益都有了很大的提高。为了激励工人，福特把工人的工资提高为每天 5 美元（当时汽车业平均工资水平为 2.40 美元）。这么高的工资吸引了美国当时许多优秀的技术工人。

（2）满足一个人发表创见的愿望。例如，IBM 公司贯彻开放政策，允许任何员工向上反映其想法和建议，如有必要还可向董事长反映情况，从而使该公司成为电脑界的“巨人”。

（3）满足一个人创造价值的愿望。例如，宝洁公司在其产品的生产和销售上都处于领先地位，它的广告费一年高达 3.75 亿美元。该公司使员工坚信，他们付出的努力是有价值的，他们的产品是市场上最优质的。该公司销售员在推销产品中的热情在同行中也是罕见的。

（4）赋予一个人归属感。在这个方面，日本公司做得最有特色，员工对公司忠心耿耿。某日本电子公司的一位经理说，他每个月要参加 10 个员工的婚礼，当然高层的领导参加得更多。许多日本公司把员工看作卓有贡献的功臣来对待，所以，当有人向日本人问起他的工作时，不管其职位高低，他会自豪地说“我在某某公司工作”“我是丰田人”等。

（5）满足一个人要求自由的愿望。韦尔豪泽是美国最大的木材加工公司，该公司为员工提供了工作中所需的自由。该公司的一名工程师曾骄傲地说：“我有按自己意愿做出决定的自由，有机会使用自己的头脑，这是我最喜欢的。以前，我原先工作的那家公司从不让我按自己的意愿做事，多动脑筋思考也不会有所报酬，只需完成任务就行了。在这儿工作有多么不同啊！”韦尔豪泽公司的主管们还可以穿便服或运动服上班，甚至还可以灵活地制定自己的办公时间。

（6）赏识人们的努力。例如，东方柯达公司制定内部提升制度，其政策是通过提拔某人来赏识一个人的努力。该公司的高级管理人员都是从本公司提拔的，优秀人才总有希望在东方柯达公司得到提升。

(7) 满足人们对获取新经验的愿望。在美国有的公司用工作轮换的办法来努力做到这点。如多让年轻人承担本人力所能及的工作和责任,当他认为自己已真正了解自己的工作时,再把他调去干新的工作。

(8) 尊重人格。组织中上至总裁下至工人,尽管各人有不同的志趣、不同的能力,从事不同性质的工作,但大家都在为企业目标的实现做贡献。不同个性的人都是人,理应得到人的待遇。例如,有的公司规定员工不论职位高低,一律以“先生”“小姐”相称,不准加任何头衔,也可直呼员工的名字,使人感到公司有人情味,工作开展也就更加顺利。

(9) 参与控制。工人对自己的工作有充分的发言权,怎么做可由他自己决定。正是由于员工自己参与做出了决定,必然更能激发其责任心。在企业中,工人对产品进行质量自检,也是参与控制的例子。

(二) 可考虑的奖励及表扬方法

“赏罚政之柄也”,实际上,不管奖惩也好、“胡萝卜加大棒”也好,尽管有关激励的各种研究和理论已大量涌现,但不应忘记,奖励和惩罚仍是两个有力的激励因素。当然,“赏罚必在至公”,不可滥用,尤其是惩罚,它会引起自卫、报复等副作用。坚持正面的奖励和表扬,通常效果会更好。

然而,有的管理人员说,用正面的奖酬来满足员工的各种需要,诚然不错,可是有的员工的愿望难以满足怎么办?事实上,奖励及表扬的方法很多,以下几类可适当加以选择并应用:

(1) 薪酬与奖励。用加薪、奖金、奖品、礼品等以示奖励。

(2) 增加责任。鼓励员工参与管理,减少外加的监督与控制,实现员工建议制等。

(3) 对个人和群体实行适当灵活的优惠。例如,实行弹性工作时间、延长休息或午餐的时间、获准提早下班、带薪或无薪的假期、特殊待遇(如为职工配备专用停车位、组织旅游等)、单位资助出席专业会议,或送海外培训等。

(4) 职务与地位的升迁。诸如获得新的职务、给予委派授权、工作轮换培训、职务多元化、升迁新的职衔、提供更佳的工作场所、被邀请参加“高层”会议,或负责督导更多的下属。

(5) 衷心的嘉许与表扬。具体赞扬所取得的成绩,做出坦率、真诚的评价,鼓励继往开来。

(6) 社交活动。提供免费工作午餐,增加个人和群体的交往接触,组织运动会、户外活动及聚会,通过社交和与工作有关的场合使员工与上司有更多的相处时间。

(三) 使员工充满干劲并不难

日本企业家藤田认为,要提高员工的干劲很简单,只需让员工有使命感,自然会充满干劲。方法是平常教导员工，怎样做才对国家、社会有所贡献。方向、目标明确，员工才会竭尽全力工作。一项工作如果对社会大众没有什么帮助，就难获成功。要看到组织中的员工并非单纯地为了一份薪水才工作的，他们也渴望经由工作来表达他们贡献社会的心愿。

本章提要

激励可定义为影响人们的内在需要或动机，从而加强、引导和维持行为的一个反复的过程。激励过程从需要或动机出发，由此产生了要求，这种要求一时不能得到满足时，心理上会产生一种不安和紧张状态，这种不安和紧张状态会成为一种内在的驱动力，导致某种行为或行动，进而去实现目标，一旦达到目标就会带来满足，这种满足又会为新的需要提供强化。组织的绩效本质上取决于组织成员的能力、被激励情形和工作环境条件。

激励与行为理论很多，较为主要的理论有：(1)“胡萝卜加大棒”理论；(2) 需要层次理论；(3) 双因素理论；(4) ERG 理论；(5) 成就需要理论；(6) 期望理论；(7) 波特—劳勒模型；(8) 公平理论；(9) 归因理论；(10) 强化理论；(11) 目标设置理论。

激励技巧主要有：(1) 了解人们的真实需要，预见和引导人的行为；(2) 激发人们积极性的管理技巧。

复习思考题

1. 什么是激励？其组成要素又是什么？
2. 试讨论人们的各种基本需要是如何推动他们奋发向上的。
3. 评述双因素理论与需要层次论的异同及两者之间的内在联系。
4. 简述强化的四种方法，并解释负强化与惩罚的区别。
5. 举例说明你运用了哪些激励技巧、技术在生活与工作中激发他人的干劲。

第十三章　沟　　通

全章脉络

学习目的与要求

1. 理解沟通的含义、过程和作用；
2. 了解影响沟通的个人行为因素；
3. 掌握沟通的类型和方式；
4. 学会如何对组织沟通进行改善；
5. 明确沟通的原则；
6. 善于运用沟通的各种方法。

管理专业术语

Encode To select symbols with which to compose a message.

Message The tangible formulation of an idea to be sent to a receiver.

Decode To translate the symbols used in a message for the purpose of interpreting its meaning.

Feedback A response by the receiver to the sender's communication.

Perception The process of making sense out of one's attention.

Grapevine An informal, person-to-person communication network of employees that is not officially sanctioned by the organization.

Semantics The meaning of words and the way they are used.

管理者每天的工作都离不开沟通(信息交流)。管理大师德鲁克将信息交流工作作为管理人员的五项基本作业之一,并且提出了信息交流的四项基本原则:(1) 信息交流是知觉过程,必须在信息接受者的知觉范围以内;(2) 信息交流体现了个人期待,人们知觉到的是他们期待的事物,而对不期待的事物会视而不见、听而不闻;(3) 信息交流提出要求,要信息接受者成为某样的人、做某种事、相信某种事;(4) 信息交流和信息是不同的,信息交流是知觉,是人与人之间的交流,而信息则是逻辑,是非人称的。人际间的相互作用,与上司、下属和周围的人都要进行沟通,决策、组织、控制和领导等管理职能的执行都必须通过相互间信息的传递。为此,管理者必须十分重视人际间的联络,形成完善的联络渠道,建立规范的联络标准,掌握良好的联络行为,采取正确的联络方式。沟通是管理各项职能中不可或缺的一个重要组成部分。

第一节 沟 通 概 述

沟通活动是使有组织的活动统一起来的重要手段之一,无论企业、事业单位、公司、军队,个人之间彼此的信息交流都是绝对必要的,任何一个管理者都必须对沟通活动给予高度重视,对沟通的性质有正确的认识。

一、沟通的定义

《美国主管人员训练协会》把沟通解释为:它是人们进行的思想或情况交流,以此取得彼此的了解、信任及良好的人际关系。纽曼(Newman)和萨默(Summer)则把沟通解释为:在两个或更多的人之间进行的在事实、思想、意见和情感等方面的交流。此外,沟通还被解释为用语言、书信、信号、电信进行的交往,是在组织成员之间取得共同的理解和认识的一种方法。

美国传播学研究者 G. M. 戈德哈伯对组织沟通进行过多年的深入研究,他对组织沟通下了这样的定义:组织沟通是由各种相互依赖关系而结成的网络,是为应付环境的不确定性而创造和交流信息的过程。这个定义包含五个基本概念:过程、信息、网络、相互依赖和环境。

(一) 过程

组织沟通是一个不间断的信息交流过程,永远随着组织存在下去,永远处于动态变化之中。

(二) 信息

信息是沟通的基础。没有信息便无所谓沟通。这里所说的信息，不是一般意义上的消息、情报、资料，而是对完成组织目标和任务有意义的那部分内容。

(三) 网络

组织沟通不是无规则进行的，它不仅要通过担任各种不同角色的组织成员，而且要经过以一定规则组织起来的网络。

(四) 相互依赖

组织是开放性系统，系统中各部分及其成员都与系统整体及其环境有着相互依赖关系，经常相互交流信息、相互影响，密切相关。

(五) 环境

任何组织都是在一定的社会、政治、经济环境之下生存和发展的，作为开放性系统的组织，要不断与所处的环境发生复杂多样的互动关系，受到环境深刻的影响。

良好的组织沟通是疏通组织内外部渠道，协调组织内成员及部门之间的关系，完成组织目标的最重要的条件之一，还可以使组织内部成员之间、组织之间相互加深了解、融洽感情，增进友谊，激发斗志，从而使组织更加充满活力。

二、沟通的过程

沟通如果没有对象，它便不成立了。人际沟通过程是指一个信息的传送者通过选定的渠道把信息传递给接收者的过程。这一过程可用图 13 - 1 来表示。

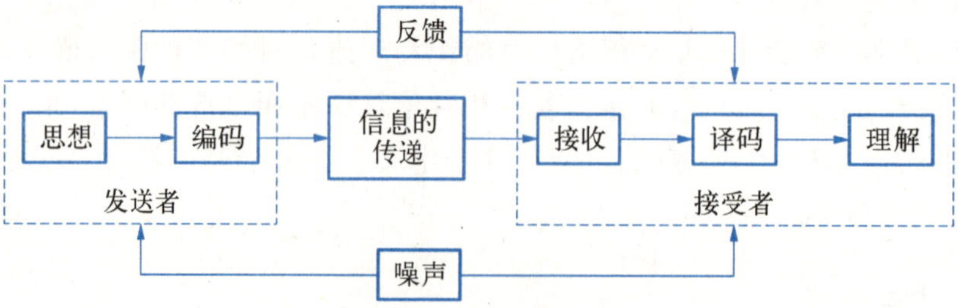

图 13 - 1 沟通过程图

当人们之间有需要进行沟通时，沟通的过程就开始了，人与人之间的交流是通过信息的互相传递及了解进行的，因此人际沟通实际上就是互相之间信息沟通。信息沟通过程开始于需要沟通的主动者，即信息的发送者。

(一)信息发送者

信息发送者是沟通过程的起点。他要把自己的某种思想或想法(希望他人了解的)转换为信息发送者自己与接受者双方都能理解的共同“语言”或“信号”,这一过程称为编码。没有这样的编码,人际沟通是无法进行的。

(二)信息传递渠道

编码后的信息必须通过一定的信息传递才能传递到接受者那里,没有信息传递渠道,信息就不可能传递出去,沟通也就成了空话。信息传递渠道有许多,如书面的备忘录、计算机、电话、电报、电视、互联网等。选择什么样的信息传递渠道,既要看沟通的场合、互相配合与方便、沟通双方所处环境拥有的条件等,也与选择所用渠道的成本有关。各种信息沟通渠道都有利弊,信息的传递效率也不尽相同。因此,选择适当的渠道对实施有效的信息沟通是极为重要的。

(三)信息接受者

沟通的主角在于信息接受者。信息接受者先接收到传递而来的“共同语言”或“信号”,然后按照相应的办法将此还原为自己的语言即“译码”,这样就可以理解了。当信息接受者需要将他的有关信息传递给原先的信息发送者时,他自己就变为了信息的发送者。在接受和译码的过程中,由于接受者的教育程度、技术水平以及当时的心理活动,均会导致在接收信息时发生偏差或疏漏,也会导致在译码过程中出现差错,这样就会使信息接受者产生一定的误解,不利于有效的沟通。实际上,即便上述情况不发生,也会因为信息接受者的价值观与理解力导致理解信息发送者真正想法的误差。人们往往误以为沟通的主角是信息发送者。例如,为了传达公司的理念,没有考虑一线员工的理解能力,使用一些含有晦涩难懂的字句的公告,造成不必要的冲突与误会,其沟通效果可想而知。

(四)噪声与反馈

人们之间的信息沟通还经常受到噪声的干扰。无论是在发送者方面,还是在接收者方面,噪声是指妨碍信息沟通的任何因素。例如:

(1)受到限制的环境可能会妨碍一种明确的思路形成。

(2)由于使用了模棱两可的符号,可能造成编码、译码的错误。

(3)传递过程中各种外界的干扰。

(4)心理活动导致错误发送或接收。

(5)价值观不同导致无法理解双方的真正意思。

(6)信息渠道本身的物理性问题,如电话线接触不良等。

而反馈则是检验信息沟通效果的再沟通。反馈对于信息沟通的重要性在于它可以检查沟通效果,并迅速将检查结果传递给信息发送者,从而有利于信息发送者迅速修正自己的信息发送,以便达到最好的沟通效果。

通常都将沟通过程描述成一个静态不变的过程。而实际上,在沟通中所有的事物都处于连续不断的运动过程中。另外,沟通过程不仅存在信息的交流,也包括情况、思想、态度、观点的交流,沟通双方对信息的理解和接受程度,受到专业水平、知识水平、工作经验以及社会文化背景等诸多方面因素的影响,对同一个信息会有不同的看法,从而造成信息传递上的失真和编码、译码、释义上的失误。因此,有必要深入地了解和研究信息传递沟通中的复杂性和动态性。

三、沟通的作用

沟通是组织管理过程的一个重要方面。如在计划过程中,沟通的作用表现在以下几方面:(1) 有组织的计划过程需要在经理人员和其他人员之间广泛地沟通联络;(2) 有效的沟通对执行预定计划有重要意义;(3) 下属人员执行计划的情况的信息,对于确定是否达到计划目标是必不可少的,只有通过沟通方能将信息反馈回去。

沟通对于协调组织的内部、外部以及各个部门、各个人,从而有效地完成组织目标,有着重要的意义。通过有效的沟通,可以使组织内部分工合作更为协调一致,保证整个组织体系统一指挥、统一行动,实现高效率的管理;也可以使组织与外部环境做到更好的配合,增强应变的能力,从而保证组织的存在与发展。所以,良好的沟通是组织达到协调状态的重要基础,是组织完成其目标的必要条件。

一般来说,沟通在管理中具有以下几方面的重要意义:

(一) 沟通是协调各个体、各要素,使组织成为一个整体的凝聚剂

每个组织都由数人、数十人甚至成千上万人组成,组织每天的活动也由许许多多的具体的工作所构成,由于各个体的地位、利益和能力的不同,他们对组织目标的理解、所掌握的信息也不同,这就使得各个体的目标有可能远离组织的总体目标,甚至完全背道而驰。如何保证上下一心,不折不扣地完成组织的总目标呢?这就需要互相交流意见,统一思想认识,自觉地协调各个体的工作活动,以保证组织目标的实现。因此,没有沟通就没有协调,也就不可能实现组织的目标。

(二) 沟通是领导者激励下属,实现领导职能的基本途径

一个领导者不管他有多么高超的领导艺术水平、多么灵验的管理方法,他都必须将自己的意图和想法告诉下属,并且了解下属的想法。

管理聚焦

利用技术有效增进组织沟通

当今企业的内部沟通，严重依赖于各类信息技术。事实上，我们在个人生活中使用的多种技术和工具，如微博、微信、QQ、各类移动电子设备，也被用于组织的沟通中（见表13-1）。企业使用多种技术将办公室、工厂和其他环境下的员工联接起来。只要有电脑、智能手机或其他移动设备，任何人可以与分布于不同空间的他人实现实时互联。对于全球化经营的企业，有效利用技术工具推动组织内外部沟通，不仅能保持企业与消费者的及时信息交流，也能促进员工合作和生产率改善。但网络时代的有效沟通，也需要员工高效运用技术工具（针对不同功能选择不同的工具）、学习与技术保持同步、避免信息超载和网络成瘾，并且，不时地放下电子设备去进行面对面的人际沟通。毕竟，技术只是人际沟通的辅助工具，而不能替代人际交流。

表13-1 沟通中的技术工具及其功能

功　能	技　术　工　具
工作空间的虚拟化	无线网络；虚拟会议工具；共享工作空间；在线商务演示；电子邮件；即时通信工具
虚拟团队	社交网络技术；网络会议；视频会议；众包和协作平台；维基网信息交流
信息共享	RSS信息读取组件；社会标签和电子书签（Social Tagging and Bookmarking）；互动数据可视化系统；学习社区
与消费者的互动	播客；社交媒体；博客；在线客户服务；用户生成内容（User-Generated Content）

［资料来源］John V. Thill & Courtland L. Bovee. *Excellence in Business Communication* (11th edition), Pearson, 2013.

（三）沟通也是组织与外部环境之间建立联系的桥梁

组织必然要与顾客、政府、公众、原材料供应者、竞争者发生各种各样的关系，它必须按照顾客的要求调整产品结构，遵守政府的法规法令，担负自己应尽的社会责任，获得适用且廉价的原材料，并且在激烈的竞争中取得一席之地，这使得组织不得不与外部环境进行有效的沟通。而且，由于外部环境永远处于变化之中，组织为了生存就必须适应这种变化，这就要求组织不断地与外界保持持久的沟通，以便把握住成功的机会，避免失败的可能。

第二节 个人行为因素与沟通方式

一、个人行为因素

因为沟通涉及两人或更多的人,因此所涉及的人之间的情感、动机、精神状况和态度等都会对沟通过程产生影响。一个人在沟通过程中的行为表现对沟通起着很大的影响作用。我们说的一个人在沟通中的行为表现主要是指其接受理解能力和所持的态度。

(一) 理解接受能力

理解接受能力是指一个人从环境中接受信息情报的整个过程中所表现出来的能力。一个人的理解接受过程包括听、看、感觉、视察分析和追踪等方面能力发挥的过程。为了说明问题,让我们先回答下列问题:

(1) 你刚才看到的那个人穿的上衣是什么颜色的?

(2) 你今天在无线电广播中听到的最后一首歌是什么歌?

(3) 你最近看的电视广告是什么?它介绍了哪些商品?

像这些简单的问题,恐怕多数人都答不上来,尽管你是看到了或听到了,但你没注意。管理人员每天也会接收到大量的信息,包括销货预测、经济指数、备忘录、信件、报告、电话、洽谈的内容等。然而,人的知觉(Perception)会起一个过滤器的作用,它把一些琐碎的、我们不想知道的内容过滤掉了。

知觉帮助我们选择和组织环境中的信息,以辨别出哪些是有价值的,哪些是无用的。只有通过过滤,才能从纷杂的信息情报中获取自己真正所需的信息。只有进行观察、分析,才不至于在信息的汪洋大海中迷失自己的视线。

环境提供的信息情报必须经过自己的筛选,同时要对有价值的信息情报进行很好的组织。也就是说,要根据所收集到的信息情报进行系统的分类,以便于根据情报的紧迫程度加以分析研究。

(二) 人的态度与沟通关系

这里的态度是指一个人对他所接触到的人与事物所采取的接受或反对的程度。每个人都会接触到许许多多的事情或人,他对待这些事和人的态度自然也不一样。心理学家认为,人的态度包含着三个基本方面:一是情感方面。也就是说,每个人都有自己所喜欢的、也有自己不喜欢的事和人。例如,在学校学习的学生,有的人喜欢这类课程,而有的人喜欢那类课程。如果你选学了一门你不喜欢的课程,就要为之付出更多的精力和时间。二是知识方面。也就是一个人对某事物或人的了解程度及由此而产生的信任。例如,你不喜欢某门课,原因可能是:由于你对这门课不太了解,或是因为教师不理想,也可能因为教材不好,等等。然而,你的这些看法可能只是一种猜测,不一定真实。但是,这些看法却影响着你对这门课的信任程度。三是行为的倾向性。例如,你对那些不喜欢的课程,就有可能在期中放弃掉,或考虑选学其他课程。对不喜欢的人,当然你也就不会与他交往过密了。

在管理的沟通过程中,管理者的态度起着很大的影响作用。例如,你是一个车间主任,下属向你要求请假去看望他生病的母亲。你采取什么态度呢?你的回答会直接产生积极或消极的作用,也会直接影响你下属人员的情感和态度。在沟通的整个过程中都有一个态度问题,管理者必须高度重视这个问题。

二、沟通方式

(一) 口头沟通方式

口头沟通主要是指面对面的交谈、小组讨论、电话或其他情况下以讲话形式出现的沟通方式。口头沟通的主要优点在于:(1) 费时较少,可以迅速地相互交换彼此思想,迅速了解对方的反馈意见;(2) 能够随时当面提出问题和回答问题,提高沟通效率;(3) 口头沟通十分方便,用不着太多准备;(4) 口头沟通时,彼此可以直接从对方脸部表情、手势和说话时的语气等表达方式了解对方的真实感情。另外,有些管理人员书面表达能力较差,而口头表达能力较强,因而比较愿意采用口头沟通方式。

然而,口头沟通也有其缺点:(1) 口头讲话时可能会因思考不周而无法全面、系统地阐明问题或因遣词造句的疏忽而造成不必要的误解;(2) 有些人还可能因口齿不清而影响沟通效果;(3) 由于种种原因(如自身口头表达能力差,对信息发送者权威的敬畏等),许多信息接受者提不出应提的问题,因而只得到一些囫囵吞枣或断章取义的信息,从而可能导致代价高昂的错误;(4) 口头沟通如不做记录,则易导致事后口说无凭、被遗忘等后果。

(二) 书面沟通方式

书面沟通信息往往显得比较严肃和正式,而且可以避免口头沟通带来的问题。书面沟通的优点在于:(1) 用词比较准确,并便于归档保存,可供随时查阅;(2) 可以使许多人同时了解信息,提高信息传递速度和扩大信息传递范围;(3) 便于反复阅读、斟酌和理解。

书面沟通的缺点有:(1) 虽然用书面形式沟通信息,使人们有可能去仔细地推敲,但常常达不到预期的效果。写得不好会词不达意,因为不能立即获得反馈,从而无法尽快消除误会,往往需要事后用更多的书面和口头的信息来澄清,这样既增加了沟通的费用,也易引起混乱。(2) 书面沟通无法确知信息是否送达。一方面可能由于管理者对书面报告不重视,对书面的东西处理不及时,有的干脆不看一眼就归入档案;另一方面也可能由于有的书面报告千篇一律而受冷落,或书面文件堆积如山来不及处理而被搁置起来。(3) 书面沟通最大的弱点在于无法迅速得到对方真实的反馈意见。

(三) 电子沟通方式

电子沟通是一种特殊的沟通渠道。管理者不仅用计算机收集和分发定量的数据,而且通过电子邮件和他人"谈话"。在不能通过计算机建立直接联系时,传真机可以在几秒钟之内把信息通过电话线传到世界各个角落。其他电子沟通手段包括手机短信、电话会议和电视会议。

在组织内部,电子沟通的优点包括:共享更多的信息;加快信息传递速度提高效率(尤其是在把一些日常消息传给很多人而且分布在广大的地理区域时);成本低;可以省去人们为了凑在一起开会而花在路上的时间。电子沟通的缺点是:难以解决那些需要面对面交流的复杂问题,不能采集有关沟通内容的微妙的、非语言的线索。电子邮件最适合发布那些不需要大量复杂交换的日常消息。它不太适合传递机密信息,解决冲突以及谈判。

(四) 非语言沟通方式

除了使用口头、书面形式的沟通外,还可以使用其他含蓄的非语言沟通方式。人体是一个有力的、多样的表达工具,但往往被人忽视或不受注意。面部表情、各种手势动作,都可表示或帮助表示不同感情或思想。笑表示喜欢,哭表示悲伤,大吼表示发怒,轻唱表示快活,耳语表示神秘,喋喋不休表示烦恼,音调可表示怀疑、惊叹和加重语气。各种不同的面部表情,如惊奇的目光、漫不经心的一瞥、懒散的哈欠、震惊的张嘴、难以信任的傻笑、怀疑的皱眉,都是有效的沟通方式。微笑表示友爱、同情、赞赏,举手表示注意,直立正坐表示恭敬,体态自然表示随便。只要身体语言运用得当,可以对沟通产生各种不同的影响。

示范、以身作则也是一种很有效的沟通方式,下级对上级的要求远远大于他对同事和对其自身的要求,因此,行动示范的沟通效果有时甚至优于其他任何一种沟通方式。

第三节 组织沟通的类型

在组织内,成员间进行的沟通因其途径的不同,可分为正式沟通和非正式沟通两大类。正式沟通通过组织正式结构或层次系统进行,近年来已发展为具体的信息系统。

非正式沟通则是通过正式系统以外的途径来进行的。

一、正式沟通

正式沟通是指通过正式的组织程序所进行的沟通。它是沟通的一种主要形式,一般与组织的结构网络和层次相一致。在正式沟通中根据信息的流向,又可分为自上而下的沟通、自下而上的沟通和横向沟通,它们分别又是组织内部纵向协调和横向协调的重要手段。

(一) 自上而下的沟通

这是上级管理者或机构按照组织的隶属关系向下级机构的沟通。这种自上而下的沟通的主要目的是使雇员了解组织的经营目标,改变雇员的态度以形成与组织目标一致的观点并加以协调,从而消除雇员的疑虑和不稳定心理。美国 TPF&C 咨询公司的调查研究表明,员工最希望从公司获得的信息主要有以下几种:(1) 使员工意识到他们所做的工作是整个公司必不可少的重要部分的信息;(2) 公司的财务状况;(3) 公司盈利与他们自身利益的关系;(4) 为什么要解雇员工;(5) 公司的产品和服务对消费者、环境和经济发展意味着什么;(6) 公司对不同性别、年龄和社会背景的雇员是否公平对待;(7) 工资薪酬是如何确定的;(8) 提高生产率与员工利益之间的关系等。一旦员工从组织中未获得及时、充分的满意信息,他们往往会借助于其他内部或外部的渠道,如工会或大众媒介,从而产生他们自己的猜测,对公司的生产经营活动采取抵制或消极态度。

1. 组织内部向下沟通的方式

组织内部向下沟通主要包括以下几个方面:

(1) 对分配给员工的任务及其工作方法要给予明确、详细的工作描绘和指导。

(2) 从组织总体经营战略出发,向员工说明如何和为什么要使其工作与组织总目标相一致。

(3) 向员工介绍有关组织过去、现在、将来的各方面情况,同时说明组织的有关规章制度及工作程序。

(4) 对员工工作绩效的评估应着重于其实际完成工作的好坏,排除性别、年龄、社会背景等其他因素的干扰。

(5) 组织理念设计要着重于培养员工为组织的成功经营尽心尽力的意愿。

2. 自上而下沟通的缺点

自上而下的沟通中常存在以下问题:

(1) 信息的分享不够。在条块分割的封闭的组织结构中,上级组织对下级组织可能有发不完的文件、开不完的会议,以致造成信息泛滥。但到了基层单位或部门,情况可能发生完全不同的变化。管理者可能并不认为与下级部门、与员工分享足够量的信息是必要的,他可能把上级的文件束之高阁,不予传达;也可能把"一般人"的讨论以"不够成熟"或"时机未到"为借口,列为组织一般成员了解的"禁区"。组织成员不知道管理者在想些什么、做些什么、筹划些什么,是许多组织习以为常的严重事实。组织沟通的根本任务是消除组织和组织成员对于自身环境的"不确定性"。

(2) 信息冗余量过大。无休止的套话和老话是引起信息冗余量过大的直接原因。有些组织管理者讲话或做指示,套话连篇,不接触实际,不触及问题本质,话说了不少,但信息量很少。还有些管理者向下级部门、组织成员传达文件、布置工作时,总是照本宣科,造成组织成员对有的管理者的讲话产生反感,"上面做报告,下面嗡嗡闹",以至于使沟通不能有效地进行。

(3) 信息精确度较低。较大组织的自上而下的沟通经常要经过较多的层次,这就不可避免地会影响信息的精确度。这主要由于组织内各级管理者个人理解上的差异,会对同一信息赋予各不相同的意义,这种现象可以从他们对上级报告、文件的选择和解释上反映出来。所以,为确保信息的精确度,自上而下的沟通应多用"一竿子到底"的方法。

(4) 动态信息过少。有的管理者不注意经常把"新鲜"的信息、变化了的信息告诉下级部门或组织成员,拖拖拉拉,一误再误。不失时机地向组织成员的大脑注入"新鲜"信息是保持组织活力的最重要的方法之一。组织与自身环境处于不停的相互影响和作用之中,组织成员有必要掌握与自身利益密切相关的动态信息,从而才能保证组织具有活力。

(二) 自下而上的沟通

这是下级机构或人员按照组织的隶属关系与上级机构或领导者进行的沟通。这种沟通不仅是组织成员向管理者、下级向上级反映自己要求、愿望,提出批评、建议的正常渠道,而且可以对执行上级指令做出回馈反应,使上级了解其信息被接受和执行的程度,为上级修正指令和制定新的决策指令提供资料。

管理聚焦

万科:开放透明的体制

万科内部有12种沟通渠道,包括电子邮件、公司内部的BBS、与集团高层或者直接领导面对面的沟通、通过员工关系专员或者员工委员会进行沟通,等等。万科公司内部的BBS是匿名的,公司曾经一度想改为实名制,但最终还是没有推行,因为实名之后,员工就不愿意讲了。现在公司的管理层每天一早上班就要看两个BBS,一个是对外"投诉万科",另外一个是员工内部的论坛。万科还推行"面对面沟通”，规定集团副总以上的经理每个月都必须与 4～6 名基层员工进行面对面沟通，每个月的集团总经理例会上，每个人都要用 10～15 分钟汇报与面对面沟通有关的情况。公司认为，这种“面对面沟通”制度能够达到三个目的：一是让基层员工了解集团最高层在想什么；二是让集团高层了解基层员工怎么想；三是由此带动中层经理像高层一样关注员工。现在，万科甚至为“面对面沟通”设计了一个专门的标志。

［资料来源］周展宏：《万科：人文价值观的胜利》，《财富》中文版，2005 年第 84 期。

自下而上的沟通一般有两种形式：一是上级向下级征求意见，包括调查，召开座谈会、汇报会，设置意见箱，建立来信来访的接待制度，设立接待日制度，同下级进行一些不拘形式的闲谈等。二是下级主动向上级反映情况，提出意见或建议。下级可以通过正式的途径，也可以通过一些非正式途径向上级反映。管理者对自下而上的沟通态度要谦虚，要认真倾听各方面意见或建议，力争从这种渠道中获取尽可能多的真实信息。管理者还应明白，自下而上的沟通有时对信息的精确度也有影响，这是因为信息经过层层过滤之后可能扭曲和走样，以至到达管理者手中时已不是正确而又准确的信息了。为此，要特别要求下级部门在自下而上的沟通中坚持实事求是，如实反映情况，不能报喜不报忧，更不能为迎合上级部门的需要而去歪曲事实，做虚假报告。要把这些作为组织纪律明确规定下来。

（三）横向沟通

这是组织中同级部门或同级管理者之间的沟通。它对于组织的全面协调和合作是十分必要的，所以是一个组织内经常采取的沟通方式。一个组织内各部门之间，总有或多或少的相互联系和依赖，经过有效的横向沟通之后，能够和谐同步地完成组织目标。横向沟通与上述两种纵向沟通不同，它不是通过命令、指示，而是通过协商、合作来解决问题的。比如，在组织的高层管理中，有主管生产或经营的，也有主管人事或财务的，他们之间必须经常相互沟通以便及时协调，才能有效地完成组织各方面的任务。

在实际组织沟通中，这些自上而下、自下而上和横向沟通往往是同时、交叉进行的。因此，当我们考察某个组织沟通的渠道时，应把不同走向的沟通联成一个网络，同时注意它们各自的作用和相互的影响。

二、非正式沟通

组织中除了正式沟通以外，还存在着非正式沟通。非正式沟通是指正式制定的规章制度和正式组织程序以外的各种沟通渠道。非正式沟通带有一定的感情色彩，它就像蜿蜒的小道在整个组织机构内盘绕着，其分支伸向各个方向，因而缩短了正式的垂直和水平交往的路线。

(一) 非正式沟通的几种方式

非正式沟通一般有四种方式(见图 13－2)。单线式是通过一长串的人把信息传递给最终的接受者。流言式是某人积极主动地寻找和告诉别人。偶然式是一个不规则的过程，A 在这个过程中按照概率规律，把信息传递给别人(如 F、D、J 等)，然后 F、D、J 又按同一方式告诉别人。集束式是 A 把信息告诉经过选择的人，此人又依次把信息转告其他经过选择的人。在管理人员中，大多数非正式沟通都是按照这一类型进行的。

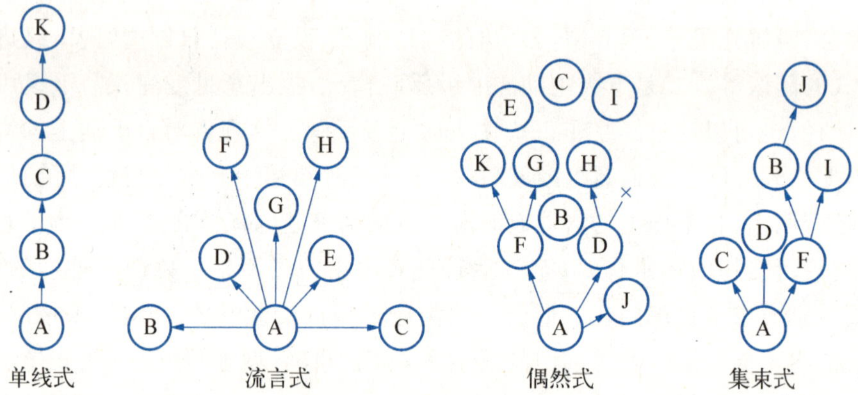

图 13－2　非正式沟通渠道

(二) 非正式沟通的特点

非正式沟通的主要功能是传播管理者和员工所关心和与他们有关的信息，它取决于各类员工的社会和个人兴趣和利益，与组织正式的要求无关。与正式沟通相比，非正式沟通具有以下几个特点：

(1) 非正式沟通信息交流速度较快。由于这些信息与员工的利益相关或者是他们比较感兴趣的问题，再加上没有正式沟通的程序，信息传播速度大大加快。

(2) 非正式沟通的信息比较准确。据国外研究，它的准确率可高达 95%。一般来说，非正式沟通中信息的失真主要源于形式上的不完整，而不是提供无中生有的谣言。人们常常把非正式沟通(俗称小道消息)与谣言混为一谈，这是缺乏根据的。

(3) 非正式沟通效率较高。非正式沟通一般是有选择地、针对个人的兴趣传播信息。正式沟通则常常将信息传递给并不需要它们的人。在日常生活中，人们常常看到组织管理人员的办公桌上堆满了一大堆很少翻阅的文件。

(4) 非正式沟通可以满足员工的需要。由于非正式沟通不是基于管理者的权威，而是出于员工的愿望和需要，因此，这种沟通常常是积极的、卓有成效的，并且可以满足员工的安全需要、社交需要、尊重的需要。

(5) 非正式沟通有一定的片面性。非正式沟通中的信息虽然一般比较准确,但有时也会被夸大、曲解,造成失真,因而需要慎重对待。

(三) 正确对待非正式沟通方式

不管人们怎样看待和评价非正式沟通,它都是客观存在的,并且在组织中扮演着重要的角色。管理人员应该怎样对待非正式沟通呢?

(1) 管理人员必须认识到它是一种重要的沟通方式,任何否认的态度都会铸成大错,企图消灭、阻止、打击的措施也是不明智的。

(2) 管理人员可以充分地利用非正式沟通为自己服务,管理人员可以"听"到许多从正式渠道不可能获得的信息,"知道"谁在传播这些信息、谁最喜欢这些信息,管理人员还可以将自己所需要但又不便从正式渠道传递的信息,利用非正式沟通进行联络。

(3) 对非正式沟通信息中的错误,通过非正式渠道进行更正往往效果更好。

(四) 处理失真信息的常用方法

一般来说,处理失真信息的方法常有以下三种:

(1) 采取不理睬的态度,相信"事久自然明"。这种方法往往需要较长的时间,有时会在短期内造成更大的混乱,因此较少被采用。

(2) 采取进攻型的策略,指出失真信息的错误所在,并且尽可能地告诉所有的人。但是,这种方法有可能导致火上浇油,局面愈发不可收拾。

(3) 采取侧翼包抄的战术,不提及或重复错误信息,而用事实反驳。例如,组织里谣传某人在一次事故中一只手被截,为了澄清事实,管理人员可以公布每周事故报告,只需简要地说明本周没有发生任何事故即可。对比起来,这种方法比较有成效。但值得注意的是,在反驳谣言时,无论如何不能重复或直接引用谣言。在反驳中引用谣言,只会使人们相信谣言,甚至有些可能仅仅只听进错误的信息。

组织领导者对非正式沟通一定要引起充分的注意。非正式沟通如果运用得好,可以作为正式沟通的补充,有利于密切人们之间的感情,从而有助于完成组织目标。但非正式沟通运用得不好,也会涣散组织,从而给工作带来意想不到的危害。

第四节 组织沟通的障碍及其改善方法

如果听到主管人员说沟通经常出障碍是他们最头痛的问题之一,恐怕是不会有人惊讶的。根据一项研究,约有80%的主管人员认为沟通中的问题是造成他们工作困难的原因。但是必须指出,表现在沟通上的问题往往是一些隐藏得更深的问题的征兆。譬如,计划不完善可能使人搞不清楚组织的活动方向。同样,组织结构设计不好也可能使各种组织关系难以畅通。评价工作成绩的标准含糊不清可能使主管者不能确知组织对他们究竟期望做些什么。所以,一个敏锐的主管人员在出现沟通障碍之后,首先要寻找其原因,而不是首先着手排除具体的故障。

一、沟通的障碍

除了在讨论社会系统内信息超负荷时提到的问题以外,还必须考虑沟通中的另一些障碍。其中,本章已经提到了一些,还有一些则必须单独列出,做进一步讨论。沟通中的第一类障碍主要是有关信息发送者的,第二类主要是有关信息的传递的,第三类则主要是有关信息接收者的。

(一) 缺少沟通的计划

良好的沟通不是偶然得来的。人们往往在事先对表达某个信息的目的未经思考、计划或说明的情况下就开始说话或写作了。但是如果能说明下达指示的理由、选择最恰当的渠道和适宜的时机,就能大大有助于对信息的理解,从而减少抵制变动的阻力。

(二) 未加澄清的假设

一个常被忽视但却很重要的问题是在沟通的信息中没有传递它所依据的基本假设。一位女客户通知卖方公司说她打算参观一下公司下属的工厂。然后,她假设公司会派人去机场迎接她,为她订好旅馆,提供交通方便,并安排好参观工厂的全面计划。但卖方则可能假设,这位客户到本地来主要是参加婚礼的,并顺便来工厂做例行访问。这种未予澄清的假设,无论责任在谁,都会引起混乱和挫伤感情。

(三) 语意曲解

有效沟通的另一种障碍可以说是语意曲解。这种曲解可能是故意的,也可能是无意的。有些词也会引起不同的反应。对有些人来说,“政府”这个词可能意味着干涉和财政赤字,但对另外一些人来说,它可能意味着帮助、平等和正义。

(四) 信息表达不佳

一个想法在信息发送者的脑子里不论有多么清楚,但在表达时,仍然可能受到用词不当、遗漏、条理不清、语序紊乱、陈词滥调、生造术语、意思不全等影响。这种表达不清和不准造成的损失可能很严重,但只要在表达信息时多加注意就能避免。

（五）信息在传递途中的损失和遗忘

信息从一个人到另一个人的接连多次的传递之后，就会变样。因此，组织往往使用多种渠道来传递同一个信息。健忘则是信息传递中的另一个严重问题。例如，某项研究发现，员工只能记住接收信息的 50%，而主管人员则能记住 60%。这一数据充分说明对一个信息有必要反复地传递和使用多种渠道传递。

（六）听而不闻和判断草率

天底下的人是言者多而闻者少。每个人大概都见到过，有些人喜欢在别人谈话当中突然插进一些不相干的话题。原因之一是这些人脑子里正在想着自己的问题——如维护他们以我为中心的地位，或者使别人对自己有个好印象等，而根本没注意听别人的谈话内容。

聆听别人谈话需要注意力集中和自我约束。也就是说，要避免过分急于对别人的话做出评价。一般的倾向是急于对别人的谈话做判断，表示赞同或反对，而不是设法了解谈话者的基本观点。然而，不带评判地聆听别人的谈话有时却能提高组织的效能。譬如，以同情的态度聆听员工的谈话，可以使劳资关系较好些，也能更好地加强各主管人员之间的了解。具体地说，销售人员能够更好地了解生产人员的问题，而赊销部门的主管人员也能够认识到过分严格的赊销政策可能会引起销售额的大量减少。总之，以理解的态度聆听别人谈话能够减少组织生活中常见的烦恼，并能导致较好的沟通。

（七）猜疑、威胁和恐惧

猜疑、威胁和恐惧都会破坏沟通。在这种气氛下，人们对任何信息都会持怀疑态度。猜疑可能是由于上级行为的矛盾所造成的，也可能是由于下属过去曾因诚实地向上级报告了不利但却真实的情况而受到惩罚的教训所造成的。同样，在威胁（不论是真实存在的还是想象的）面前，人们通常会出现语言留有余地、处处防备和撒谎等情况。为此，需要一种信任的气氛，这样才有助于真实信息的畅通流动。

管理聚焦

文化地图：跨越跨文化沟通雷区

在企业普遍参与全球化、国际化经营的今天，怎么强调跨文化沟通的重要性都不过分。事实上，汗牛充栋的跨文化交流的研究文献，也体现了学术界对这一管理理论需求的回应，可惜的是，大部分研究都无法为面临跨文化交流难题的管理者提供针对性指导。研究者往往习惯于套用刻板印象，只根据一两个维度来划分人群，如日本人等级观念强、法国人的沟通方式很委婉。这种分类方法可能带来过于简单的结论甚至谬误。在实践中，即使是经验丰富、全球化背景很强的管理者，在预测异国文化人群反应时也会犯错，因为文化现象太复杂，不能只从一两个维度来衡量。

为帮助管理者走出文化谜团，在借鉴众多跨文化研究成果后，艾琳·迈耶(Erin Myer)提出一种名为“文化地图”(Culture Map)的工具，其中包括了最能反映跨文化管理行为差异的8个测量维度。通过对比每一维度的国别差异，管理者能更好地解读文化对人们日常互动的影响。

(1) 沟通。不同文化群体对“善于沟通”的看法存在很大区别。在低语境文化(Low-context Cultures)中，沟通是明确、简单、直接、准确的，听懂表面意思即可；为沟通清晰，人们喜欢重复表达和书面交流。在高语境文化(High-context Cultures)中，沟通是复杂、微妙、间接的，听话往往需要听音；书面沟通较少，多为口头交流；听者要透过说话者的遣词用句猜测其潜台词。

(2) 评价。在任何一种文化中，人们都认为应该建设性地批评他人，只是不同文化对建设性批评的定义大相径庭。“评价”维度考察人们在批评他人时，采用的是直接还是间接方式。评价与沟通往往很难区分，但很多国家在这两个维度上有差异。例如，法国人的文化语境比美国人高，也就是沟通含蓄，但批评方式比美国人直接。西班牙人与墨西哥人的文化语境一样，但西班牙人的批评更直接。

(3) 说服。说服和被说服的方式与文化中的哲学、宗教和教育因素息息相关。检测“说服”维度的传统方法是评估人们如何平衡整体与局部的思维模式。西方高管偏向于解构内容(局部思维)，亚洲高管偏向于整合内容(整体思维)。此外，还需考虑演绎思维与归纳思维因素。南欧和德国人更易于被演绎类论断(即原则在先型讨论)说服，而英美管理者则更易接受归纳论断(即应用在先型讨论)。

(4) 领导。从上下平等到等级森严，不同文化者对待权威有不同态度。霍夫斯泰德提出的“权力距离”(Power Distance)，是本维度的理论依据之一。

(5) 决策。本维度检测的是达成共识的文化差异。我们往往以为，最讲求平等的文化一定也最民主，而在等级森严的文化里，老板掌控最终决定权。事实并非总如此。德国人的等级观念比美国人强，但他们在决策时更重视团队共识。日本人既注重等级观念，也重视团队共识。

(6) 信任。信任有两种：一是从头脑得出的认知信任(Cognitive Trust)，二是发自内心的情感信任(Affective Trust)。在任务导向型文化中，信任来自合作中的相互了解程度。如果你与对方合作融洽、让人感到踏实可靠、尊重彼此的劳动成果，那么你们之间就能产生信任。在关系导向型社会中，信任来自深厚的情感关系。

换言之，如果你常与对方一起度过愉快时光、私交甚好并互相欣赏，那么你们就能相互信任。

(7) 异议。近年来，流行的商业书籍都在声称，允许人们表达少许异议有助于组织良性发展。但关于公开表达异议是否有助于团队或组织的成长，不同文化存在很大差异。“异议”维度考察人们对公开表达异议的接纳程度，从认为其有损到有助推进同事关系不等。

(8) 规划。所有商业活动都需要按照计划和时间表进行。但在一些文化里，人们喜欢严格遵从时间表，另一些文化里的人则只将其作为参考。本维度借鉴了爱德华·霍尔的单向性(Monochrome)与多向性(Polychrome)时间观理论，考察人们对规划的态度。前者会严格按照时间安排行事，后者则较为灵活、随意。

文化地图以调研和采访为基础，反映了世界上很多国家在以上8维度的文化倾向。当然，这些维度只能代表社会整体取向，而非个体倾向。当你用文化地图定位自我时，可能发现你的个人偏好与集体倾向存在偏差。作为管理者，文化地图可以帮助你从认知、关系和行为等方面更加精准地描述其他国家的文化倾向，从而减少在跨文化沟通中可能的障碍。

[资料来源] 艾琳·迈耶：《跨越文化管理雷区》，《哈佛商业评论》2014年5月。

(八) 缺乏适应变化的时间

正如沟通的含义所示，沟通的目的常常是为了引起一些变化，而这又可能对员工有重大影响。例如，工作的时间、地点、工种、工作顺序的变化，或者是小组的组成和所采用技术的变化等。有些沟通的目的则旨在必须做进一步的训练、职业调整或职位安排等的变化。变化以不同的方式影响着人们，而这可能需要花相当长一段时间才能充分认识到某个信息的含义。因此，为了讲究效率，绝不应该在人们能够适应变化的影响之前就强制变革。

二、沟通的改善

改善沟通的途径有许多种。首先是要对沟通的状况进行检查。检查的结果可以作为改革组织机构与系统的基础。其次是要应用沟通技术，重点是处理人际关系和耐心聆听等技术。

(一) 沟通状况的检查

改善组织沟通的方法之一，就是对沟通状况进行检查，这是一种宏观的方法。这种方法是要审核沟通的政策、网络和活动。在审核时,可把组织的沟通看作一组与组织目标的实现有关的因素。有意思的是,在这里沟通本身并不被认为是目的,而只是达到组织目标的手段,是时常被那些只注意人群关系的人所遗忘的。信息沟通系统的职能之一是把计划、组织、人员配备、领导和控制等管理职能拢集在一起。信息沟通系统的另外一个职能就是把组织与其外界环境联系在一起。

有四个主要的沟通网是需要加以审核的,它们是:

(1) 在政策、程序、规章、上下级关系等方面与管理或工作任务有关的网络。

(2) 与解决问题、召开会议和提改革建议等方面有关的创新网络。

(3) 与表扬、奖励、晋升以及其他使组织目标和个人目标联系起来的与各种工作有关的吸引与培养人力资源的网络。

(4) 与组织的出版物、布告栏以及小道传闻等有关的信息构成的网络。

由此可见,沟通的检查工作是将沟通与许多关键性的管理活动联系在一起进行分析的工具。它不仅在发生问题的时候有用,也可以用来预防问题发生。检查的方式多种多样,包括观察、民间测验式的书面调查、面谈和对书面文件进行分析等。虽然对沟通系统进行初步的审查是非常重要的,但随后必须写出定期性的报告。

(二) 沟通的技术和准则

在沟通的任何一个阶段(信息的发送者进行编码时,信息传递时,以及接收者在解码、了解信息时)都可能发生故障。当然,在信息传递过程中的每个部分一定又都会有“噪声”来干扰信息的有效沟通。

有效的沟通要求以信息发送者和接收者双方都熟悉的符号进行编码和解码。因此,主管人员(尤其是职能部门的专家)应当避免使用技术行话,因为这些行话只有专门学科的专家才会理解。

良好地进行沟通的一个重要方面就是仔细聆听。那些性急如火,从来不肯耐心地听人说话的主管人员,很少能对自己所管辖组织的工作状况有一个客观的看法。拥有足够的时间、设身处地为他人着想、集中精力听取别人传递来的信息,都是“理解”信息的先决条件。人们要求有人能听取他们的意见,要求别人对他们认真看待,要求得到别人的了解。因此,作为一个主管人员必须避免打断下属的谈话,不使他们处于随时提防的境地。一个聪明的主管人员与下属谈话,应当给予也要求对方提供反馈信息。因为如果没有反馈,人们就永远不能确知沟通的信息是否已为对方所了解。向下属征求实事求是的反馈信息,创造一种信任感和有信心的气氛,以及支持下属工作的领导方式,都是很必要的,沟通时还要尽量避免那些象征着职务地位的动作以势压人(如“挡”在宽大无比的高级领导人使用的办公桌后面与人谈话)。

下面是美国管理协会(American Management Association)建议的一些简短的准则:

(1) 进行沟通之前,要明确主题。

(2) 考查沟通的目的。

(3) 进行沟通时,要认清当时的物质环境和人事环境。

(4) 在计划沟通时,要和别人商量,以便争取别人的支持和掌握事实。

(5) 要考虑信息的内容及其含义。

(6) 尽可能使传送的信息对接收者有益或有用。

(7) 为使沟通有效,必须使它持续不断。

(8) 传送信息的重要性,可以是长期的,也可以是短期的。

(9) 主管人员的言行必须与所传达的信息一致。

(10) 做一个能耐心聆听他人意见的人。

上述最后一点值得进一步发挥。耐心聆听是一种可以培养的技巧。卡尔·R. 罗杰斯(Carl R. Rogers)提出这样一种简单的试行办法——你在下一次与人发生争执的时候,不妨按这样的规则行事:正确地复述对方的意思和感觉,并在得到对方的确认无误以后,再发表自己的意见。这条规则看似简单,但实行起来很困难。它需要耐心地聆听、正确地了解和具有设身处地为他人着想的态度。

基思·戴维斯(Keith Davis)提出了另一种改善聆听效能的十条准则,其要求并不很高,但却更为实用。这十条是:(1) 先别说话;(2) 使对方的精神状态放松;(3) 使对方感到你想听听他的意见;(4) 去除一切能转移注意力的因素;(5) 设身处地考虑对方的想法;(6) 要有耐心;(7) 不发脾气;(8) 在辩论和批评时态度要从容;(9) 多提问题;(10) 别多嘴。上述第一条和最后一条准则最重要,因为一个人只有在不急于说话、不多嘴的情况下,才能真正地听取别人的意见。

第五节 沟通的原则与方法

作为主管人员,除应知晓沟通的形态与网络外,还必须掌握其原则和方法。

一、沟通的原则

(一) 准确性原则

当信息沟通所用的语言和传递方式能被接收者所理解时,这才是准确的信息,这个沟通才具有价值。沟通的目的是要将发送者的信息能够被接收者明确,看起来似乎很简单,但在实际工作中,常会出现接收者对发送者非常严谨的信息缺乏足够的理解。信息发送者的责任是将信息加以综合,无论是笔录或口述,都要求用容易理解的方式表达。这要求发送者有较高的语言或文字表达能力,并熟悉下级、同级和上级所用的语言。这样,才能克服沟通过程中的各种障碍,而对表达不当、解释错误、传递错误给予澄清。

当然,在注意了准确性原则之后,沟通并不一定能正常进行,这是由于要注意的信息太多,人的注意力有限,所以接收者必须集中精力,克服思想不集中、记忆力差等问题,才能够对信息有正确的理解。

(二)完整性原则

当组织中的主管人员为了达到组织目标,而要实现和维持良好的合作时,他们之间就要进行沟通,以促进他们的相互了解。在管理中进行沟通只是手段而不是目的。这项原则的一个特别需要注意的地方,即信息的完整性部分取决于主管人员对下级工作的支持。主管人员位于信息交流的中心,应鼓励他们运用这个中心职位和权力,起到这个中心的作用。但在实际工作中,有些上级主管人员忽视了这一点,往往越过下级主管人员而直接向有关人员发指示、下命令,使下级主管人员处于尴尬境地,并且违反了统一指挥的原理。如果确实需要这样做,则上级主管应事先同下级主管进行沟通,只有在时间不允许的情况下,如紧急动员完成某一项任务、下令撤离某一危险场所等,采用这个方法才是必要的。

(三)及时性原则

在沟通的过程中,不论是主管人员向下沟通信息,还是下级主管人员或员工向上沟通信息以及横向沟通信息,除注意到准确性、完整性原则外,还应注意及时性原则。这样可以使组织新近制定的政策、组织目标、人员配备等情况尽快得到下级主管人员或员工的理解和支持,同时可以使主管人员及时掌握其下属的思想、情感和态度,从而提高管理水平。在实际工作中,信息沟通常因发送者不及时传递或接收者的理解、重视程度不够,而出现事后信息,或从其他渠道了解信息,使沟通渠道起不到正常的作用。当然,信息的发送者出于某种意图,而对信息交流进行控制也是可行的,但在达到控制的目的后应及时进行信息的传递。

(四)对非正式组织的策略性运用原则

这一原则的性质就是,只有当主管人员使用非正式的组织来补充正式组织的信息沟通时,才会产生最佳的沟通效果。非正式组织传递信息的最初缘由,是出于一些信息不适合由正式组织来传递。所以,在正式组织之外,应该鼓励非正式组织传达并接收信息,以辅助正式组织做好组织的协调工作,共同为达到组织目标做出努力。

一般来说,非正式渠道的消息,对完成组织目标有不利的一面。但是,小道消息盛行,却反映了正式渠道的不畅通。因此,加强和疏通正式渠道,在不违背组织原则的前提下,尽可能通过各种渠道把信息传递给员工,是防止那些不利于或有碍于组织目标实现的小道消息传播的有效措施。

二、沟通联络的方法

沟通中的方法是多种多样的，除了前面所述的沟通形态等具体的方法外，还应包括发布指示、会议制度、个别交谈等。沟通的方法运用要随机制宜，因人而定。

（一）发布指示

在指导下级工作时，指示是重要的。指示可使一个活动开始着手、更改或制止，它是使一个组织生机勃勃或者解体的动力。

1. 指示的含义

指示作为一个领导的方法，可理解为是上级的指令，具有强制性。它要求在一定的环境下执行任务或停止工作，并使指示内容和实现组织目标密切关联，以及明确上下级之间的关系是直线指挥的关系。这种关系是不能反过来的，如果下级拒绝执行或不恰当地执行了指示，而上级主管人员又不能对此使用制裁方法，那么他今后的指示可能失去作用，他的地位将难以维持。为了避免这种情况的出现，可在指示发布前听取各方面意见，对下级进行训导，或将该下级尽可能安排到其他部门工作。

2. 指示的方法

管理中对指示的方法应考虑下列问题：(1) 一般的或具体的。一项指示是一般的还是具体的，取决于主管人员根据其对周围环境的预见能力以及下级的响应程度。对授权持有严格观点的主管人员倾向于具体的指示，而在对实施指示的所有周围环境不可能预见的情况下，大多采用一般的形式。(2) 书面的或口头的。在决定指示是书面的还是口头的时候，应考虑的问题是：上下级之间关系的持久性、信任程度，以及避免指示的重复等。如果上下级之间关系持久，信任程度较高，则不必书面指示。如果为了防止命令的重复和司法上的争执，为了对有关人员宣布一项特定的任务，则书面指示大为必要。(3) 正式和非正式的。对每一个下级准确地选择正式的或非正式的发布指示的方式是一种艺术。正确采用非正式的方式来启发下级，用正式的书面或口述的方式来命令下级。

（二）会议制度

管理中的领导职能的实质是处理人际关系，而人与人之间的沟通是人们思想、情感的交流。采取开会的方法，就是提供交流的场所和机会。会议的作用表现在：

(1) 会议是整个组织活动的一个重要反映，是与会者在组织中的身份、影响和地位等所起作用的表现。会议中的信息交流能在人们的心理上产生影响。

(2) 会议可集思广益。与会者在意见交流之后，就会产生一种共同的见解、价值观念和行动指南,而且还可以使彼此关系更加密切。

(3) 会议可使人们了解共同目标、自己的工作与他人工作的关系,使之更好地选择自己的工作目标,明确自己怎样为组织做出贡献。

(4) 通过会议,可以对每一位与会者产生一种约束力。

(5) 通过会议,能发现人们所未注意到的问题,从而认真地考虑和研究。

会议的种类主要有工作汇报会、专题讨论会、员工座谈会等。必须强调的是,虽然会议是主管人员进行沟通的重要方法,但绝不能完全依赖这种方法。而且,会议要有充分准备,民主气氛浓厚,讲求实效,切忌“文山会海”的形式主义。一个不停开会的组织,不仅浪费精力,也剥夺了员工的时间。开会并非是一种必需,而应是一种例外。

(三) 个别交谈

个别交谈是指管理者用正式或非正式的形式,在组织内外,同下属或同级人员进行个别交谈,征询谈话对象对组织中存在问题和缺陷的个人看法,对别人或对别的厂级,包括对主管人员的意见。这种形式大部分都是建立在相互信任的基础上,无拘无束,双方都感到有亲切感。这对双方统一思想、认清目标、体会各自的责任和义务都有很大的好处。在这种情况下,人们往往愿意表露真实思想,提出不便在会议场所提出的问题,从而使领导者能掌握下属人员的思想动态。在认识、见解、信心诸方面容易取得一致。

本章提要

沟通是在两个人或更多人之间进行的在事实、思想、意见和情感等方面的交流。此外,沟通还被解释为用语言、书信、信号、电信进行的交往,是在组织成员之间取得共同理解和认识的一种方法。

因为沟通涉及两个人或更多的人,因此,所涉及的人与人之间的情感、动机、精神状况和态度等都会对沟通过程产生影响。一个人在沟通过程中的理解接受能力和所持的态度对沟通起着很大的影响作用。口头沟通方式、书面沟通方式和非语言沟通方式各有不同的特点。

组织沟通主要可分为正式沟通和非正式沟通两大类。在正式沟通中,根据信息的流向,又可分为自上而下的沟通、自下而上的沟通和横向沟通,它们分别又是组织内部纵向协调和横向协调的重要手段。非正式沟通一般有四种方式,即单线式、流言式、偶然式和集束式。

沟通过程中信息发送者、信息传递者和信息接收者三个方面都有可能发生各种障碍,如缺少沟通的计划、未加澄清的假设、语意曲解、信息表达不佳、信息在传递途中的损失和遗忘,等等。改善沟通首先要对沟通的状况进行检查。检查的结果可以作为改革组织机构与系统的基础。其次是要应用沟通技术,重点是处理人际关系和耐心聆听等技术。

作为主管人员，除应知晓沟通的形态与网络外，还必须掌握其原则和方法。

复习思考题

1. 简述沟通作为一项管理工作的含义和作用。
2. 简述不同的沟通方式各自的特点和适用性。
3. 简述正式沟通和非正式沟通的各自功能以及两者的联系。
4. 沟通过程中可能发生哪些障碍，如何克服？
5. 主管人员必须掌握哪些沟通的原则和方法？

第十四章　控　　制

全章脉络

学习目的与要求

管理专业术语

- 第一节　控制概述
- 第二节　控制的基本过程
- 第三节　控制的基本类型
- 第四节　有效控制的特征
- 第五节　控制技术和方法

本章提要

复习思考题

学习目的与要求

1. 了解控制的目的、作用和重要性；
2. 理解控制的基本过程；
3. 掌握控制的基本类型；
4. 说明有效控制的特征；
5. 熟悉一些常用的控制技术和方法。

管理专业术语

Control The process of monitoring activities to ensure that they are being accomplished as planned, and correcting any significant deviations.

Market Control An approach to control that emphasizes the use of external market mechanisms, such as price competition and relative market share, to establish the standards used in the control system.

Bureaucratic Control An approach to control that emphasizes organizational authority and relies on administrative rules, regulations, procedures, and policies.

Clan Control An approach to control that emphasizes employee behaviors are regulated by the shared values, beliefs, and other aspects of the organization's culture.

Feed Forward/Concurrent/Feedback Controls Controls can be implemented before an activity begins, during the time the activity is going on, and after the activity has been completed. The first type is called feed forwards control, the second is concurrent control, and the last is feedback control.

管理的控制职能，是对组织的计划、组织、领导等管理活动及其效果进行衡量和校正，以确保组织的目标以及为此而拟订的计划得以实现。控制职能是每一位主管人员的主要职责，正确地和因地制宜地运用控制原理和方法，是使控制工作更加有效的重要保证。

第一节 控制概述

在现代管理系统中，人、财、物等要素的组合关系是多种多样的，时空变化和环境影响很大，内部运行和结构有时变化也很大，加上组织关系错综复杂，随机因素很多，处在这样一个十分复杂的系统中，要想实现既定的目标，执行预先拟订的计划，求得组织在竞争中的生存和发展，不进行控制工作是不可想象的。

一、控制与计划

在管理的基本职能中，控制是要确保组织的所有活动与其环境相适应并与计划相一致，从而使这些活动更为有效。具体地讲，控制是通过制定计划或业绩的衡量标准，以及建立信息反馈系统，检查实际工作的进度及结果，及时发现偏差以及产生偏差的原因，并采取措施纠正偏差的一系列活动过程。

控制作为一项管理职能，是与其他管理职能交织在一起的。3M 公司的经营实践就证明了这一点。3M 公司下辖 100 多个子公司，产品多种多样，创新和新产品开发是 3M 竞争策略的基础。它的目标之一是 25%的销售收入必须来自 5 年前尚未出现的产品（目标）。为实现这个目标，公司必须为每一战略业务单位组织研究和开发部门（组织）。公司为完成这些目标必须提供一定的专款资助，成立新产品评估组和建立提升制度，以鼓励员工积极提出新点子和新产品（激励）。为与这些支出平衡，高层管理者必须对每一种产品每年评估一次。那些不能带来投资效益的产品项目就必须停止，而未能达到目标的研究和开发小组以及相关的职员招聘计划就可能被调整或取消（控制）。

二、控制的重要性

对组织来说，控制工作之所以必不可少，主要原因如下：

（一）组织环境的迅速变化

组织所处的环境是一个复杂、多变、不稳定的环境，在组织实现目标和计划的过程中，各种环境因素都可能发生变化，如顾客消费心理的改变、市场的转移、新材料和新产品的出现、新的经济法律法规的公布实施和国内外经济形势的改变等，这些环境因素的变化使得组织原来建立的目标和制定的计划无法执行和实现。环境的变化，给组织带来了更多的机会和更严峻的挑战，组织就必须建立一个控制系统来帮助管理者监察、预测对组织活动有重大影响的变化，从而制定相应的对策，做出反应。

(二) 组织的复杂性

当今的组织越来越复杂，规模大，产品多种多样，有着跨地区、跨国家的市场，分散化经营等，为了保证各方的协调，就应有周密的计划和严密的控制系统。

(三) 管理者的失误

组织的各项工作都是由管理者来执行的，而管理人员在执行工作的过程中，可能由于个人能力的限制或个人动机、个性等，会犯各种各样的错误，因此，需要有一个控制系统来减少这些错误，并对已发生的错误和失误进行及时纠正，以避免失误可能带来的严重后果，做到防微杜渐。

(四) 授权中责任的体现

组织的各项工作是由各阶层的管理者共同完成的，管理者在授权过程中，其所承担的责任并不因授权而解除或减轻，因此，在授权的过程中，应建立一个控制系统，以控制工作的进程。要使人们负责，他们必须确切地知道他们的职责是什么、他们的绩效是如何考核的，以及评估过程中的绩效标准是什么。如果没有一个有效的控制系统，管理者就无法检查下属工作的进展和结果，就可能失控。

(五) 维护管理过程的正常运行

控制工作存在于管理活动的全过程中，它不仅可以维持其他职能的正常活动，而且在必要时，还可以通过采取纠正偏差的行动来改变其他管理职能的活动。在需要的时候，控制工作可以导致确立新的目标、提出新的计划、改变组织机构、改变人员配备以及在领导方法上做出重大的改革。

三、控制工作的目的和作用

在现代管理活动中，无论采用哪种方法进行控制工作，其首要目的是要“维持现状”，即在变化着的内外环境中，通过控制工作，随时将计划的执行结果与标准进行比较，若发现有超过计划允许范围的偏差，则及时采取必要的纠正措施，以使系统的活动趋于相对稳定，实现组织的既定目标。

控制工作要达到的第二个目的是要“打破现状”。在某些情况下，变化的内、外部环境会对组织提出新的要求。主管人员对组织现状不满，要改革，要创新，要开拓新局面。

这时，就势必要打破现状，即修改已定的计划，确定新的现实目标和管理控制标准，使之更先进、更合理。

第二节　控制的基本过程

控制工作的过程涉及三个基本步骤：第一步，为应完成的任务制定标准；第二步，衡量实际绩效来对照这些标准；第三步，如果绩效与标准不相符合，则应采取纠偏行动。这三个步骤必须按上述顺序去实施，否则很难取得控制效果。

一、制定标准

(一) 标准的含义

所谓标准，就是作为模式或规范而建立起来的测量单位或具体尺度。对照标准，管理人员可以判断绩效和成果。标准是控制的基础，若没有标准，对一个人的工作或一个制成品进行评估就变得毫无意义。

标准的类型很多，它的建立取决于所需衡量的绩效和成果领域。例如，每场高尔夫球赛规定 18 穴打 72 杆的标准，就是一个最好的例子，这里的标准杆数是由权威(习惯和许多高尔夫球联合会)建立的，并是公认的有关成绩水准的衡量标准。日本围棋段位标准也一样，入段后可正式收教学生。但是，标准并不表示至善至美。多数职业高尔夫球运动员都可超过或打破标准杆数，标准杆数也不是所有高尔夫球运动员的平均水平，实际上标准杆数是一个难以取得但又是可以达到的成绩水准。它是一种客观测量单位，用于衡量运动员的熟练程度与水准。

(二) 企业中的标准

在可能的情况下，标准应尽量数字化和定量化，以减少主观性和个人对控制过程的影响。企业中常用的标准有以下几种：

1. 时间标准，是指完成一定数量的产品，或做好某项服务工作所限定的时间。

2. 生产力标准，是指在规定的时间内完成产品和服务的数量。

3. 消耗标准，是根据生产货品或服务计算出来的有关消耗。

4. 质量标准，是指保证产品符合各种质量因素的要求，或是服务方面需要达到的工作标准。

5. 行为标准，是对员工规定的行为准则。对企业的活动来说，也应建立其业务活动标准。美国通用电气公司在 8 个主要的成就领域中建立了标准：(1) 盈利性；(2) 市场地位;(3)生产率;(4)产品的领导地位;(5)人员发展;(6)员工态度;(7)公共责任;(8)短期目标与长期目标间的平衡。

在服务性行业中,对经理和员工的仪表、态度一般都有严格的标准,其工作人员必须穿着整洁的工作服,对顾客以礼相待,违反者则要受到纪律处分。在快餐业中,麦当劳制定的服务标准如下:(1)在顾客到达后3分钟之内,95%以上的人应受到招呼;(2)预热的汉堡包在售给顾客前,其烘烤时间不得超过5分钟;(3)顾客离开后,所有的空桌需在5分钟内清理完毕等。

(三) 定额的制定与员工参与

企业中生产部门工时定额的制定也是管理中的一项基础工作。制定这类标准时,一线管理人员在该部门工作的实践经验和知识可作为参考依据。例如,车间中的工长,一般对于其部门中某项工作耗时多长、需要多少原材料、工艺水平的高低是心中有数的。所以,根据以前的预算、过去的产量以及其他部门的记录,管理人员不难制定对各部门的作业标准。建立定量性的作业标准时,可以借助工业工程专业知识,用动作研究和时间研究来确定标准定额。

用工时研究来制定工时定额常常会遭到员工的抵制和反对。制定绩效标准是为了建立一个现实的指标,这种指标不仅应是能达到的,而且也应是合理与公平的。所以,员工若能参与这些标准的制定,并认识到它的合理性与公平性,他们就更容易接受这些标准。

让员工参与制定标准的一个办法就是由管理人员、技术人员(工业工程师)和员工三者结合,组成一个集体班子(委员会),共同负责定额的修订工作。参加班子的员工代表,应是那些一贯绩效优良的人员。同时,也应允许员工对所制定的定额提出异议,如果被认为不合理,需要时可重新对该工作标准进行研究和再测量。只要管理人员有诚意,让员工理解这些标准,只要这些定额是合理的,绝大多数员工是能够接受这些绩效标准的。

二、对照标准检查实际绩效

对照标准检查实际绩效是控制过程的第二步,它又可以分为两个子步骤,即衡量绩效与对照比较。管理人员通常可采取多种方式来完成这一步骤。

(一) 个人观察

在检查员工的绩效时,直接观察和个人接触对一线管理人员来说是最为有效的方法了。一线管理者较之高层管理者有更多的机会深入基层做个人观察。高层管理者由于远离"火线",所以常常不得不依靠下属的报告,而一线管理者则有大量的机会做直接观察。

用个人观察的办法来检查员工的绩效也有其局限性。首先,它十分费时,管理人员必须走出办公室、深入基层,才能掌握一手资料;其次,有可能漏看一些重要的活动,这些活动往往发生在关键时刻；最后，员工在被观察时，与检查过后的行为可能不相一致。但不管怎样，个人观察仍是检查员工绩效使用最为广泛同时也可能是最佳的办法。上海华联超市在管理上是较具特色的，其创建的“啄木鸟”制度，即用一些便衣检查人员做个人观察，确实在控制工作中起到了很大的作用。

(二) 口头与书面报告

组织中部门较大、工作地点分散在不同地区，或按时间进行分班工作的单位，有必要使用报告制度。例如，纺织厂中实行三班制(早、中、晚三班)，那么，管理者在了解评估各班绩效时，常常需要靠下级提交的报告来掌握情况。

管理者应要求报告力求做到简明、全面和正确。在可能的情况下，最好是把书面报告和口头汇报结合起来，报告中如能提供统计数据加以证明，则更为有效。

下属能否如实地报告准确的情况(不管报告中是否含有负面的结果)，往往取决于管理者对报告的反应及上下级之间现有的人际关系。假如管理者能以建设性的或帮助的姿态来对待那些反映存在问题的报告——对诚实的错误表示谅解，而不是简单的定功过——那么下属即使在报告中涉及不利于自身的内容，也能真实地反映情况，提交可靠而又准确的报告。

在检查报告时，管理者通常会发现许多活动都是符合标准的，对于这些合乎标准的活动一般可快速带过，而集中于那些超过或低于标准的领域。显然，一旦绩效低于标准的话，就应转入控制的第三步，即进行纠偏，但如果绩效超出了原先的标准，管理者也应研究一下原因，这种突出的绩效是如何取得的，以便将来能应用这些方式。

(三) 抽样检查

假如有些员工的工作是不适合报告的，则管理人员最好还是应用抽样检查。例如，电话公司中修理部门的上级管理人员，因该部门是每天 24 小时服务，所以在不同的时间班次中，应时时做抽样检查，看看该部门究竟运作得怎样。

在控制过程中怎样使对照措施做得更好，控制论为我们提供了 5 个问题：(1) 信息是适时的吗？(2) 测量单位是适宜的吗？(3) 收到的信息是可靠的吗？可靠性多大？(4) 信息是有效的吗？(5) 信息是否送给了需要该信息的权力层面？

三、采取纠偏行动

在采取纠偏行动前，管理人员应记住，导致某项工作产生偏离标准的原因是多种多样的，因此并非所有偏离标准的情况均需采取纠偏行动。

通常产生偏差的原因主要有：(1) 因标准本身是基于错误的假设和预测，从而使该标准无法达成；(2) 从事该项工作的员工不能胜任此项工作，或是没有给予适当的指令;(3) 与该项工作有关的其他工作发生了问题;(4) 从事该项工作的员工玩忽职守。

因此,采取纠偏行动的第一步是分析事实,以确定产生偏差的原因。只有对问题做了彻底的分析后,管理人员才能采取适当的纠偏行动。

下一步,管理人员则需决定采取何种补救措施,以便在将来能得到较好的结果。通常纠偏行动可分别采取两种不同的措施:一种是立即执行的临时措施(应急措施),另一种是永久性的根治措施。例如,某一特殊规格的部件一周后要交货,否则其他部门会受其影响而出现停工待料。一旦该部件的加工出现了问题,此时不应考虑追究什么人的责任问题,而是必须按计划如期完成任务。凭借管理者的权力,一般可采取以下行动:(1) 要求工人加班加点;(2) 增添工人和设备;(3) 派专人负责指导完成;(4) 请求工人努力抓紧,短期"突击";(5) 若仍不能解决,只得重新设计程序,变更整个生产线等。危机克服后,可转向针对问题产生的原因的根治措施。这里不仅要分析问题是如何发生的和为什么会发生,而且为了避免重蹈覆辙,应采取什么预防措施。

在管理实践中,也可能出现这种情况:工作成果偏差标准源于组织制定的标准完全不切实际,制定的目标过高或过低。在这种情况下,需要对标准而不是绩效实施纠正行动。如果实际绩效总是超过目标,那么管理者应当研究目标是否过于容易实现,因而需要提高标准。另一方面,管理者必须对降低标准持谨慎态度。当一名员工或者一个团队没有实现目标时,责怪当初所制定的目标过高是很自然的事情。例如,在某次考试中成绩不理想的学生往往会抱怨老师的评分标准过严。他们不愿承认自己的考试成绩不理想是由于个人努力或能力的原因。与此类似,没有完成当月销售定额的销售人员往往认为销售目标高得不合理。管理控制的关键是,当实际绩效没有达到标准时,不要立即归咎于当初制定的目标或标准。如果你认为标准是符合实际的、公平的和可以实现的,那么告诉员工说你期望他们改进未来的工作绩效,然后采取必要的纠正行动,或提供必要的管理支持与指导,使期望变成现实。

第三节　控制的基本类型

控制的基本类型主要有事前、事中和事后控制以及市场控制、官僚控制和小集团控制。事前、事中和事后控制一般也称为前馈、现场和反馈控制。

一、事前、事中和事后控制

(一) 事前控制

事前控制(也称前馈控制)主要是在问题发生之前采取管理行动,保持计划的有效性，从而确保行动与目标的高度统一。事前控制是最理想的控制类型，它能防止许多潜在问题的发生，而不是等到负面影响发生（如低劣的产品引发客户投诉、收入下降）后再予以纠正。要进行事前控制，组织管理系统的所有职能都要积极给予配合，及时提供有可能导致计划修订的各种信息，并根据各方面的信息慎重地做好计划的重新修订工作和各项管理的调整工作。对计划所进行的动态调整既要依据组织的外部环境，又要依据组织的内部环境；既要在计划的抽象表现形式的各个层面上进行，又要在计划的具体表现形式的各个层面上进行。

1. 事前控制的标准

一般来说，上一层次计划是下一层次计划的目的，而下一层次计划则是上一层次计划的手段。事前控制的对象是作为手段的计划，其标准就是在其之上的作为目的的计划；作为目的的计划可以是组织宗旨、组织使命和目标、组织政策等抽象计划，也可以是较高层次的具体计划。

2. 事前控制的工作内容

事前控制的工作内容包括：(1) 动态运用计划职能进行环境调查、分析和预测，在分析中特别要注重例外事件和组织能动作用对计划的影响；(2) 动态运用计划职能对其他各项管理职能提供的反馈信息进行分析；(3) 计划修订方案的提出、论证、比较和选择等；(4) 必要时改变已制定的计划，或者重新确定计划的各项前提条件。

3. 事前控制的重点

事前控制的重点一般是指组织各类要素在计划意义上的动态调整（涉及所有各项管理职能和整个活动过程）和各类偶然事故的预防。

4. 事前控制的前提条件

事前控制的前提条件有：(1) 对计划和控制系统做出透彻的、仔细的分析，确定重要的输入变量；(2) 在组织的控制系统中建立事前控制子系统；(3) 要保持事前控制系统的动态性，事前控制系统的结构应动态反映客观情况、反映输入变量的变化情况；(4) 定期收集和输入受控变量的数据和信息；(5) 定期或不定期地对受控变量的原先假设进行求证分析，估计假设与实际之间的偏差，并评价这些偏差对最终预期成果的影响；(6) 事前控制系统作用的有效发挥必须有措施保证，必须有所有各项管理职能的积极配合。由于事前控制的前提并非总能得到满足，企业管理者也需要进行其他两类控制，即事中控制和事后控制。

（二）事中控制

事中控制（也称现场控制、同期控制）是在计划允许的范围内，为保证整体计划的达成而在工作活动进行期间实施的控制。事中控制的最常见方式是管理者的直接视察，或者说走动式管理（Management by Walking Around），通过管理者在工作现场与员工进行的非正式交流与互动，了解工作进展情况。事中控制使管理者能及时了解情况，并在事态恶化前解决出现的问题,避免造成实质性的损失。

1. 事中控制的标准

事中控制的标准包括组织活动正常开展所依据的各项具体计划(过程安排)在控制点上的预期结果。特殊情况下或者紧急情况下也可以超越组织活动所依据的各项具体计划进行灵活性控制。

2. 事中控制的内容

事中控制的内容包括:(1) 针对实施计划的各项工作给予工作人员的指导;(2) 对计划实施过程进行仔细的检查和有效的监督;(3) 运用整个控制系统尽可能系统化地及时发现和纠正偏差;(4) 淘汰局部性和阶段性不合格劳动成果;(5) 向计划部门输送计划修订所需的各种内容。

3. 事中控制的重点

事中控制的重点是在计划实施过程中所涉及的各种因素,特别是直接涉及的各种因素。

4. 事中控制的前提条件

事中控制的前提条件有:(1) 在各重要节点的阶段性目标(标准);(2) 有效的信息收集、分析和处理方法;(3) 训练有素的专业人员;(4) 有力的控制手段。

(三) 事后控制

事后控制(也称反馈控制)包括在计划实施过程的终点对输出的劳动成果进行筛选控制、在整个计划完成之前向计划实施的输入端和执行过程反馈偏差信息,以及在整个计划完成以后向下一轮计划反馈总结信息。事后控制是最常用的控制类型。

1. 事后控制的标准

事后控制的标准是计划实施过程终点上的预期成果,包括计划进度所要求的预期成果和总的预期成果。

2. 事后控制的内容

事后控制的内容包括:(1) 对输出端的劳动成果进行检验和筛选;(2) 通过对偏差的分析,从输入端开始对计划实施过程进行动态的反馈控制;(3) 全部计划任务完成以后,通过总结对下一轮计划进行的反馈控制。

3. 事后控制的重点

事后控制的重点是对输出端的劳动成果进行计量、检验和筛选。但事后控制只有在问题发生后才能予以纠正,此时已经造成了损失或破坏,这是事后控制的最大缺陷。

4. 事后控制的前提条件

事后控制的前提条件有:(1) 明确的计划目标,包括进度目标、最终目标和各种单项目标;(2) 有效的检验手段和检验方法;(3) 科学的偏差分析技术;(4) 快捷的信息传递通道;(5) 有力的纠偏手段;(6) 善于对总的计划实施情况进行概括和总结。

管理聚焦

通用电气公司：积极的质量控制方案

尽管对质量的强调由来已久，通用电气公司（简称GE公司）在最近几年对质量的控制方法已经有所改变。

过去GE公司有一个专门的质量控制组织——一个独立的内部组织，对集团内其他组织的硬件产品和其他配件进行检查。产品必须能够在30 000英尺的高空正常工作，所以飞行器发动机需要大量的检测，通常其可靠性要达到要求的200%～300%。当产品运到客户手中时，它是安全的并符合性能的严格要求。

但是，质量的成本和从订货到交货时间的限制成为沉重的负担。为了保持竞争优势，GE公司设计了积极的质量控制方案，在对传统的质量指标检验的同时，主要对速度或转速进行检测。为了达到这一目标，质量控制从检测缺陷（反馈控制）转为防范缺陷（前馈控制）。为了将误差不断减小，客户、供应商、设计师、项目工程师、采购代理商和生产工人组成一个团队，制造性设计成为提高质量和服务价值的新途径。质量的本质是“第一次就做好它”。

随着以提高质量为目标的控制系统的变化，GE公司在变革文化的方面也花了不少精力：团队精神和授权赋能被看作质量管理的最重要的因素。文化变革的结果是，质量控制不再是一个秘密的质量部门，它成了每个供应商、管理者和组织内部员工的最基本的责任。

[资料来源] 托马斯·贝特曼、斯考特·斯奈尔著，王雪莉等译：《管理学——构建竞争优势》，北京大学出版社2004年版。

二、市场控制、官僚控制和小集团控制

从管理工作本身来看，控制又可分为市场控制、官僚控制和小集团控制，其区别如下：(1) 市场控制着眼于发现管理者所管理的各项工作中出现的偏差，分析产生的原因，并追究其个人责任，使之今后改进管理工作。(2) 官僚控制着眼于培养更好的主管人员，使他们能熟练地应用管理的概念、技术和原理，直接以系统的观点进行管理和改善他们的管理工作，从而防止出现因管理不善而造成的不良后果。(3) 小集团控制着眼于通过培育共同的价值观、信念以及其他组织文化来调节组织成员的行为。

（一）市场控制

市场控制，是指通过考核绩效成果来对主管人员进行控制，即根据计划执行的结

果,通过分析偏差(包括相对于机会收益的偏差)产生的原因和追究责任来控制主管人员的管理水平和领导能力。

市场控制存在着许多缺点,最显而易见的是市场控制是在出现了偏差,造成损失之后才采取措施,从而有可能失去了解决问题的最佳时机,导致本来完全可以避免的严重后果,因此,它的费用支出是比较大的。此外,由于市场控制是在整个过程结束以后进行的,使得调查发生偏差或者损失的原因非常困难。

市场控制的方法是建立在以下五个假设之上的:(1)工作成效是可以计量的;(2)人们对工作成效具有个人责任感;(3)追查偏差原因所需要的时间是有保证的;(4)出现的偏差可以预料并能及时发现;(5)有关部门或人员将会采取纠正措施。

然而这些假设有时却不能成立:(1)有许多管理工作中的成效是很难计量的。例如,主管人员的决策能力、预见性和领导水平是难以精确计量的;对完成计划起关键影响作用的部门的工作成效是不能与非关键部门的工作成效相比拟的,即便是前者的工作成效大,也不能说明后者的工作难度一定低于前者。(2)责任感的高低也是难以衡量的。有许多工作,其成效不高,却与个人责任感关系不大或无关。例如,由于缺乏廉价燃料而不得不使用另一种昂贵的能源,使费用支出增加。(3)有时主管人员不愿意花费时间和费用调查分析造成偏差的事实真相,这往往会阻碍对明显违反标准的原因进行调查。(4)有许多偏离计划的误差并不能预先估计到或及时发现,而往往是发现太迟以至难以采取有效的纠正措施。(5)有时虽能够发现偏差并能找到产生的原因,却没有人愿意采取纠正措施,大家互相推卸责任,或者即使能把责任固定下来,当事的主管人员却固执己见,不愿纠正错误。由此看来,市场控制并不是普遍有效的控制方法,它还存在着许多不完善的地方。

(二)官僚控制

控制工作所依据的是这样的事实,即计划的实施结果取决于执行计划的人。销售额、利润率、产品质量等这些计划目标的完成情况,主要取决于直接对这些计划目标负责的管理部门的主管人员。因此,通过遴选、进一步的培训、完善管理工作成效等考核方法,改变有关主管人员的未来行为,是对管理工作质量进行控制的关键所在。

官僚控制是相对于市场控制而言的,它是通过提高主管人员的素质,运用正式职权来进行控制工作的。官僚控制的指导思想认为,合格的主管人员出的差错最少,他能觉察到正在形成的问题,并能及时采取纠正措施。所谓"合格",就是指他们能熟练地应用管理的概念、原理和技术,能以系统的观点来进行管理工作。因此,官僚控制的原则是:主管人员及其下属的质量越高,就越不需要进行市场控制。

这种控制方法的合理性是以下列四个较为可靠的假设为依据的:(1)合格的主管人员所犯的错误最少;(2)管理工作的成效是可以计量的;(3)在计量管理工作成效时,管理的概念、原理和方法是一些有用的判断标准;(4)管理基本原理的应用情况是可以评价的。

进行官僚控制有以下几个优点：(1) 在对个人委派任务时能有较大的准确性；同时，为使主管人员合格，不断地对他们进行评价，实际上也必定会揭露出工作中存在的缺点，并为消除这些缺点而进行专门培训提供依据。(2) 官僚控制可以促使主管人员主动采取纠正措施并使其更加有效。由于在评价过程中会揭露出工作中存在的缺点，因而也就会促使主管人员努力去确定他们应负的职责并自觉地纠正错误。(3) 官僚控制还可以获得良好的心理效果。主管人员的素质提高后，他们的威信也会得到提高，下属对他们的信任和支持也会增加，这样就有利于整个计划目标的顺利实现。(4) 由于提高了主管人员的素质，减少了偏差的发生，也就有可能减轻市场控制造成的负担，节约经费开支。

管理聚焦

蒙牛：利用数据构造企业平台

蒙牛乳业总裁孙伊萍将蒙牛定义为：一家面向未来的企业，它不仅仅是一家乳品制造商，更是倡导健康生活方式的企业平台。为此，蒙牛正行进在大数据企业先锋队列中，在深刻的行业洞见基础上，引入数据分析技术来迅速提升其整体运营效能。

事实上，2012 年孙伊萍上任伊始，最先改造的就是蒙牛的信息管理平台。刚到蒙牛的孙伊萍就发现，这家在全国 20 多个省区市建立了近 30 个生产基地、拥有 50 多个工厂的企业，信息化管理还停留在“打补丁”阶段。因此从 2012 年 5 月起，蒙牛就开始了一项庞大的信息化管理的建设——CRM 与 ERP 同时改造，这在全球都没有先例。

2015 年 2 月，CRM、ERP 系统同时上线，经过 IBM 的初步验证，其已经达到预期设计目标——将蒙牛的管理统一到一个信息化平台之下。这意味着蒙牛可以基于这一平台进行商业智能分析、战略决策分析。ERP、CRM 的建成，让蒙牛从销售前端的计划提报，到预报订单，再到后端的物流发货，仓储、费用的核销，形成了一体化流程，并且可以避免人工导入数据所带来的延时、误操作等不利后果。如今用接口传输，数据更完整、更准确，时效性也更高。这就便于管理层在统一的系统平台上观测完整的业务数据，进而进行经营分析和商业智能分析。在商务智能分析系统的实施之后，从集团层面到各个业务单元，蒙牛利用平衡计分卡的模式，梳理出十几项指标。这些指标将从 ERP、CRM 系统中抓取数据，再与 KPI 指标、绩效指标捆绑在一起，将蒙牛生产经营状况实况显示出来。通过持续抓取数据，各级管理者可以即时看到业务信息，得到决策依据。

在数据应用层面，蒙牛最关心的便是质量管理体系，这也是孙伊萍上任第三天便着手变革的第一个项目。从 2014 年 11 月起，蒙牛富源牧场的奶牛们带上了“智能耳环”——卡在耳朵上的数字耳标。这些耳标会记录奶牛们几点睡觉、几点醒来、几点出门散步、每天走了多远、吃了多少草、挤了多少奶。综合耳标里的身份信息——体重、年龄、品种等，这些数据给牧场管理、养殖、牛奶生产提供了更科学的依据。当然，它们更重大的意义在于牛奶质量安全的监控和追溯。蒙牛于 2014 年推出的“云端牧场”应用，就是通过云技术与二维码追溯系统相结合，让消费者不仅能看到产品的文字、图片信息，还可以实时观看牧场、工厂生产全过程的视频信息，了解奶牛如何生活、牧场如何管理等产业链细节。“这是用户层面对产品的了解”，孙伊萍说，“对于我们内部管理来讲，我们的质量管理也已经达到了实时监控，不仅是追溯这种倒推的管理方式。”

蒙牛在转序的过程中，形成了原料或者半成品的批次管理，这涉及生产日期、生产班组、存储、出货、客户信息等数据，在快消行业能做到转序无缝集成的尚不多见。“我们是行业第一家质检数据采集达到 90%的公司，”孙伊萍说，“全产业链端到端质量追溯最关键的，是实时监控到每一个环节，否则等你发现问题再倒追，恐怕已经来不及了。”在未来，蒙牛的工厂将实现全面的智能管理，所有业务都将被高效链接在一起。实现同时管理、监控多个工厂的生产。通过数据管理，蒙牛能非常精准地分析到每台设备的利用率、当机时间，并进一步发现效率提升的可能。

目前来看，大数据分析带给蒙牛最大的改变，是消费者数据的积累。“蒙牛过去是没有用户的公司，产品通过经销商销售，我们不知道谁买了我们的产品，只能盲测。”孙伊萍说。而在移动互联网的技术的驱动下，蒙牛能更快地了解市场。春节期间一个“摇一摇”活动，就让蒙牛聚集到 200 万个粉丝，在以前，市场活动吸引的人群数据可能在活动结束之后就没人再管，但现在，每一个过程和行为蒙牛都会记录、保存、分析。这些人未必都是蒙牛的客户，但经过沉淀、积累，蒙牛都将与之建立联系。2015 年，蒙牛联合 IBM 启动一项“社交媒体大数据分析”项目，这将进一步帮助蒙牛了解市场、沟通消费者。

蒙牛正在转型为大数据企业，通过善用更先进的分析技术和能力，用崭新的方法改善业务，蒙牛将更快拓展市场，并能更敏锐地判断发展方向的对错，实现成功有效的经营创新和业务发展。

［资料来源］李源：《蒙牛：利用数据构造企业平台》，《哈佛商业评论》2015 年 4 月。

（三）小集团控制

小集团控制是依靠组织文化传达给组织成员个人和群体“这里有什么是可以接受

的”及“什么是不可接受的”，而官僚控制是基于森严的等级制度。德鲁克在其代表作《管理：任务、责任、实践》中指出，组织成员个人和群体的小集团控制要有用于小集团控制的信息反馈。小集团控制要求不断地获得与原定标准对比的成绩反馈。只要把相关的信息反馈给人们，即使他们不知道按规定应该做什么以及如何做，甚至信息的提供者也不知道应该怎么做，他们也能基于组织文化控制和校正自己的行为。

第四节 有效控制的特征

控制机制的建立并不一定保证控制工作的有效性。在实际工作中会出现各种控制职能失调，并带来各种负面的影响与后果。管理者如何才能提高控制系统的有效性呢？有效的控制应是可理解的、精确的、客观的、及时的、经济的、明确的和灵活的。

一、控制职能的失调

控制有激励作用，但是控制对行为的影响并非总是正面的。有时组织目标指引的方向与控制工作测量及反馈实践所引导行为的方向并不一致。这种现象在管理学中被称作“目标移置”。另一种潜在的职能失调是指控制工作可能带来的“负面因素”，有时衡量与反馈非但没能激励员工，反而使员工工作情绪低落，引起自卫性的行为。

（一）目标移置

人们对控制的反应往往是想要确认控制中的检测过程及测量记录是有效控制所必需的，但当他们的行为达到了这个结果，而控制所要达到的目标或目的却没有达到时，便称为目标移置。例如，学校常以考分的高低来衡量学生的学业水平，但是有的学生为了得高分而不择手段，甚至作弊，这样虽取得了较高的考分，但与学习的目标是背道而驰的。又如，交通警察经常用罚款的手段来教育违反交通规则的公众，维护交通安全，可是如果把罚款当任务来执行，或定有罚款指标，则显然属目标移置，违背了原来的本意。

控制职能失调有许多形式，包括官僚主义行为、策略性行为和无效的数据报告。

1. 官僚主义行为

官僚主义行为的一大特点是僵化，如有的医院为了防止住院病人赖账，进院前都得先预付数千元住院费，然而，若遇到特殊的急救病人，在一时无法缴付预付款时，即使病人危在旦夕，仍把病人拒之门外，显然该医院的救死扶伤的目标被移置了。

2. 策略性行为

策略性行为是指只是为了在一特定时期显示其工作成效的某些行为。例如，某些上级领导部门，到基层去检查工作都事前做了通知，定下了日期，下级部门为了应付这次检查而“兴师动众”,表面文章做足,这样虽然通过了检查,但过后却依然故我,我行我素。又如,有的房地产开发商把应于年底结算的若干处住宅的契据推迟到次年 1 月,以减少该年应予上报的收入,从而获得直接税收方面的好处,但却违背了对买主的承诺,也违反了规定的有关服务与开发的时间日程。

3. 无效的数据报告

不少管理者在预算年度开始时,往往以上年实际支出为基准,再增列一笔金额,经巧妙装饰后,作为新计划提交上级领导审批,这种含有“水分”的预算申请,属无效数据报告。又如,有的销售人员在做销售预测时,预先打了折扣,做较保守的估计,以便能轻松地完成指标,或在与实际成果比较时,有出色的业绩表现。有时,在控制系统对某些行为进行检测时,提供给该系统的信息本身可能都是虚假的,假记录、假数据常常导致了控制目标的移置。

(二) 负面因素

控制不当不仅不能提高激励力,相反有时还会造成消极的影响。例如,某单位年终对员工考核,对他们的工作划分优、良、及格、不及格四个等级,并把评等级的结果反馈给各人。然而,此做法的效果并不理想,一些有水平的员工,因没被评上优等(名额有指标限制),在意识到自身价值被低估后纷纷离去,而留下的较差的员工,也丧失了工作热情。研究表明,批评性或负面的反馈似乎格外挫伤积极性。有人曾分析了一项工作评价制度,其批评性的反馈对达到目的确实起到了消极影响。这种反馈使个人产生的防卫因素多于促进提高的动力。

总之,控制既能促进目标的实现,也可能带来负面因素和目标移置。从某种意义上讲,控制系统的设计正是为了促进前者,抑制并避免后者。

二、有效控制的基本特征

管理人员所采取的控制方法必须根据预计的对象和具体任务来加以设计,有效的控制系统通常具有以下基本特征:

(一) 可理解性

所有的控制机制,无论是前馈控制、现场控制还是反馈控制,对于应用或产生它们的管理者和员工而言,必须是易于理解的。在较高的管理层次,控制机制有时需用到数学公式、复杂的图表和大量的报告,看上去似乎很深奥,但它对于较高层的管理者来说,仍应是可理解的。基层管理部门的控制相对较为简单。例如,一线管理人员仅用一页纸的简单报表作为控制手段,该报表只需显示某一天中某部门工人的工作小时数和产品产量就可以了。它应是简单、直接和可理解的。假如管理人员的控制机制对员工而言过于复杂，则应重新设计，使之不仅满足其需要，而且也能为员工所理解。

（二）精确性与客观性

控制系统必须是精确的，这道理似乎是显而易见的，然而，在现实生活中，许多管理人员的决策往往是基于不精确的信息。销售人员在估计销量时说些模棱两可的话，以随时能迎合主管的看法；生产车间的管理人员为了达到上级制定的目标，隐瞒生产成本的上升；一些管理者为了取得领导的青睐，虚报成绩。上述各例都有可能使上层管理者收到错误的信息，从而使不深入了解情况的高层管理人员采取不适当的行动。

控制系统提供的信息应尽可能地客观。虽然在管理中难免有许多主观因素，但是，在评定一个人的工作是否良好时，应尽可能地客观。当然，要解释清楚什么是客观的控制，并非易事。当两个基层管理人员在汇报其部门人员情况时，一个汇报说："成员的士气没问题，发牢骚的也就是几个人，员工的离职情况已得到控制"；而另一个汇报说："员工缺勤率为 4%，今年记录在案的投诉人次为 16 人（相对去年为 24 人），员工的离职率为 12%。"这两份汇报哪一份更为有用，是不言自明的。

当然，数字的客观性也不能代表一切，管理人员在做决策时还应看到数字背后的真正含义。例如，关于销售量每月提高多少的报告，上层管理部门显然会感到高兴，但是，在销量提高的背后，也许是销售人员擅自提供了折扣，对产品的功效做了不切实际的保证，或答应较早的交货期等。尽管控制系统为管理人员的评估和行动理想地提供了客观的信息，但管理人员必须谨慎、适当地去解释它。

（三）及时性

控制机制必须能及时地指出问题，并迅速地向管理人员报告。管理人员知晓偏差情况越早，就越能快速地采取纠偏行动。

通常，管理者总是希望及早地了解所发生的偏差，甚至它们只是根据近似的数字或预先估测。对管理者来说，知道事情即将会出问题，总比它们已经失控要来得强。例如，某个设备安装项目，假如工期较紧的话，那么管理人员应要求以天或周的基准汇报工程进度，以及时掌握工程的进展情况。报告中应显示那些潜在的障碍，诸如某零部件的缺失、某工作的工人缺勤等会导致项目工程的脱期等因素。管理者需要及早地了解这类信息，以便在形势失控前采取必要的纠正措施。这并非说管理人员应仓促下结论或采取偏激的行动，这里管理者对一项工作的知识和经验常常会起很大的作用，以帮助确定何时一项工作进展出了问题。

（四）合适与经济性

一个适合大公司的复杂控制系统对一小部门而言就不一定需要。控制所支出的费用必须要有所值。虽然任何组织都需要控制，但控制系统的大小各异。不管管理者应用怎样的控制，它必须与涉及的工作相适合并是经济的。对于一项小任务的控制也不必像控制一个重大的资本投资项目那样精心设计。

控制系统的相对经济性是一个限制因素，这在很大程度上决定了管理人员只能在他们认为是重要的问题上选择一些关键因素来加以控制。例如，医院中的护士长对于麻醉剂的供应控制是经常性的且十分小心的，而对于绷带纱布的控制就较随意。又如，在一个小单位中，只有 3 名员工从事文员工作，显然就没有必要配备专职人员来检查他们打字或誊抄工作中的错误，可安排由他们负责自检或互检。相反，在一个拥有数百名员工的生产大量小件产品的部门中，就有必要配备专职检验员或质量控制专家来检验产品，通常还得做抽样检验，因为在整个生产过程中，要对数量巨大的每件产品逐个进行检验是不可能的。所以，控制技术和控制方法如能以最小的费用来揭示造成实际偏离和可能偏离计划的原因，则它们就是有效的。

(五) 明确性

一项控制技术只是在偏差发生时揭示它们还不够，控制机制还必须指出谁应对该偏差负责，以及偏差发生在哪一个确切的位置。假如在一项连续性的作业活动中涉及某一特定工作，管理人员就有必要在每一步骤结束后检验各工作的绩效，并需在工作转向下一步作业前完成它。否则，等最终产品出来后，发现与标准不符，管理者就很难找准在哪里采取纠偏行动。

(六) 灵活性

灵活性是有效控制系统的又一明显特征，也就是说，控制系统在适应变化上应具有灵活性。当形势要求变化时，控制机制必须允许变化，否则控制就会失败。例如，一名员工在执行工作任务的早期，遇到各种情况发生了巨大的变化，管理者应能认识到这点并随之调整计划和标准。如果该任务遇到了突发的困难，而情形又并非是员工所能控制的，那么管理者必须调整该员工的考绩标准。考虑各种可能后拟订的计划，能使控制更具灵活性。

第五节　控制技术和方法

如何有效地运用控制技术和方法是成功进行控制的重要保证。控制的技术和方法多种多样，本节将介绍一些常用的控制技术和方法。

一、管理信息系统

管理信息系统(Management Information System, MIS)，就是向组织内各级主管部门

(人员)、其他相关人员,以及组织外的有关部门(人员)提供信息的系统。更具体地说,我们可以把管理信息系统的定义表述如下:管理信息系统是一种由许多个人、各种机械装置以及有关程序所组成的用以从内源和外源两方面提供有关信息的结构性综合体。它通过提供作为决策依据的统一的信息来为一个组织的计划工作、组织工作、人员配备、指导与领导工作、控制工作以及日常的作业服务。一个管理信息系统应当向主管部门提供四种主要的信息服务:确定信息需要、搜集信息、处理信息、使用信息。

MIS 出现至今,虽然只有几十年的历史,但它对社会各个方面产生的影响是十分巨大的。近年来,在技术进步和社会发展的推动下,MIS 正朝着水平更高、应用更广的方向发展。

(一) 智能化

把人工智能特别是专家系统技术融入 MIS,可以大大提高管理过程的效率和质量。作为这项研究的初级阶段,人们开始探讨建立以数据库、模型库和方法库为核心的新一代 MIS——决策支持系统(Decision Support Systems, DSS),并取得了许多理论和实践成果。

(二) 网络化

计算机网络技术和分布数据处理技术的发展,为 MIS 的资源利用从集中控制向用户分散控制方向的发展创造了条件。近年来,许多有一定规模的 MIS 都是建立在计算机网络(局域网、广域网等)之上的,有的还把互联网(Internet)引入企业内,建立了企业内部网络(Intranet),实现了企业员工充分共享企业信息和应用资源的目标。

(三) 集成化

管理自动化和生产过程自动化的结合,把企业的产品设计、业务管理和生产控制连成一体,可以实现生产过程的全盘自动化。这是 MIS 的又一个重要发展方向。当前,计算机集成制造系统(Computer Integrated Manufacturing System, CIMS)就是这一研究方向的热门课题。

(四) 商品化

MIS 软件的商品化一直是人们追求的目标。美国著名的 COPCS、MRP、ERP 等就是在长期应用实践中形成的商品化的管理软件包,受到用户广泛的欢迎。今后,随着计算机技术的不断进步和计算机应用实践的逐步深入,各类商品化的 MIS 软件包(包括 MIS 软件的生成系统、MIS 的开发工具软件 CASE 等)必将继续得到发展。

管理信息系统的最大特点是数据的集中统一。正是有了数据的集中统一,才使得信息真正成为一种资源,并且实现了信息资源的共享。这项工作是通过数据库系统实现的,数据库系统是管理信息系统的核心,也是其最显著的特征。

二、预算控制

预算是政府部门和企业使用最广泛的控制手段。预算就是用数字编制一定时期的计划,也就是用财务数字(如在投资预算和财务预算中)或非财务数字(如在生产预算中)来表明预期的结果,如政府部门通过金额来反映政府财政收支计划,企业通过金额和数量反映企业的各项计划。

一个组织可以有整个组织的预算,也可建立部门、单位及个人的预算。从预算的时间来说,虽然也可能有月度和季度的预算,但一般来说,财务上的预算多为一年期。另外,虽然预算一般都是指财政上的货币,如收入、支出和投资预算等,但是,有时也用产品单位数量或时间数量来表示,如直接工时或产量等方面的预算。

预算控制是通过编制预算,然后以编制的预算为基础,来执行和控制企业经营的各项活动,并比较预算与实际的差异,分析差异的原因,然后对差异进行处理。预算的编制与控制过程是密切联系的。通过编制预算,可以明确组织及其各部门的目标,协调各部门的工作,评定各个部门的工作业绩,控制企业日常的经营活动。

(一)预算的种类及全面预算体系

预算的种类一般分为业务预算、财务预算和专门预算三大类。各类预算还可以进一步细分,不同行业其具体内容有所差别。下面以制造业为例,描述各种预算的内容。

1. 业务预算

业务预算是指企业日常发生的各项具有实质性活动的预算,主要包括销售预算、生产预算、直接材料采购预算、直接人工预算、制造费用预算、单位生产成本预算、销售及管理费用预算等。

销售预算是编制全面预算的基础。企业首先应根据市场预测和企业生产能力的情况,确定销售目标,编制年度及季度、月份的销售数量、销售单价、销售金额及销售货款收入情况。

生产预算是根据销售预算所确定的销售数量,按产品名称、数量分别编制生产预算。生产预算必须考虑合理的存货量。存货量=预计生产量-预计销售量+预计期末库存量-预计期初库存量。生产预算编制好后,为了保证均衡生产,一般还必须编制生产进度日程表,以便控制生产进度。

直接材料采购预算是根据生产预算所确定的生产量以及各种产品所消耗材料的品种、数量、单价,根据生产进度确定材料采购数量及现金支付情况。

直接人工预算是根据生产所需的工时,确定各种工种总工时和工资率及直接人工成本。

制造费用预算是根据销售量和生产量水平确定各种费用总额，包括制造部门的间接人工、间接材料、维修费及厂房折旧费等。

单位生产成本预算是根据直接材料、直接人工及制造费用预算确定单位产品生产成本。

销售及管理预算是根据销售预算情况及各种费用项目确定销售及行政管理人员薪金、保险费、折旧费、办公费及交际应酬费等。

2. 财务预算

财务预算是企业在计划期内反映现金收支、经营成果及财务状况的预算，主要包括现金预算、预计利润表、预计资产负债表、预计财务状况变动表。

现金预算是反映计划期内现金收入、现金支出、现金余额及融资情况，通过现金预算反映计划内企业现金流动的情况，控制现金的收支，做到合理理财。

利润表是根据现金预算而编制的，反映了企业在一定期间内的经营成果。企业可通过利润表了解自身的盈利能力。

资产负债表反映企业的资产、负债及收益情况，反映企业财务状况及偿债能力。

财务状况变动表是根据前面的预算编制的，用于反映企业在计划期内资金来源和资金运用及其变化的情况，以及企业理财的情况。

3. 专门预算

专门预算是指企业不经常发生的、一次性的预算，如资本支出预算、专项拨款预算。

4. 全面预算体系

全面预算是企业全部计划的数字说明，包括业务预算、财务预算和专门预算，各种预算相互联系，构成全面预算体系。

（二）编制预算的新方法

以上介绍的预算一般是以预测的销售量为基础，在一定业务量水平下编制的预算，称为静态预算。但是，企业的环境不断变化，使得企业所预测的销售量比实际的销售量可能更高或更低，原先编制的预算就无法使用。针对这种情况，可用下面三种新方法：

1. 弹性预算

弹性预算就是在编制费用预算时，考虑到计划期业务量可能发生的变动，编制一套能适应多种业务量的费用预算，以便分别反映各业务量所对应的费用水平。由于这种预算随着业务量的变化做机动调整，本身具有弹性，故称为弹性预算。

编制弹性费用时，把所有的费用分为固定费用和变动费用两部分。固定费用在相关范围内不随业务量变动而变动，变动费用随业务量变动而变动。因此，在编制弹性预算时，只需要按业务量的变动调整费用总额即可，不需要重新编制整个预算。

2. 滚动预算

滚动预算，或称永续预算，其特点是，预算在其执行中自动延伸，当原预算中有一个季度的预算已经执行了，只剩下三个季度的预算数时，就把下一个季度的预算补上，经常保持一年的预算期，或者是每完成一个月的预算，就再增加一个月的预算，使预算期永远保持 12 个月。

编制滚动预算的优点是根据预算的执行情况，调整下一个阶段的预算，使预算更加切实可行，并且使预算期保持一年，使企业保持一个稳定的短期目标，以免等预算执行完再编制新的预算。

根据滚动预算的编制原理，企业可以把长远规划与短期目标结合起来，并根据短期目标的完成情况来调整长期规划，使企业的各项活动能够及时反馈、及时发现差异、及时处理。

3. 零基预算

零基预算是以零为基础编制的预算，其原理是：对任何一个预算(计划)期，任何一种费用项目的开支，都不是从原有的基础出发，即根本不考虑各项目基期的费用开支情况，而是一切都以零为基础，从零开始考虑各费用项目的必要性及其预算的规模。

其具体做法主要是：组织下属各部门结合计划期内的目标和任务，提出所需费用项目及具体方案、目的和费用数额；对每一项目方案进行成本—效益分析，对各个费用方案进行评价比较，确定轻重缓急，排出先后顺序；按照所确定的顺序，结合计划期间可动用的资金来源，分配资金，落实预算。

采用零基预算法，一切以零为起点，重新评价和计算，编制预算的工作量非常大。但零基预算考虑每项费用的效益，可以精打细算，减少不必要的开支，是事前控制的一种好办法。

三、非预算控制方法

有许多控制方法与预算没有直接关系，但也是非常有效的控制方法。下面是几种常用的方法：

(一) 亲自观察法

亲自观察法是一种常用的控制方法。它是指管理者对重要管理问题的实际调查研究获取控制所需的各种信息，或亲自观察员工的生产进度、倾听员工的交谈来获取信息，或者亲自参加某些具体工作，通过实践来加深对问题的了解，获得第一手资料。亲自视察不仅可以直接与下属沟通，了解他们的工作、情绪、工作成绩，发现存在的问题，而且能激励下属，有利于创造一种良好的组织气氛。这种方式也被称为“走动式管理”。

(二) 报告

报告是用来向实施计划的主管人员全面地、系统地阐述计划的进展情况、存在的问题及原因、已经采取了哪些措施、收到了什么效果、预计可能出现的问题等情况的一种重要方式。它有助于对具体问题的控制。在拟订和评价报告时，通常应明确两个问题：报告的目的是什么？向谁报告？

（三）统计报告法

统计报告法要求企业具备良好的基础工作，有健全的原始记录和统计资料，使用统计方法对大量的数据资料进行汇总、整理、分析，以及各种统计报表的形式及分析报告，自下而上向组织中有关管理者提供控制信息。管理者通过阅读和分析统计报表及有关资料，找出问题、分析问题并解决问题。

（四）管理审计

管理审计，又称内部审计，是指企业内部的审计人员对企业的会计、财务、人事、生产、销售等方面的工作做定期和不定期的独立评价。通过管理审计，可以检查和比较客观地评价企业的各项管理工作，确定哪些方面有问题，应采取什么纠正措施。由此可见，管理审计可为企业管理部门提供各种控制信息。

（五）比率分析法

通过一些比率分析企业的一些实际情况，如流动比率可以反映一家公司的偿债能力和经营的风险程度，存货周转率可以反映企业存货周转速度，投资报酬率可以反映企业运用投资的效果。比率可以简单明了地反映企业的各种活动，可以利用比率作为控制的一种手段。例如，企业的负债比例应尽量控制在60%以下，其财务风险就较小。

除了以上这些方法，比较有效的控制方法还有在生产控制中常用的计划评审法、盈亏分析法和线性规划，在库存管理中常用的定量库存控制法、定期库存控制法、经济批量控制法以及在质量管理中提倡的全面质量管理方法等。

本章提要

管理的控制职能，是对组织的计划、组织、领导等管理活动及其效果进行衡量和校正，以确保组织的目标以及为此而拟订的计划得以实现。控制职能是每一位主管人员的主要职责，正确地和因地制宜地运用控制原理和方法，是使控制工作更加有效的重要保证。

控制工作的过程涉及三个基本步骤：第一步是为应完成的任务制定标准；第二步为衡量实际绩效来对照这些标准；第三步，如果绩效与标准不相符合，则应采取纠偏行动。这三个步骤必须按上述顺序去实施，否则很难取得控制效果。

控制的基本类型主要有事前、事中和事后控制以及市场控制、官僚控制和小集团控制。事前、事中和事后控制一般也称为前馈、现时和反馈控制。

管理人员所采取的控制方法必须根据预计的对象和具体任务来加以设计。有效的控制系统通常都具有以下基本特征：(1) 可理解性；(2) 精确性与客观性；(3) 及时性；(4) 经济性；(5) 明确性；(6) 灵活性。

如何有效地运用控制技术和方法是成功进行控制的重要保证。控制的技术和方法多种多样，常用的控制技术和方法有管理信息系统、预算控制、非预算控制等。

复习思考题

1. 控制职能相对于管理的其他职能的主要特点是什么？
2. 试描述控制过程三大步骤的基本内容。
3. 事前、事中以及事后控制的区别和联系是什么？
4. 如何理解有效控制所具有的基本特征？
5. 如何有效地运用控制技术和方法？

第十五章　创　　新

全章脉络

学习目的与要求

1. 了解什么是企业家与企业家精神；
2. 掌握创新的概念并了解创新的意义；
3. 了解创新的源泉并掌握创新的基本原则；
4. 逐步确立创新至上的价值观；
5. 掌握基本的创新技术。

管理专业术语

Innovation The process of taking a creative idea and turning it into a useful product, service, or work method.

Creativity The ability to combine ideas in a unique way or to make unusual association between ideas.

Entrepreneur An individual who notices opportunities and takes responsibility for mobilizing the resources necessary to produce new and improved goods and services.

Entrepreneurship The mobilization of resources to take advantage of an opportunity to provide customers with new or improved goods and services.

Intrapreneur A manager, scientist, or researcher who works inside an existing organization and notices opportunities for product improvements and is responsible for managing the product development process.

Brainstorming In a session, individuals in a group suggest as many alternitives as they can think of, no matter how novel or unusual.

“不创新，则灭亡”，这句话正日益成为现代管理者的一大呼声。在全球竞争的动态环境中，在日益完善的社会主义市场经济大潮中，组织要成功地开展竞争，就必须不断创造出新的产品或服务，并且不断更新自己已有的技术。因循守旧、按部就班是注定要被淘汰的，因为在 21 世纪，只有创新才意味着积极进取，意味着持续发展，意味着出奇制胜，意味着未来的希望。

管理聚焦

发现创新十型

有数据表明，企业 95%的创新行动都以失败告终。提高创新的成功率成为企业的一个普遍性问题。1998 年起，德布林公司开始致力于找到成功创新案例之间的相似之处和规律，公司收集了大约 2 000 个创新的最佳案例，包括福特的 T 型汽车、戴尔的直销模式、丰田的精益制造以及吉列的抛弃型剃刀等。公司对这些案例进行分析和分解，通过模式识别和复杂性管理技术，最终发现了创新的 3 个大类、10 个类型。他们认为，成功的创新都是由这 10 种创新基本类型组合而成。创新十型不再将创新囿于产品和技术，而是从企业运营贯穿到用户体验的全过程。

具体来看，第一大类关注企业自身运营，包括盈利模式、网络、结构和流程方面的创新；第二大类包括产品性能和产品系统方面的创新；第三大类包括服务、渠道、品牌和客户交互方面的创新。创新十型不是一个流程表，也不是各种类型的排列顺序或涉及等级体系。任何形式的组合都可以形成创新，企业可以从任意一个类型开始创新。

(1) 盈利模式(如何赚钱)。盈利模式创新即找到一种全新的方法，将企业的产品、服务和其他价值来源转化为利润。好的盈利模式必须以对用户或消费者的深层理解为基础。典型代表是吉列剃须刀。公司用极低的价格出售剃刀，吸引大批消费者后，用价格不菲的替换刀片赚取利润。这种开创性的模式极为成功，后来深刻地影响了无数的行业和产品。例如，打印机和墨盒、咖啡机和胶囊，手机和移动 App。

(2) 网络(如何联合他人创造价值)：网络创新为企业提供了一种利用其他企业的流程、技术、产品、渠道和品牌的方式，让企业在发挥自身优势的同时，借助其他企业的能力和资产。网络创新的模式多种多样，可以是与同盟者的联盟，也可以是与强大竞争对手的合作。特许经营和众包属于这类创新。

(3) 结构(如何组织并匹配人才和资产)：结构创新是以特有的方式组织企业资产来创造价值。它或是优秀人才管理系统，或是对资本、设备的独创配置，也可以是改善企业的固定成本和部门职能，包括对人力部门、研发部门和 IT 部门的改善。理想情况下,这些创新可以带来富有生产力的环境,或实现超越竞争对手的效率,为企业吸引人才等。美国的全食食品公司(Whole Foods)以彻底的分权管理方式而闻名。公司的每家分店都由分店的员工团队来自主管理。在公司的利润表上,每家门店自主经营、自负盈亏,每个团队都有非常清晰的绩效指标。

(4) 流程(如何采用独特或卓越的方法运营企业):流程创新需要的是不同于常规的巨大变革,能使企业利用独特的能力,发挥高效的职能,迅速适应,创造领先市场的利润水平。流程创新往往能够形成企业的核心竞争力,可能包含一些专利性和专利性方法,让企业在几年甚至几十年内产生巨大优势。丰田的精益制造系统即是典型代表,Zara 也是流程创新的翘楚。

(5) 产品性能(具有显著特征和功能的产品):产品性能创新是指革新企业提供的产品或服务的价值、特征和质量。此类创新会产生全新的产品,或大大延伸现有的产品线。人们常常错误地认为产品性能创新就是创新的全部,但实际上它只是 10 类创新中的一种类型,也是最容易被竞争对手复制的创新类型。

(6) 产品系统(如何创造互补产品和服务):产品系统创新在于如何将单独的产品和服务连接或组合起来,从而形成强大且可扩展的系统。它通过互通性、模块化、整合和其他创造价值的方式将原本明显不同的产品和服务联合在一起。产品系统创新能帮你建立起黏住客户并能抵御竞争的生态系统。非营利组织 Mozilla 因其开发的火狐浏览器而广为人知。火狐是一款开源软件,允许独立开发者制作上百种独立插件程序。火狐在全球的用户数已经超过 4.5 亿。

(7) 服务(如何支撑和提升产品的价值):服务创新能够确保并提升产品的效用、性能和表现价值。服务创新让产品的使用更加便捷。它展示出客户可能会忽视的产品特点和功能,解决客户在使用过程中遇到的问题。卓越的服务创新能为平淡无奇的产品带来引人入胜的用户体验,从而带来更多的回头客。

(8) 渠道(如何将产品和服务提供给客户和用户):渠道创新涉及企业将产品和服务提供给用户的所有方式。此类创新的目标是确保用户能够在任何期望的时间,以任何想要的方式买到自己的所需,同时享受最大限度的便利、最低廉的成本和最大的愉悦。亚马逊 Kindle 上的"网络点播"是客户可以通过内部无线网络免费试用的服务。用户可以购买和下载电子书,用不到 60 秒的时间就可以开始阅读。

(9) 品牌(如何展示产品和业务):品牌创新有助于确保用户识别,记得并青睐你的产品和服务,而非竞争对手或替代产品。英特尔的"Intel Inside"品牌大幅提升了处理器的识别度。任何带这个标记的产品都增加了用户感知的价值。

(10) 客户交互(如何培育吸引人的互动):客户交互创新在于如何了解客户深层次的需求,并利用这些深刻的见解发展客户与企业之间的关系。Foursquare 经常利用基于地理位置的服务,在特定地点“签到”的客户将被授予“市长勋章”。为了确保地位和认可,消费者激励竞争,众多商家也竞相争取客户的光顾。

2011年,公司对这些创新类型进行了类似的测试和更新,以检验这些创新在完全不同的商业环境下是否有效。经过实证分析,这10种创新类型的组合都已经有了非常成功的商业应用。它就像创新的元素周期表,其中创新战略好比周期表中的化学元素,任何战略都可以组合发生“化学反应”,实现成功的创新。

[资料来源]拉里·基利等:《创新十型》,《哈佛商业评论》2015年4月。

作为21世纪的管理人员,必须懂得如何对更具创新性的项目团队运用各项主要的管理职能。今日管理的挑战是如何通过发扬、培育、激励组织中的企业家精神(又称创业精神)来创新。创新和企业家精神将成为我们组织和社会赖以保持自身活力的必要活动。

第一节　企业家与企业家精神

“企业家”这个名词随着众多成功组织的不断涌现和壮大,现已广为人知。企业家是一个特殊的群体,通常掌握着组织生存、发展的命脉,是组织中的灵魂人物。企业家需要具备敏锐的触觉和嗅觉,需要具备对一切变革做出及时反应和捕捉任何契机的能力。然而,最重要的是,企业家必须具备相当的创新开拓能力,这一点也正是企业家精神中最本质的精髓之一。

一、企业家和企业家精神的含义

企业家通常是指那些开创新事业的管理者。企业家精神则是指在新的市场、新的产品和新的技术上进行创新、投资和拓展的能力。一些理论家把“企业家精神”一词与“管理”做了明确的区分,但有人认为企业家精神也是管理的一种形式。

关于企业家的概念至今尚无完整定论,有些人将那些创建新企业的人称为企业家;而另一些人则从企业家工作的目的出发,认为那些不断创造社会财富的人才是真正的企业家,大多数人在提到企业家时往往喜欢将之与“大胆”“创新”“投机”“冒险”等形容词相联系。其实,“企业家”(Enterpreneur)一词,在大英百科全书中的解释是:经济学中的术语,指对一企业承担风险和管理的人士。早期的经济学家通常把生产要素分成土地、劳动力和资本,并以此来划分经济学上的阶级——地主、工人和资本家。资本家为企业提供资本,而且也指挥企业。他们因这些活动而收取利息和利润。利润包括了专业管理人士和企业主的所得,也包括了他们承担风险的报酬。假如他们开创一家风险企业,开辟一个新市场,采用一种新工艺及引入一种新产品取得成功,就会得到利润收益。正是最后的那层含义,资本家才可称得上真正的企业家。

法国经济学家萨伊(J. B. Say)早在1800年前就曾说过,“企业家能把经济资源从生产率较低和产量较少的领域转移到生产率较高和产量较大的领域”,但萨伊并没有告诉我们企业家究竟是谁。自从萨伊创造这个新词以来,对“企业家”和“企业家精神”的定义就存在着很大的混乱。

德文中的“企业家”(Unternehmer),指的是拥有资产,又负责经营的,相当于英语中的“业主—经理”。这里拿权力和财产作为标准,同样不是我们讲的企业家。企业家必须要有创新精神。彼得·德鲁克在《管理前沿》一书中曾谈及这样一个古老而又简明的“企业家”定义:“企业家就是赋予资源以生产财富能力的人”。

总括以上种种阐述,可见企业家是指那些不断寻觅机会,通过创新满足需要,赋予资源以生产财富能力的人。

此外,还需明确指出,千万不要把管理小企业的管理者与企业家行为混为一谈。因为并非所有的小企业管理者都是企业家,都代表着企业家精神。有许多小企业管理者实际上并不进行创新,他们只不过是许多大型组织和公共机构中保守的、循规蹈矩的职员的缩影。

个体户开一家熟食店或餐厅,肯定有风险,但他是企业家吗?当然不是。因为他所做的一切都是别人以前做过的,没有给顾客带来新的满意,也没有激起新的消费需要,所以尽管他从事新的经营,实际上也算不上企业家。

相反,麦当劳快餐公司却体现了企业家精神。在19世纪,美国各地就有了汉堡包的销售,第二次世界大战后更是在各大城市中兴起。过去的汉堡包饮食店都是夫妻店模式,随随便便,漫无目标,但是麦当劳兄弟却对此做了创新。他们首先搞好最终产品的设计(汉堡包),然后重新安排整个制作过程,重新设计生产工具(其中不少是他们发明的)。他们使做出的汉堡包实现了标准化:每一片肉、一丝洋葱、一个小圆面包,完全是相同的,炸出的薯条也是相同的,在全自动化的生产过程中以精确的时间生产出一个又一个汉堡包。麦当劳兄弟还仔细研究并确定了汉堡包对顾客应具有哪些“价值”:完全有保证的质量、快速服务、绝对清洁卫生和友好的服务态度。并对每一项“价值”制定出具体的标准,如培训员工,并把工资、奖金与员工工作的好坏挂钩。虽然汉堡包并非什么新发明,但通过这样的创新,麦当劳快餐公司既从原有的资源中大大提高了产量,又开拓了新市场和顾客,当然也就拥有了可观的利润,这就是企业家精神。

在管理理论界还有一个使用较为普遍的新术语——“内企业家”(Intrapreneur)。它是指那些试图在大型组织中激发企业家精神的管理者或科技人员等。但内企业家不可能像企业家那样自主决策和承担风险。这是因为内企业家存在于大型组织内部,所有的财务风险都由企业承担,内企业家的行动受到企业的规则、政策和其他因素的限制,内企业家要向老板或上司报告,成功的报偿不是真正的利润而是职业生涯的提升。

二、企业家的特征

对企业家研究的最多的题目之一,就是试图确定企业家的共同心理特征。到目前为止,已经概括出了许多共性特征,包括勤奋工作、自信、乐观、果断、大胆、有魄力以及精力充沛等。然而,其中最主要的三大特征(经常处于企业家个性一览表的顶端)却是:(1) 对成就的高度欲望;(2) 对把握自己命运的强烈自信;(3) 对冒风险的适度节制。

研究结果使我们得出了对企业家的一般性认识:他们趋向于独自担当解决问题、设定目标和依靠自己的努力实现目标的责任;他们崇尚独立且特别不喜欢受控于人;虽然他们不怕承担风险,但他们绝不盲目地冒险,他们更愿意冒那些他们认为能够控制结果的风险。

企业家的这些鲜明的个体特征,可使我们得出两个结论:第一,在典型的大公司或政府机构中,具有这种性格的人不大可能是那些富于生产性的、满足于现状的雇员,这类组织严谨的规则、制度和控制,阻碍了企业家的涌现。第二,自己创办企业,喜欢接受挑战的那些人倒是与企业家的个性十分吻合,尤其是那些愿意冒风险和掌握自己命运的人。由于企业家相信他们的未来完全掌握在自己手中,因此他们认为的适度风险,在不具备企业家素质的人看来通常是高风险的。

三、企业家的原动力

什么力量促使一个人成为企业家?让我们来看看一些研究的发现。

企业家在崇尚创新和创业的环境中更容易繁盛。例如,美国的文化高度评价自主和争取个人的成功;相反,在其他一些国家,包括爱尔兰和挪威,生意上的失败常被看作一种耻辱。此外,一个国家的某些地区常常成为企业家亚文化的“温床”。在美国,波士顿地区 128 大道周围地带、硅谷(Silicon Valley)和加利福尼亚州的圣迭戈县北部地区,以及北卡罗来纳州的研究三角地区,就是鼓励和支持企业家的社区例子。

父母的支持对后代的企业家倾向有重要影响作用,企业家的父母一般都鼓励子女有所成就、保持独立性和对自己的言行负责。

企业家通常都有自己崇拜和试图仿效的偶像。当你看到有的人做某件前所未有的事情并且取得了成功时,也许会使你感到创新和成功对你来说不再是难以企及的。因此毫不奇怪,许多企业家往往都有一位从事自由职业或企业家的父亲。

与企业家活动有关的最后一个变量是先前的创业经历,过去的行为是未来行为最好的预报器。由于开办第 2 家、第 3 家或第 4 家新企业要比开办第 1 家新企业容易得多,因此,创办第 1 家企业的人趋向于将这种创业活动不断地持续下去。

四、企业家与传统管理者的比较

表 15－1 概括了企业家与传统的官僚型管理者之间的一些关键区别。企业家通过开发机会积极地寻求变革，而后者更趋于保守；一旦发现了机会，企业家通常将他的个人金融财产投在事业上，甘冒风险；而大型组织的等级结构将传统的管理者与风险相隔绝，并对他们的风险最小化和避免失败行为给予奖赏。

表 15－1　企业家与传统管理者的比较

	企　业　家	传 统 管 理 者
主要动机	独立性、创新机会、财务收益	晋升及其他传统的公司奖赏，如拥有办公室、僚属和权力
时间导向	实现 5～10 年的企业成长	实现短期目标
活动	直接参与	授权和监督
风险倾向	适度	低
对失败和错误的观点	接受	避免

第二节　创 新 理 论

1912 年，美籍奥地利人、经济学家约瑟夫·熊彼特第一个从经济学角度系统地提出了创新理论，从而为现代社会、现代组织引入了经济发展、生产率增长和改善人民生活水平的真正驱动力。现在，国际上一些著名的成功企业都将创新视为关键的竞争优势源，如美国微软公司和中国方正集团等就是很好的范例。

创新是一个民族进步的灵魂，是国家兴旺发达的不竭动力，更是现代企业进步的原动力。管理学家彼得·德鲁克认为，21 世纪将是熊彼特的世纪。

管理聚焦

乐高如何管理创新

创新是企业发展的战略驱动力，而在口味多变、选择众多的玩具行业，创新更是企业生存发展的制胜“法宝”。创立于 1932 年的丹麦玩具公司乐高在其 80 多年的历史中一直在持之以恒地创新。被称为“乐高教授”的沃顿商学院教授戴维·罗伯逊表示，“乐高最重要的创新是对积木的创新——乐高一头有凸粒、另一头有嵌孔的塑料积木在全球拥有数亿粉丝。乐高迷对乐高积木的崇拜和忠诚可能仅次于苹果公司。同时,年复一年,乐高公司还在用一种理想的、富有想象力的企业精神打造积木,让它的产品永远引人注目,很少闲置在孩子们的柜子里。”但正是这家以创新著称的企业,在20世纪90年代因为创新过度和创新管理不当而引发破产危机,却又在2004年后因重新建立有效的创新管理体系而实现高速增长。乐高的创新经验很值得人们仔细探究。

20世纪90年代,越来越多的孩子沉迷于视频游戏和其他高科技产品,传统玩具企业面临激烈竞争。乐高围绕商界流行的“创新七法”开展了雄心勃勃的增长策略:它希冀于蓝海市场,希望颠覆式创新能带来改变;积极吸纳具有不同文化背景的创新人才,引进了开放式创新。在1993～2002年间,乐高开拓了种类繁杂的新业务,包括软件(电脑游戏和电影工作室)、生活产品(乐高儿童服饰)、媒体(书、杂志、电视)、女孩玩具(乐高娃娃)等。乐高平均一年要发展5个周边产业,远离市场和成长概念的设计师设计出许多奇特的产品部件,但公司却在追求潮流的同时,放弃了自己安身立命之本乐高积木的发展。这些时髦的创新法则非但没有让乐高实现爆发式增长,反而让它陷入史上最大规模的亏损,一度几乎无法独立生存。

2004年,约恩·克努德斯道普临危受命,并对乐高进行了大刀阔斧的改革,其中最重要的改革之一是重新制定乐高的创新战略,把创新的立足点重新拉回到乐高的核心产品——乐高积木上。同时,削减与积木不相关的产品种类,缩减零售店项目、放弃电脑游戏和主题公园业务,将乐高组件由12 900个减少为7 000个,并把创新聚焦于围绕核心产品打造更好的客户体验,通过数字和其他线上、线下的体验重新创造乐高积木的体验方式。此外,为了保证创新的效果,他还建立了有效的创新管理和监控系统,在项目产品的管理上打破了之前生产、设计、市场部门之间互相隔绝的状况,加强了各部门领导层的沟通,建立了跨部门协同的创新体系。在创新过程中,乐高还引入了“开放式创新”,在关键产品以公司内部设计部门为主导的前提下,在部分产品项目上由粉丝投票决定设计方案的选择,以保持公司与粉丝间的持续对话。

克努德斯道普的创新转型战略不仅让濒临破产的乐高走出了困境,还使乐高业绩实现了飞跃式增长。2007～2012年,在iPad等智能电子设备成为最受欢迎的儿童玩具的大背景下,乐高集团实现了年均22%的收入增长率,税前利润更实现了年均38%的增长。同一时期,玩具巨头孩之宝和美泰的年均收入增长率仅为1.3%和1.5%。

[资料来源]陈圆妮:《乐高如何管理创新》,《哈佛商业评论》2014年9月。

一、创新的含义

创新(Innovation),又称革新或改革,是熊彼特(Joseph A. Schumpeter)在20世纪初提出的。

创新是指企业家对生产要素的新组合。德鲁克对“创新”下的定义是:提高资源的产出量或改变消费者得自资源的价值和满足,它与发明(Invention)、创造(Creatitity)不同。发明是指一种新产品、新技术或新的经营方式的初次出现,创造是指以独特的方式综合各种思想或在各种思想之间建立起独特的关系这样一种能力。而创新是指把一种发明创造引入经济之中,从而给经济带来较大的影响或发生较大变革,实质上就是形成一种创造性思想并将其转换为有用的产品、服务或作业方法的过程。当管理者说到要将组织变革成富有创造性的时候,通常指的就是激发创新。创新包括下列五种情况:

(1) 引入一种新产品或提供一种产品的新的质量;

(2) 采用一种新的生产方法;

(3) 开辟一个新市场;

(4) 获得一种原料或半成品的新供给来源;

(5) 实行一种新的组织形式,如建立一种垄断地位或打破一种垄断地位。

因此,创新是一个经济概念,而不是技术概念。发明者不一定是创新者,创新者也不一定是发明者。管理体系中的创新者是指那种看到了经济中存在的潜在利益,并敢于冒风险,把新发明引入经济中,以便获取这种潜在利益的企业家。

二、企业与创新

德鲁克在《管理、任务、责任和实践》一书中说过,由于企业的目的是创造顾客,工商企业的基本职能共有(而且只有)两项:营销和创新。只有这两项才产生成果,其余的都属于成本范畴。此外,他又指出:“如果管理人员只限于做已经做过的事情,那么,即使外部环境和条件资源都得到充分利用,他的组织充其量不过是一个墨守成规的组织。这样下去,很有可能会造成衰退,而不仅仅是停滞不前的问题,在竞争的情况下,尤其是这样。”“企业管理不是一种官僚的行政工作,它必须是创新性的,而不是适应性的工作。”

企业要成为企业家型,必须要注意以下几点:

(1) 给顾客提供新的满足(带来新的满意)、新的价值,从而激起新的需求、创造新的顾客、开拓新的市场。

(2) 创造资源,要赋予资源一种新的创造财富的能力。没有发现其用途的植物也许只能算是杂草;矿石在没有赋予其经济价值前只是乱石而已;一个世纪前,石油、铝矾土还都是有害物质，它们使土壤受损，但是企业家使它们成为有价值的资源。这类例子很多，如青霉素，从疫害变成了杀菌剂；19 世纪初，麦考密克的收割机用未来的收益而非过去的积蓄支付，从而在社会经济领域中，用分期付款的办法开发了购买力这一资源。

(3) 社会创新更具关键意义(不一定局限于技术性)。例如，教科书(捷克的夸美纽斯的发明)使普及学校教育成为可能。把卡车车身从车轮上取下，放到货船上，这一想法并不包含什么新技术，但是集装箱的出现，不仅使远洋轮的生产率提高了 3 倍左右，而且使世界贸易得到了迅猛的发展。又如，日本人在 100 多年前做出了一个正确的决策，决定把他们的资源集中于社会创新上，同时也模仿、进口和修改国外的技术创新，结果他们取得了惊人的成功。

(4) 开发利用变化。企业家的任务是“创新性的破坏”。企业家总是在寻找变化，对变化做出反应，并把变化作为一个可供开发利用的机会。把变化看成准则，是健康的现象。

三、促进创新

有三类因素可用来激发组织的创新力，它们就是组织的结构、文化和人力资源，如图 15 - 1 所示。

(一) 结构因素

根据大量的研究，我们可以总结出有关结构因素对创新作用的三个结论：

(1) 有机式结构对创新有正面的影响。因为其纵向变异、正规化和集权化程度低，有机式结构可以提高组织的灵活性、应变力和跨职能工作能力，从而使创新更易于得到采纳。

(2) 拥有富足的资源能为创新提供另一重要的基石。组织资源充裕，就使管理当局有能力购买创新成果，敢于投下巨资推行创新并承受失败的损失。

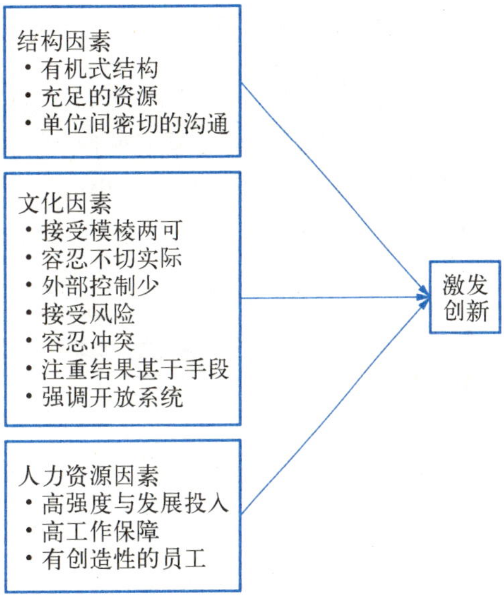

图 15 - 1　创新的因素

(3) 单位间密切的沟通有利于克服创新的潜在障碍。像委员会、任务小组及其他这类机制都可促进部门之间的相互交流，从而得到创新成功组织的广泛采用。例如，明尼苏达采矿制造公司(3M 公司)就是高度分权化的、拥有小型有机式组织的大部分特征。这家公司还有一个“大口袋”，用于支持、鼓励科学家和工程人员将 15%以上的时间用于他们自己选择的开发项目的政策。

(二) 文化因素

富有创新力的组织，通常具有某种共同的文化，如鼓励试验，赞赏失败，不论成功还是失败都给予奖励，等等。充满创新精神的组织文化通常有如下特征：

(1) 接受模棱两可。过于强调目的性和专一性会限制人的创造性。

(2) 容忍不切实际。组织不抑制员工对“如果……就……”这样的问题做出不切实际的甚至是愚蠢的回答。乍看起来似乎是不可行的，但往往可能带来问题的创新性解决。

(3) 外部控制少。组织将规则、条例、政策这类的控制减少到最低限度。

(4) 接受风险。组织鼓励员工大胆试验，不用担心可能失败的后果。错误被看作能提供学习的机会。

(5) 容忍冲突。组织鼓励不同的意见。个人或单位之间的一致和认同并不意味着能实现很高的经营绩效。

(6) 注重结果甚于手段。提出明确的目标以后，个人被鼓励积极探索实现目标的各种可行途径。注重结果意味着，对于任一给定的问题，可能存在若干种正确的解决办法。

(7) 强调开放系统。组织时刻监控环境的变化并随时做出快速的反应。

(三) 人力资源因素

在人力资源这一类因素中，我们发现有创造力的组织积极地对其员工开展培训和发展，以使其保持知识的更新。同时，他们还给员工提供高工作保障，以减少他们担心因犯错误而遭解雇的顾虑。组织也鼓励员工成为革新能手。一旦产生新思想，革新能手们会主动而热情地将思想予以深化、提供支持并克服阻力，以确保创新得到推行。

第三节　创 新 实 践

创新是企业家的特殊手段。凭借这一手段，他们才能把变化作为开创新事业的机会来加以利用和开发。作为一个企业家，需要有目的地寻找创新源泉，捕捉变化，抓住一切可以导致创新成功的机会和先兆。因此，需要懂得如何创新才能取得成功的原理，并把这些原理应用于实践。

一、创新的源泉

成功的企业家，不管他们的个人动机是什么(钱财、权势、好奇心、追求名誉地位等)，他们总是试图创造价值和做出贡献，试图创造出新的、不同的价值，新的、不同的满足，力图把“物”转化成“资源”，或把现有的资源组合成新的更具生产力的形态。而能为创新提供机会的是变化。所以，有系统的创新就在于对变化进行有目的、有组织的寻找，在于对这类变化进行系统分析，从而抓住一切创新的机会。

通过检查以下七个方面的变化，有可能找到创新的机会，这七个方面是创新的源泉。

（一）意外事件

意外事件包括意外的成功、意外的失败和外部意外事件。意外的成功对组织的创新提供的机会最多，而所冒的风险则相对较少。但是，意外的成功常常会被组织的高层领导所忽视，因为在多数机构中，最高领导人往往都是从一个职能或某一特定领域起家的，而唯有这个领域是他们感到舒适的领域。当在新的领域中出现了意料之外的成功时，他们所做的反应是惊诧不已，甚至认为是鸠占鹊巢而拒绝把意外的成功看作发展的机会。开发利用意外的成功所提供的创新机会需要进行分析。意外成功事件作为一个先兆，它究竟代表了什么事物，发生了什么基本变化？是技术还是市场？只有这样，才能把目前还处于隐蔽状态的创新机会揭示出来。

意外的失败一旦发生是无法阻止的，但能否把失败看作成功机会的先兆却需要眼光，需要深入调查意外的失败究竟是怎么回事。在了解了事实真相后，成功的创新机会就会很容易出现。面对意外的失败，它要求组织的领导走出单位，多看、多听，而不是关起门来做研究分析。应当严肃认真地对待意外的失败，并把它看作一个创新机会的先兆。

外部意外事件指的是发生在企业或产业之外的事件，即在领导者的日常业务中所用的数据和信息里找不到的事件。例如，美国在超市中售书所取得的成功就是典型的例子。自从有了电视后，越来越多的美国人把时间消耗在电视、电脑屏幕前，尤其是正处在读书年龄的大、中学生。不少人预言，书籍的销售量将急剧下降。但事实却并非如人们预计的那样发展，书籍在美国的销售量并没有一落千丈，而是随电视、电脑一起迅速上升。一些零售商开发利用了这一意外事件，在商场中开设了连锁书店，结果获得极大成功。开发利用外部意外事件特别适合大公司进行创新，因为这不仅需要契合自身的业务专长，而且还需有能力动用一定数量的资源。然而，它却是一个机会大、风险小的创新领域。

（二）不一致性

不一致性是指人们对事物想象的情况或以为“应该”是什么与现实的事物之间产生的不符与不协调。不一致性也是创新的一个先兆，但它常常为知情者所忽视或熟视无睹。利用不一致性作为创新的机会是相对易行而有效的。

不一致性可表现为多个方面：

(1) 需求的增长与经济效益的不一致性;

(2) 假设与现实的不一致性(即主观行为与客观实际出现了不一致);

(3) 对顾客价值观以及期望的认识与实际结果的不一致性;

(4) 流程中存在的节奏与逻辑上的不一致性。

当某一产业、某个市场,以及某一过程内部发生了变化时,往往就潜伏了不一致性。这种不一致性只有在行业中的人或在此行业近旁的人能看清,知情者只有在认准和了解的基础上,才能开发并利用它。

(三) 流程的需要

"需要是发明之母"。流程的需要作为一种特殊需要也为创新提供了重大的机会。在一个产业、一项业务、一项服务中,都存在着这类"流程"需要。流程需要并不以单个事件为起点,而是以所做的工作为开始,对早已存在的流程完善化。它可以针对流程中的某一薄弱环节加以更换,也可以用新的知识对现行的旧流程重新加以设计。

例如,在印刷业中,过去很长的一段时期里,排字都是靠手工操作,尽管在整个行业中,印刷机、造纸机都已发明了,并被广泛采用,但排字从几百年前以来一直变化不大,它需要高度熟练技艺的排字工进行缓慢而又费钱的人工排字。1890 年,奥特马尔·默根泰勒看到了整个印刷流程中的不协调,确定了需用机械的方法从字盘中选取所需的字母,需要一个能把字母拼接成字句并排成一行行直线的机械装置,最后还需在印刷后把一个个字母放回原处的机械装置。这样经过数年的艰苦努力终于研制成功了机械排字机,使印刷的效率发生了根本性的变化。

流程需要的创新要取得成功,应注意以下五个基本指标:

(1) 一个独立完整的流程;

(2) 一个"薄弱"或"缺损"的环节;

(3) 一个清晰的目标定义;

(4) 明白解决办法的具体要求;

(5) 对"需有一个更佳方式"的共识,即要有高度的可接受性。

最后,流程需要的机会还应按三项条件做检验,即是否真正理解需要的是什么(问题的所在)? 是否已具备了所需的知识,或在目前的技术水平中能否解决这个问题? 解决方法是否适宜(适合使用者的习惯与价值观)?

(四) 产业结构和市场结构的变化

产业结构和市场结构一旦形成似乎较为稳定,但有时它们又是十分脆弱的,解体起来十分迅速。这时业内的企业如果继续因循守旧,就肯定会遭遇困难,甚至被市场所淘汰。然而,市场或产业结构的变化也为创新提供了重要的机会。

当产业结构和市场结构发生变化时,行业中的主管人员必须要有企业家精神,重新检查“我们的业务究竟是什么”。

20 世纪 60 年代，汽车工业突然变成了“全球性”的产业，一些做出积极反应的汽车公司都取得了一定的成功；而那些拒绝正视市场变化，不愿做出艰难选择(重新做出战略决策)的公司，则纷纷丧失获利能力，丧失了市场地位。

如何知道产业结构将发生根本性的变化？一般可从以下四种明显的迹象中找到答案：

(1) 产业部门的增长显著快于经济或人口的增长；

(2) 产量翻番；

(3) 原先互不相关的几种技术出现了相互间的结合；

(4) 经营方式迅速改变。

当有上述迹象发生时，往往预示了产业结构将发生突变。采取简明而有针对性的创新战略，就能大大增加成功的机会。

(五) 人口统计的变化

在各种外界的变化中，人口统计的变化是一个最显然、最易预测的因素。人口统计的变化包括人口的数量、年龄的分布，以及按人口教育程度、劳动工种、收入水平的分段等。这些统计数据不仅是可知的，而且对某些情况的发生有确定的超前期。通过人口统计了解人口结构状况，其重要性不仅在于人口结构对购买力和购买习惯有影响，而且对劳动力规模和劳动力结构也有影响。

由于人口结构具有内在的不稳定性，极易发生突发的剧变，因此人口结构的变化是决策制定者必须予以分析和全面考虑的首先环境因素。人口变动是唯一能对未来进行有把握的预测因素。通过对人口动态和人口结构中所发生的事件进行分析，可以近乎肯定地预测出市场、用户的购买力、购买习惯、顾客的需要以及就业中的主要趋势。

研究人们购买东西的方式，喜欢怎样的环境，如何看待所购商品的“价值”。通过现场的调查，变动中的结构就能成为高度有利可图和极为可靠的创新机会。

(六) 观念的变化

人们观念的变化往往孕育了重大的创新机会。我国自改革开放以来，尽管人们的健康状况已得到了很大的进步和改善，然而随着人们生活水平的提高，人们对身体的保健却更为关注。具体表现为很乐意对健康投资。这些观念上的变化促使一些善于抓住商机、具有企业家精神的商家们纷纷推出了各种保健产品、绿色食品等，创造了许多新的市场。典型的例子，如交大的昂立公司，在短短的数年中发展成了具有国际影响的著名高科技企业。又如，随着我国社会经济的发展，物资短缺的时代已一去不复返了，由于买方市场的出现，消费者的选择余地越来越大。小包装食品的出现正是适应了这种新的趋势。人们的观念已从过去的“吃饱”变为“吃好”，所以包装精致而又质优的小包装食品就成了企业家们在商业领域中的又一个创新。

(七)以新知识为基础的创新

以科学和技术研究的新知识为基础的创新毋庸置疑是很重要的,但它也是最为困难的。在所有的创新中,以新知识为源泉的创新其孕育期最长,而且风险也最大。它是以多种知识的汇聚与结合为基础的。

例如,计算机的生产聚集了至少五种不同的知识:真空三极管的发明,二进制理论的出现,一种新的符合逻辑、穿孔卡的设计思想,程序编制和反馈的概念。缺少其中任何一项知识,计算机恐怕就造不出来了。

以知识为基础的创新有其自身的特殊要求:

(1) 需对所有必要的因素进行仔细的分析,还缺少哪些因素,所缺的因素能否自行备齐;

(2) 要有明确集中的目标,它可以集中于一个完整的系统,集中于新的市场,或集中于一个有利的战略地位;

(3) 需要学习并实施企业家型的管理,以减少其风险。

以知识为基础的创新不仅包括科技方面的,也包括了社会科学方面的创新。由于其要求高、风险大,因而潜在的报偿也就更大。

二、鼓励首创精神

一些取得成功的企业,都具有"创新至上"的价值观,尊重并追求创新,为革新者创造敢担风险的气氛与环境。美国加州大学的一些研究人员曾做过调查,在美国 13 家发展最快的公司都有正式的 Programs(培训规划、项目)来鼓励员工的创造性。

公司强调平时就应重视训练、重视发现每一个人的潜在的想象力,把人们的创新思想发掘出来,这也是有根据的。在我们生活中,周围有些人在生产中、工作中显得被动、平常,但他在自己家里搞些东西却颇具匠心,很有创意。例如,住房小,照样布置得非常优美、精致、实用。管理人员要相信群众的智慧,发掘并利用他们的创造能力,但还应提高他们的技术水平、教育水平,进行培训和引导。实际上,人们的头脑中是存在着种种设想的。新的突破往往是从个人而不是从大公司的实验室中来的。唯一的困难是把种种创见从人们的头脑中发掘出来,付诸实施。

国外企业通常的做法是在培训班上经常出些题目,请学员做答,谁答得更新鲜、更特别,就给些小奖励。例如提问,铅笔头上的橡皮,除了擦错字外,还能有什么其他作用?如果有人说,可用于擦去物件上的油迹,那该说是一种好的答案。又如提问,当我们的眼睛突然变成了 X 光,我们将会碰到什么新的情况?当上帝赋予你第三只眼睛时,你希望这只眼睛生在什么地方,为什么?等等。企业中的创新,只依靠少数专家和技术人员是远远不够的，只有最大限度地调动起每一个员工的创新积极性，使他们专注于自己的本职工作和整个企业的工作，才能激起他们的创新欲望和责任感，才能聚沙成塔、集腋成裘，使企业收到巨大的经济效益。日本的员工建议制也是学美国企业的“发明创造建议制度”而来的。丰田汽车公司设有“创造发明委员会”，下属各部门都组织有“创造发明小组”，负责具体开展活动。公司重金悬赏征求合理化建议，凡建议被采纳，发给 500 日元至 10 万日元不等的奖金。实施创造发明设想运动以来，公司收到的创新建议、构想逐年增加。除了节假日，平均每天差不多有数千条建议，而采纳率高达 83%。结果公司支付了 4.1 亿日元的奖金，而仅一个制造部门，当年就获益 160 亿日元。

当然，在创新的实践中，不少新颖的主意难登大雅之堂，但仍应予以欣赏和奖励。它代表了社会所需的品质——首创精神、雄心壮志和别出心裁。

三、创新过程

创新并非少数专家们的特有领地，一般的涉猎者也完全能提出创新思想。创新思想是“产生的而非再生的”，它是一个完整过程的结果。多年来，一些专家们始终致力于创新思维的研究。他们认为，创新的过程(包括艺术创造)都可以划分为若干个阶段。早在 1926 年就有人提出了创新思维过程的四阶段论：(1) 准备；(2) 构思；(3) 明朗；(4) 确立。以后又有人在此基础上做了进一步修正，提出了更为精确的所谓“创新五步历程”。它们分别为：

(1) 收集素材。这是一个积累的过程。在这段时期，需要做广泛的探索，研究与问题有关的一切事物。积累和搜集各种有用的信息与素材是进行创作的必要前提。

(2) 深思熟虑。在此阶段要克服各种思想障碍，发挥思维的灵活性，运用多种创造原理，诸如演绎、归纳、移植、侧向思维、分析与综合等思维方法，进行思索。此阶段有时也会闪现出思想火花(灵感)，经过时间的孕育，也能发展为创新思想。

(3) 酝酿储备。即通常所谓的孕育阶段。当某些新思想偶尔浮现时，也许它是以初级、粗糙的形式出现的，需要进一步琢磨、充实与完善，把原始的数据信息和思索时发掘的新资料通过加工整理，进行酝酿构思。

(4) 领悟发现。这是做出创造性发现的阶段。在这阶段，直觉、灵感、想象等非逻辑思维起着决定性的作用。在继续深思熟虑与酝酿储备的基础上，一旦出现了思维的飞跃，则新的认识与见解也就最终产生了。

(5) 确立完善。对创新思想，通过修正、扩充、提炼加以完善，并运用评估的能力加以检验与抉择。

以上划分的各阶段，只是大概地反映了人们创新的思维过程。在实践中，这些阶段并非是截然分割的、刻板的法定模式。它通常是一个不太规则的过程。有时酝酿期很长,可能在较长的一段时间内无明显进展。但在不曾预料的时候会突然出现一个飞跃。作为未来的管理者,理解上述创新的过程不仅有助于充分发挥自身的创造性,也有助于激励他人的创新能力。

管理聚焦

中国民营企业的管理创新

人们通常认为中国企业不大可能产生全新的管理理念。一方面,作为制度管控下的庞然大物,中国的国有企业尚在初步试水西方管理经验;另一方面,中国还未出现类似通用电气或三星那种规模的世界级企业。不过,如今中国能够提供的管理经验,多过大多数其他国家。

没错,中国的优秀民营企业并没有像50年前的丰田等日本公司那样,在综合质量管理、持续优化、准时制生产方面踏出一条全新的管理路径。它们教给其他企业的是当下的管理规则:响应能力(Responsiveness)、随机应变(Improvisation)、灵活性,以及速度。过去30年间,中国企业必须面对复杂多变的环境,这让它们学会了运用与众不同的方式去管理。中国企业面临的事实上是一个快速进化中的庞大生态系统:时而高速发展,时而发展放缓;既有大规模城市化进程,也有庞大的农村市场;激烈竞争与地方腐败共存……处于这个生态系统中的企业必须奋力拼搏才能跟上节奏。在中国,大批创业者倒下,而幸存者则变成拥有资源且能灵活应变的强大竞争者。事实上,他们可能是一个新时代的先锋。在这个时代里,快速适应、于混乱环境中找准方向,筛选人才时看重潜力而非经验,才能够获得全球性的竞争优势。

过去5年间,波士顿咨询集团研究了30多家中国民营企业,发现其中大部分做生意时关注的是即兴发挥和速度,商业模式大多强调规模经济带来的低成本。由此产生的管理思维是:高度重视收入的快速增长和资产周转率的改善;准确把握时机;青睐儒家思维,喜欢让所有人向顶层汇报的简明组织结构,强调"去中心化"、扁平化和近乎自治的事业部独立业务运营;强调各利润中心单元的自主权和问责制;对中国过去的动荡和债务累累深深恐惧;具备与不同权力阶层打交道的能力。优秀企业还具有另外一些特质:以强烈的意愿和开放的心态来试验各种激进的管理技巧和实践。

被调查的中国民营企业,其依赖的能力主要是下游行业竞争力,它们不涉及上游技术创新、原创设计、物料选择以及设备设计,也不涉及客户研究和市场调研。中国企业刚刚开始获得设计能力,采纳较高成本的组织结构。它们的下游导向,令中国企业的做法与西方同行产生明显差异。

中国企业通常会保持工程和制造的紧密相连，一般两者并举。而在跨国公司，这两个职能之间的组织距离通常会比较远。中国企业倾向于通过正规的授权合作或是逆向工程来获取新技术，但是它们会在公司内完成实验和生产所需的体力劳作。而优势迥异的跨国公司的做法则完全相反——公司内创新技术、设计，外包生产劳动。尽管工程与制造人才越来越贵，但是中国企业仍然倾向于雇用更多中层工程与制造人才。通常，跨国公司改善流程设计，就是为了精简生产步骤和劳动时间。但是，“富余”的工程设计和制造人员，却让中国企业拥有宝贵的实验调整能力，能够解决棘手难题。不少人都知道一件轶事：苹果当年在推出第一部 iPhone 的最后时刻不得不重新设计屏幕，深圳供货商连夜把工程师从睡梦中叫起来，仅用 4 天时间，研发出更好的屏幕，并彻底改造生产线。

中国企业家需要熟练使用非市场战略。与政府及其他重要行业搞好关系，在中国至关重要。在中国，做成一件事需要涉及的合作方，比世界上任何地方都多。聪明的企业会花心思理解各省市党和国家机关组织架构图，以及其中暗含的权力结构。其中的关键在于了解什么事情该找什么官员来做，以及官员想要什么，然后才能找出互惠互利的地方进行合作。在中国，企业高管们把结交政府权贵视为必不可少的管理成本、税收责任和市场准入途径。另一方面，中央政府需要企业家来创造生产力、扩大税收基础和解决失业问题。中央政府还需要引入一些企业家作为重要的政治支持者。总之，创始人、管理层与政府官员之间的合作通常是解决双方问题，而非滋生腐败。这种权力状态和薄弱基础设施的独特结合，也让深谙关系之道的创始人，如万向的鲁冠球和东软的刘积仁，掌握了创投新行业的方法，因为他们懂得如何从头开始、如何建立关系快速推进。

中国商业的重中之重在于因时因地制宜。中国实际中成长起来的管理实践更为内部、垂直和本地化。回想亨利·福特、美国无线电公司(RCA)、标准石油(Standard Oil)时代，国家市场和专业管理在美国雏形初现——今日的中国在很多方面都像是那个时代的历史重现。如今美国跨国公司虽然有诸多机制来协调、整合和控制事业部，却要花费气力来保持精益和敏捷。管理的未来应该介于西方自上而下的改良与中国的自下而上的成长之间。两者都有很多值得对方学习的地方。

[资料来源] 托马斯·豪特：《中国式管理新路》，《哈佛商业评论》2014 年 9 月。

第四节　常用的创新技术

国外有一门新课“创造学”，产生于 20 世纪中叶，作为一个科学体系，尚不够成熟，但已初步形成一门独立的学科。该学科对人在创造性活动中的心理过程特征及心理障碍做了研究,并在此基础上提出了一些创新技术和方法。这些技术在美国称为创造工程,在日本称为创造工学,在德国称为创新构想发现法。

一、头脑风暴法

世界上第一种创新技术即头脑风暴法(Brain Storming),简称BS法,由现代创造学的奠基人之一,美国的奥斯本(Alex F. Osborn)于1939年首创。他在伯法罗大学传授创新技术,于1957年著书公开这一发明。

所谓BS法,其实质就是一种特殊形式的小组会。它规定了一些特殊规则和方法技巧,从而形成了一种有益于激励创造力的环境气氛,使与会者能自由畅想,无拘无束地提出自己的各种构想、新主意,并因相互启发、联想,而引起创新设想的连锁反应。其基本要求如下:

(1) 参加者为6~12人,最好有不同的背景,可从不同的角度分析观察问题,但最好是同一层次的人;

(2) 鼓励参加者提出疯狂的、别出心裁的和极端的想法,甚至是想入非非的主张;

(3) 鼓励修改、补充并结合他人的想法,提出新建议;

(4) 严禁对他人的想法提出批评;

(5) 数量也是一个追求的目标,提议多多益善。

这种方法着重指出,一个参加者所表达的想法,即使是想入非非或显然难以实行的,却有可能使另一个与会者受到启发,而提出使它变得可行的意见来,或提出切实可行的改进建议。那些异想天开的主意之所以有用,是因为它们开拓了新的探索方向。

会议主持人必须执行阻止批评这一规定,必须反对为某一设想进行"渲染",也必须约束插科打诨。当会议出现冷场时,他应提出自己的想法,或把问题引向一个新的方向来活跃气氛。当大家感到疲劳时,则应结束会议。

会议欢迎大家出主意,特别强调要阻止批评他人的提议。附和并发挥别人的设想是受欢迎的,应给予优先发言权。

头脑风暴法的主要作用是给予鼓励,允许敞开思想,并创造机会和条件,为成员中富于创造力的人提供新的、适当的或间接的联想。提案的数量是重要的,通过较多的数量以求得质量。因此,问题提示的设计要考虑能引出较多的答案。例如,给某物取一个名字、提一句口号、确定其使用方法或用途等。具体地说,如给一种新的润肤香脂定名,为一个安全运动提口号,对透明胶带或铝箔创造新的用途,如何使新的消费者对某一产品感兴趣等。处理这类问题,头脑风暴法要比其他方法更见成效。用头脑风暴法所得到的方案也比与会者个人单独提方案在数量上要多得多。

对所提的建议和方案做出评价,可由该小组自身也可由他人进行。如由同一小组来评价这些提议，最好安排在会议结束几天之后。

多年来，这套基本方法有了好多种变化形态，需视小组规模的大小和所提问题的类别而选用。但它们都强调一点，即在会议中必须不做批判性的评论。

二、形态方格法

形态方格法亦称形态分析法(Morphological Analysis)或信息交合术，是美国加州理工大学瑞士裔美国人茨维基(Zwicky)博士1948年首创的一种方法。他把一种数学处理的技术以定性的方式，对一些复杂的问题做系统研究。此技术现已被应用于许多方面，包括产品设计、技术革新、市场研究和社会问题分析。

作为一种创新技术，其核心思想认为：许多发明创造的成果并非什么全新的东西，而只不过是旧事物的新组合。因此，如能对问题加以系统的分析和组合，便可大大提高创新成功的可能。其具体步骤如下：

(1) 搞清楚所要解决的问题；

(2) 确定与问题相关的重要独立要素或方面，立出各要素方面的所有可能形态及属性；

(3) 将各独立要素及可能形态排列成矩阵形式；

(4) 从各要素及属性中选取可能状态做任意组合，从而产生出解决问题的可能构想；

(5) 对各构想做比较、评价，并选出最佳构想。

此技术是产生大量构想的理想工具，对于一些探索性的或寻求机会性质的问题最为适用。玛佳如(Majaro)1991年建议对下述事例出点子、提构想，应用此法特别有用。这种方法的内容有：

(1) 新产品或服务；

(2) 新材料的应用；

(3) 新的市场细分与应用；

(4) 以新的方式发挥一种竞争优势；

(5) 新奇的促销技术；

(6) 确认新的选址机会。

三、综摄法

“综摄法”(Synectics)一词源于希腊文，意为“把表面上看来无关联的事物做强行结合”，有点“强拉硬扯”“硬往一起捏”之意。这是以类比思考为核心的著名创新技术。综摄法原先是由歌顿(Gordon)最早提出的，他观察了个人的创造活动，并推断了创造活动的心理过程,发现在创造活动中有几种心理状态会反复出现,如迷恋、清醒、拖延、遐想、超脱、快感等。人们只有达到这些境界,才能产生更大的创造力。这些心理过程同样也适用于集体创造活动,通过集思广益,其创造效率将更高。综摄法的英文词头"syn"是"共同、一起"的意思,所以此法也成了集体创新的一种方法。这种方法的基本观点假设如下:

(1) 人人都有创新能力,它并非少数人特有的神秘东西;

(2) 人类的创造活动有共同的心理过程,这些心理过程是可以描述的;

(3) 在创造活动过程中,非理性的和不自觉的感情因素比理智的理性因素更为重要;

(4) 这种心理过程可以通过适当的方法加以训练并驾驭它;

(5) 集体的创造过程可模仿个人的创造过程。

综摄法主要运用两大操作机制:

第一步,变陌生为熟悉。即对不熟悉的事物用熟悉的事物和知识去分析对待它。此机制主要是让人们能以新的方式观察问题,以便更好地理解它。

第二步,变熟悉为陌生。即对熟悉的事物和知识以不熟悉的态度来观察分析,从而启迪出创造性的设想来。其主要目的是让解决问题者能超脱问题本身,以发现更具创新性的解决办法。

在上述过程中,综摄法主要运用类比和隐喻来分析问题和提出可能的答案。常用的类比手法有:

(1) 个人类比,即把自己想象为自己的工作对象,并融入个人的感情和感觉,以求得对问题的洞察。

(2) 直接类比,是把某一领域的事实、信息、知识和技术用于另一领域;在运用这一手段时,人们的经验与知识越丰富越好,以找出与手中问题有相似关系的现象;模仿生物界是直接类比的材料宝库。

(3) 象征类比,就是以事物的抽象的象征物,来表述事物的本质。例如,绿色会使人联想到生命。当然并非人人都有类似的感觉,且绿色和生命之间并没有必然的逻辑联系,但关键是它能触发由此而引起的联想。

(4) 幻想类比,即用幻想表达个人所希望的、最理想的解决问题的方法。这是基于弗洛伊德的观念,即人的创造性思维和其希望完成创造的意愿有强烈的相关性。

上述各种类比法在实际应用时,常常是交叉使用的,不一定局限于一种类比,有时类比又产生类比,最后就产生了较理想的构想。目前,综摄法已在世界上得到了广泛的应用。

本章提要

市场经济是有周期波动性的,要使经济得以持续发展,各社会组织就需要不断进行创新。企业也不例外，企业的管理者只有发扬企业家精神，从事有系统的创新工作，才能确保企业长盛不衰。

企业要成为企业家型的组织，必须要创造新顾客、开拓新市场；必须要创造资源或赋予资源一种新的创造财富的能力；重视社会创新及开发利用变化。

有系统的创新，可从七个方面的变化寻求创新机会，企业的主管应鼓励员工的首创精神。管理人员理解创新思维过程不仅有助于发挥自身的创造性，也有助于激励他人的创新能力。

创新的技法与技巧层出不穷，在许多卓有成效的创新技术中，最为著名的有头脑风暴法、形态方格法和综摄法。了解并掌握一些创新技术，将对创新实践有很大的裨益。

复习思考题

1. 你是如何理解企业家与企业家精神的？
2. 在大型组织或公司中，如何激发企业家精神？
3. 什么是创新？它与发明、创造有何区别？
4. 一些有创意的新产品投放市场后有的大获成功，有的则不然，为什么？
5. 比较头脑风暴法、形态方格法和综摄法各自的长处、局限及适用对象。

第十六章
管理领域的未来发展

全章脉络

学习目的与要求

1. 区分多国公司和跨国公司的概念;
2. 明确国际经营环境的变化趋势;
3. 清楚国际管理的特征以及21世纪国际管理者的特点;
4. 掌握学习型组织中五项修炼的具体内容;
5. 理解全面质量管理的内容、特点和意义;
6. 了解21世纪管理领域面临的新挑战。

管理专业术语

International Management The performance of the management process across national boundaries.

Ethnocentric A management philosophy that leads to the creation of home-market-oriented firms.

Polycentric A management philosophy oriented towards pursuing a limited number of individual foreign market.

Regiocentric (Geocentric) A management philosophy oriented towards larger areas, including the global marketplace.

Learning Organization An organization in which managers try to maximize the ability of individuals and groups to think and behave creatively and thus maximize the potential for organizational learning to take place.

Total Quality Management (TQM) A management technique that focuses on improving the quality of an orgnization's products and services.

Six Sigma A quality standard that establishes a goal of no more than 3.4 defects per million parts or procedures.

Productivity The overall output goods or services produced decided by the inputs needed to generate that output.

Knowledge Workers Specialists, such as engineers, architects, or scientists, who design products, services, or processes and create new knowledge for organization.

21世纪，我国企业面临市场全球化和网络化的双重挑战与威胁，如何与国际经济接轨，如何真正建设好现代企业制度，这是每个管理人员值得探索的问题。在当今以人为本的知识经济社会，学习国际管理知识，建立学习型组织，深入抓好全面质量管理以及迎接新的生产率挑战都是未来管理的重要方面。

第一节　国际管理

科技的进步缩短了世界各地区的距离。在“日趋变小”的地球上，人们正不断走入一个跨越文化、跨越国界、跨越民族、跨越宗教信仰的全新版图，诠释并发展着人类历史中国际管理的全新内涵。

一、国际经营环境的变化趋势

由于受世界政治、经济、文化、法律等诸多因素的影响，近些年来，国际经营格局、经营环境也相应发生了一系列的重大变化，主要体现在以下几个方面：

(一) 从多国公司到跨国公司

国际经营的产生和发展由来已久。例如，西门子公司早在19世纪就已开始寻找适合其产品销售的国外市场。到了20世纪20年代，一些规模较为雄厚的大公司，包括菲亚特公司、福特汽车公司和英荷皇家壳牌石油公司等都已逐步进入了多国化经营的模式。但多国公司涌现的高潮还是要属20世纪60年代中期以后。多国公司(Multinational Corporation，MNC)实际上是指在本国以外多个国家从事重要经营活动，但以本国为基地对国外经营活动进行集中管理的公司。多国公司的大量涌现促进了国际贸易的快速增长，同时也带动了全球经济的迅猛发展。

随着多国公司范围和目标在全球的广泛延伸，多国公司自身也逐渐发生演化，形成了一种更为普遍的组织——跨国公司(Transnational Corporation，TNC)，是指同时在两个或两个以上国家从事重要经营活动，并在从事经营活动的所在国分散制定决策的公司。这种组织类型不是通过对本国成功经验的复制来集中管理国外运营点，而是在每个国家中，雇用当地人员，通过员工本土化来进行经营管理，而且每个海外机构对所制定的产品和市场战略拥有完全的自主决策权，并根据当地的人文特色来制定。例如，雀巢食品公司就是一家跨国公司的典范，它的业务几乎遍及世界各国。而各国的管理者也都根据各自所在国顾客的需求配置、销售其产品，比如雀巢公司在欧洲地区销售的产品，与在美国或拉丁美洲销售的产品就是不完全一样的。

多国公司发展为跨国公司的趋势，很好地说明了管理者眼光的日趋全球化。国界已不再成为阻碍经济发展、限定企业扩张的“瓶颈”。管理的国际化、全球化已成为一种潮流所向,备受世人的瞩目。

(二) 从民族中心导向到区域中心导向再到全球中心导向

国际商务活动的早期主要是以民族中心主义的观点为指导的,换句话说,也就是所有子公司的经营导向与类型是完全根据母公司的经营导向与类型而决定的。这就造成了许多海外子公司经营决策的不便。过分地受控于母公司更使得许多子公司无法利用当地的天时、地利、人和进行业务拓展,丧失了诸多发展良机。鉴于此,后来产生了一种多中心经营观,即给予外国附属公司一定程度的管理自主权,配备当地人员,实现经济本土化。而 20 世纪 90 年代以来,国际竞争已不再仅仅是国家对国家的形式了,全球竞争正随着区域性合作协议的产生而被重构。像欧洲联盟、北美自由贸易区、亚太经济合作组织等的出现,使国际经营迈入了区域中心导向的阶段。区域中心导向使得国外经营人员的配备开始了以区域为基础的历程。区域性联盟的出现大大改变了各国、各地区的经济合作和力量对比,形成了新的全球经济格局,促进了全球经济一体化的进程。而现代的跨国公司更应具有全球中心导向的意识,这意味着将把整个组织看成一个在许多国家从事经营的相互依存的系统。公司总部与附属企业之间保持着良好的合作关系,存在着双向的交流沟通。此外,也开始聘请各种不同国籍的有才华的经理人员出任公司的重要职务。总之,跨国公司的导向应是真正国际性的、超越了狭隘民族主义观点的。

二、国际管理者

无论是大型的跨国公司还是小型的国际性制造商,在日趋繁忙的国际事务中都不断寻找着一些敢于接受挑战的国际型管理人才。他们无论男女,都能在瞬息万变的国际环境中做出英明果断的决策,都能在接二连三的不确定中充分展示自身的才智。

然而,要成为一名国际管理者尤其是成为一名能在非本土领域中实现有效管理的管理人员,需要具备多种素质和技能。他必须热爱并熟知东道国的一切,包括东道国的历史、风俗、人文景观等,必须精通东道国的语言、经济、消费者、贸易法规等,而最重要的是,他必须具备一定的坚韧性和灵活性。概括来说,21 世纪的国际管理者应具备以下特征:

(一) 具有全球战略意识

21 世纪的国际管理者应具备敏锐的触觉和深邃的智谋。他应善于观察和捕捉存在于世界市场中的各种机会,并对于世界市场的变化趋势拥有较强的判断力、洞察力和预测力。无论是身处东京还是身处伦敦,他都能掌握完备的信息,进行有效的工作。21

世纪的国际管理者必须了解、掌握在全球经济中实行成功管理的“秘诀”。

(二) 熟练运用尖端科技

21 世纪,国际管理者若想始终保持自己企业所处的领先地位,就必须拥有勇于创新、革新的精神。运用人类文明的各种最新成果去创造各种新的更好的产品来满足人们不断更换的需求,从而维护自身的市场地位和竞争优势。

(三) 合理把握政治风险

通晓当地的法规,了解国际条约,清楚贸易壁垒,掌握不断变化的货币价值,这些都将成为 21 世纪国际管理者的必修课程,占据着管理者的大部分时间。

(四) 具备团队领导能力

作为一名国际管理者,拥有传统意义上的非凡领导能力固然不错,但最重要的是他必须具有组建团队、激励团队有效合作的能力。作为管理者,他可以不是某一方面的专家,没有某一方面的特殊技能,但他必须具备这样一种能力、一种魅力,那就是使这些专家和具有特殊技能的人士愿意为他所用,从而形成组织内部良好的团队合作氛围。

管理聚焦

企业全球化第一步:拥有“情境智慧”

情境智慧(Contextual Intelligence)是指企业把握已有知识的适用范围,并能适时调整,使之适应不同环境的现实的能力。如果不具备情境智慧,企业开展跨国业务就极有可能失败。

为获得情境智慧,除分析制度环境外,企业还必须广泛了解当地社会状况,包括知识产权状况、美学偏好、对权力的态度、对自由市场观念的接受程度甚至宗教差异。最困难的任务往往是“软性”的,如调整思维方式、把握普遍准则与具体实践间的差异,以及对新理念保持开放心态。

优秀企业无一例外拥有缜密的商业模式和纪律性极强的企业文化,这使它们能在本土市场取得成功;但也正因如此,当环境变化时,它们的调整适应能力反而更成问题。如果只是商业模式的一两个环节需要改变,企业适应新环境并无障碍;但通常企业需要做出非常复杂的调整。此外,即便在非常成功的企业,也很少有高管真正理解商业模式成功的原理,因此很难实施流程再造。此前的成功经验也会催生管理者的自负,不可避免地造成组织僵化。

有些获取情境智慧的方式知易行难,也并非廉价:雇用熟悉多种文化的员工;

与当地企业合作;发展本地人才;在商学院的研究和教学中引入更多实地考察活动和跨学科知识;花时间广泛深入了解当地文化。以下仅提醒读者注意几个易忽略的问题。

(1)"硬"知识易得。一旦你愿意坦承自己高估了对当地市场的了解程度,并下决心调整运营模式后,你就会发现,研究当地制度环境并不难——实际上,利用公开信息就能了解基本情况。管理者还可使用流程指南或备忘清单等工具识别和归纳不熟悉的现象。根据制度环境分析的结果,企业不仅要改进行业分析模型,也要调整一般战略工具的使用方法,如盈亏平衡分析、企业关键资源识别等。

(2)"软"智慧难求。管理者在国际化经营时,往往对他国市场持有一些根深蒂固的成见。例如,很多人相信,所有国家最终都会实行自由市场经济。但相当多证据显示,在可预见的未来,中国仍会保持宏观调控型的市场经济模式。管理者的另一种固有倾向是复杂现象简单化解释。卡尼曼(Kahneman)和特沃斯基(Tversky)描述过的锚定效应和自负等认知偏差,会加深这一倾向。

(3)勇于试错。为获得情境智慧,改变思维定势、抛弃认知偏差还不够,我们必须建立新的思维方式和分析框架。这当然无法一步到位。但如果不尝试从经验中寻找规律,我们就无法有效建立知识库。因此,数十亿美元级别的大公司也需要找到初创企业的感觉:提出假设、检验假设,并不断以最小代价快速试验。在这种模式中,企业无须穷尽分析所有可能性,而应学会对实验结果做出迅速反应。

(4)大原则通行,具体语境千差万别。把握两者关系的能力非常重要。跨国企业在追求全球化统一的品牌形象与战略管理的同时,在不同市场环境中,需要对运营模式做出重大调整。

(5)尊重发展规律。我们总倾向于高估发展中国家社会经济转型的速度。有些技术革新能够立即产生影响(如手机在新兴市场迅速普及),但这实属例外。研究充分证明,将外来技术引入一国平均需要数十年时间;制度变革则可能更慢。

(6)自主获取数据。管理者应关注所在市场环境中的真实数据,而非凭空想象,因此企业应尽可能掌握数据来源。对于向北美和欧洲之外拓展的企业,这点尤为重要。研究者所谓的 WEIRD(Western, Educated, Industrialized, Rich, Democratic,即西方、高受教育程度、工业化、富裕、民主)社会,与其他社会存在诸多差异,包括公平观念、合作习惯、逻辑思维习惯和道德标准,以及自我观念等。因此,管理者不应依赖外部数据来源或过多关注其他跨国企业表现,而应自己着手研究当地市场环境,在摸索和试错中寻找机会。

(7)收集信息时要考虑当地环境特殊性。有时社会规范比个体动机对行为的影响大。例如,对于节水设备公司,研究当地村民如何使用公共水井,比调查家庭用水情况收获更大；在社会等级分明的地方，小组访谈可能效果不大，更有效的方法是分析并适应当地的“地位”规则。

(8) 成功需要耐心。制度变革是一个渐进过程，企业的能力质变也不可能一夜间完成。管理者必须给予员工足够的时间，在当地市场环境中充分沉浸。为培养跨专业、文化视野广阔的领导人才，国际咨询巨头 WPP 集团创建内部培养项目。每期有 10 名培养对象被派往世界各地的分支机构，他们有机会熟悉当地市场环境、拓宽职业视野，同时能得到集团高管的亲自指点。该项目在 WPP 集团内被视为通向成功的“门票”。参与项目的高潜力管理者总体保留率达 65%，在以跳槽频繁闻名的咨询业，这个数字非常醒目。

[资料来源] 塔隆·卡纳：《跨国管理与情境智慧》，《哈佛商业评论》2014 年 9 月。

三、国际管理中的环境变化

在国际性企业中从事管理工作的管理者在运用其管理职能时通常会遇到比那些不涉及国际性事务的组织更为复杂多变的外界环境。这是因为国际管理者所要面对的环境不是局部性的，而是全球环境。换句话说，它包括该企业在海外所有分支机构所在国的环境总和。这些环境主要由四个基本因素组成：法律、社会文化、经济和政治。

(1) 法律环境，包括传统法规、有效的法律体系、对外的法律条约、专利、商标法、公司法等。

(2) 社会文化环境，包括风俗、规范、价值观、信念、语言、态度、激励制度、社会制度、权势象征、宗教信仰等。在国际管理的环境中，了解所在国的文化，对一个管理者而言尤为重要。

(3) 经济环境，包括经济发展水平、人口、国内生产总值(GDP)、社会基础结构、自然资源、税收系统、工资水平、利率、通货膨胀率等。

(4) 政治环境，包括政府构成、对外政策、反对党的势力、政局的稳定性、社会动荡情况、政治意识形态等。

因此，作为一名管理者，应时刻关注各种多变的环境因素，寻找和发现那些有利于组织发展的环境契机，同时也要分辨出那些对组织运作产生负面影响的变化趋势。有一点必须牢记，那就是环境往往是动态且易变的。尤其是对于那些参与国际金融活动的组织，或者打算在海外投资创建工厂进行生产扩容的组织而言，分析被投资国的政局稳定性、政府对外资注入的态度、社会的动荡程度以及对外政策等，都显得尤为重要。此外，作为一名国际管理者，还必须认识到在多变的国际环境中，机会与威胁是共存的，它们可能存在于世界的任何地方，所以要关注全球经济的成长。

四、国际管理中的各项管理职能

国际管理人员的队伍组成可能来源于三个方面：(1) 该国土生土长的管理人员；(2) 母公司所在国的管理人员；(3) 其他第三国的管理人员。在多数跨国公司中，这三种成分的管理人员是同时存在的。但是，在一个国际性组织中，管理同样具有计划、组织、领导指挥、控制等各项职能。

(一) 计划

国际管理中的计划编制与一般管理中的计划编制一样，也需要有这样几个步骤：评估环境、拓展假设以及根据假设进行预测等。但在国际性企业中，这些步骤所包含的内容却要比国内企业复杂得多。因为对于一个国内企业而言，其所考虑的环境较为单一，只局限于一个国家，而对于跨国公司来说，则必须考虑到所有分支机构所在国的环境情况。有时各个国家的环境情况还会产生交叉作用，这时作为管理者就需考虑这些互动因素到底会给哪些特殊区域造成重要影响、会造成什么样的影响、该如何采取措施等。

在发展性的计划中，国际管理者还需特别考虑以下几个方面的情况：

(1) 政治稳定程度和风险大小。计划的制定要考虑到该国政府潜在的可能变革，要重视该国政府在外资引进上方针、政策的变化。

(2) 货币稳定性。该国汇率、利率的稳定与否，币值的坚挺或疲软都将直接影响企业未来的命运，是遭受重创还是获得巨大成功。

(3) 与当地企业竞争的情况。在国际管理的计划中，还需特别考虑本企业与当地企业在竞争过程中是否能取得优势这一现状。因为当地政府往往会出于对某些产业进行保护和扶持的考虑而给予当地企业更多各种形式的支持，使得这些企业在价格竞争中能占据有利的形势。

(4) 民族主义观。民族主义色彩的浓重与否将直接关系到组织内的晋升问题、区域管理人员的聘任问题、进口控制的实施问题以及出口利润的留存问题等。

由此可见，在国际管理中，计划是十分复杂、烦琐的。一旦管理者在某一方面没能考虑周全，就会直接影响组织能否适时、合理地进入相应的国外市场。

(二) 组织

企业通过对其组织结构的不断完善、发展来实现其目标。当一个组织的规模发展到跨越国界的程度时，其原先的组织结构也就不得不进行适应性的调整了。虽然一个组织到底采用何种组织结构是由其目标所定的，但在跨国公司中，通常有这样三种适用于不同阶段的结构模式：

(1) 国际化早期阶段。该阶段是组织初涉国外市场的阶段。组织通过自身所拥有的科技新产品在国际市场上站住了脚。但在该阶段,组织还没有一个独立的专门从事国际事务的部门,而只是在其营销或市场部中特设一名专门从事出口贸易的经理。

(2) 国际化阶段。当母公司认识到自身在专业人员、专有技能、专项资源等方面后备力量不足时,就会考虑到通过国际市场中的机会去寻找和挖掘。这时,在组织中就会自然而然地分离出一个独立的部门去专门从事国外事务。这个部门通常由一位副总裁单独负责,直接向总裁或 CEO 汇报工作。这时的组织在结构上明显地分为两大块——国内事务部和国际事务部。

(3) 全球化阶段。随着国际化运作的不断深入发展,高层管理者开始对组织进行全球化前景的构思,这意味着组织已开始步入全球化的结构模式。这时,组织对于国内事务和国际事务已不再进行明显的部门划分了,而是将它们融合到了整个组织之中。在这个阶段上的主要结构模式有职能部制和事业部制。事业部制又包括产品事业部、市场事业部以及混合事业部三种,其主要的区别是事业部划分标准上的不同。产品分部门主要是以产品为事业部的划分标准,市场事业部则是以市场区域为划分标准,而混合事业部的划分标准是两者兼而有之的。

当今,有许多世界知名的大公司都在海外开设了众多的分支机构,像通用汽车公司在日本、英国、韩国、中国等国家和地区都设有子公司,而福特汽车公司则在日本、韩国等国家设立了分支机构。这些大公司现在都采用了事业部式的组织结构,而事业部式的组织结构也由于其灵活、方便等特点正越来越受到全球化组织的偏爱。

(三) 领导指挥

由于世界上各个国家的人们在语言、文化、风俗、传统习惯以及工作态度上存有差异,所以,国际管理中的领导指挥面临着来自监督和沟通上的两大难题。

来自不同国家的员工,会因为各自固有文化的差异而造成在许多意识领域内对问题及其实质有着截然不同的理解。例如,日本人有较强的等级意识,有明显的上下级界限,哪怕是办公时所用的笔都会有显著的权力、地位之别。但他们却很注重团队意识,强调团队合作精神,不特意突出某一个人的单独作用,而且日本人很强调对组织的忠诚性。美国人却恰恰相反,他们喜欢个性的发挥,讲究独创性,而且不限制“跳槽”,鼓励每个人尽情发挥各自的才能,相对地对于团队合作就不太注重了。又如,德国人和法国人比较注重入校学习等。不同的文化背景造就了不同的思想意识。虽然文化本身没有什么好坏、高低之分,但由于它们的差异而产生的众多理念却使得管理变得越来越困难了。而这些问题对于一个国内企业来讲,是根本无须担心的。

(四) 控制

控制的过程通常涉及这样三个步骤:(1) 建立衡量目标实现情况的指标;(2) 测量

实际业绩与指标间的偏差程度;(3) 采取必要的措施改善这种偏差。在国际管理中,控制过程也同样包括这样三个步骤。国际管理中的控制真正有别于一般管理的特殊之处是其控制系统特征上的差异。

在跨国公司中,通常会运用多种控制方式对一些组织行为和组织绩效进行监督和调节,主要包括这样两大类:直接控制和间接控制。直接控制可有多种形式,包括定期开会讨论国外分支机构业绩、母公司高层领导对分支机构直接进行工作访问、将分支机构中的雇员直接隶属归母公司管理等。间接控制则可以通过各分支机构定期向总公司递交工作报告,详细汇报在一定特殊时期内其工作进展情况等形式来实现。其中,最主要的衡量标准是投资回报率和利润。对于预算与实际支出的比较,则可采用诸如资产负债表、利润表、现金流量表等工具来衡量每个在外分支机构的财务状况。

与计划一样,国际管理中的控制也由于受到文化、经济、政治、法律等环境因素的影响而显得较为复杂。由于各国的结算方式、制表要求、语言表达等都各不相同,就使得控制在操作上存在一定的难度。

总之,虽然组织朝国际化方向发展的趋势不可逆转,但在这个过程中将会存在一系列的"角色"转变问题、组织结构更新问题、各种文化的整合问题。尤其对于管理者而言,必将面临更多的挑战与实力的较量。

第二节 学习型组织

《财富》杂志中有一文曾明确指出:"20 世纪 90 年代最成功的公司,将是那些建立在学习型组织基础上的公司。"世界变化速度的不断加快要求组织不能再像过去那样一味地被动适应周围的环境。1970 年列名于《财富》"500 家大企业"排行榜的公司,到了 20 世纪 80 年代却有 1/3 销声匿迹了,所以,组织只有通过不断学习,才能在日益激烈的市场中求得生存、求得发展。1990 年,美国麻省理工学院斯隆管理学院的著名教授彼得·圣吉(Peter M. Senge)发表了其享誉世界的著作《第五项修炼——学习型组织的艺术与实践》,引起了世界管理理论界的关注与轰动。他提出了学习型组织所需的五项修炼技能。

一、第一项修炼:自我超越(Personal Mastery)

组织的学习需要通过个人的学习才能实现。虽然个人学习的同时并不能保证整个组织也在学习,但是,如果没有个人的学习,组织的学习也就无从谈起了。所以,自我超越首先是一种个人成长的学习修炼,不断厘清并加深个人的真正愿望,集中精力,培养耐心,并客观地观察现实。具有高度自我超越的人会不断挖掘其内心最本质、最真实的信念，会不断扩展其对生命内涵和价值的理解，从而以个人追求不断学习为起点，形成学习型组织的精神。

要实现自我超越，首先要明确两点：其一，对我们最重要的到底是什么；其二，我们目前所处的真实情况到底如何。清楚了这样两点，也就清楚了愿景（Vision，愿望的景象）与现状的距离，这时心中便会产生一种创造性张力（Creative Tension），一种想把两者合而为一的力量，而自我超越的关键点就是学习如何在生命中产生和延续这种创造性张力。

自我超越是指突破极限的自我实现，或技巧的精熟。在这里，"学习"的含义也并非单指获取更多的信息，而是培养如何实现生命中真正想要达成的结果的能力。所以，要做好以下几点：(1) 建立个人愿景。大多数人对于其真正愿景的意识通常会显得较为微弱，易把它与阶段性的目标相混淆。其实个人的愿景是指心之所向，通俗而言，即个人所真正追求的终极目标。把焦点放在真心追求的终极目标上，而并不是仅放在次要的目的上，这种能力的具备是自我超越的基石。(2) 保持创造性张力。即使愿景是清晰的，人们对于谈论自己的愿景却还有很大的困难。因为存在于愿景与现实之间的差距会被人们敏锐地意识到，所以我们需要一股正面的力量来帮助缩短其间的距离，这股正面的力量就是前面所提到的创造性张力。它是自我超越的核心原理，整合了这项修炼的所有要素。(3) 看清结构性冲突。多数人心中常会因为存在着一些根深蒂固的成见而限制了自己创造力的发挥。较为常见的是，认为自己没有能力实现真正渴望的事情，或认为自己不够资格得到所想要的。在寻求一个愿景的过程中，如果有无力感或不够资格的想法产生，结构性冲突的力量就会开始活动，阻止我们迈向成功。应对这种结构性冲突的策略通常有三种：第一种是消极地让愿景被侵蚀，第二种是操纵冲突，第三种则是常见的意志力运用策略。尽管如此，但由于每一种策略都有着其难以逾越的缺陷和限制，所以，这种起于内心深处的结构性冲突仍无法得到根本的改善。(4) 诚实地面对真相。在这里，诚实地面对真相不是指追求一项绝对的真理或追究万物之本源；而是根除看清真实状况的障碍，并不断对自己心中隐含的假设加以挑战，也就是不断加深我们对行为背后结构的理解以及警觉。它有助于我们尽可能地避免走入结构性冲突的陷阱。(5) 运用潜意识。潜意识对于我们的学习是非常重要的。培养潜意识最重要的是，它必须契合内心所真正想要的结果。愈是发自内心深处的良知和价值观，愈容易与潜意识深深契合，有时甚至就是潜意识的一部分。

有些组织为了达到不断自我超越的目的，设计了一些带有强烈个人色彩的成长训练课程逼迫组织成员学习，不管其出发点有多么的善意，最终必然是适得其反。那么，领导者对于培养自我超越到底能够做些什么呢？其实，他们可以为员工创造一种自我超越的组织氛围，在这样的组织中，"追根究底"与"诚实面对真相"是一种文化，而"挑战现状"则更成了一种期望。尽管如此，但在这一切中最核心的却是要"以身作则"，因为鼓励别人追求自我超越的最大力量，便是你自己先认真地追求自我超越。

二、第二项修炼：改善心智模式(Improving Mental Models)

心智模式是隐藏于人们心中的、根深蒂固的一种思维模式。它是指影响人们如何了解世界，以及如何采取行动的许多假设、成见，甚至图像、印象等。

通常我们都不易察觉自己的心智模式，因而也不太会留意它对于我们行为的影响。在生活中，我们经常会因为这个人常爱说笑话，而判断这个人比较乐观豁达；也经常会因为那个人不太爱讲话，而认为那个人比较内向腼腆。在管理过程中，我们还可能遇到过一些美好设想未有机会付诸实施的遗憾。其实，这种遗憾的造成主要是因为那些美好设想与人们深植心中的对于周遭世界如何运作的看法和行为相抵触了。因此，学习如何将我们的心智模式打开，并加以检查和改善，会有助于改变人们心中对于周遭世界如何运作的既有认知。这对于建立学习型组织而言，是一项重大的突破。

不同的人尽管观察的事件完全相同，但往往最后会有大相径庭的描述和结论，这是因为他们的心智模式存在着差异。毫无疑问，人们在分析事物时，都会首先运用自己已有的心智模式作为基础，但是，如果已有的心智模式不能客观地反映事物，那就必然会做出错误的决定。特别是当组织的领导层出现这样的情况时，小则导致组织出现经营困难，大则可能会给组织带来灭顶之灾。所以，我们需要把握改善心智模式的方法。

改善心智模式的方法主要是指反思和探询。反思主要是通过对思考过程节奏的放慢，而使我们能够更好地发觉自己心智模式的形成过程以及它对我们行为的影响过程。反思技巧也就是从辨认"跳跃式的推论"开始。由于心灵的活动速度快如闪电，故我们常习惯于将具体事物概念化，然后以这些概念来进行推论。这就好似读书时，老师常要求学生记忆各种概念和结论，一旦到了考试，尽管学生们并不真正了解其中的过程，却也可以凭借着记忆中的概念和结论得出答案。"跳跃式的推论"之所以会发生，就是因为我们直接从观察转移到了概括性的论断，而未经检验。这样的思维方式是有碍学习的，它将假设当作事实，视为理所当然而不需再加以验证的定论，这将造成很大的判断偏差和决策错误。例如，在高科技公司中往往有这样一个共同的信念，即认为抢先上市是成功的关键。也正是因为这种观点的主导，使一些本来应很好销的产品，却由于仓促上市、准备不足而惨遭失败。因此，反思自己的心智模式是非常重要的。探询则主要是关于如何与他人进行面对面的互动，处理冲突与复杂问题。当管理者晋升到高层职位时，他们所遭遇的问题往往是个人经验所无法涵盖的，这就需要深入了解别人的想法以及学习、探询他人的心智模式。通过将自己的心智模式与他人的心智模式相比较来完善自己的心智模式。

三、第三项修炼：建立共同愿景(Building Shared Vision)

共同愿景是组织中人们所共同持有的意象或景象。它创造出一种共识、一种认同感，并遍布组织活动的方方面面，使各种不同的活动融会在一起。

如果说个人愿景的力量源泉来自一个人对愿景的关切程度，那么共同愿景的力量源泉也就来自组织所有成员对愿景的关切程度。一旦这种关切达到一定程度，就会转变为一种强大的感召力、使命感，促使组织内所有的成员都为了这样一个共同的目标努力学习、追求卓越，而这一切的行为都将是发自内心的意愿，不带有任何强迫性质。所以，共同愿景对于学习型组织而言是至关重要的，它为学习提供了焦点和能量。世界上众多的大公司都建立了自己企业的共同愿景：IBM公司以"服务"、福特汽车公司以"提供大众公共运输"、苹果电脑公司以"提供大众强大的计算能力"作为组织共同努力的方向。这些共同的愿景把组织的成员紧紧地凝聚在了一起，改变了成员与组织间的传统关系，迸发出希望的火花。

然而，在现实中仍有许多管理者遗忘了共同愿景的"自由恋爱"原则，总爱将一些个人的或少数人的愿景强加于组织之上。虽然，这样的愿景也或多或少地得到了一些服从与执行，但却得不到全体成员的真心追求。真正的共同愿景绝不可能是领导者的单方面设计，而应融会每个人的利益。共同愿景的建立不仅能反映出每个人的愿景，而且会为每个人留出自我选择的空间。为此，我们需注意以下几个方面：(1) 鼓励个人愿景。共同愿景是由个人愿景汇聚而成的。个人愿景通常包括对家庭、社区、国家甚至全世界的关注，这种愿景是植根于个人的价值观、关切与热望中的。所以，有意建立共同愿景的组织，必须持续不断地鼓励成员发展自己的个人愿景。一旦人们丧失了对自己愿景追求的权利，那么他们所做的一切也就只是一种依附、顺从而已，绝不可能发自内心。(2) 塑造整体图像。个人愿景毕竟是千差万别的，要将其结合创造出组织的共同愿景是需要一个过程的。在这个过程中，不断有人陆续地加入分享组织某个愿景的队伍，随着人数的不断增多，组织愿景的整体图像日渐清晰，每个人也开始拥有一个最完整的组织图像，渐渐地共同愿景也就随之形成。此时，对于组织的每个成员而言，"我的"愿景也就是"我们的"愿景了。(3) 绝非官方说法。在传统的层级组织里，没有人怀疑过愿景应来自高层决策者。在这样的组织中，指引公司发展的大蓝图往往是一个或几个人愿景的组合，所有的其他员工都无法真正分享。这种由自上而下推行建立的组织愿景并非我们前面所说的共同愿景，因为这种愿景不是自发形成的，不能体现出组织成员的个人愿景，所以共同愿景应是自下而上、水到渠成的结果。(4) 不是单一问题的解答。愿景不是对问题的解答，如果它仅是一个解答，那么一旦这个问题解决以后，愿景背后的动力也就会随之自然消失。所以，领导者必须把建立共同愿景当成日常工作的中心来关注，它是一种持续进行、永无止境的工作。

其实，建立共同愿景是组织基本理念中的一项，另外两项分别是指组织的宗旨、使命和组织的核心价值观。这三项组织基本理念合而为一，就形成了组织上下全体成员的信仰，它将指引着组织不断发展、不断辉煌。

四、第四项修炼：团队学习(Team Learning)

团队学习是发展团体成员整体搭配与实现共同目标能力的过程。在今日，组织尤其迫切需要团队学习，因为现在几乎所有重要的决定都是直接或间接通过团队做出，并进一步付诸行动的。

在组织内部，团队学习必须顾及这样三个方面：首先，需学会如何萃取出高于个人智力的团队智力；其次，需具有创新且协调一致的行动；最后，则要重视团队成员在其他团队中所扮演的角色与影响。

虽然在团队学习中也涉及一些个人的学习能力，但它基本上是属于一种集体的修炼。既然是一种集体的修炼，团队学习就必须精于运用这样两种不同的团队交谈方式，即深度汇谈和讨论。

深度汇谈的理论和方法是由杰出的量子物理学家鲍姆首先提出的。深度汇谈是一个非常古老的观念，是指自由地和有创造性地探究复杂而重要的议题，在这个过程中，所有个人的主观思维都被暂停，彼此仅依靠心互相聆听。它的目的是想以此获得超过任何个人见解的集体智慧，从而揭露出我们思维中的不一致性。在深度汇谈时，大家都以多样的观点探讨复杂的难题，每个人提出心中的假设，并自由交换他们的想法。在一种无拘无束的探索中，人们会将一些自身习以为常、根深蒂固的经验与想法呈现出来。

深度汇谈若想有效地开展，还必须具备三项基本条件：(1) 所有参与者必须将自己的假设“悬挂”在面前。悬挂假设是为了便于不断地接受询问与观察，从而察觉和检验我们的假设。在深度汇谈中，悬挂假设必须由集体去做，因为这样可以通过将自己的假设与别人的假设相对照，让成员更清楚地看见他们自己的假设。鲍姆认为悬挂假设是一件不容易做好的事情，这是思维本质的缘故，思维会不断地使你深信，事情原本就该如此，而团体悬挂假设的修炼就是此种错觉的“解毒剂”。(2) 所有参与者必须视彼此为工作伙伴。团体的成员只有视彼此为工作伙伴，才能共同深入思考问题和发生深度汇谈。视彼此为工作伙伴很重要，因为在团体沟通的过程中，彼此的思维会不断地补足和加强，而且把彼此视为工作伙伴，能产生较好的互动作用，这对于在成员间建立一种良好的关系氛围，以及消除在深度汇谈时由于阶级差距所造成的阻碍都将是很有帮助的。(3) 必须有一位辅导者来掌握深度汇谈的精要和构架。在深度汇谈时，尤其是在团体修炼深度汇谈的早期，特别需要有一个熟练的辅导者来把握全局，因为传统的思维方式使我们习惯于将脑海中的假设视为真相本身，从而使我们相信自己的观点将比别人的观点更为正确。为了维护这种观点，我们也就会渐渐陷入争论不休的辩论之中，以致怯于将自己的假设悬挂于众人面前。如果这样，深度汇谈是根本无法取得成效的。作为一个深度汇谈的辅导者，他必须做好一个“过程顾问”的许多基本工作，这包括帮助人们了解自己是过程与结果的“主人”、保持对话的顺畅及其效率、小心地把握需要启发或直接协助的间歇，而最重要的是要有效影响深度汇谈的发展动向，等等。随着团体深度汇谈技能和经验的增多，辅导者角色的重要性将渐渐削弱，最终成为一个与其他人无异的深度汇谈的参与者。

讨论则是指提出不同的看法，并加以辩护。由于每个人都希望能使自己的看法获得群体的认同，所以往往主观上会对他人的见解采取下意识的排斥和不屑一顾，总渴望自己的观点能胜过他人的观点，这时胜利代替了真相而成为团体成员竞相追求的目标，如若这样就会使得团体学习偏出轨道，误入歧途。所以，对于深度汇谈和讨论，我们需交互使用。

在团体学习中，讨论是深度汇谈不可少的搭配。讨论是提出不同的看法并加以辩护，它可能对整个状况提供有用的分析；而深度汇谈则是通过提出不同的看法，以此来发现新的看法。通常我们用深度汇谈来探究复杂的问题，用讨论来做成事情的决议。所以，一个学习型的团体应是一个善于将深度汇谈和讨论相结合使用的组织。

五、第五项修炼：系统思考（Systems Thinking）

在生活中，我们习惯于将复杂的问题简单化，就好像对于世界我们喜欢将其拆成片段来理解一样。这种做法或许能使我们在解决问题时游刃有余，能使我们在观察世界时轻松自如，但它往往会造成我们对“整体”全局感的丧失。就好像“盲人摸象”故事中的盲人一样丧失对整体的认识、对全局的把握和对根源的分辨。所以，我们在学习型组织中提出了进行“系统思考”的修炼。第五项修炼将是所有五项修炼的核心，它强调要把各个独立、片段的事件联系起来看，以发现其内在的互动关系。

系统思考是为了看清事物的整体，因而它既应有系统的观点，也应有动态的观点。动态系统是非常微妙的，只有当我们扩展了时空的范围，了解了前因后果之后，才可能辨识出整体运作的微妙之处。尤其是对于其中的一些微妙法则，若不能辨认清晰，那么置身其中处理问题时，往往会不断受其愚弄而不自知：(1) 顾前不顾后。尽管大多数组织都知道采用一些短期行为是无法根治组织的根本问题的，但仍有众多的管理者热衷于此，这是因为它的确在短期内使人们看到了灿烂的希望。但这种希望就好似病人临死前的回光返照一样，在辉煌的一刹那背后隐藏的将是巨大的悲剧。(2) 习惯于用固有的方式解决一切问题。尽管这种做法能很快地得出结论，寻求到方案，但这种方案往往是无效的、不具可操作性的，因为这不是“系统思考”的结果。(3) 欲速则不达。大多数管理者都希望自己的组织能成长得越来越快，但任何自然形成的系统，从生态到人类组织，都有其适当的成长速率，任何过速的行为都会导致“拔苗助长”的下场。(4) 没有绝对的内外之分。对于遇到的问题，我们常倾向于归罪为他人之过。然而系统是没有绝对的内外之分的，系统思考有时常会造成问题的“外”部原因变成系统的“内”部原因来处理，这是由于解决的方案常常会潜藏在你与他人的关系之中。(5) “因”与“果”

在时空上并不紧密相连。这里的“果”是指问题的明显症状，而“因”则是指那些导致症状产生的最直接的缘由。如果我们能清楚地对于这种互动加以识别，就能产生一种持久改善组织的方法。但由于大多数人往往假设“因”与“果”在时空上是非常接近的，故真相往往易被我们的习惯性思维所掩盖，难以得出正确的结论。(6)“鱼”与“熊掌”可以兼得。有时候，即使是最两难的矛盾，当我们用系统的观点去分析、理解时，便会发现它根本不能算是什么矛盾。因此，只要采用观察变化过程的“动态流程思考”，我们就能识破静态片段思考的错觉，而看到全新的景象。这些都是系统思考中的一部分微妙法则，或许初看时会觉得有悖于一些常理，但却是一些与古老智慧相契合的法则。

动态系统的变化，可以通过计算机模拟将情境推演出来，并在此基础上建立起组织常需处理问题的系统基模(System Archotypes)，管理者一旦熟悉掌握，就能轻而易举地看出问题的全貌。通过系统基模观察、处理事物，可以发现各类管理问题都是有其共通性的。当我们学会辨识更多的基模时，无论遇到多么困难的挑战，我们都能看出隐藏其中的解决方案，并能更有系统地将其说明。熟悉系统基模是组织开始将系统观点应用于事物的第一步。

系统基模的目的是重新调整人们的认知，以使人们能更清楚地看出结构的运作，寻找到结构中的杠杆点。至今，已有大约 12 个系统基模诞生，在此仅简单地介绍其中两个最基本的基模。

(一) 基模一:“成长上限”

事物在成长的过程中总会碰到各种限制和“瓶颈”因素的阻碍，此时并非意味着这种成长已达到真正的极限，而是由于事物在快速成长的过程中触动了一些抑制成长的要素，这些要素的作用使得成长减缓、停顿，甚至下滑。

针对这种情况，人们通常都选择去更进一步地推动成长要素，而这种做法往往适得其反，我们所真正要做的其实应是去寻找、发现那些抑制成长的因素，然后把它除掉。

“成长上限”(Limits to Growth)模型(见图 16－1)由一个促进成长的增强环路(模型结构中的左边环路)和一个抑制成长的调节环路(模型结构中的右边环路)构成。在增强环路中，促进成长的要素越多，则组织成长得越快，组织成长得越快，相应地也会产生更多促进组织成长的要素，它们彼此间是正相关的。然而，组织在高速成长的过程中有时也会不可避免地触动一些抑制成长的要素，这就形成了一个调节环路。在调节环路中，组织的快速成长导致了一些抑制成长要素的产生，这些要素越多，则组织成长的受阻情况就越严重，这就迫使组织不得不放缓脚步，从而认真思考自身行为的缺陷。这就是整个“成长上限”模型所展现的基本内容。

“成长上限”模型能较好地引导个人或组织去认真思辨导致其停滞不前的真正原因，这种原因可能是显性的，但更多的时候往往是隐性的。在日常生活中，可以用“成长上限”模型解释的现象不胜枚举。例如，新企业在经历了高速成长后的缓慢发展，

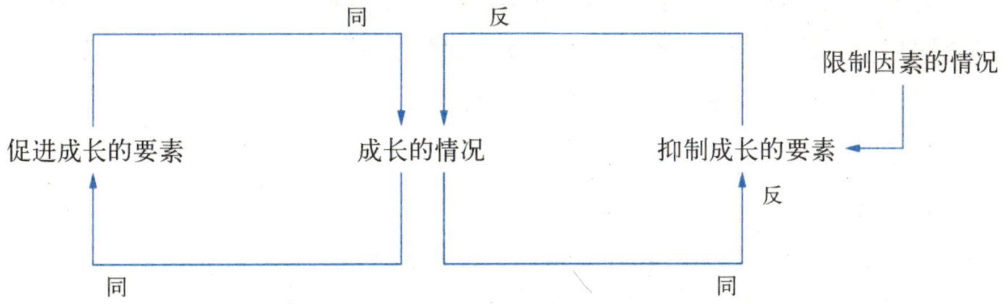

图 16-1 “成长上限”模型的基本结构

年轻人在热恋后的情感降温，快速节食后的负面效应等。“成长上限”模型常使初似战果辉煌的组织变革遭受挫折，这时就需冷静下来，辨认、除去那些影响成长的真正限制因素。

(二) 基模二:“舍本逐末”

发现并根治问题的根源常常要花费极高的代价，为此，有时管理者就避重就轻，仅采用一些简便的、立即见效的方法进行表面症状的诊治，这或许能在一时让人有问题好转的感觉，但由于问题事实上仍然存在，因此必将在一段时间后给组织带来更大的问题，甚至使组织陷入困难重重的绝境。

因此，我们必须时常小心，千万不要落入“治标不治本”的陷阱。否则，个人或组织在短时期内或许可以获得效益，但长期而言，当问题再度浮现时，症状会更严重，面临的压力将更大。而届时，解决根本问题的能力却早已萎缩。

“舍本逐末”(Shifting the Burden)模型(见图 16-2)是由两个调节环路构成的。上面的环路代表快速见效的症状解，它虽能迅速解决问题的症状，但效果却只是暂时的。下面的环路包含了时间滞延，它代表着根本的解决方式，但效果往往要经过一段时间后才能显现，可它却是真正持久有效的解决方法。在“舍本逐末”模型中，有时会由于对症状解的选择而产生一个有副作用的增强环路，在这样的情形下，副作用环路往往会使原来的问题变得更加难以解决，使得根本解的作用更加难以快速见效。“舍本逐末”模型所概括的现象在组织和个人的处事中是很常见的，尤其表现在对某些突发事件和蝇头小利的追逐中。

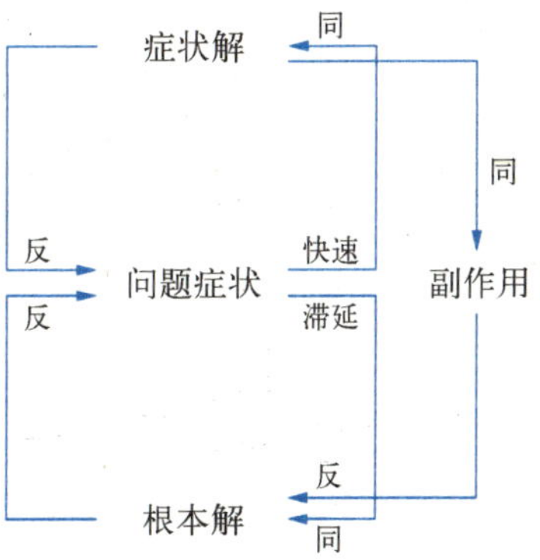

图 16-2 “舍本逐末”基模的基本结构

融合五项修炼对于成就学习型组织是非常重要的，但又是极具挑战性的。系统思考是五项修炼中的核心，是整合其他各项修炼，使其成为一体的理论与实务。系统思考强化其他每一项修炼，并不断提醒我们：融合整体能得到大于各部分简单加总的效力。

但是,系统思考也离不开自我超越、改善心智模式、建立共同愿景、团队学习这四项修炼的支持和辅助。自我超越给了我们一面反映个人对周遭影响的镜子;改善心智模式则专注于以开放的形式来体察我们在认知上的缺陷;建立共同愿景培养了组织成员对于组织发展的长期承诺;团队学习增强了团队的力量,寻找到一种超乎个人智慧加总的集体力量;系统思考更是让我们了解了学习型组织最重要的部分:一种心灵的转变。从将对世界零星的理解转变为整体的观察,从对问题的外在探究到自身行为的剖析、改造,学习型组织是一个促使人们不断发现自己如何造成目前处境以及寻求如何改进的地方。难怪乎,对于组织而言,在21世纪要取得持久竞争优势的唯一诀窍就是比你的竞争对手拥有更快的学习能力。

第三节 全面质量管理

质量是组织的生命。这不仅因为它直接或间接地影响着组织的方方面面,包括组织的成本、声誉、利润、市场份额、竞争能力等,最重要的是它直接决定着组织的未来命运、组织的发展潜力。尤其是对于一个正逐步走向完全开放的全球市场系统而言,质量的战略性重要地位正随着人们的不断认可而变得越发不可撼动。21世纪给人们带来了诸多新的启迪,同样也给质量孕育了新的活力,它将带领人们真正走入一个全面质量管理的世界。

一、质量的定义

对于质量,人们可能会有着最本能的反应,也可能会有着最基本、通俗的理解:一件商品或一项劳务的"优良"程度。那么,这里的"优良"又到底指什么?如何分辨呢?其实,这里的"优良"所体现的是一种顾客对于供方满足其需求的评价。因此,若从效益角度对质量的定义进行简单概括的话,即指对顾客现存和潜在需求的满足。关于这一方面,许多质量大师和权威组织都做出了各自不同的表述:

"质量是产品或服务满足规定或潜在需求的特征和特性的总和"(国际标准化组织1994)。

"适合需要或用途"(朱兰)。

"质量应以顾客的现实和未来的需要为目标"(戴明)。

"质量与需求相符"(克劳斯贝)。

种种表述都显示出满足顾客要求与期望是质量的核心内容。因此,对于任何一个组织来说,在产品或劳务开发伊始就精确地描述出有关的设计要求、性能要求、价格要求、安全性要求、交付要求和其他业务活动要求是至关重要的,它将直接决定着本组织在市场竞争中能否取得领先地位。

目前，有些日本公司在面对日益激烈的市场争夺时，有着这样一种竞争趋势：给顾客以超出其需求的满意来取悦顾客。例如，使标明录制时间为 120 分钟的磁带能录制 140 分钟的音乐，使写明使用时间为 5 小时的电池能有 6 小时的功效等。这些组织对于质量的理解已超出了仅“满足顾客需求”的层次，而上升为一种“给顾客以惊喜”的境界。这些做法带有一定的超前性，但它很明显地预示着一种组织行为的趋势和对质量概念的崭新补充。相信在不久的将来，“给顾客以惊喜”必将代替“给顾客以满足”而成为组织新的追逐、努力的方向。

在这里，还有一个概念必须强调，那就是“可靠性”。人们通常喜欢将“质量”与“可靠”相连使用，以表示一种肯定的含义。的确，这两者在意思上有些相近，但概念是不同的。可靠性是指一种产品或服务可以持续地满足顾客需要的能力。它是体现质量的首要指标。

二、全面质量管理的概念

全面质量管理（Total Quality Management，TQM）理论的缔造者虽然都是些显赫的美国大师，但真正将该理论付诸实践的却是日本。第二次世界大战前，日本产品的质量声誉是相当低劣的。“日本制造”的标签成了“廉价劣质”的代名词。第二次世界大战后，日本科学家和工程师联合会（JUSE）通过聘请诸如 W. 爱德华·戴明博士和 J. M. 朱兰等学者到日本讲述质量管理方法和在全国范围内普及质量管理教育等途径，率先建立了 TQM 体系。该体系的建立为日后日本在质量上所创造的奇迹奠定了扎实的基础，也为人类在质量管理上的探索翻开了崭新的一页。

全面质量管理是指为了充分满足顾客的需求，并在最经济的水平上实现有效的市场研究、设计、制造和售后服务，而将组织内各部门的研制质量、维持质量和提高质量等一系列活动合为一体的一种管理模式。它是一个系统化、整体化的体系。

全面质量管理为各组织的持续改进提供了一整套的理念。TQM 哲学强调了统一性、整体性、系统性和全面性，它是牵涉到组织内所有成员和事物的一种观点。它最注重的是在一个寻求持续改进所有体系和过程的管理环境内满足所有内、外部顾客的需求。对于组织而言，TQM 是一项不可或缺的管理构成，是一项完全综合性的工作。它的目的就是期望通过对不合格品的控制、对设计过程质量的注重、对组织内各项活动的不断改善，从而使组织持续地获得生存的力量和竞争的优势。

三、全面质量管理的特征

全面质量管理作为一种全新理念的质量管理方式，自然有着与众不同的特征：

(一) 全面质量管理是一种自上而下的承诺

1986年戴明博士所进行的一次调查结果显示,在一个组织内约有94%的质量问题实际上是由管理者和其所建立的质量体系造成的。因此,全面质量管理必须从最高层管理者开始实施。管理者的承诺在前,一线员工的承诺随后,形成一种由上而下的氛围。

资深的董事与管理人员应对质量问题表现出严肃的态度和关注的神情。而中层管理人员更应在这当中起到一种表率作用。一方面要熟练掌握和运用全面质量管理的各项原理和原则,另一方面要切实履行自身所承诺担负的各种质量管理责任。因为只有这样才能在整个组织中真正实现TQM的要求,真正落实TQM的管理模式。

一个组织的最高层领导者对该组织质量政策所做出的承诺和支持将会给TQM在组织内的广泛传播带去无限的助益,这种作用有时甚至高于以文件形式加以约定的质量保证。它创造出一种相互联系、相互作用的对质量负责的责任链,使整个组织的各个层面、各个部门都对质量问题给予了高度的重视和全面的承诺。

(二) 全面质量管理是一种要求全员协作的综合性方法

传统的质量管理都是由组织中的质检部门单独操作的。在组织中安插一些检验人员,专门从事这方面的工作。在这样的组织中,生产者的质量意识是十分淡薄的。这种割裂式的质量管理方式严重阻碍了组织生产效率的提高,妨碍了组织真正有效的运转。

一个组织的有效运转,必须依靠其每一个组成部分的相互紧密配合。只有大家目标一致、行动一致,并产生一种良性的互动,组织才会有更好的发展前景。全面质量管理倡导的就是这样一种观点。它让每一个人都参与到质量改进的活动中去,从而减少无效的努力,改变不断返工的现象,实现用较少的时间较好地完成本职工作的目的。这里的"每一个人"当然也包括从事文书工作或后援性服务工作的雇员,因为他们也同样与产品的质量休戚相关。例如,谈话的声音、接洽的文稿等都必须符合顾客的需要。所以,全面质量管理绝不是仅局限于"生产"或操作领域之中的,而是一种正式的"全员行动"。也只有在这样的一个过程中,组织才可能真正实现"零缺陷"的原则,而组织的员工才会更有自信心和责任心。全面质量管理是一种适合于任何类型组织的质量管理模式,需迅速加以普及,使其真正成为组织的一种生活方式。

(三) 全面质量管理把对质量问题的检查工作由顾客转移到了生产者

在质量管理当中,有这样一个有趣的靠经验估计的法则——"1-10-100法则"。它是指如果一个人生产出了一个不合格品,然后马上把它纠正过来,那么纠正工作所花的时间与制造工作所花的时间是相同的。但是,如果这个人不走运,一直等到该不合格品到达其内部顾客手里时才进行修正,那么,这个修正工作将是其生产这个产品所需花费的10倍以上的劳动力。如果更不幸，该不合格品已经到达其外部顾客手里，那么，要更正这个错误和随后带来的恶劣影响，就必须付出生产该产品所需花费的100倍以上的劳动力。虽然这只是一个有趣、简单的法则，但却可以看出“保证质量”对于一个组织所蕴含的深层意义。尤其是对于服务性行业而言，它的绝大部分工作是直接与外部顾客接触的，很少有内部纠正的余地，所以，100%的成功对于他们的意义是更为显而易见的。

将对产品的质量检查内部化、即时化、完全化是全面质量管理的显著特点。TQM的实施不仅对进入流通领域的商品和服务有了完全的保证，而且能为组织节约大量不必要的人力、物力、财力上的浪费，进而有效维护组织的对外形象，保障组织的良好声誉。

四、质量链

质量链是由一系列的供方、顾客关系衔接而成的。这种供方、顾客关系不仅存在于组织的外部，同样也存在于组织的内部(见图16－3)。它是质量链中的核心内容。在质量链中，无论哪一部分发生故障，其质量要求未能给予满足，都将会极大地影响其他各部分的有效运作。例如，如果生产部门到期无法交出销售部门已向订货者所承诺的一定款式、数量的货物，那么就会引起组织的内部顾客——销售部门和组织的外部顾客——订货者的不满。这种不满的根源就是因为生产部门与销售部门缺乏沟通，没有形成默契所导致的。

图16－3　质量链

为了能有效地避免由于质量问题而使组织付出的沉重代价，我们就必须不断地调查了解顾客的需求和自身满足需求的能力，必须树立“持续不断改进和完善”的宗旨，必须在组织内推行TQM。全面质量管理要求组织内从上到下人人都关心质量，人人都能在质量的每个接口上提出问题。

(一) 顾客方面

(1) 谁是我的真正顾客?

(2) 他们的实际需求是什么?

(3) 我应该如何去发掘他们的需求?

(4) 我是否有能力满足他们的需求？如果没有，我需通过哪些努力才能重获这些能力？

(5) 对于这种需求，我是否能给予持续的满足？

(6) 我应通过什么方法来观察这种需求的变化？

(二) 供方方面

(1) 谁是我的真正供应者？

(2) 我有什么实际需求？

(3) 我如何向供方表达我的需求？

(4) 我的供应者是否能真正领悟我的需求？

(5) 当我的需求发生变化时，我该如何告知我的供方？

质量链贯穿于任何组织经营、服务的全过程。它是由无数个卖主、买主的接口相连接而成的，每一个接口都是一种转换过程。接口是组织质量问题的多发地段，所以组织内的每个人都必须在其与他人接口的每一环节上搞好协作，只有这样，才能保证组织任务的圆满完成。

五、全面质量管理中的 4Cs

不可否认，TQM 的实施能否成功，关键在于人的努力程度，它是一种人性化的管理。只要使所有组织成员对其所从事的工作有着一份责任感和自豪感，就会在组织中激发出一种不断学习和互相协作的强大动力，在这种力量的驱动下，必能实现组织共同的目标。基于此，我们就需要通过充分地应用和综合 TQM 中的 4Cs 来建立一个良好的激励环境。

(一) 承诺

对工作质量的承诺(Commitment)可以理解为是个人或组织对其工作要求的清楚认识，对其工作职责的有效承担。通常在组织中，管理人员对质量的承诺程度将直接决定着一线工人对质量的承诺程度。因为管理者是质量标准的规划者，是质量管理的发动者，是质量检验的指挥者。如果一个组织期望能成功地履行它对质量的承诺，那么生存其中的每个雇员就必须首先实践各自对质量的承诺，因为任何一项能使顾客满意的工作，都是由执行该工作的所有雇员的承诺串联而成的。

(二) 能力

光有承诺，那只能算“信口开河”“空口说白话”。承诺的背后必须要有能力(Competence)的保证，这样才可能真正实现质量的目标。良好的教育与培训、良好的直观判断力、良好的解决问题的技能和知识，都是必不可少的个人或组织所应具备的能力。能力与优质的工作是并驾齐驱的，因为只有具备一定才能的个人或组织才可能确保其成功地实现质量所赋予的要求。

当一个组织发现其雇员在某方面有能力缺陷时，就应尽早、及时地采取培训、教育、协同工作或鼓励等方法来提高他们的士气和能力。

(三) 沟通

有效的沟通(Communication)能很好地促进相互理解和共同合作。在绝大多数组织里，沟通是无处不在的。例如，家庭中父母与孩子的交流，企业中各层级之间、各部门之间的会谈，党派中各成员间的对话、畅谈等。任何一次沟通中总是存在这样两个不变的角色——信息的发出者和信息的接受者。他们各自不仅要对原有的职责承担责任，而且要对发出的或反馈的信息负责。

这种交流是双向的，一旦实现沟通的目的，管理者就能很好地将有关质量方面的信息传递下去。但外界的一些“噪音”往往会使这种传递发生偏差，为此，我们可以从以下几个方面着手来提高沟通的质量：(1) 写出质量方针；(2) 创立质量小组；(3) 召开质量研讨会；(4) 定期进行质量评审；(5) 制作有关质量效果的录像。

(四) 持续改进

持续改进(Continuous Improvement)是改进组织产品和服务质量的一种哲学。解决质量问题的过程始终应以“戴明环”(见图 16－4)为基础，从一开始就使用计划—实施—检查—处理这样一个循环。

(1) 计划——识别质量问题，拟订质量改进措施。

(2) 实施——贯彻试行方案。

(3) 检查——比较执行情况，分析实际结果。

(4) 处理——经验总结。

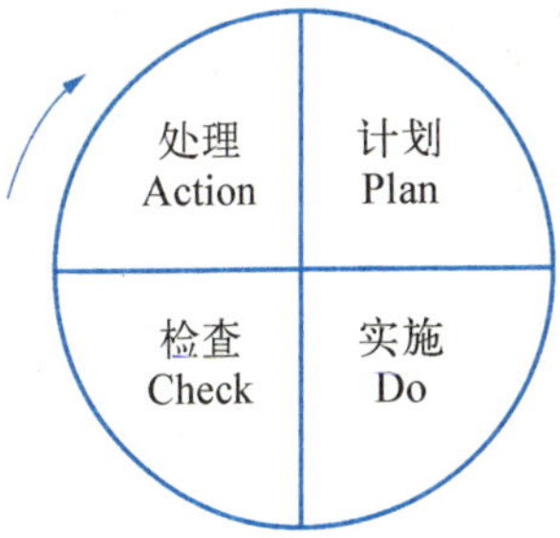

图 16－4　质量改进的戴明“PDCA”循环

六、从全面质量到 6Σ

进入 21 世纪的企业将直面一个全面质量的问题，其中一个主要的原因是国际市场中的消费者已很少在乎他们所需的产品和服务是由谁提供的，他们更在乎的是你的产品和服务是否能满足甚至超出他们的预期。这也说明了世界上的汽车消费者现在为何已很少关注汽车产于何国。相反，他们更关心汽车的性能、价格、机械故障率、经久耐用性等。其他许多产品也一样，从数码相机、电视到电脑、手机等，关键在于产品要能满足或超过消费者的预期。所以，作为一个企业来讲，不仅要关心成本，更要关心产品的质量。

(一) 6Σ 对传统观念的突破

从传统的技术观念看,企业要提高产品质量,就必然会增加成本,但是一种新的观念却认为,提高产品质量常常会导致生产产品的成本下降。例如,摩托罗拉公司为其产品提出了一项世界性的策略来解决质量与成本间矛盾的难题。他们在探索,能否将产品的质量提高到空前的水平,而同时又让其价格不显昂贵。多少年来,工程师们相信"浴缸"理论(见图 16-5,因图中两曲线交叉似浴缸而得名)。即你要降低废品率,那么成本曲线就呈相反方向上升,而且其上升速度惊人。所以,过去一些公司往往采取一种折中的办法,在质量和成本上求得平衡,通过生产在质量上"尚不差"的产品,求得较低的适中价格。

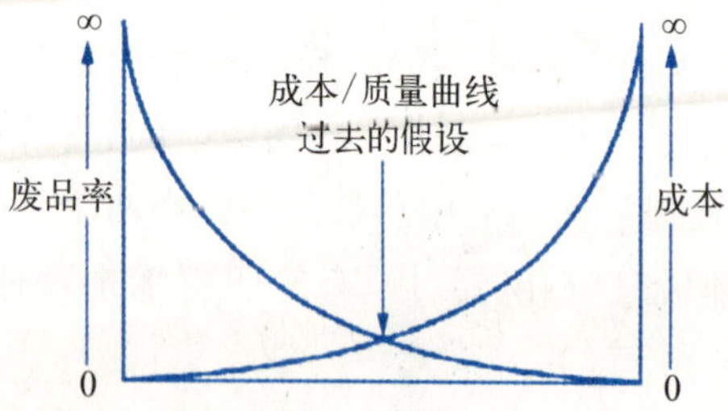

图 16-5 原先认为的成本/质量曲线

但是,到了 20 世纪 80 年代,摩托罗拉的管理层开始对这一观念提出质疑。他们自问,如将产品质量提高到非常高的水平,成本究竟增加多少?为了能够计量,该公司的工程师以每百万件零部件中次品有多少来加以衡量,并采用了 Σ 这一术语来表示,Σ 数越高,则每百万零部件中的差错数越低。下面列举四例:

Σ	每百万中的差错
3	66 810.0
4	6 210.0
5	233.0
6	3.4

当摩托罗拉检测与相关各个不同层次的 Σ 要求的对应成本时发现,如果降低差错率,则生产该产品的成本也随之下降,诸如返工的成本、报废的成本下降了;当然,还有一些间接的但意义重大的影响,这就是客户的满意和忠诚度的上升,从而导致需求的增加。图 16-6 显示了这种关联,很显然,质量和成本两者并不矛盾。换言之,国际企业既能以较低的成本,又能以较低的废品率生产优质的产品。可是,这一事实在过去长期以来却为许多公司视而不见,它们被传统的"质量—成本说"蒙蔽了。如今,新观念已得到了广泛的传播。例如,通用电气(GE)公司曾承诺将投入 2 亿美元于一个规划以降低产品的次品率。这些次品的成本在一个典型的企业中通常占销售收入的 10%~15%,通用电气公司估计,其

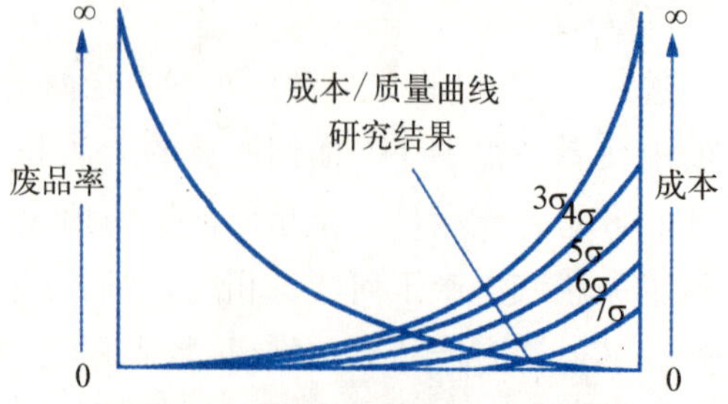

图 16-6 研究后的成本/质量曲线

产品达到 6Σ 后，每年将降低成本 100 亿美元。

（二）6Σ 运动

20 世纪 90 年代后期，通用电气公司掀起了有史以来规模最大的公司质量行动，它在整个公司范围内（遍及全球的通用各业务部门）激发出一股新的热情，这就是 6Σ 运动。质量在通用公司一向备受重视，然而，当时公司的 CEO、被誉为 20 世纪最伟大的公司领袖之一的杰克·韦尔奇并不以此为满足，他看到摩托罗拉、惠普、施乐等公司在全球竞争压力下，已把质量水准提高到了一个新的水准，甚至超越了所有的竞争对手，具备了世界顶级质量。韦尔奇认为 GE 与上述公司的产品质量相比尚存在差距，他决心使 GE 产品的质量赶上那些卓越跨国公司的水准。

反思过去历次质量运动，韦尔奇对过去曾风行一时的质量活动是持相当保留意见的。他觉得它们太华而不实了，使形式重于结果：往往口号喊得震天响，而行动却一如往常。究竟如何在公司范围中推行新的质量行动，韦尔奇从 6Σ 中找到了答案。

6Σ 是一种测算操作中出错的计量单位。3Σ 表示 99.7%的合格率；6Σ 则代表最高水准，即达 99.999 997%的合格率，也就是每 100 万次操作中只准发生 3.4 次失误，基本上等于消除了不合格产品。GE 当时处于 3～4Σ 水平，它与 6Σ 水平的差距使其每年因缺乏效率而多耗费财力 80 亿美元。韦尔奇计划用 5 年的时间来完成摩托罗拉花了 10 年时间才完成的任务，他不仅将 6Σ 理论应用于生产领域，而且还将它推广应用于服务领域、金融领域等其他商业领域。

6Σ 项目包括五项基本活动：限定（Defining）、检测（Measuring）、分析（Analyzing）、改进（Improving）和控制（Controlling）。6Σ 作为一套科学的方法，分别由通用电气公司中受过严格培训、按等级分别被称作“黑带”“绿带”等的员工来领导与传授。具体运作过程如下：

（1）限定并确认项目，定义好重要的质量特征（CTQS）；

（2）确认影响 CTQS 的关键内部工序，检测由此产生的质量缺陷；

（3）分析并确定引起质量缺陷的核心变量；

（4）将这些变量对 CTQS 的影响数量化，再确定这些变量的最大容限；

（5）使用检测系统检测核心变量的变化，通过调整工序，使之处于容限范围之中；

（6）用统计过程控制并确保使核心变量处于最大的可接受范围之内。

通用电气公司的 6Σ 运动涉及对成千上万名员工进行数字化的严格培训，需要训练出一批“黑带大师”级的“武士”阶层，并由他们带动公司所有员工，使质量成为每个员工的工作。很快，6Σ 从一个人们陌生的、充满了许多复杂计算的外来概念，变成通用电气公司所有员工投入巨大热情的实际行动。诚如韦尔奇所言：“6Σ 理论是我们从别的公司学来的，但是对该理论的实践，以及追求这一学说的完美，却是通用电气公司所独有的文化。”

第四节　新的生产率挑战

21 世纪的管理将面临新的生产率挑战。生产率所反映的是组织运用自身可支配资源创造社会财富的实际状况。如果按照某些学者的观点将生产率简化地与效率画上等号，那么其所指的也就是投入与产出之比，所衡量的也就是投入与产出之间的相关关系。而通常所说的提高生产率，换言之也就是追求一种少投入多产出的境界。因此，劳动生产率实际上就是将劳动力作为一种投入要素来衡量其产出的指标。美国一大公司的首席执行官曾这样指出，劳动生产率的提高对社会发展是有巨大影响的。在生产率不断提高的国家中，人们的生活水平也随之得到提高，而在生产率很低的国家中，人们的生活水平也相对贫苦。劳动生产率的提高有一种巨大的积聚作用，只要设法使劳动生产率的增长比人口增长率大百分之几，就能产生极大的成效。

一、生产率的革命

生产率为何如此重要呢？因为它直接或间接地影响了社会发展的方方面面。对员工而言，较高的生产率意味着丰厚的薪金收入和生活水平的有效改善；对企业而言，较高的生产率又意味着更多的利润回报、在研究开发领域的更多投资以及对社会效益的更多关注；对一个关键产业而言，较高的生产率意味着更小的成本和更广阔的国际市场份额；对国家而言，较高的生产率更意味着较低的通货膨胀率、国际收支的平衡趋向、本币的坚挺以及世界地位的提升。

发达国家中，诸如制造业、农业、矿业、建筑业和运输业等领域的生产率在过去的一百多年中，每年以 3%～4%的平均增长速度递增，累计提高约 45 倍。西方国家有人把这种生产率的剧增称为“生产率爆炸”(Productivity Explosion)，或生产率革命。“生产率爆炸”给这些国家带来了生活水平和生活质量的双重提高，并为这些国家的人民提供了巨大的可支配收入，增强了购买力，但其中将近 1/3 至一半的产品是供人们休闲、娱乐所用，给公众带来了更为轻松和健康的生活方式。在 20 世纪前或者 20 世纪早期，这些国家中的人们一般每年都至少要工作 3 000 小时，然而现在就连日本，这个在西方人眼中具有疯狂工作热情的国家，每人每年的平均工作量也不超过 2 000 小时了，而美国则约为 1 800 小时，德国仅为 1 650 小时。“生产率爆炸”使发达国家的教育投资扩大了 10 倍，而医疗保健方面也得到了迅猛发展。生产率已成为国民的真正财富。

生产率是一个较新的事物，因为在各种语言中以前都不曾有过这个名词。即便是 19 世纪的经济学家或许都不太熟悉这个词汇。绝大多数的人都认为，要提高产量只有靠更努力地工作或延长工作时间。直至 19 世纪 80 年代，F. W. 泰罗首先向这一传统观念提出了挑战，认为可以通过提高生产率来科学地进行工作。到了第二次世界大战，生产率概念才开始流传引用，在1950年版的《简明牛津词典》中，所收的“生产率”一词还不具有现代的含义。如今，生产率已成了真正的竞争优势所在，这已是家喻户晓的事实了。

“生产率爆炸”这一史无前例的事件，是过去百年中最为重要的社会事件。在这一百年中，富国与贫穷国家之间的人均收入差距更大了。就以各国中高阶层的平均收入而言，在1910年只有3倍之差，如今的差距则高达20～40倍，其中还不包括休闲、教育或保健等。在“生产率爆炸”之前，一个国家要成为发达国家至少需要50年。然而，就近些年看，如韩国，在1955年时，还是世界上的一个落后国家，可是它只用了20年的时间就改变了面貌。根据管理大师德鲁克的分析，这种急剧的变化完全是由生产率革命所引发的，这种生产率革命在美国始于1870年或1880年左右。

就制造和运输领域的生产率而言，发达国家仍然每年以差不多的增长率在上升。在这些国家中从事“蓝领”工作的人数已大大下降，三十多年前这批产业大军为数还不少，但目前约不超过总就业人数的1/5，其生产率的影响难起决定作用。劳动生产率的不同确实拉开了国家与国家的差距，但是，现在在发达国家就业人口中占大多数的是知识工作者和服务性行业的员工，其生产率的提高却并不显著，在有些领域中甚至还有所下降。当今发达国家中，大百货公司销售员的平均销售额(扣除了通货膨胀因素)仅为1929年的2/3左右，20世纪90年代教师的平均工作效率也并不比1901年的教师更高。

中国是发展中国家，劳动生产率就总体而言与发达国家相比还有很大的差距。在生产制造产品方面要在短期内缩短这一距离，途径是现存的，效仿一些新兴工业化国家的做法，老老实实地按科学管理的方法去做、去实践，这一问题是不难解决的。

然而，21世纪世界将迈入知识社会和服务社会。经济成长的关键在于提高知识工作和服务工作的生产率。知识工作者和服务工作者涵盖的职业面很广，从科学家、外科医生、制图员到商店经理，乃至快餐店中的侍应生都属此类，甚至还包括在餐馆洗盘子的打工者、医院中的清洁工和金融机构里操作电脑键盘的一般雇员。尽管知识工作者和服务工作者的构成是多种多样的，他们的知识结构、技术职责、社会地位和工资收入可能有着很大的差异，但是，他们对于提高生产率，在哪些可行、哪些不可行方面，却有很大的相似之处。

二、知识工作和服务工作的特点

国外研究已发现，在知识与服务工作中，资本并不能代替劳动(即代替人)，而新技术本身也并不能保证一定产生更高的生产率。从经济学角度而言，资本和技术都是生产的要素，然而在知识与服务行业中它们却只是生产的工具。它们究竟是有助于生产率，还是有损于生产率，则取决于使用它们的人，取决于引入资本与技术的目的，或使用者的技能。早在三十多年前,人们就预言,电脑会大大减少办公人员和文职人员。然而,事实并非如此。在数据处理设备上的投资,往往是用大量的服务性人员去取代传统的工作人员。自从引入信息技术以来,办公室人员和文职人员非但没减少,反而以前所未有的速度在增加。服务性工作的生产率实际上并没有得到真正的提高。

以医院为例,在过去的医院中,其硬件设备除了病房、病床外,资本投资并不多,在20世纪40～50年代时的医院都属劳动密集型的组织。当时的医院既没有X光设备,也没有临床实验室或CT检查仪器;如今的医院则被那些资本密集型的设施所包围,巨大的投资用于超声波检测器、身体扫描仪、核磁共振析像仪、血透机、组织分析仪、干净的病房以及大量的新技术。这些设备又常常需配备受过专业技术训练的医务人员(对这些人员一般需支付更高的工资),可是医院中原有的员工却不见减少。所以医疗成本急剧上升并非中国改革开放后特有的现象,它已成了一个世界性的问题。医院好似一个吞食大量资金的巨大"经济怪兽"。现在的医院既是资本密集型的也是劳动密集型组织,因此它在经济上并不具有活力。当然在我国它也常常把其沉重的负担转嫁到各企事业单位和病人头上。但是,医院至少在提高其现代化的检测手段和诊病能力上效果还是显著的。而其他一些知识或服务工作领域,其绩效则更差,具体表现为只有高投资、高成本和更多的冗员。要遏制医疗保健成本的剧增,其途径只能是极大地提高医院的生产率。而这种生产率的提高,仍然得用泰罗的科学管理思想,即不是"更辛苦地工作"(苦干),而是"更聪明地工作"(巧干)。

三、提高知识工作和服务工作生产率的方法

经济学家也好,技术专家也好,他们从没把"更聪明地工作"(巧干)作为一个显著因素来解释"生产率爆炸"。前者认为是资本投资导致了"生产率爆炸",而后者则将其归结为技术的作用。但是"更聪明地工作",无论是被称作科学管理、工业工程、效率工程、再造工程,或任务研究(这个质朴的术语是泰罗喜用的),一直是"生产率爆炸"背后真正的动因。在泰罗之前的一个世纪,也就是工业革命的第一个一百年中,资本投资和技术在发达国家中并不算少,然而,只是泰罗提倡的"巧干"才对生产率产生了真正的影响,而制造与运输领域的生产率也是从那时起才开始急速起飞的。如果说在传统的制造等产业中,"巧干"只是提高生产率的关键因素之一,那么在知识与服务工作中,它却是关键中的关键因素。但是,"巧干"的含义在知识与服务工作中和传统的体力工作中却是很不相同的。在知识与服务工作中,它必须做到以下几个方面:

(一) 明确任务性质

当泰罗通过铲沙搞作业研究时,他并没有提出"任务是什么、为何去做它"的问题,他所研究的是"如何来做好它"。约50年后,哈佛大学的埃尔顿·梅奥在其著名的霍桑

试验中，也只提出了“怎样才能最好地做好有线电话设备”。在制造和运输业中有如此想法是理所当然的。但是在知识和服务工作中，要提高生产率，其首要的问题应是“任务究竟是什么、它试图要达成什么、为何要做它”。这些问题看似十分简单，然而却是提高此类工作生产率的最佳途径之一。即重新定义任务的性质，特别是要除去那些不必要做的工作。制造与运输领域生产率的提高强调的是做工作，而知识与服务工作则必须强调业绩与成效。即前者重视的是活动，而后者更注重结果。

（二）限定绩效标准

对于知识工作与服务工作的绩效要求而言，它们并不是同质的。从数量和质量的角度出发，大致可分为三大类，每一类都要求有不同的分析和不同的组织。

第一类工作其绩效的主要标准是质量。有些知识工作与服务工作，如研究实验室，其成果的数量因素相对于质量而言是次要的。开发成功一种新药，其年销售额高达数十亿元，并能在今后的十余年中支配市场，显然比二十余种仿冒他人的药品更强。以质取胜追求更多的是一种信誉和精品效应，这在知识与服务领域中是很多见的，还包括医生的诊断、包装的设计、杂志编辑等。

第二类工作则对量与质都有相当的要求。既要强调质也要强调量，必须由质和量一起才能构成其绩效。例如，百货公司中的营业员，其服务质量（使顾客满意）固然重要，但其营业额的数量或产出量也同样不可忽视。又如，企业中的制图员，制图的质量显然是其绩效中不可分割的一部分，但他还需要有数量。从事类似性质工作的有工程师、医务技术人员、记者、护士、保险公司中处理汽车事故的职员等。事实上，大量的知识和服务工作者都属此类。要提高这些工作的生产率，必须要求把质和量两者都体现于绩效之中。

最后一类，如档案管理中的存档工作、专职打字员、保险公司里处理寿险中死亡理赔的工作人员、医院中的杂务工等，他们工作的绩效要求有点类似于制造和运输领域的工作。质量只是一个外在的或已融入了过程之中的条件和限制，并不代表绩效本身。一旦质量标准确定后，其绩效主要是由数量来确定的。这类工作虽然不属于制造和运输工作之列，但实际上与生产制造工作差不多。

所以，要提高知识与服务工作的生产率，需要对一个特定工作加以思索与归类，明确其究竟属于哪一种绩效类别。只有这样，我们才能知道应致力于什么，才能决定需分析些什么、改进些什么或改变些什么；只有这样，我们才能知道一项特定的知识或服务工作的生产率究竟指的是什么。

（三）专注本职工作

在制造与运输领域的工作中，人们每次只从事一项任务。泰罗的铲沙工并不同时司炉；梅奥试验中的绕线女工焊接头，但她们不附带检测成品；农民在耕地时，也不会无故地跳下拖拉机,突然去参加田头的一个会议。在知识与服务工作中,人们同样懂得专注的重要性。外科医生在手术室不可能中途去接电话,律师在接待客户咨询时也一样。可是,在绝大多数知识工作者和服务人员所在的组织里,分心或分散精力的现象却司空见惯,甚至有日益严重的趋势。虽然一些处在最高层的管理者有时尚能专注于自身的工作,由秘书去挡驾一些无足轻重的杂事,但这类人为数毕竟不多。组织中实际在做事的大批知识工作者与服务人员,如工程师、教师、销售员、护士、一般的中层管理人员的工作负担越来越重,其中充斥着许多实际上并无多大意义和价值或与他们的专长及付给他们工资的目的毫不相干的额外活动。

有人发现了这样一个奇怪的现象,当医院里正为护士人手的缺乏而愁眉不展时,却有大量的护士不得不将其约一半的时间花费在非护理工作上,如大量的文书、报表填写等。实际上,医院中只需雇用一个专职的文员去处理这些杂事,就可大大缓解护理人员紧缺的窘境。高等院校中的情况也一样,有许多教师、教授、博导们将大量的时间并非用于课堂上,不是去指导学生,也不是在搞研究,而是用于行政事务,参加各种大大小小的会议,应付名目繁多的各种检查。商店中的营业员也有类似的情形,配备电脑原本是为了更好地服务于顾客,但现在对电脑的"侍候"时间却已远超过了服务于顾客的时间,变得有些本末倒置。这种现象并非体现出工作的丰富化,反而是一种工作贫乏的表现。它破坏了生产率,并腐蚀着人们的斗志与士气。不少人感到自己所学的专长没有被充分运用,或待遇太低。当然,也有些行政管理人员虽然拿了高薪,却在做一些不需要专业技能的普通职员工作。

要解决这一弊端实际上也并不难,它要求我们对有关的知识和服务工作提出以下两个问题:"我们支付这工资的目的是什么?这一工作增加的价值是什么?"当然答案并不总是明显的或毫无争议的,但是只要找到了答案,有时即使得出不同的答案,却会殊途同归,同样取得成果。

(四)注重团队合作

要提高知识工作的生产率,不能只依靠少数专家或效率工程师,而是不仅要学会在科学管理中分步骤、分作业地分析工作过程,而且需要知道怎样使工作得以顺利地开展。这里有一项重要条件,即提高生产率必须得到工作对象的合作与配合。对于每一项知识和服务工作,不管职位高低,不管难度大小或技能多少,必须对生产率和绩效建立起责任目标。那些具体从事知识服务工作的人,实际上他们最了解自身所做的工作——它的逻辑、节奏、需用的工具、质量等。工作人员对自身工作的知识是提高生产率、质量和绩效的出发点。

(五)树立学习精神

对于每一个员工以及每一个工作团队而言,必须在工作中发扬不断学习和诲人不倦的精神。提高生产率需继续不断地学习，学习一旦开始是没有止境的。组织成员和员工需经常接受培训，以防知识老化。培训的最大好处不仅在于学习新的知识，而且在于怎样把已经在做的工作做得更好。同样重要的是，在过去几年中人们已经意识到，知识人士和服务人员，当他们在教授他人时学到的东西最多。教师在教一门课时，才真正体会到该门课的深刻内涵；明星销售员提高生产率的最佳途径是在销售会议上向他人揭示其“成功秘诀”；同样，护士提高绩效的最好办法则是向其同伴传授自身经验。所以，在信息时代的每一个企业和组织都应既是一个学习机构，也是一个教育机构。

如何提高知识工作和服务工作的生产率，是社会进步中出现的新课题。在一些发达国家中，有人甚至认为它是关系到经济继续发展需优先考虑的问题。哪一个国家能在此问题上有所突破，或首先取得成功，哪一个国家将会在经济上统领 21 世纪，关键是提高各层次知识工作的生产率。

但是，服务工作生产率的提高也同样是不容忽视的，甚至更紧迫。这一问题不解决，就有可能产生社会分化。在知识社会中，知识工作者相对于服务人员而言总是少数。除非服务工作的生产率能得以迅速地提高，否则服务工作者的社会经济地位必然会不断下降，从而增加社会紧张度，产生两极分化，造成新的社会动荡。所以，当今社会正面临着新的生产率的挑战。目前，我们已明白了生产率提高的可能性，并正在积极探索其中的方式、方法，这些或许也就是我们现在所拥有的唯一最有利的条件吧！

本章提要

国际管理是新形势发展的需要。新的竞争已超越了国界的限制，组织要取得成功，管理人员必须打破民族狭隘主义的观念，从全球的角度来思考问题。

对于任何一个渴望在 21 世纪寻求生存和发展的组织来说，尽早地建立学习型组织是非常关键和重要的，因为它将直接决定着组织是否能获得持久的竞争优势。因此，对于自我超越、改善心智模式、建立共同愿景、团队学习以及系统思考这五项技能，任何一个组织都需要正确理解，勤加修炼。

“全面质量管理”虽然并不是一个全新的名词，但在 21 世纪却仍会受到全球企业的高度重视。对它的运用得当将不仅能帮助组织降低成本，6Σ 对传统的质量观又有了新突破，它标志着质量实现“零缺陷”，而且将有效地提高组织的生产效率，帮助组织在竞争中占据绝对优势。

新的生产率挑战是 21 世纪管理将面临的又一个崭新课题，如何提高知识工作和服务工作的生产率将关系到一国经济的持续发展。要提高知识与服务工作的生产率，首先，要明确任务的性质；其次，需限定绩效标准；再次，应专注于本职工作；最后，必须发扬团队精神。

复习思考题

1. 一个不同文化的国家对该国的管理实践有影响吗？请举例说明。
2. 为什么组织也要通过不断学习才能在激烈的市场竞争中求得生存与发展？
3. 什么是产品的质量？你是如何理解全面质量管理的？
4. 什么是生产率？在知识经济社会中，如何衡量知识工作者的生产率？
5. 面向未来的管理将会出现哪些新的变化趋势？

参考文献

1. 约瑟夫 M. 普蒂等：《管理学精要》(亚洲篇)，机械工业出版社 1999 年版。
2. 斯蒂芬·P. 罗宾斯：《管理学》(第 11 版)，中国人民大学出版社 2011 年版。
3. 彼得·F. 德鲁克：《管理：任务、责任、实践》，中国社会科学出版社 1987 年版。
4. 彼得·圣吉：《第五项修炼——学习型组织的艺术与实物》，上海三联书店 1994 年版。
5. 丹尼尔·A. 雷恩：《管理思想史》(第 6 版)，中国人民大学出版社 2011 年版。
6. W. H. 纽曼、小 C. E. 萨默：《管理过程》，中国社会科学出版社 1995 年版。
7. R. R. 布莱克、J. G. 穆顿：《新管理方格》，中国社会科学出版社 1986 年版。
8. 赫伯特·西蒙：《管理行为》，北京经济学院出版社 1989 年版。
9. 亨利·西斯克：《工业管理与组织》，中国社会科学出版社 1985 年版。
10. 加里·哈默：《管理大未来》，中信出版社 2008 年版。
11. Collins & McLaughlin. *Effective Management* (Second Edition). 1996.
12. Nicholas Valery. *Innovation in Industry*. 1999.
13. Laurie J. Mullins. *Management & Organizational Behavior* (9th edition). Prentice-Hall, 2010.
14. Richard L. Daft. *Management* (10th edition). South-Western, 2012.
15. Fred R. David. *Strategic Management: Concepts and Cases* (13th edition). Pearson, 2011.
16. Donnelly Jr., Gibson, Ivancevich. *Fundamentals of Management* (10th Edition). 1998.
17. Richard M. Hodgetts. *Fred Luthans: International Management* (4th Edition). McGraw Hill, 2000.